MALEREI. Ein Gespräch

MALEREI. Ein Gespräch

Valérie Favre und
Axel Ruoff

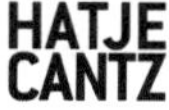

Inhalt

Valérie oder »La création en soi«

Alexander García Düttmann

»Ich habe nicht verstanden,
wo das Pferd war.« (V. F.)

Schon seit langer Zeit soll das Wesentliche verdeckt sein und sich im Verborgenen halten, das Wesentliche, das sich gar nicht verdecken lässt und das es im Verborgenen gar nicht geben kann, weil ihm doch eine Offensichtlichkeit eignet, eine Offenbarkeit oder eine Evidenz. Ist nicht offensichtlich, offenbar, evident, dass das Wesentliche die »Schöpfung an sich« ist, »la création en soi«? Durch Verdeckung und Verbergung soll sogar das Wort für das Wesentliche, die »Schöpfung«, seines Sinnes beraubt worden sein. Die Möglichkeit der Trübung und die Klarheit des Wirklichen gehören also gleichermaßen zum Wesentlichen, obwohl sie sich nicht miteinander vereinbaren lassen. Das Wesentliche kann einerseits nicht auf der Hand liegen und augenfällig sein, unmittelbar einsichtig. Sonst wäre es nicht das Wesentliche. Es muss erst geschöpft werden, entdeckt oder aufgedeckt. Man muss außer sich geraten und zu ihm gebracht werden, transportiert. Es muss selbst außer sich geraten und zu sich gebracht werden. Das Wesentliche braucht Zeit. Und doch gibt es andererseits nichts, was an die Stelle des Wesentlichen treten könnte, wenn es um jenes geht, was sich von sich aus offen dem Auge und der Einsicht darbietet, unverfälscht und unverstellt, unmittelbar wie es ist oder in seinem Ansichsein, das keine Umschweife kennt. Das Wesen, dem jeder Transport und folglich jede Gefahr fremd bleiben müssen, hat es auf einen Transport abgesehen und wird deshalb von einem ansteckenden Wahn durchzogen. Es ist Wahnsinn. »Das Wesentliche, seit langer Zeit verdeckt und verborgen, ist offensichtlich die Schöpfung an sich [création en soi]. Das Wort selbst hat durch seine Banalisierung seinen Sinn verloren«, schreibt der französische Theaterregisseur Claude Régy in einem Buch, das Valérie mir geschenkt hat. Die Schöpfung an sich muss erst geschöpft werden, um sein zu können, was sie immer schon ist, Schöpfung an sich. Das Schöpfen – das Entdecken oder Aufdecken – der Schöpfung an sich geschieht jedoch allein in einem Schöpfungsprozess, geht ihm nicht voraus. Unermüdlich kämpft es gegen die Banalisierung, gegen die Verflachung des offen Daliegenden.

»La création en soi« in der Malerei: Valéries Pferdereihe lässt sich als eine Serie von Exemplaren betrachten, die sich in ihrer Vereinzelung unwissentlich um ihre Idee scharen. Die einzelnen Exemplare bilden Gespanne wie im platonischen Mythos, in der Allegorie der dreigeteilten Seele. Geflügelte Pferde, Pferde, die durch die Erwärmung ihre Starre oder ihre Unsichtbarkeit verlieren, durch die Berührung von Pinsel, Farbe und Leinwand, und denen Flügel wachsen. Seelenwahn. Fliegend galoppieren sie zu den Ideen, zu sich selbst als der scheinenden Pferdheit, die einen Pferde, indem sie zunächst noch an sich kleben, am Körper und am Bild, und sich dadurch gerade von der Idee abwenden, vom Wesentlichen, die anderen Pferde, indem sie sich von Körper und Bild gleich freimachen, die Entfernung wahren, beim Schönen weilen, statt sich auf es zu stürzen. Die einen und die anderen kann man aber gar nicht so genau unterscheiden, jedes ist immer auch das andere, weil es keine malerische Erwärmung geben kann, die nicht einerseits an der Materie haftet, um sich anderseits von ihr zu lösen. Das Bild der Malerin ist trüb und leuchtend, hält an sich, »en soi«, und tritt in diesem Ansichhalten heraus, in diesem Widerstand gegen die Preisgabe an die Banalität, ist Schöpfung an sich, »en soi«, ohne jede Beimischung, Ausstellung ihrer selbst und eines Abgebildeten oder eines Geschöpfs.

Und wenn die »Überlagerung von Abstraktion« und »figurativer Entwicklung«, von der Valérie einmal im Zusammenhang mit ihrer Malerei spricht, in der »Schöpfung an sich« ihren Grund hätte? In der Malerei selbst, im Wahn, das das Wesentliche befällt wie alle, die es suchen, im Haften an der Materie, am Körper und am Bild, und in der Loslösung von ihnen, in dem Transport und der Distanz? Transport und Distanz erlauben es Valérie, beim Körper und beim Bild zu bleiben, statt blind in deren Materie unterzugehen. Sie erlauben es ihr, die mannigfaltigen Pferde erscheinen zu lassen, als hätte diese Mannigfaltigkeit, vom schlanken Umriss bis zur pastos fleckigen Dichte, vom Phantomkopf mit gespitzten Ohren hinter wässrigen Stäben bis zu den »Hybriden«, eine hybride griechisch-lateinisch Wortschöpfung für Chimären, jedes Mal etwas mit der Gewalt des Widerstands gegen die Loslösung zu tun, mit der Unberechenbarkeit, die die Materie den Formen auferlegt, dem Bild. Es gibt viele verschiedene Pferde, weil man sich stets, wenn man versucht, das Pferd zu malen, von der Materie loslösen muss, von Pinsel, Farbe und Leinwand, und diese Loslösung nicht naht- und bruchlos vor sich geht. Das gemalte Pferd, das Geschöpf einer wesentlichen Ent- und Aufdeckung, erweist sich als ein Pferd, als dieses oder jenes Pferd.

Auf einer Fotografie trägt Valérie kleine Flügel, gedruckt oder mit Tusche gezeichnet, ausgeschnitten und mit Leim auf Karton befestigt. Sie spielt die Rolle des Künstlers in Schwarz, ein schalkhafter Mime mit einem Henriquatre-Bart, ein Dieb, der keine Spuren hinterlassen will. In einem gemalten Selbstporträt nach Odilon Redon wiederum beugt sich dieser zweideutige Künstler nach vorn und rennt, vielleicht talabwärts, ein gefallener Engel im Trainingsanzug, die rechte Hand vorgestreckt in einer tastend gelenkigen, insektenhaften Haltung oder angehaltenen Bewegung. Hinter ihm, um ihn herum, Wolken oder ein See. Ein blaues Pferd, das sie später malen und das von orangenen Flügeln angetrieben wird, erinnert sich daran, streckt den geneigten Hals weit aus, eine waagerechte Giraffe. Lachen – eigentlich ist es ein Lächeln um die Augen – und Tal liegen beide in Valéries Namen, von einer Konjunktion aufeinander bezogen. Aber die vielen Pferde, die auf ihren Bildern erscheinen, ohne sich in einem Parlament zu sammeln, um ihre Rechte einzufordern, verschwinden stets wieder. Dieses Verschwinden, nicht erst das Tiermotiv, macht die Manege und die »works«, die sie einrichten, »unpolitisch«, wie Valérie es ausdrückt. Denn das Verschwinden ist keine Kriegsverwüstung. Die Bilder prangern nicht expressiv das Leiden der Kreatur an.

Wie verschwinden die Pferde, und wohin? Sie verschwinden durch die Aushöhlung ihrer leer wirkenden Augen. Sie verschwinden, indem ihr Kopf zu einem wild sich drehenden Feuerwerkskörper wird, zu einem wilden Feuerrad, und ihr Schwanz Funken sprüht wie eine Zündschnur. Sie verschwinden, indem von ihrer Körperbewegung nichts übrig bleibt als eines der schwarzen Löcher, die Valérie in ihrer *Série périmétrique* malt, ein abstraktes Auge, das in den unteren Teil des Aquarells gerückt ist, ein

Gesichtsfeld, das das Sichtbare in seiner Umgrenzung geschluckt hat und dadurch unbestimmbar geworden ist, flaumig und unscharf. Sie verschwinden in tunnelartigen Öffnungen, nachdem sie sich zu rotweißblauen oder grüngelben Bällen zusammengeknäuelt haben, zu kondensierten Formen oder Ideen, die aufhören, Formen oder Ideen zu sein, Umrisse, und zu sonnenhaften Farbintensitäten werden. Sie verschwinden durch Metamorphose und Hybridisierung, durch das Vollbringen von Kunststücken: in ihrer weißen Vertikalität kündigen die Selbstbildnisse nach Hugo Ball im Cabaret Voltaire den Phantomkopf eines Pferdes mit gespitzten Ohren an oder warten darauf, ihn in sich aufzunehmen, ihn sich anzuverwandeln. Oder umgekehrt. Die Pferde verschwinden durch das Schelmische, Launenhafte, Wunderliche, Spinnige, Diebische der Bilder. Sie verschwinden im Witz, im Geistreichen, im »esprit«. »Wenn man ausspart«, schreibt wiederum Régy, »entwickelt sich ein Geist [esprit], weil er Raum dafür hat.«

Das geistreich Schelmische stammt von Valéries »création en soi«, ist in dieser Formulierung bereits enthalten, als würden der Name, Valérie, und das namenlose »An sich«, die Schöpfung des Pferdes überhaupt, der Pferdheit, die unüberwindliche Grenze überschreiten, die sie trennt. Das geistreich Schelmische ist eine Art und Weise, wie sich der Selbstwiderspruch manifestiert, der das Wesentliche heimsucht – es darf nicht erscheinen, es muss erscheinen –, die Widerwendigkeit im »An sich« der Schöpfung, die Verräumlichung, die Selbstwiderspruch und Widerwendigkeit zeitigen. Valérie zieht gleichsam vor der unvermeidlichen Banalisierung den Hut – Pferde! Geschichte der Malerei von den Urhöhlen bis ... ! – und hat sich schon mit ihren Bildern, ihren Gemälden, aus dem Staub gemacht, um es wohl woanders noch einmal zu versuchen, zwischen Verborgenheit und Entdeckung, in der Verschmitztheit als Wendung oder Beugung oder Neigung der bildhaften Erscheinung, als Pathosentzug der »Schöpfung an sich«, la Val qui rit, une Walkyrie pour rire qui file sur le dos de son cheval.

Vorbemerkung

Nach meinem zweiten Besuch von Valérie Favres Ausstellung *Am Tisch* in der Galerie Barbara Thumm, der einen weiteren, ganz anderen Eindruck als den bei der Eröffnung vermittelte und mich darin bestärkte, endlich einen Text über Favres Malerei zu schreiben, traf ich im Treppenhaus meine Nachbarin Paulina Ochmann, eine Kunsthistorikerin, der ich von meinem Vorhaben berichtete und die mich darin bestärkte, ja mir auf der Stelle anbot, da sie eine Studentin Favres kenne, die Verbindung zur Malerin herzustellen, deren Schaffen ich seit ihrer Ausstellung im Haus am Waldsee verfolge.

Ich zögerte, bin ich doch nicht jemand, der Person und Werk in eins setzt und immer den Menschen hinter einem Werk zu erkennen sucht, sondern ich begreife das Werk als eigenständigen Kosmos, der zweifellos die Täterin übersteigt. Daher musste meine Nachbarin mehrfach nachfragen, ob ich Favre denn schon kontaktiert hätte, bis ich es schließlich tat. Wir vereinbarten ein Treffen in ihrem Atelier im Wedding und an dessen Ende bereits das nächste, an das sich über mehrere Jahre in recht unterschiedlichen Abständen weitere Gespräche anschlossen, die wir aufzeichneten.

Wenn man Valérie Favre eine Frage stellt, setzt sie zu mehreren Antworten an, von denen sie eine ausformuliert, um dann einen ihrer zuvor abgebrochenen Sätze aufzugreifen und auszusprechen, was ihr da gleichzeitig in den Kopf geschossen ist. So liefert sie Anknüpfungspunkte für weitere Fragen und Themen, denn hinter jedem begonnenen Satz verbirgt sich sehr wohl eine weitere mögliche Antwort, ein weiterführender Einfall, offensichtlich die Eigenart einer Malerin, die sich, wenn auch passionierte Leserin, nicht dem Hintereinander der Sprache unterwerfen, sondern sich in der Gleichzeitigkeit der Leinwand ausdrücken will.

Während ich bei der ersten Begegnung vor allem Fragen über die Serie *Am Tisch* und deren Bezug zu Pierre Bonnard stellte, gab es in den folgenden Gesprächen keine Festlegungen, gingen wir ebenso von Alltäglichem wie Reflexionen über Malerei und Literatur im Allgemeinen oder von einzelnen Werken und Zyklen Favres und deren Zusammenhängen aus. Die Treffen bekamen mit der Zeit mehr Kaffeehauscharakter, der Weißwein trug dazu bei, dass die Gespräche länger wurden, weniger deren Stringenz, was die Voraussetzung gewesen wäre, sie direkt in ein Buch zu übertragen. Die auf Französisch geführten und ins Deutsche übertragenen Gespräche wurden also geordnet, kondensiert, Gesagtes neu besprochen, in mündlichem oder schriftlichem Austausch; was dem unruhigen, wendigen Geist der Malerin insofern entgegenkam, als sich ihr die Gelegenheit bot, das, was sie gesagt hatte, infrage zu stellen, könnte alles doch ganz anders sein, von einem anderen Blickwinkel beleuchtet, in einem anderen Licht gesehen werden. Wie Favre ihre Bilder übermalt, wurde der Text überschrieben. Daher mögen Sprünge, Kürzen oder Längen im Text kommen, die aber das heterogene Gebilde ausmachen. Manche sprachliche Eigenheiten im Deutschen von Valérie Favre wurden beibehalten.

Axel Ruoff

I DIE AUSGELÖSCHTE TOCHTER
Kindheit/Jugend: Schweiz (1959–1973)

AR In Texten über Ihre Bilder ist immer wieder von Märchen die Rede. Haben Sie als Kind viele Märchen gehört?
VF Nicht sehr viele, meine Eltern haben sich kaum mit uns beschäftigt, aber wenn es Schlafenszeit war.
AR Haben Ihnen Ihre Eltern vorgelesen?
VF Eine Weile meine Mutter jeden Abend eine Geschichte aus einem Buch mit 365 kleinen Geschichten. Das wiederholte sich jedes Jahr, drei oder vier Jahre lang.
AR Was sind starke Eindrücke aus Ihrer Kindheit?
VF Die Welt der Vorstellungskraft, die Stille des Hauses waren sehr stark. Viel wurde in meiner Familie verschwiegen, aber es wurde zum Beispiel erzählt, dass mein Urgroßvater väterlicherseits um 1900 ein Jäger in Afrika und Südamerika gewesen war, was sich als richtig herausstellte. Es wurde von einem ausgestopften Gorilla erzählt, der im Esszimmer auf der Anrichte gestanden hatte und im Garten vergraben worden war. Meine Kindheit bestand zum Teil darin, diesen Gorilla zu suchen. Das Haus war sehr groß für ein Kind und erfüllt von Erinnerungen an Geister, die es vor meinen Eltern bewohnt hatten. Gemälde trafen auf exotische Jagdtrophäen. Ein großes Wohnzimmer, das von einer großen Bibliothek und einem Flügel dominiert wurde, war der Ort, an dem die Kinder schweigen mussten. In meiner Kindheit gab es Fantasiegeschichten, die aber eben auch sehr real waren. Gleichzeitig habe ich mir viele Geschichten selbst erzählt, in der Natur, wo es den Gesang der Vögel, viele Gerüche usw. gab.

AR Was für eine Art von Natur war das?
VF Ein Vorort von Biel. 1959 war es noch ländlich, nebenan war ein Bauernhof mit Kühen auf der Weide.
AR In einem Katalog habe ich die Geschichte mit den Schnecken gelesen, die nicht ins Haus durften. Für mich ist die Frage, woher bestimmte Bilder kommen, bestimmte Obsessionen. Wenn ich als Kind einen Gorilla oder etwas Ähnliches sehe, ist das ein sehr starkes Bild, das man nicht vergisst.
VF Ich habe ihn nicht wirklich gesehen, man hat mir davon erzählt und es gab ein Foto in einem Afrikafotoalbum, in dem ich oft geblättert habe. Die Idee war also, auf Schatzsuche zu gehen, den Gorilla zu suchen. Ganz hinten im Garten gab es ein Gebüsch vor einer Mauer, und darunter war der Gorilla begraben.
AR Es war also eine imaginäre Suche.
VF Wahrscheinlich hat die Suche nach den Überresten dieses ausgestopften Gorillas, also die Suche nach dem Unmöglichen, eine Möglichkeit der Fiktion geschaffen, denn sehr schnell verstand ich, dass ein ausgestopftes Tier unter der Erde sich nicht halten kann. Außerdem war es für mich immer wieder eine Überraschung, wenn ich Wurzeln von Bäumen mit Gorillaknochen verwechselte, nach denen ich mit der Schaufel im Gestrüpp gegraben und von denen ich auch geträumt habe.

Ich erinnere mich noch sehr gut an die Zeit, in der sich vieles für mich verändert hat. Die Welt des Imaginären wurde zu einem realen Erkundungsgebiet, das in meinem Kopf sehr lebendig war.
AR Können Sie den Garten Ihrer Kindheit beschreiben? War er groß?
VF Für mich riesig. Es gab Obstbäume und andere Bäume, eine sehr schöne Trauerweide, ein Bonnard-Baum. Dann gab es ein Nebengebäude, in dem oben eine sehr alte Frau wohnte, und unten gab es neben der Garage einen leeren Pferdestall. Die Schnecken waren zahlreich und ich hatte viel Spaß mit ihnen, für sie etwas zu bauen, Städte und Dörfer aus toten Zweigen und kleinen Brettern, umgeben von Palisaden aus Stöcken, die dem Angriff der freiheitsliebenden Schnecken nicht lange widerstanden haben. Ich hatte eine sehr einsame Kindheit, das war irgendwo ein Glück, denn so habe ich mein Leben entwickeln können.
AR Kennen Sie die Geschichte Ihres Urgroßvaters, des Jägers?
VF Er hatte mit seinem Bruder die Uhrenfabrik Marc Favre Frères in Cormoret gegründet. Der Bruder war auch Jäger. Die ganze Familie war im Uhrengeschäft. Die Gebrüder Favre haben ganz

klein im Jura angefangen, wo die Bauern im Winter Uhren herstellten. Mit der Zeit hat sich die Familie geteilt, die Brüder haben sich getrennt und mein Urgroßvater hat alleine weitergemacht.

AR Und die Familie Ihrer Mutter?

VF Meine Urgroßmutter kam aus Zürich. Sie hat in Paris einen Deutschschweizer geheiratet, einen Ingenieur, der Turbinensysteme erfunden hat, um mit den Gezeiten Strom zu gewinnen. Heute wäre das top.

AR Die Großeltern haben keine große Rolle gespielt?

VF Affektiv vor allem meine Großmutter mütterlicherseits, Lili. Sie war eine seltsame Frau, die nie etwas aß. Ich habe sie nie etwas essen sehen. Sie war extrem dünn. Sie kümmerte sich lange um mich. Ich weiß nicht warum, aber ich war viel bei ihr, als ich klein war. Wir hatten eine sehr gute Beziehung.

AR Sie sind in Evilard aufgewachsen?

VF Wir haben auf dem Dorf gewohnt, oberhalb von Biel. Es war die ganze Zeit im Nebel oder darüber, man sah praktisch nie das Tal mit dem Bielersee. Es war die Unendlichkeit, wunderschön und seltsam zugleich, entweder man sieht sehr weit oder nichts. Ganz weiß.

AR Wie war es dann in der Grundschule?

VF Ich wurde sehr spät sozialisiert. Mit sieben Jahren war ich noch alleine in diesem Garten, in diesem Haus, und habe alleine viele Dummheiten gemacht. Ich bin spät in die Schule gekommen. Die Sozialisierung war brutal, denn ich habe nicht gut verstanden, wie man sich in der Schule verhalten musste. Anfangs war ich sehr schlecht, wohl Legasthenikerin. Aber damals wurde das nicht untersucht, man hielt mich für den Dorftrottel.

AR Wie lange waren Sie in dieser Dorfschule?

VF Von sieben bis zehn Jahren. Es gab vier Klassenzimmer, zwei für die Westschweizer, zwei für die Deutschschweizer, weil Biel in zwei Sprachen geteilt ist, Französisch und Schwyzerdütsch. Die erste Klasse bis zur letzten lernte zusammen. Der Lehrer in einem weißen Kittel war sehr streng und verteilte Strafen.

AR Wie funktionierte das mit den verschiedenen Jahrgängen?

VF Der Lehrer brachte einem Teil der Klasse das Schreiben bei, den anderen Teil unterrichtete er in Geografie, in einem Klassenzimmer die erste bis zur sechsten Klasse und im anderen die letzten Jahre. Es gab neun Jahre Schule. Alles war also ein bisschen chaotisch. Ich hatte immer große Angst, zum Unterricht zu gehen, es war ein gewalttätiger Ort. Zu dieser Zeit habe ich angefangen, viel zu zeichnen.

AR Gab es andere Fächer, die Ihnen zugesagt haben?

VF Diese Schule bot eine außergewöhnliche Fluchtmöglichkeit. Botanik- und Naturkundeunterricht hatten wir draußen, wir haben Blumen und Bäume angeschaut und gezeichnet, Pflanzen gesammelt und Herbarien angelegt. Und im Sportunterricht haben wir auch Orientierungslauf gemacht, das heißt, wir hatten eine Karte und mussten uns in Gruppen stundenlang im Wald zurechtfinden.

AR Diese Ausflüge machte derselbe Lehrer mit der altersgemischten Klasse?

VF Ja, mit der ganzen Klasse. Im Musikunterricht haben dann alle zusammen gesungen, mit einem Harmonium. Auf dem Schulfest im Sommer tanzten die ganz Kleinen als Blumen verkleidet einen Reigen, während wir Chöre gesungen haben. Der Inhalt dieser Lieder war die Schönheit des Landes und die vier Jahreszeiten. Wir sangen auch andere Hymnen an die Natur, alle im Chor um das ein wenig verstaubte Harmonium.

AR Aber gab es Freundschaften zwischen den Gruppen?

VF Es gab kleine Kriege zwischen den Deutsch- und Westschweizern, auf deren Seite ich war. Morgens bin ich zu Fuß zur Schule gegangen. Der Weg war nicht sehr weit. Und es gab eine kleine Straße, die ich unbedingt nehmen musste. Sie führte an einer Metzgerei vorbei, wo montags Kühe und Schweine geschlachtet wurden. Manchmal sind die großen Jungen gekommen, um mir Angst zu machen. Sie haben mich gegen das Gitter gedrückt und ich musste mitansehen, wie ein Tier erschossen wurde, das Blut, das Schreien des Schweins, das Leiden und wie dann der Körper mit großen Haken nach oben gezogen wurde. Das Tier bewegte sich noch und der Betonschacht war voll von Blut. Dann öffnete man den Bauch mit all den Gerüchen von Scheiße, Blut und den Eingeweiden. Und die Farben der Eingeweide! Ich war vielleicht drei Meter entfernt und konnte mich nicht bewegen. Das war die Gewohnheit der Jungen, ein wenig wie die Ragazzi in Pier Paolo Pasolinis Film *Accattone*.

AR Wie war Ihr Blick auf die Deutschen?

VF Damals haben wir in einer Gruppe von Franzosen gelebt. Das hat sich nicht gemischt. Oft waren es die Indianer gegen die Cowboys, es gab Prügeleien. Wir gingen mit Tipis los, um Feuer zu machen und Cervelats im Wald zu grillen. Das war ein wildes, aber freies, reiches Leben. Es war lustig, aber es gab echte Feinde.

AR Um Evilard gibt es also viel Wald. Ist das ein starker Eindruck aus der Kindheit?

VF Ja, viele Wälder und Weiden.

AR Ihre Eltern waren berufstätig?

VF In Evilard hat meine Mutter nicht gearbeitet. Das war sehr oft so für Frauen, das Ziel war, sich zu verheiraten und Kinder zu bekommen. Mein Vater hat in Biel gearbeitet.

AR Hatte Ihre Mutter eine Ausbildung?

VF Nein. Aber nach der Scheidung hat sie eine Ausbildung zur Bibliothekarin gemacht.

AR Ihr Vater war Uhrmacher. Muss man sich ein Uhrengeschäft mit einer Werkstatt vorstellen, in der Reparaturen gemacht wurden?

VF Mein Urgroßvater war Uhrmacher und kam aus einer Familie von Uhrmachern. Mit der Zeit ist er zu einem Industriellen geworden. Was ich mit der Uhrmacherei verbinde, ist jemand, der die Zeit kontrollieren will und nicht in der Gegenwart leben kann. Die Tatsache, dass mein Vater in ständiger Sorge gelebt hat und von Pünktlichkeit besessen war, muss die Beziehungen von uns allen in der Familie und vor allem zu ihm beschädigt haben. Ich erinnere mich aber daran, dass mein Vater mir einmal gezeigt hat, wie man Pappeln malt, das war noch in Evilard. Das ist eine der seltenen schönen Erinnerungen an meinen Vater.

Meine Eltern sind 1959 in das Haus meines Onkels Robert eingezogen, des Bruders meines Großvaters, der gerade Selbstmord begangen hatte. Mir wurde später erzählt, dass er schwul gewesen sei, was zu dieser Zeit ziemlich schwierig zu leben war, zumal er eine wichtige Führungsposition in der Familienfabrik innehatte, die sich dem Konsortium von Uhrenherstellern Société Suisse pour l'Industrie Horlogère angeschlossen hatte, Omega, Tissot und all diesen großen Schweizer Uhrenfirmen.

AR Also wurde das Familienunternehmen …

VF … von diesem großen Konzern übernommen. Marc Favre war wie gesagt der Name der kleinen Uhrenfabrik in Cormoret im Schweizer Jura, die mein Urgroßvater und sein Bruder zusammen hatten. Sie haben sich aber zerstritten und mein Urgroßvater hat die Fabrik übernommen. Sein Bruder ist nach Frankreich gegangen, um in der Nähe von Genf Weinbau und Landwirtschaft zu betreiben. Das sind die Favres.

Das Unglaubliche ist, dass ich in Paris die Linie dieses Bruders wiedergefunden habe. Lise Favre, eine der ersten Botschafterinnen der Schweiz, war damals noch Kulturattaché an der Schweizer

Botschaft in Paris, wo ich sie in den 1990er-Jahren zufällig getroffen habe. Mein Pass war gestohlen worden. So haben sich Linien der Urgroßväter in Paris wiedergetroffen, und es entstand eine wunderbare Freundschaft. Lise ist meine Urgroßkusine, die Favre-Linie des Bruders meines Urgroßvaters Marc.

AR Ihr Urgroßvater und sein Bruder hatten die Fabrik gegründet, die dann mehrere Generationen in Familienbesitz war. Und dieses Unternehmen wurde dann verkauft?

VF Das weiß ich nicht. Die Fabrik wurde nach Biel verlegt. Ich habe Erinnerungen an ein kubisches Gebäude aus den späten 1950er- bis frühen 1960er-Jahren, Glasarchitektur kombiniert mit dunkelblauen Metallplatten. In dieser Fabrik, die mein Vater, der auch Marc hieß, leitete, gab es unterirdische Gänge, es roch nach Öl und man sah die Leute an kleinen Maschinen arbeiten und viele Dinge von Hand zusammensetzen.

AR Die Fabrik, die in ihrer Familie eine so große Rolle spielte, hat jedenfalls vor dem Konkurs gestanden und wurde von Omega übernommen, wenn ich das richtig verstehe. Das hatte wohl mit der Schweizer Uhrenkrise zu tun, der sogenannten Quarzkrise. Von 1970 bis Anfang der 1980er-Jahre ist, wie ich in Erfahrung bringen konnte, die Zahl der Uhrenunternehmen in der Schweiz, wie auch die Zahl der dort Beschäftigten, auf ein Drittel zurückgegangen. Anders als amerikanische und japanische Unternehmen haben die Schweizer Unternehmen sich nicht auf die Herstellung von Quarzuhren konzentriert, sondern sind der traditionellen Mechanik treu geblieben.

VF Dass die Familienfabrik, wie überhaupt viele kleinere Unternehmen, vor dem Ruin standen, hatte schwerwiegende Folgen für meine Familie und war wahrscheinlich auch der Grund für die Depression meines Vaters. Aber darüber wurde nie mit den Kindern gesprochen. Er war starker Alkoholiker und hatte große Ängste. Einige Jahre später ließen sich meine Eltern scheiden. Das war vor allem der Wunsch meiner Mutter, sie wollte endlich ihr Leben leben. Wir Kinder waren jetzt groß genug, ich war bereits in Genf, mein Bruder und meine Schwester wurden in Privatschulen gesteckt, damit sie die Scheidung so gut wie möglich schluckten. Mein Großvater hat zu dieser Zeit übrigens noch gelebt. Es kam zu einer großen Krise zwischen Vater und Sohn, die zweitweise in demselben Haus gelebt haben. Mein Großvater ist dann in sein altes Haus zurückgekehrt und von der Terrasse seines Hauses die Felswand hinuntergesprungen, wo der Zug von Genf nach Zürich fährt.

VF Mein Vater ist 1992 gestorben, er ist an einem Stück Gruyère erstickt.
AR An Schweizer Käse?!
VF Das Interessante ist, dass ich nicht einmal weiß, wo mein Vater begraben ist. Seine neue Frau ist mit der Asche abgehauen.
AR Und Sie wissen nicht, wo Ihr Vater begraben ist?
VF Nein, sie hat es uns nicht gesagt. Das ist fast wie in *Die menschliche Komödie* von Balzac. Wegen des Todes meines Vaters bin ich mehrmals in die Schweiz zu meiner Mutter und meiner Schwester zurückgekehrt, die in einer Art Symbiose in der Wohnung gegenüber meiner geliebten Großmutter gelebt haben. Ich habe damals nicht gewusst, dass sie sich einige Monate später das Leben nehmen würde. Sie war seit Jahren fast blind und hatte aber nicht ihre Selbstständigkeit verloren. Aber ich frage mich immer noch, ob das ein Grund war, sich das Leben zu nehmen. Ich wurde übrigens erst eine Woche nach ihrer Beerdigung über ihren Tod informiert. Ein weiterer Grund, mich noch weiter von meiner Familie zu entfernen und mein Leben alleine weiterzuführen.
AR Haben Sie Erinnerungen an Ihren Großvater?
VF Mein Großvater, der Bruder von Onkel Robert, war auch in der Fabrik, bevor er gestorben ist. Sie haben ein Chalet in Schönried, einem Vorort von Gstaad, gebaut. Die Bauarbeiten dauerten ein oder zwei Jahre. Da war ich vielleicht fünf oder sechs Jahre alt. Meine Eltern, meine Schwester und ich waren dort zum Skifahren, und wir haben, bevor das Chalet fertig war, in einem sehr schönen Hotel in Schönried gewohnt, wo ich zum Beispiel mit Caroline von Monaco gespielt habe. Das war ganz normal. Es war ein großer Wechsel zwischen dieser sehr gut erzogenen und reichen Welt und der anderen gewalttätigen auf dem Dorf, in Evilard. Später habe ich in dem Chalet Theaterstücke für meine Eltern geschrieben.
AR Das waren Märchen?
VF Es war die Geschichte einer Familie mit Kindern wie wir, die sich die ganze Zeit vor den Eltern stritten, die immer um Ruhe gebeten haben. Es war das Ritornell meines Vaters, bloß keinen Lärm zu machen. Das ist wahrscheinlich der Grund, warum ich Stille mag.
AR Und Sie haben dort Skifahren gelernt?
VF Die Skischule fand jeden Tag am Morgen statt, aber ich konnte die Kälte nicht ertragen. Ich friere sehr schnell. Damals waren die Pisten noch nicht wie heute. Die Ski hatten nur eine Art Spanner,

was sehr gefährlich sein konnte. Die Lederschuhe mit Schnürsenkeln waren schnell durchnässt und die Wollhandschuhe gefroren, man konnte die Hände nicht mehr bewegen. Eines Tages war mir so kalt, dass ich von dem verhassten Skikurs abgehauen und zum Chalet gefahren bin, das aber verschlossen war. Weil mir so kalt war und ich mich nicht aufwärmen konnte, bin ich im Schnee eingeschlafen. Meine Mutter hat die Skier gesehen, hat gesehen, dass da jemand im Schnee neben der Hütte liegt. Ich wusste nicht, was passiert war, und war dem Tod nahe. Wenn ich noch eine Stunde länger draußen geblieben wäre, hätte man mich wohl nicht mehr zurückholen können. Als ich das Foto von Robert Walser gesehen habe, wie er tot im Schnee liegt, dachte ich mir, das bin ich, vor langer Zeit.

VF Zu Weihnachten habe ich eine seltsame E-Mail bekommen. Eine Frau hat mir ein Foto von einem Kind geschickt und auf Französisch geschrieben: »Ich habe auf dem Flohmarkt ein Buch von Alphonse Daudet gekauft und darin Fotos von einem Kind gefunden, auf denen hinten Valérie Favre steht.«
AR Hat Sie das Buch an etwas erinnert?
VF Nicht das Buch, aber der Einband. Der Schnitt war vergoldet, der Buchrücken aus Wildleder und die Buchdeckel waren marmoriert, diese Technik mit venezianischen Tinten, sehr schöne Voluten, herrlich. Das ist eine Technik, die ich für die Serie *Balls and Tunnels* verwende und die ich in meiner Kindheit gesehen habe. Ich bin sehr gerne in die Bibliothek in unserem Haus in Evilard gegangen. Als ich mir all diese Bücher angeschaut habe, konnte noch ich aber noch nicht lesen. Es gab Bilder, die mir Angst gemacht haben. Zum Beispiel im Fotoalbum meines Urgroßvaters gab es eine afrikanische Frau, deren riesige Brüste bis zum Boden reichten, wohl wegen einer Krankheit. Als ich darauf gestoßen bin, war das ein Schock für mich, ich war noch sehr klein und wollte mir danach immer wieder dieses Bild ansehen. Damals wusste ich nicht, was ich war, ich dachte, ich wäre vielleicht ein Junge, jedenfalls kein Mädchen.
AR Es waren also auch die Illustrationen in den Büchern, die Sie faszinierten. Waren das Tuschezeichnungen oder Stiche?
VF Es gab Drucke im Stil von Gustave Doré oder den Illustrationen in den Büchern von Jules Verne, so Abenteuersachen. Aber ich habe eher Erinnerungen an Farben wie diese Marmorierung. Das war die Außen- oder Innenseite des Bucheinbandes, manchmal beide.

AR Haben Sie Erinnerungen, welche Bücher das waren?

VF *Die Schneekönigin*, in einem dicken Band. Viel später konnte ich die Memoiren von Casanova retten, das *Musée imaginaire* von André Malraux, das damals noch nicht so bekannt war, also Bücher von immenser Bedeutung; aber auch viele Kunstbücher, die meine Mutter später verkauft hat. Wenn man früher eine Monografie über einen Künstler gemacht hat, Auguste Renoir, Pablo Picasso usw., wurden die Gemälde eingeklebt, die man so in besserer Qualität sehen konnte als in einem Buch, das in vielen Exemplaren aufgelegt wurde. Diese Bände habe ich mir als Kind viel angeschaut. Ich habe gedacht, dass es Briefmarken sind. Wenn man in der Bäckerei nämlich Bonbons gekauft hat, hat man immer Etiketten mit Affen und anderen Tiere bekommen, die man in ein großes Buch einkleben konnte. Und am Ende, wenn das Buch voll war, gab es eine Überraschung.

AR Es waren Tiere, die Sie in das Heft geklebt haben?

VF Das war ein kleiner Bonus. Also dachte ich, in den Büchern ist es das Gleiche. Sie haben mir eine mentale Welt eröffnet. Damals lag das Wissen über Kunst in den Augen, weil ich im Haus viel zu sehen hatte. Für ein Kind war das wirklich großartig. All diese Entdeckungen machte ich die meiste Zeit allein in dem Haus, das so still war.

AR Es gab also Geheimnisse, das Unerklärte und den Wunsch, es zu betrachten. Sie hatten ziemlich früh eine Schule der Augen, dank der Bücher Ihres Onkels Robert. Gibt es Erinnerungen an bestimmte Bücher?

VF Sehr stark an den Geruch. Den Staub, weil die Bücher nicht oft geöffnet wurden. Oben konnte ich natürlich nicht hinkommen, deshalb war der Zugang immer sehr eingeschränkt.

AR Aber Sie durften sie sich ansehen?

VF Vor allem *National-Geographic*-Hefte. Mein Vater hatte ein Abonnement, wie auch schon mein Großvater und Onkel Robert. Gegenüber dessen Büchern stand ein weißer, nicht so nobler Bücherschrank, in dem sich die Hefte angesammelt hatten. Die liebte ich auch.

AR *National Geographic*, das war auch mit eingeklebten Fotos?

VF Nein. Wie auch heute noch waren es Reportagen. Ich erinnere mich daran, dass ich von Städten unter Wasser geträumt habe, die Jacques Cousteau oder andere Anfang der 1960er-Jahre gebaut haben, mit kleinen U-Booten und Häusern mit Säulen.

AR Für die Forschung?

VF Und wahrscheinlich auch, um dort zu leben. Ich habe mich dorthin geträumt.
AR Wann hat Ihre Mutter die Bücher verkauft? Als Sie von Evilard nach Neuchâtel gezogen sind?
VF Ich glaube, ein Teil der Bibliothek wurde bereits da verkauft und der Rest nach der Scheidung. Ich erinnere mich auch an einen Steinway. Zwischen der *National-Geographic*-Sammlung und der Bibliothek stand ein Steinway, der nie benutzt wurde. Wahrscheinlich hat Onkel Robert Klavier gespielt. Das war in Neuchâtel alles weg. Außerdem wurden die ausgestopften Tiere weggeworfen.
AR Neben dem Haus in Evilard und dem Chalet gab es noch andere Häuser der Familie?
VF Onkel Robert hatte das Haus, in dem ich meine Kindheit verbracht habe, meine Großeltern ein wunderschönes Haus in Biel, auf einem Felsen wie bei James Bond. Alles aus den 1920er- und 1930er-Jahren, ein architektonisches Juwel. Und sie hatten noch ein Haus am Genfer See in Buchillon, mit einem Segelboot. Es gab einmal ein großes Vermögen, ich kann es nicht leugnen.

All diese Häuser wurden nach und nach verkauft. Was mir bleibt, sind die Erinnerungen an verlorene Orte der Kindheit. Es hat mir wahrscheinlich den Anstoß gegeben, eine eigene Geschichte zu bauen. Dieser Ehrgeiz, eine Spur, eine fiktive Erinnerung durch meine Malerei zu hinterlassen.
AR Ihre Eltern sind nach Roberts Selbstmord in sein Haus gezogen, eigentlich dem Ihres Urgroßvaters?
VF Von Marc Favre, der Uhren hergestellt und den Gorilla gejagt hat. Er wurde fast von einem Krokodil gefressen, das ihm das halbe Bein abgebissen hat. Er starb an Wundbrand, Robert hat das Haus übernommen.
AR Also waren die Möbel und Bücher ein Erbe des Urgroßvaters?
VF Zum Teil vielleicht. Auf jeden Fall die Fotoalben. Aber nach dem, was man erzählt hat, war Robert der große Sammler und Bücherliebhaber.
AR Also stammt das Buch von Alphonse Daudet mit dem Foto des kleinen Mädchens vielleicht aus Onkel Roberts Bibliothek.
VF Ich erinnere mich an die Trödler, die kamen, als wir umgezogen sind.
AR Wie muss man sich die Sammlung von Onkel Robert vorstellen?
VF Es gab ein paar Bilder und Skulpturen im Haus, vor allem ägyptische Figuren aus Stein. Das waren Originale, die mein Vater

später einem Museum übergeben hat. Ein Torso im Stil von Aristide Maillol stand in der Küche. Und es gab zum Beispiel Druckgrafiken von Piranesi, Pierre Bonnard und Édouard Vuillard und Schweizer Malerei, klassische Landschaft.

AR Gibt es ein Bild, das Sie besonders beeindruckt hat?

VF Eine Lithografie von Odilon Redon, die im Esszimmer hing. Beim Mittagessen durften die Kinder nicht sprechen.

AR Und Redon war Ihr Blick beim Essen?

VF Ich war auf dieses Bild fixiert.

AR Können Sie es beschreiben?

VF Eine Lithografie, schwarz-weiß: *Pégase*. Ich habe nicht verstanden, wo das Pferd war. Ich konnte Pegasus nicht finden und sah nur eine formlose schwarze Masse.

AR Aber woher wussten Sie, dass Pegasus …?

VF Weil man es mir gesagt hat. Es war toll, weil er nicht da war. Er war da, ohne da zu sein. Das hat mich geformt. Es war ein Zufluchtsort. Das war für mich ein Ruf.

AR Das hat viel mit Ihrer Malerei zu tun. Das ist fast wie das Rätsel Ihres Lebens: Wo ist das Pferd? Was passiert da mit der Form und Farbe? Wie kann eine Form da und doch nicht da sein?

VF Die Symbolik, der Pegasus bedeutet, dass man fliegen könnte. Der Engel, den ich gerade male, kann nicht fliegen. Die Füße sind an der Decke befestigt, er hängt mit dem Kopf nach unten. Das ist der Status quo, also auch politisch gesehen. Wenn man so hängt, kann man nichts mehr machen, wie ein Vogel in der Kiste. Das ist ein Paradox: dieser Engel und Pegasus. Er steht für die Mythologie, Parallelwelten, Träume, die Möglichkeit, dass die Welt nicht nur schlecht ist oder eben auf andere Weise existiert. Das ist alles miteinander verbunden.

AR Sie haben gesagt, dass Sie in der Schule viel gezeichnet haben. Gibt es Zeichnungen, an die Sie sich erinnern?

VF Meine Mutter hat alles weggeworfen. Ich habe leider nichts mehr. Aber vielleicht ist es gut, leicht zu sein. Meine Mutter hat mir gesagt: »Du hast immer Schwarz gezeichnet.«

AR Wirklich? In meinem Roman *Apatit* zeichnet die Hauptfigur als Mädchen auch nur Schwarz.

VF Ich glaube, ich mochte schwarze Zeichnungen, ganz in Schwarz. Außerdem waren die schwarzen Stifte weicher im Kontakt mit dem Papier. Vielleicht war ich einfach nur faul, mir eine Welt in Farbe vorzustellen und den Stift zu wechseln.

AR War das vor der Schule?

VF Die Schule kam danach, eine Art zweite Geburt in der Welt. Brutal. Eine Sozialisierung, ohne vorbereitet zu sein. Ich erinnere mich an Gouache. Überall gab es Töpfe damit, Braun, Rot und Gelb. Da waren wir sehr frei. Zu Hause war es sehr streng, kein Recht zu irgendetwas, ich musste meine Aufgaben erledigen. Und meinem Vater war es egal, ob ich in der Schule gut oder schlecht war. Für ein Mädchen war das sowieso nicht wichtig. Dann hat der Lehrer gesagt: »Valérie ist Legasthenikerin, sie versteht nicht viel, kann nicht lesen, nicht schreiben.« Da war ich sieben und musste mich erst mal an all die anderen Schüler und das Durcheinander in der Klasse gewöhnen. Meine Mutter hat mich ein- oder zweimal zu einem Psychologen gebracht. Der hat gesagt, ihre Tochter hat einen hohen IQ.
AR Aber es ist nichts passiert?
VF Nein. Es war eine andere Zeit. Das wäre heute undenkbar, einen solchen Unterschied zwischen Mädchen und Jungen zu machen. Mein Vater erwartete einen Jungen, also war ich eine zu vernachlässigende Größe. Im Nachhinein sehe ich, welche Kraft es mir gegeben hat, mir den Respekt meines Vaters zu erzwingen.
AR In der Grundschule haben sie mit Gouache gemalt?
VF In Evilard. Da habe ich gezeichnet. Wir sind im Sachkundeunterricht in den Wald gegangen, haben Blumen geholt und sie gezeichnet. Das war interessant, weil wir von der Beobachtung ausgegangen sind. Jeder von uns hatte eine Blume, die er zeichnen musste. Und dann gab es den offenen Zeichenunterricht.
AR Gab es keine Fortsetzung zu Hause?
VF Ich kann mich nicht mehr erinnern. Und es ist nichts mehr da, keine Hefte oder Zeichnungen.
AR Jedenfalls war es Ihr Lieblingsfach?
VF Das war der Moment, an dem ich glücklich war. Zu Hause wurde nicht gezeichnet, meine Mutter hat mir Kinderbücher gezeigt. Da ich anfangs große Schwierigkeiten mit dem Lesen hatte, musste ich stundenlang üben. Meine Mutter und ich saßen in dem großen Flur im ersten Stock an einem runden Tisch, mit einer schrecklich gemusterten, himmelblauen Tischdecke. Ich glaube, wir blieben dort den ganzen Nachmittag und haben Silbe für Silbe, Wort für Wort entziffert. Das kleine Buch *La chèvre de Monsieur Seguin* von Alphonse Daudet war der Wendepunkt, die Buchstaben haben sich plötzlich zusammengesetzt und ich bin in der Sprache geschwommen. Danach habe ich sehr schnell und gerne gelesen. Es war ein Tor zu einer endlosen Welt voller Abenteuer und Wissen.

AR Es gibt gestrickte oder gehäkelte Arbeiten von Ihnen.
VF Die Mädchen mussten in der Schule Nähen und Stricken lernen und, wenn sie etwas älter waren, in den Hauswirtschaftsunterricht gehen. In Evilard hatten wir einmal pro Woche Handarbeiten, die Jungen Werken. Wir mussten etwas mit weißer Wolle stricken. Bei mir wurde das immer schnell eher grau ... Im Kanton Bern musste ich zuerst Nähen lernen. Als ich im Collège du Mail in Neuchâtel war, lernte man auch kochen. Ich hatte bereits die Unterschiede in der Erziehung von Jungen und Mädchen erkannt. Mir wurde klar, dass ich im familiären Umfeld wie in der Schule nur ein Mädchen war. In dieser Zeit wurden viele der Mädchen vor allem auf das Eheleben mit dem Ziel der Mutterschaft vorbereitet. Ich empfand es als eine tiefe Ungerechtigkeit, dass Jungen mehr Bewegungsfreiheit hatten als Mädchen, für die alles viel schwieriger zugänglich war. Vielleicht reden wir noch später darüber, aber schon nach zwei Worten habe ich gespürt, dass dieses Leben der zukünftigen, gut formatierten Frau überhaupt nicht zu mir passte. Man hatte übrigens keinen Zugang zum Abitur, wenn man nicht die Bescheinigung hatte, dass man drei Schuljahre jeden Mittwochnachmittag am Hauswirtschaftsunterricht teilgenommen hatte.
AR Nach der Grundschule sind Ihre Eltern nach Neuchâtel umgezogen.
VF Alles wurde verkauft. Wir haben dann in Hauterive gewohnt, einem Vorort von Neuchâtel. Am Collège du Mail in Neuchâtel hatte ich einen außergewöhnlichen Lehrer für Naturwissenschaften, der mir Selbstvertrauen gegeben hat, und dank ihm konnte ich ein Schuljahr überspringen. Mein großes Glück dabei war, dass ich so alle Koch- und Nähkurse vermeiden konnte, denn ich musste Mathe und Physik lernen, um den Stoff aufzuholen. So habe ich Physik, Biologie und Mathematik für mich entdeckt und wäre sonst in dem Zweig geblieben, um später Wirtschaft zu studieren.
AR Welche Rolle haben Zeichnen und Malen vor dem Eintritt in das Collège Voltaire in Genf gespielt?
VF Es war mein Zufluchtsort, mein geheimer Garten. Ich wollte doch lernen. In Neuchâtel gab es plötzlich diese Explosion in meinem Kopf und ich habe ein Jahr übersprungen. Als ich zum naturwissenschaftlichen Zweig gewechselt habe, habe ich mich trotzdem weiter in Richtung Bildender Kunst orientiert.

Es gab einen großen Moment des Erwachens für mich. Meine Eltern haben zugestimmt, mich für Mal- und Zeichenkurse an der

Académie de Meuron anzumelden. Da muss ich etwa zwölf oder dreizehn Jahre alt gewesen sein.

Wir befinden uns am Anfang der 1970er-Jahre, als sich Mode und Freiheiten sehr schnell verändert haben. Ich erinnere mich an die langen Flower-Power-Kleider, die die Mädchen trugen, und die Jeans mit Elefantenbeinen. Ich für meinen Teil fühlte mich sehr schnell wohl in einer Art »androgynem« Stil, den ich mir ausgedacht hatte.

AR Wie sind Sie auf die Académie de Meuron gekommen?

VF Ich habe sie zufällig entdeckt, sie ist nicht sehr weit vom Collège du Mail entfernt. Sie war für mich ein wunderbarer Ort. Und der Geruch von Ölfarbe! Dort habe ich mich entschieden, Malerin zu werden. Man ist dorthin gegangen, um vor dem Modell zu malen.

AR Es gibt viele Gründe, warum man sich für etwas entscheidet. Man ist von einem Ort angezogen, weil es anders als zu Hause riecht … Also eher ein akademischer Zugang?

VF Sehr akademisch. Ich habe in dieser Zeit viel gelernt. Ich habe nach dem Modell, Abgüsse von Körperteilen oder draußen Gebäude in der Stadt gezeichnet. In der Académie de Meuron wurde viel über Kunstgeschichte gesprochen und ich wurde auf die Universität von Neuchâtel aufmerksam, wo ich dann Vorlesungen über Malerei gehört habe, etwa über den *Schwur der Horatier* von Jacques-Louis David und die impressionistische Malerei. Ich war Gasthörerin, bis ich nach Genf gegangen bin, und fing an, mich für die Kunstszene von Neuchâtel zu interessieren, die damals recht bescheiden war.

AR Gab es Lehrer?

VF Einen Lehrer, aber man war frei. Ich war jedes Wochenende und jeden Mittwochnachmittag dort.

AR Sie waren das einzige Mädchen?

VF Auf jeden Fall am Anfang. Aber ich habe mich nicht anders als die anderen gefühlt. Mit zwölf Jahren habe ich angefangen und bin etwa drei Jahre hingegangen. Dort habe ich die ersten nackten Körper gesehen.

AR Sie sprechen einmal von einem Film, den Sie in der Schule gesehen haben, einen Kurzfilm von Fellini.

VF Ja, das war außergewöhnlich. Das sind drei Verfilmungen von Edgar Allan Poes *Außergewöhnlichen Geschichten*, eine der Episoden hat Fellini gemacht hat. Dieser Film hat mich beeindruckt.

AR Das klingt sehr ambitioniert. Ein Filmklub, der solche Filme zeigt, ist eher selten.
VF Wir hatten einen außergewöhnlichen Direktor am Collège du Mail in Neuchâtel. Er führte einen Filmklub ein und zeigte diese Art von Filmen. Wir waren elf, zwölf Jahre alt. Er war ein Musikliebhaber, in der Pause gab es klassische Musik aus Lautsprechern und einen Chor, in den ich ging, weil der Mann so genial war. Für mich war das ein Sprung in eine andere Welt.
AR Sie sind der modernen Kunst erst später begegnet. Man könnte sagen, dass Sie Ihre eigene Vorstellungskraft und Ihre eigene Bilderwelt entwickelt und bewahrt haben, bevor ...
VF ... ich der modernen, zeitgenössischen Kunst begegnet bin.
AR Am Anfang sind es Ihre eigenen Bilder, die Sie sehen und verfolgen, auch wenn es natürlich viele Einflüsse gibt. Das scheint mir gerade in unserer Zeit nicht selbstverständlich zu sein.
VF Von klein auf wurden wir zwischen Schule und verschiedenen Verpflichtungen als Mädchen, aber auch für Konsum in alle Richtungen formatiert. Es gibt heute die Sorge, wohin unsere Gesellschaft geht, eine allgemeine Beunruhigung. Wir stehen vor so großen Herausforderungen, und ich weiß nicht, ob die fragilen Poeten, die fragilen Rechte, die die Frauen erworben haben, die fragilen Minderheiten, in der Lage sein werden, da herauszukommen. Sie sind oft die ersten Opfer. Damals gab es all diese Ängste noch nicht. Vielleicht war ich meinen Eltern auch egal, aber ich hatte auch eine zauberhafte Freiheit.
AR Jedenfalls gab es viele Umwege, die notwendig waren, wenn ich an Ihren Werdegang denke.
VF Mit einer fixen Idee. Ich hatte keine große Wahl, ich wollte unbedingt aus dieser Familienzwangsjacke herauskommen, die anfing, mir den Atem zu nehmen. Die Kunst, die Praxis der Malerei war ein Notausgang. Das war noch eine Zeit, in der Künstler fast immer Männer waren, also war das wahrscheinlich auch eine subtile Art, meinem Vater ein Zeichen zu geben und mich in meinem Status als seltsamer Mensch zu bestärken.
AR Sie haben sich in der Académie de Meuron ein Milieu, eine Atmosphäre gesucht, um Ihrem Elternhaus zu entkommen. Sie mussten lernen damit umzugehen, es ist nicht möglich, sofort aus sich herauszugehen.
VF Wie gesagt hatte ich viele Probleme mit dem Lesen. Aber sobald ich die Hürde genommen hatte, habe ich sehr viel gelesen. Literatur und Philosophie haben mich geformt. Ich hatte bereits

diese Einstellung: Du musst die Welt sehen und das Beste daraus machen. Da habe ich gemerkt, dass mein Leben eine Art Abenteuer sein wird und ich so viel an Ressourcen wie möglich mitnehmen muss. Ich war an Literatur, Zeichnen, Geografie und Geschichte sehr interessiert. Ich war naiv zu glauben, dass man die Welt und sich selbst mit dem, was ich in Mathematik, Geografie und Literatur am Collège lernte, retten könnte. Das hat mir Flügel gegeben, meine persönlichen Utopien zu bauen, und war bereits ein guter Anfang. All das habe ich in mich aufgenommen und bin von zu Hause weggegangen, als ich 15 Jahre alt war; nach Genf, wo es ein Gymnasium mit künstlerischem Zweig gab. All das war halb bewusst, halb unbewusst vorbereitet.

AR Sie haben über Protestantismus gesprochen. Welche Rolle hat die Religion in Ihrer Kindheit gespielt?

VF Meine Eltern waren überhaupt nicht praktizierend. Wir sind nie in die Kirche gegangen, aber es war da, unter dem Teppich.

AR Sie meinen als Moral?

VF Als sehr moralische Erziehung. Das war eine leere, nicht bewohnte Haltung, sonst könnte man sagen, dass die Religion ein Haus ist, das man vielleicht bewohnen kann. Und tatsächlich habe ich die Religion später aufgesucht, nachdem ich die Biografie von Lou Andreas-Salomé gelesen hatte, die anfangs eine Beziehung mit einem Pastor hatte. Sie ist eine Frau, die mein Leben verändert hat.

In der Schule in Neuchâtel haben sie signalisiert, dass man sich konfirmieren lassen könnte, mit dreizehn, vierzehn Jahren. Ich war daran interessiert zu sehen, was das ist. Meine Eltern haben zugestimmt. Am Samstagnachmittag ist eine Gruppe von Jugendlichen zusammengekommen. Der Pastor der Stadt Michel hat uns etwa ein Jahr lang unterrichtet, bevor wir konfirmiert wurden. Ich habe intellektuelle oder spirituelle Nahrung gebraucht, war aber nicht sehr gläubig. Ich bin Agnostikerin. Dennoch lese ich jetzt wieder die Bibel, ein unglaubliches Buch, besonders das Alte Testament, die Apokalypse. Ich habe mir auch viel über die jüdische Religion angesehen, wie alles erzählt wird. Das ist sehr interessant.

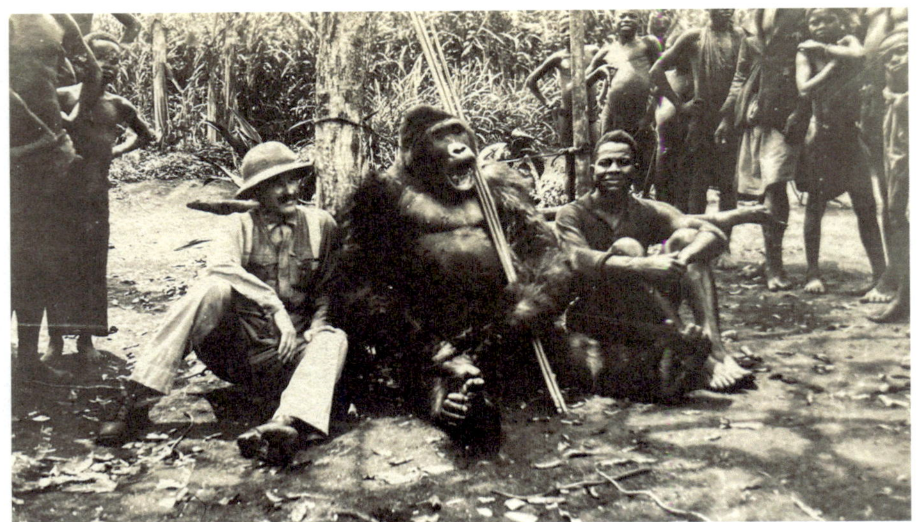

1 Gorilla, Urgroßvater auf Jagd, Kongo, um 1900 / Foto privat

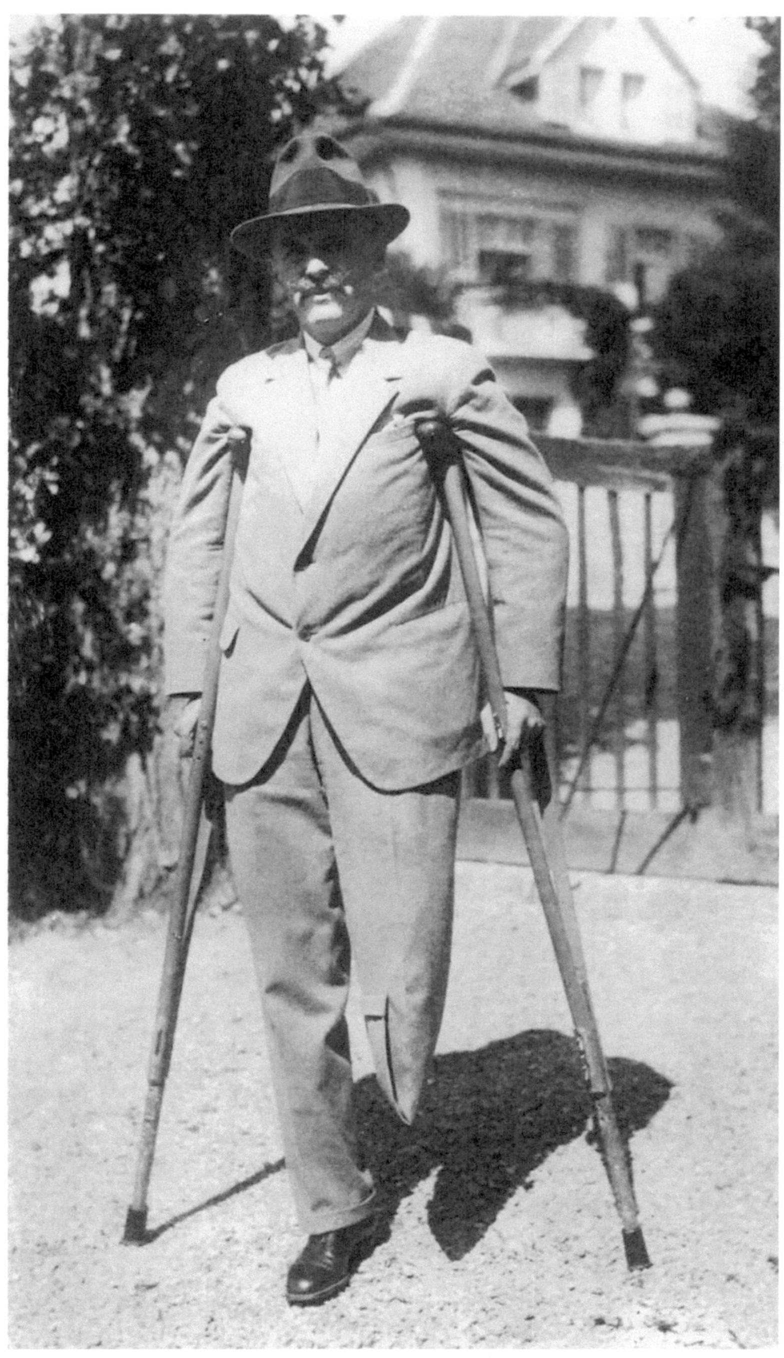

2 Urgroßvater, kurz vor seinem Tod, Amputation nach Krokodilbiss, Evilard, Schweiz, um 1927 / Foto privat

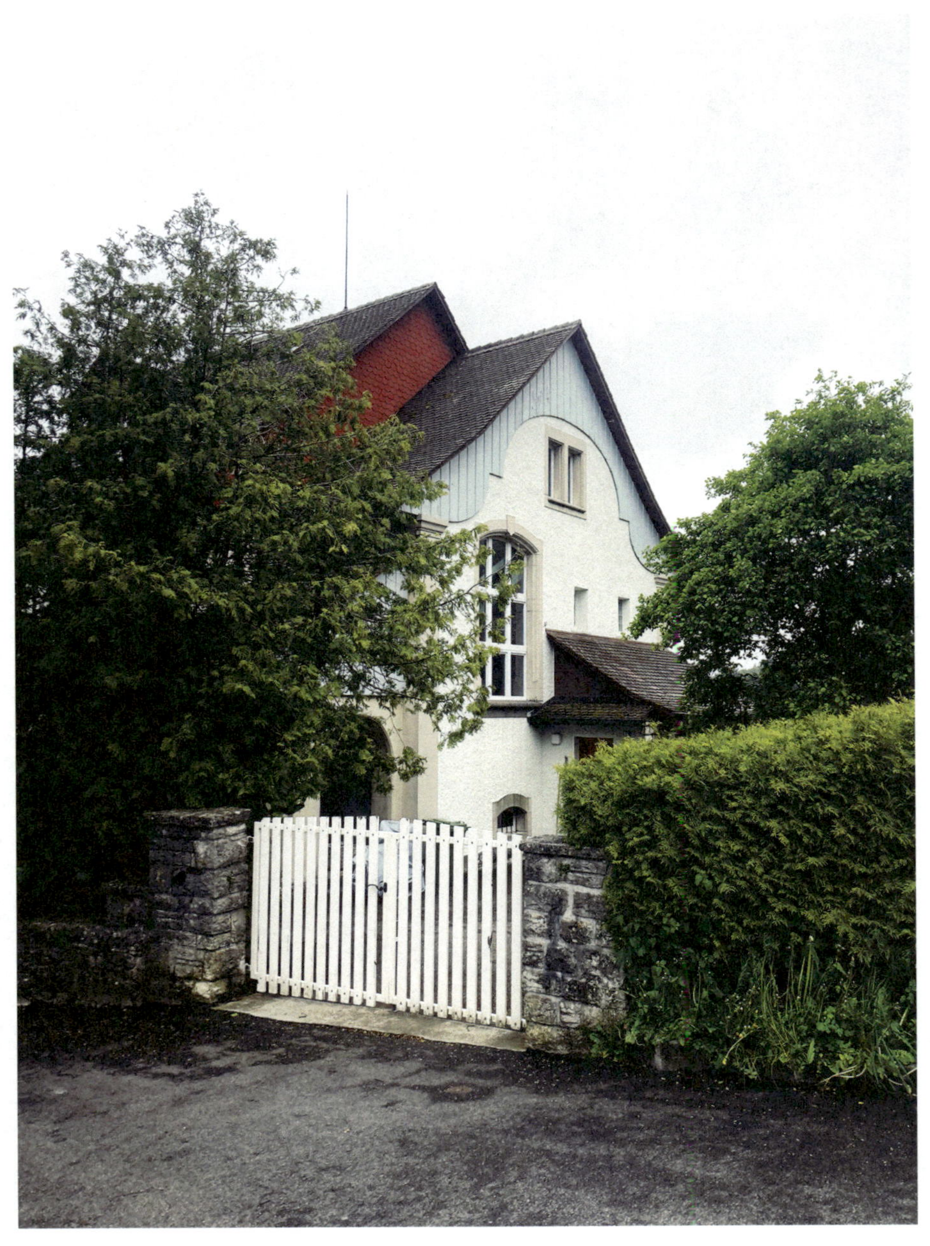

3 Haus der Kindheit, Evilard, Schweiz, 2023 / Foto privat

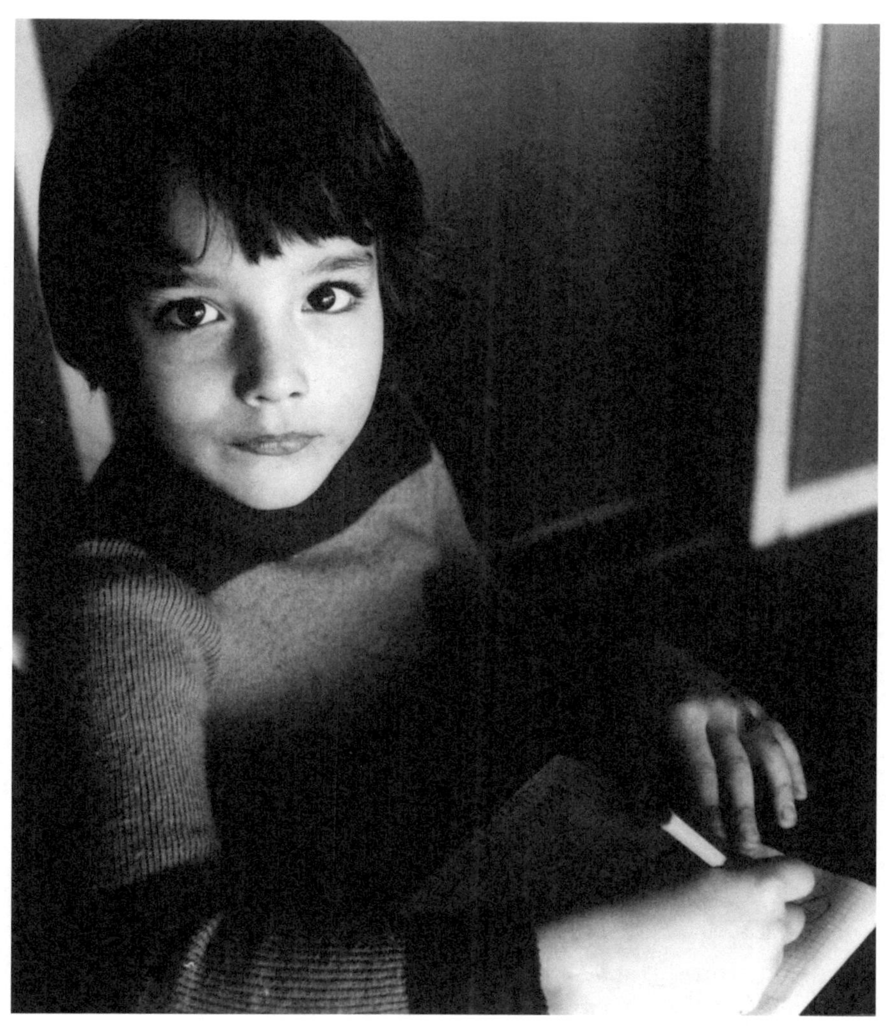

4 Valérie Favre als Kind, Evilard, Schweiz, 1963 / Foto privat

II AUF/AUSBRUCH
Kindheit/Jugend: Schweiz (1973–1975)

AR Mit fünfzehn sind Sie nach Genf umgezogen.
VF Ich hatte die Aufnahmeprüfung für das Collège Voltaire bestanden, das damals als einziges Gymnasium in der französischen Schweiz einen künstlerischen Zweig hatte. Das Niveau war ziemlich hoch, Genf war eine große Stadt und die anderen Schüler in ihrer Entwicklung viel weiter. Das war ein Schock, aber auch ein Ansporn. Im Unterricht, in Kunst und Kunstgeschichte, war ich glücklich und habe viel gelernt.
AR Wie war es, allein zu wohnen?
VF Ich blieb sehr einsam, die anderen Schüler waren seit Langem zusammen, und es war schwer Freundschaften zu schließen. In Neuchâtel war es nach dem Umzug von Evilard genauso gewesen, die Einsamkeit und der Zwang, sich wieder integrieren, ein neues Leben aufbauen zu müssen. Und dann in Genf erneut. Ich habe in einem Zimmer bei einer alten Dame gewohnt und bin an den Wochenenden zu meiner Familie gefahren. Aber da gab es ständig Streit. Unter der Woche war ich alleine im meinem Zimmer, habe nicht mehr gegessen und bin depressiv geworden, aber ich zeichnete und malte weiter.
AR Sie haben dann die Schule abgebrochen?
VF Nach eineinhalb Jahren habe ich mit der Schule aufgehört, was ich lange bereut habe. Immer hatte ich das Gefühl, nicht genug zu wissen, nicht genug gelernt zu haben. Ich hätte Orientierung von meinen Eltern gebraucht, aber die waren mit sich selbst beschäftigt. Das war die Zeit der Scheidung, und sie haben

sich um sich selbst gekümmert. Das hat sich etwas geändert, als ich die Schule abgebrochen habe. Mein Vater war sehr hart.

Damals wurde nicht sehr viel über Diversität gesprochen. Ich habe von Simone de Beauvoirs *Das andere Geschlecht* gehört, es aber in dieser Zeit noch nicht gelesen. Allgemein war meine Ausbildung in Richtung »Gender« sehr dünn. Es war sehr naiv, vielleicht auch eine Art, mich selbst zu retten, dass ich unbedingt einen Männerberuf machen wollte. Ich habe eine Leidenschaft gefunden: Kunst und Malerei im Besonderen.

AR Warum wollten Sie einen Männerberuf ergreifen?

VF Malerin wollte ich schon von klein auf werden, oder Schiffskapitän. Dann ist es in die Malerei gegangen, weil Schiffskapitän in der Schweiz ... Frauen werden von Kindheit an dazu erzogen, bestimmte Wege in der Gesellschaft zu gehen. Auch wenn einige in ihrem familiären Umfeld mehr Glück hatten als ich und sich emanzipieren konnten, darf man nicht vergessen, dass damals eine ganz andere Zeit als heute war; und außerdem in der Schweiz, wo erst 1972 das Wahlrecht für Frauen eingeführt wurde.

Ich war in meiner Kindheit sehr wenig informiert, ich kannte keine Künstlerinnen. Die beiden Schriftstellerinnen, die ich zuerst gelesen habe, waren die Comtesse de Ségur und George Sand, die, um schreiben zu können, Pseudonyme angenommen haben. Und dann die Lektüre der Biografie von Lou Andreas-Salomé. Danach habe ich bald viel mehr Schriftstellerinnen gelesen.

AR Sie haben auch über die Lektüre von Rainer Maria Rilke gesprochen, die für Sie wichtig war.

VF In *Requiem. Für eine Freundin* trauert Rilke um seine Freundin, die Malerin Paula Modersohn-Becker, die nach der Geburt ihres Kindes gestorben war.

AR Wann haben Sie den Text von Rilke gelesen und wie sind Sie darauf gestoßen?

VF In Neuchâtel, in der Bibliothek meiner Eltern. Mich hat Rilkes Haltung berührt. In meiner Erinnerung an das, was ich damals verstanden habe, sagte der Text: »Mach bitte kein Kind, vor allem als Künstlerin!« Das finde ich heute in dem Text, weniger direkt, über mehrere Sätze verteilt.

AR In dem Text wird Rilke vom Geist der toten Paula Modersohn-Becker besucht.

VF »Wie war dein Leben kurz, wenn du's vergleichst / mit jenen Stunden, da du saßest ...« Bei dieser Zeile habe ich an das Bild von Edvard Munch gedacht, auf dem ein Mädchen auf einem Bett sitzt.

AR Etwas gekrümmt, mit den Händen zwischen den Beinen? Die drückende Atmosphäre ist ähnlich.
VF Ich weiß nicht, wann das entstanden ist, aber Munch hat sich für seine Bilder auch viel mit Literatur beschäftigt. – Ich habe also kein Zubehör bekommen, keine Anleitung, Selbstvertrauen zu finden, in diese Welt zu gehen. Ohne Wörter!
AR Der Text liefert ein Argument gegen das diktierte Schicksal.
VF Durch die Bücher habe ich einen anderen Zugang zur Welt gewonnen, die in meiner frühen Kindheit sehr geschlossen und schweigsam war. Deswegen ist das ein Grundsatztext für mich, in verschiedener Hinsicht.

Was in dem Text außerdem wichtig ist, ist die Bewegung. Da ist jemand, der nicht an einem Platz stehen bleibt, sondern ständig unterwegs ist, worin ich Rilke erkenne, der irgendwo unterwegs ist, zu irgendwelchen reichen Frauen, halb oder sehr verliebt, ins Wallis oder nach Wien. Es ist auch eine Art Selbstporträt mit dem Geist von Paula als Spiegel.
AR In dem Sie sich selbst wiedererkannt haben und wiedererkennen?
VF In der Bewegung und dem Spiegel, der ja ein sicherer Ort ist, wo nichts passieren kann. Er ist die Fiktion, meine Arbeit als Malerin, und hat einen Rand, *la marge*, der Rahmen, die Grenze des Bildes und die zwischen Bild und Leben. Ich beschäftige mich nicht nur mit dem Rand des Bildes, sondern bleibe am Rand.

Die Bewegung ist mein Pendeln zwischen der Schweiz und Paris, dann Paris und Berlin, jetzt Berlin und der Schweiz. Für den Kreis meiner Freunde, aber auch meine Galerien stehe ich dazwischen, oder eben am Rand. Und als Malerin stehe ich am Rand des Lebens, das anders tickt als die Malerei. Das ist eine andere Zeit. Aber auch meine malerische Position ist am Rand, sie hat sich mit der Zeit eigenständig entwickelt, ohne dass ich eine Kunsthochschule besucht habe. Ich habe den Umweg über die Bühne und das Kino genommen, was ein ungewöhnlicher Weg ist.
AR Gleichzeitig haben Sie mehrere Galerien und sind Professorin.
VF Das ist genau mein Paradoxon. Ich bin mittendrin, aber halte doch Abstand. Das ist auch Selbstschutz, ich stehe auch gern allein da, mit meinen Büchern, Ideen und Bildern. Dieser Rand ist für mich auch ein Panzer, der mich am Leben erhält und mir meine künstlerische Arbeit ermöglicht.
AR Am Ende von Rilkes Text heißt es: »Denn irgendwo ist eine alte Feindschaft / zwischen dem Leben und der großen Arbeit.«

III NEUE WELT
London, Schweiz, USA, Mexiko, Japan, Schweiz (1975–1980)

London

AR Sie hatten also die Schule abgebrochen und haben keine Unterstützung von Ihren Eltern bekommen? Was haben Sie gemacht?
VF Meine Mutter hat mir etwas geschrieben, damit ich arbeiten konnte. Von ihrer Seite gab es eine gewisse Unterstützung. Ich habe Jobs gesucht und zum Beispiel in einem Schuhgeschäft gearbeitet, wo die Kunden alles anprobierten und entweder nichts oder den halben Laden gekauft haben, dann in dem Musikclub New Morning als Kellnerin und auf Jazz-, Rock- und Popkonzerten und Festivals an der Kasse und an der Garderobe.

Schließlich habe ich nach einer Möglichkeit gesucht, direkt auf eine Kunsthochschule zu gehen, aber nicht in Genf. Und in der französischen Schweiz kannte ich keine. Man musste nach Zürich gehen, vielleicht nach Basel, aber ich habe kein Deutsch gesprochen. Unsere Familienkultur war immer auf Englisch ausgerichtet. Meine Eltern haben ab und zu bei Tisch Englisch gesprochen, weil die Kinder nicht verstehen sollten, was sie gesagt haben. London, New York, San Francisco, United States, das war das Ziel! Vielleicht lag es an der Geschichte, die meine Eltern noch im Kopf hatten. Ich bin nicht so lange nach dem Krieg geboren … Mein Vater war verrückt nach den Vereinigten Staaten.
AR Welche Alternativen gab es?

VF Ich war noch minderjährig und brauchte die Zustimmung meiner Eltern. Mein Vater war wegen der Scheidung sehr unglücklich und alkoholabhängig, meine Mutter gab ihre Zustimmung. So habe ich entschieden, mich in Holborn an der School of Arts zu bewerben. Wir haben die Mappe samt Anmeldung abgeschickt und ich wurde zur ersten Prüfung und anschließend zum Gespräch nach London eingeladen. Meine Mutter hat mich begleitet. Und am Ende bin ich durch die Prüfung gefallen. Ich war so unerfahren. Das war hart. Aber ein Lehrer hat gesagt: »Sie waren kurz davor zu bestehen. Es gab eine lange Diskussion. Ich kann Sie unterstützen: Kommen Sie nach London!« Deswegen biete ich manchmal Bewerbern an der Universität der Künste hier in Berlin, die nahe dran waren zu bestehen, ein Gespräch und in Einzelfällen auch Unterstützung an.

Ich bin also zurück nach London und der Professor hat mir empfohlen, mich mehr mit geometrischen, akademischen Dingen zu beschäftigen. Er hat mir Übungen gegeben, die mir nicht sehr gut gefallen haben. Ich war wirklich das Gegenteil davon, nach dem Modell, Kreise, Würfel, akademisches Zeug zu zeichnen. Und ich hatte ja mein akademisches Portfolio gemacht und früher in Neuchâtel viel gezeichnet und gemalt.

AR Das war also als ein Vorbereitungsjahr gedacht. Wo haben Sie eine Bleibe gefunden?

VF In einem Buchladen habe ich nach Büchern über Geometrie gesucht, um mich auf die Kunsthochschule vorzubereiten. Ich liebe Buchläden sowieso und war neugierig. Dort lernte ich einen alten Mann kennen, der sich für Poesie interessierte. Er wollte wissen, was ich machte, woher ich kam usw., und ich habe ganz naiv geantwortet. Schließlich hat er mir angeboten, in Henley-on-Thames auf einem Hausboot zu wohnen, wo er Zimmer vermietet hat. Ich habe ihm vertraut und bin wirklich dort eingezogen. Ich habe angefangen, Dreiecke, Kreise usw. zu zeichnen, aber eigentlich fuhr ich auf surrealistische Gedichte und Zeichnungen ab. Ich habe die Hausaufgaben vielleicht drei Monate lang nebenbei gemacht und auf dem Hausboot gezeichnet und gemalt, sehr klein, in Notizbüchern. Eines Tages habe ich dem Mann meine Mappe gezeigt und er hat mir vorgeschlagen, mich jemandem in Oxford vorzustellen, der Ausstellungen organisierte. So hatte ich eine erste Ausstellung, zu der meine Mutter gekommen ist. Das war mein achtzehnter Geburtstag.

AR Wovon haben Sie gelebt?

VF Meine Eltern haben mir jeden Monat ein bisschen Geld gezahlt, weil es vorgeschrieben war. Bei der Scheidung war ich noch nicht zwanzig Jahre alt und mein Vater war verpflichtet, den Kindern Geld zu geben. Mein Bruder und meine Schwester sind auf schicke Schulen in Lausanne gegangen. Es war obligatorisch, dass es ein Gleichgewicht gab. Plötzlich habe ich einfach Geld bekommen, es war nicht viel, aber ich konnte damit auskommen und musste mich nicht mehr so abmühen wie vorher.
AR Was haben Sie in Oxford ausgestellt?
VF Surrealistische Gedichte und Zeichnungen mit Tinte und ein oder zwei Ölgemälde mit gefundenen Dingen.
AR Mit schwarz-weißer oder farbiger Tinte?
VF Farbig, in meiner Erinnerung ist es Beige, Sepia-beige, Schwarz und auch ein bisschen farbig.
AR Waren das Illustrationen von Gedichten?
VF Verschwimmende Figuren, ohne Haare. Damals hatte ich noch keine Glatze, die kam erst nach der Reise.
AR Also figurativ.
VF Hybrid.
AR Ich habe an André Masson und Henri Michaux gedacht.
VF Nicht weit entfernt. Ich hatte mir viel Hans Bellmer angesehen.
AR Sie waren auf der Suche nach Ihrer eigenen Handschrift. Was war der Rahmen der Ausstellung?
VF Eine kleine Gemeindegalerie. Bei der Vernissage habe ich Leute kennengelernt, mit denen ich dann viel unterwegs war. Ich wurde auf Partys in umliegende Schlösser eingeladen, zum Beispiel zu einem Maskenball, und wusste nicht mehr, wo ich am nächsten Abend schlafen würde. Mit vierzehn Jahren hatte ich ein sehr großes, ernsthaftes Problem. Aber danach habe ich mit Männern sehr aufgepasst.
AR Und nach Oxford?
VF Ich kehrte nach Henley-on-Thames zurück, habe das Hausboot verlassen und ein kleines, billiges Haus gefunden, mit Garten und ein paar Katzen. Das war der Deal. Es war nicht weit von George Harrisons Villa entfernt. Irgendwann wurde ich depressiv, ich wusste nicht mehr weiter und war ganz allein. Da habe ich eine nette Dame getroffen, die Musik gemacht hat, und sie hat mir vorgeschlagen, ich sollte Kindern Zeichenunterricht geben. Das habe ich dann auch gemacht, an einer Schule in Henley-on-Thames. Abends habe ich Modell für die Sonntagsmaler gestanden.

In Oxford wurde ich zu einer Party eingeladen. Aber falscher Ort, falsche Zeit: Es gab eine Razzia, wegen harten Drogen, Kokain usw. Ich war vollkommen naiv und habe nichts verstanden. Eine Polizistin schickte die Mädchen in das eine Zimmer, die Jungs in das andere. Wir wurden durchsucht. Es war eine verrückte und sehr harte Erfahrung, denn wir waren die Schuldigen und wurden in einen vergitterten Polizeiwagen gesteckt, der uns nach Reading brachte – wo ja auch Oscar Wilde im Gefängnis gesessen hatte. Drei Tage lang war ich im Frauengefängnis, maximal beobachtet, in einer Einzelzelle mit Licht bei Tag und Nacht. Die eingesperrten Frauen haben geschrien. Ich kann sagen, ob Filme über Gefängnisse wahr sind oder nicht. Was für eine Erfahrung! Irgendwann hat mich ein Kommissar zu sich gerufen, dem ich die Geschichte erzählt habe. »Ach, ja? Sie sind Schweizerin und noch minderjährig?« Sie haben bei meiner Mutter angerufen, die ein Flugticket bezahlt hat. Und am nächsten Tag ging es zurück in die Schweiz. Das war's, keine Kunsthochschule! Ich hatte auch keine große Lust und keine Kraft mehr.

AR Haben Sie in England Ausstellungen gesehen, an die Sie sich erinnern?

VF Ich war geblendet vom British Museum, von den außergewöhnlichen Manuskripten mit Buchmalerei und Zeichnungen, allem, was in dieser Richtung ausgestellt war. Da gab es zum Beispiel William Blake. Diese Beziehung zur Literatur, von Papier, Schrift und Malerei fand ich außergewöhnlich. Das hat mich geprägt. In der Tate Gallery war ich natürlich auch, die Tate Modern gab es damals noch nicht.

AR Gibt es Erinnerungen an Bilder?

VF Ich erinnere mich vor allem an die großen Räume, nicht genau an Gemälde. Meine erste Sensibilität liegt viel mehr beim Schreiben, den Papieren, Zeichnungen, der Buchmalerei.

Genf

AR Wie lange waren Sie in London?

VF Vielleicht sieben, acht Monate, für mich war das lang.

AR Sie waren natürlich enttäuscht, dass Sie es nicht auf die Akademie geschafft hatten und wieder in Genf hockten.

VF Ich hatte zwar ein kleines Atelier, aber fühlte mich dort so allein, dass ich mir gesagt habe: Das ist etwas, wofür ich noch nicht bereit bin, noch nicht die Kraft habe. Heute bin ich froh,

allein zu sein. Aber wenn man siebzehn, achtzehn Jahre alt ist, ist das schwierig. Es gab viele Probleme mit dem Ich und der Welt, mich selbst zu verorten. Ab dem Teenageralter wusste ich, dass ich anders war, etwas nicht funktionierte. Etwas war nicht normal. Ich wollte keine Kinder, keine Familie, das nicht und das nicht! Ich wollte Malerin werden. Ohne Schulabschluss, ohne Kunsthochschule. Ich hatte große Sorgen. Meine Verzweiflung darüber, dass ich nicht wusste, wie und was ich in dieser Welt sein sollte, abgesehen von der Malerei. Ich musste auch in dieser Welt sein.
AR Wie war das, als junge Frau keinen Schulabschluss, keine Arbeit zu haben?
VF Ich habe bald gemerkt, dass es als Frau gar nicht so einfach ist. Wir sprechen von den 1970er-Jahren, ungefähr zwischen 1975 und 1977. Schon als ich meine Familie verlassen hatte, habe ich sehr schnell verstanden, dass es im Leben einen sehr großen Unterschied zwischen den Möglichkeiten von Männern und Frauen gibt. Ich musste mich selbst »bauen«, aber die meisten meiner Modelle waren männlich, nicht nur künstlerisch. Lou Andreas-Salomé ist das Beispiel einer Frau, die es, trotz aller Probleme, die damit verbunden waren und sind, eine Frau zu sein, geschafft hat, ihrem Wunsch zu folgen, zu schreiben, eine Psychoanalyse zu machen, selbst zu analysieren und zu unterrichten. Sie war eine Freundin von Friedrich Nietzsche, Paul Rée und Rainer Maria Rilke und hat mit Sigmund Freud gearbeitet. Sie ist ein seltsames Beispiel, weil sie sich noch allein durch Männer emanzipierte, ausschließlich umgeben von berühmten Männern, was zu dieser Zeit sowieso sehr selten war.

Ich habe damals eine eher für die Allgemeinheit bestimmte Biografie von ihr, eine Art von Bestseller, gelesen, die bei meinen Eltern auf dem Wohnzimmertisch lag, und später ihre posthum erschienen Lebenserinnerungen *Ma vie: esquisse de quelques souvenirs*. Meine Lektüre war sowieso sehr eklektisch, ich war sehr inspiriert von einem fiktiven Leben, das ich aus den Büchern gezogen habe, bis zu dem Punkt, an dem ich versuchte, in einer Situation zu leben, die unmöglich zu erreichen war.
AR Können Sie das genauer erklären?
VF Ich wollte wie in meiner Fiktion leben. Und manchmal war das möglich, zum Beispiel Stephan zu treffen, den Mann auf dem Hausboot in Henley-on-Thames. Eine unwahrscheinliche Begegnung in einer Londoner Buchhandlung. Vor allem wollte ich versuchen, mit der maximalen Intensität zu leben, und das

hat mich gleichzeitig angreifbar gemacht, also einen Sinn für die Realität gegeben, eine Frau zu sein, die sich erlaubt, das Gleiche zu machen wie ein Mann.

Mit dreizehneinhalb oder vierzehn bin ich von einem Mann vergewaltigt worden, der auf einer Pferderanch in der Nähe meiner Tante gearbeitet hat. Ich habe nicht verstanden, was passierte. Ich war noch ein halbes Kind und hatte damals noch nie einen Mann nackt gesehen. Meine Eltern haben sich immer gut versteckt. Ich erinnere mich, dass ich bei meiner Tante ankam und mich stundenlang im Badezimmer eingeschlossen habe, katastrophal mit dem Entschluss, nichts zu sagen.

AR Das ist schrecklich. – Was für eine Erfahrung von Gewalt! Haben Sie jemandem davon erzählt? Wie sind Sie damit umgegangen?

VF Ich konnte nicht einmal darüber nachdenken ... weil die Erinnerung dieses Moments zu sehr weh getan hat. Ich habe erst begonnen, als ich um die Fünfzig war, darüber zu sprechen. Ich habe meinen Körper abgeschottet, um ein reiner Geist zu werden ... Aber nur fast. Ich habe sehr früh gelernt, die Einsamkeit zu bändigen, weil es für mich die einzige Art und Weise war, der Gewalt zu entkommen. Es gab Momente, in denen ich große Angst hatte. Durch diese Erfahrung ist die Sozialisation für mich noch schwieriger geworden.

Später hat es mich dann sehr befreit, dass Leute wie Guy Debord gegen diese Kultur, in der ich aufgewachsen bin, Widerstand geleistet und Gegenvisionen entwickelt haben. Auch drastisch, wie die Baader-Meinhof-Gruppe, die ich mit Interesse verfolgt habe, ohne das gutzuheißen. Aber Formen des Engagements ... Guy Debord war der Kern der Bewegung der Situationisten, er hat die Dummheit der Konsumgesellschaft ans Licht gebracht, und die des Spektakels, in der sich unser Leben darauf reduziert, Geld zu verdienen, um überleben zu können. Alle arbeiten, um Dinge zu kaufen, die sie nicht brauchen, und ihre Kredite abzubezahlen. Er war sehr klug, er hat versucht, die Utopie des Konsums und des Fortschritts zu töten. Seine Filme und Texte waren eine echte Warnung vor der kapitalistischen Welt, und man sieht, was heute los ist. Ich kritisiere die Welt, die mich ernährt, aber ist es nicht der Platz des Künstlers, auf der Hut zu sein und auf die komplexen Bereiche unserer Gesellschaft hinzuweisen?

Kunst im Allgemeinen ist zu einem komplizierten und sehr kapitalistischen Terrain geworden. Debords Filme sind echte Plädoyers. Er hat Filmcollagen gemacht, aus allegorischen Szenen

von Hollywoodfilmen, dem Sowjetkino, Softpornos, Werbefotos und dokumentarischem Filmmaterial, dazu hat er seinen Kommentar gesprochen, in der er die gesellschaftlichen Verhältnisse, Kultur und Kunstwelt kritisiert. Sein Film *In girum imus nocte et consumimur igni* (*Wir irren des Nachts im Kreis umher und werden vom Feuer verzehrt*) von 1978 ist ein gutes Beispiel. Ich habe den Film in einem fast leeren Kino in den 1980er-Jahren in Paris gesehen. Das hat mich sehr beeindruckt. Er war ziemlich visionär.
AR Bei dem Film muss ich an Pasolinis Film *Der Zorn* denken, in dem er knapp zwanzig Jahre früher, aus mehreren Tausend Metern der *Wochenschau* einen Film montiert und mit einem lyrischen Kommentar unterlegt hat, in dem es auch um Hunger, Ungerechtigkeit und Kolonialismus geht.
VF Da fällt mir ich das Gedicht von Pasolini über Marilyn Monroe ein.
AR Das ist Teil dieses Textes.
VF Das Gedicht hat mich zu Tränen gerührt. Das hat mich, glaube ich, ein Bild noch nie. Das Emotionale transportiert die Poesie am besten, sie erreicht die Menschen am direktesten.
AR Diese Erfahrung von Gewalt als Jugendliche hat sie also einerseits traumatisiert, aber andererseits auch den Wunsch nach Befreiung verstärkt. Die Befreiung von einer von Männern dominierten Welt hat sich verbunden mit einer Reflexion über das Milieu, in dem Sie aufgewachsen sind, und die gesellschaftlichen Verhältnisse, deren Gewaltzusammenhang überhaupt.
VF 1968 haben die Studentenunruhen meinen Vater verrückt gemacht. Da haben wir noch in Evilard gewohnt. Präsident de Gaulle verließ kurzzeitig Frankreich und floh, wie manchem damals schien, ins deutsche Baden-Baden. Meine Eltern hatten Angst vor einem Bürgerkrieg in Frankreich und haben Lebensmittel gehortet, Konservendosen, Mehl, Zucker usw. gekauft. Wir haben auf dem Land gelebt, da gab es einmal am Tag die Zeitung und die Nachrichten, also nicht wie heute ständig Informationen. Meine Mutter war fast dazu gezwungen gewesen, zu heiraten. Sie hatte drei Kinder zur Welt gebracht. Und wenn nach zwei Mädchen der Sohn kommt, haben sie kein viertes Kind mehr gemacht. Dann kommt 68, die sexuelle Befreiung usw.

Stellen Sie sich vor, ich konnte als Frau mit zwanzig in Paris kein Konto eröffnen. Ich musste, meine Eltern waren ja in der Schweiz, meinen Onkel bitten, das zu bestätigen, obwohl ich schon als Schauspielerin gearbeitet habe.

Wenn die Frauen den gleichen Platz wie die Männer hätten, wäre die Erde, die Gesellschaft, hoffe ich jedenfalls, anders. Frauen sind leider untereinander nicht solidarisch. Ich bin manchmal sehr neidisch auf die Freundschaften von Männern untereinander. Das habe ich mehrmals in meinem Leben ins Gesicht bekommen, den Verrat. Wir werden »formatiert«, von Anfang an. Wir müssen irgendwie noch immer den Knopf »überleben« drücken: entweder für die Kindern oder für uns selbst. Darüber hat Susan Sontag geschrieben, die mir viel Kraft gegeben hat, in dieser Welt durchzuhalten. Es ist noch nicht lange her, dass Frauen eine Stimme bekommen haben, Anerkennung, meine ich.

Ich denke, dass die männliche Herrschaft in der Gesellschaft subtil auf sehr unterschiedlichen Mitteln beruht, die von Religion bis hin zu fast ständigem Erfolgsdruck reichen, was uns die Werbespots einflüstern, mit Charakteren voller Pracht und Sexappeal. Wichtig ist, dass all das mit viel Leid verbunden ist und der Ausbeutung der am wenigsten Gebildeten, der Minderheiten. Alle unsere Gesellschaften werden wahrscheinlich bald zusammenbrechen, und die Ursache dafür ist dieser unbedingte Wunsch, den anderen (im weitesten Sinne kann es ein Land, ein Unternehmen sein) zu dominieren, weil wir jetzt so voneinander abhängig sind. Und es gibt derzeit so viele dringende Fragen, dass wir nicht mehr wissen, wo wir Prioritäten setzen sollen. Wir sind wie Salzsäulen geworden.

AR Inwiefern hat feministische Theorie ihr Selbstverständnis als Frau geprägt?

VF Simone de Beauvoirs *Das andere Geschlecht* zum Beispiel, sie hat mir geholfen meine Vorstellung über Geschlecht weiterzuentwickeln, diese Glasscheibe, an die ich als Frau immer angestoßen bin, wenn ich versucht habe, aufzusteigen, mich zu etablieren. Monique Wittigs Engagement war auch sehr wichtig, zu versuchen, die Situation, in der ich mich befand, zu verstehen, das heißt, zu leben, meine Identität als Frau zu akzeptieren oder vielleicht auch nicht.

Eine wichtige Rolle hat für mich später auch die Lektüre von Judith Butlers *Das Unbehagen der Geschlechter* gespielt. Sie hat meinen Blick auf die Männer und die Gesellschaft insofern geändert, als sie mir Wörter gegeben hat für etwas, wofür ich keine Wörter hatte; sie hat mir geholfen, Geschlechterverhältnisse zu benennen und doch eine Brücke für Träume zu bauen. Sie hat mir ein besseres Zubehör, mentales Werkzeug gegeben, in der normativen Welt, in der wir in Kisten gesteckt sind. Eine davon ist das Geschlecht, das ist die größte, der Rest ist Poesie … oder Gewalt.

AR Sie haben dann in Genf Ihr Atelier verlassen?

VF Ich war immer noch am Malen, aber ich habe mich, weil ich in London an der Akademie durchgefallen war, nicht getraut, mich an der Kunstakademie in Genf zu bewerben. Ich habe als Bühnenbildmalerin in der Werkstatt des Bühnenbildners Roland Deville angefangen, der für das Grand Théâtre und La Comédie de Genève gearbeitet hat. Dort habe ich gelernt, in sehr großem Format zu malen, aber auch zum Beispiel falsche Möbel oder Marmorstrukturen.

Bei dieser Arbeit ist der unglaubliche Zufall passiert, dass ich für die Comédie als Schauspielerin engagiert wurde. Ich hatte zu der Zeit eine Glatze. Ich hatte mir den Kopf rasiert, weil ich eine Ausstellung im Centre d'art contemporain gesehen hatte, das von Adelina von Fürstenberg geleitet wurde, die in Genf sehr berühmt war. Sie hat Ausstellungen gemacht, bei denen man unbedingt dabei sein musste. Außerdem hatte Joseph Farine eine Galerie eröffnet, in der John M. Armleder ausgestellt war. Er machte Konzeptkunst, die mich fasziniert hat. Ich habe das mitverfolgt. Joseph Farine und Adelina von Fürstenberg waren in Genf die Leuchttürme der zeitgenössischen Kunst, für die es noch kein Museum gab. Das MAMCO, das Museum für moderne und zeitgenössische Kunst, war noch nicht gebaut.

Eines Abends komme ich zur Vernissage von Manon, einer Künstlerin, die mit Urs Lüthi zusammengearbeitet hat. Sie haben auch zusammen Performances gemacht. Lüthis Arbeit geht in Richtung Performance und Fotografie. Er arbeitet mit Worten und Texten und auch viel mit seinem Körper. Er ist androgyn, Gender vor der Zeit, wie auch Manon in den 1970er-Jahren. Sie hat eine Performance gemacht, bei der man sie berühren konnte. Sie befand sich in einer Kabine und jeder konnte sie berühren. Da war ich geblendet und hatte am nächsten Tag auch eine Glatze. Sie hat mich stark beeinflusst.

Danach bin ich wie immer ins Theater gegangen, um als Bühnenbildmalerin zu arbeiten. Und als ich eine große Rolle Leinwand über die Bühne getragen habe, hat mich der Regisseur André Steiger gesehen und mich angesprochen, ob ich eine kleine Rolle in seinem nächsten Stück spielen wolle. Drei Tage später wurde ich an der Comédie de Genève engagiert und habe in dem

Stück *Die lächerlichen Preziösen* von Molière den Lakai Almanzor gespielt. Ich habe das ganze Stück über Pantomime gemacht und in den Kritiken wurde diese androgyne Figur erwähnt. So habe ich eine bescheidene Karriere begonnen.

New York

VF An meinem zwanzigsten Geburtstag bin ich in die Vereinigten Staaten geflogen, Pierre Maillard, mein damaliger Freund, und ich.
AR Gab es einen Grund für die Reise?
VF Pierre habe ich im Théâtre de Carouge in Genf kennengelernt. Er hat in der Aufführung von Georg Büchners *Woyzeck* mitgespielt. Um die Übersetzung dieses Textes zu veröffentlichen, hat er einen Verlag gegründet. Und das Ziel der Reise war es, ein Buch von Donald Richie über den Filmemacher Yasujiro Ozu, das auch in dem Verlag erscheinen sollte, zu übersetzen. Vom Englischen ins Französische. Er wollte das in Mexiko machen und hat mir vorgeschlagen, ihn zu begleiten, um dort auch an einem Projekt zu arbeiten. Pierre hat auch Filme gemacht. Fünf Jahre später habe ich mit Lou Castel in seinem Film *Campo Europa* (1984) gespielt. Ich hatte die Rolle von Anna, die mit zweitem Namen Europa hieß. Sie ist Hausmeisterin in einer Bungalowsiedlung für Urlauber bei La Spezia in der Region Cinque Terre. Am Ende fährt sie mit der Vespa über die Alpen in die Schweiz zurück, eine traurige Geschichte voll Sehnsucht. Nicht nur weil ich nicht in der Lage war, unsere Beziehung zu halten, sondern auch wegen des Selbstmords von einem sehr guten Schauspieler, der auch in dem Film war.
AR Welches Vorhaben hatten Sie für die Reise geplant?
VF Ich hatte den Auftrag bekommen, in der Bibliothek in Lausanne, in der meine Mutter gearbeitet hat, ein Fresko zu machen, das ich vorbereiten wollte.

Wir sind also beide losgezogen. In New York wurden wir von Richie Havens empfangen, dem Musiker, der in Woodstock gespielt hat und den ich im Jazzclub New Morning in Genf kennengelernt hatte, als ich dort gearbeitet habe, um Geld zu verdienen. Obwohl ich noch minderjährig war, wurde ich nach Rom geschickt, um seine Tournee zu organisieren.

Er hat uns also in New York empfangen und um drei Uhr morgens durch die Stadt geführt. Wir sind mit der Fähre vom Hafen in New York City nach Ellis Island gefahren, wo einst die Einreisebehörde ihren Sitz hatte und die Auswanderer ankamen, diejenigen, die von der Neuen Welt und dem Wunderland träumten. Was ist daraus geworden?

2014 habe ich wieder eine Bootsfahrt auf dem Hudson gemacht, mit Elisabeth Bronfen, und habe ihr die neuen Wolkenkratzer gezeigt, die man so nah ans Wasser gebaut hat, dass sie beim Anstieg des Meeresspiegels sofort unter Wasser stehen werden. Das ist für mich kapitalistisches Gewinnstreben um jeden Preis.

1979 bin ich im Guggenheim Museum auf Joseph Beuys gestoßen, die erste große Retrospektive seines Werks, mit den Fettarbeiten, die im Hamburger Bahnhof in Berlin zu sehen sind. Ein Ausstellung, die ich nie vergessen habe, dazu noch der Geruch von frischem Fett.

VF In Las Vegas haben wir günstig ein Auto gemietet und sind in Richtung San Francisco gefahren. Um nicht zu viel Geld auszugeben, haben wir nur ein oder zwei Mal in Motels geschlafen, sonst draußen neben dem Auto. Es war heiß in der Wüste. Eines Nachts sind Polizisten gekommen und haben uns auf die Wache mitgenommen. Ich war erleichtert, als sie uns schnell zum Auto zurückbracht haben und wir weiterfahren konnten. Danach haben wir in Amerika nie wieder draußen geschlafen. Die Erinnerung an den Knast in Reading war noch sehr präsent.

Auf dem Weg nach San Francisco sind wir zu den Indianerreservaten der Hopi ins Death Valley gefahren, die gerade erst geöffnet worden waren. Für einen Besuch als Touristen war das sehr beeindruckend, die Natur, diese Menschen, vor denen ich großen Respekt habe.

In San Francisco haben wir bei einem Galeristen, einem Freund von Pierre, gewohnt, dessen Orientierung auf russischer Kunst lag. Dort hat sich für mich eine ganze Epoche eröffnet: Konstruktivismus, László Moholy-Nagy, Wladimir Tatlin. All das kannte ich nicht. Also jedes Mal, wenn ich die Chance habe ... Ich bin mit Joseph Beuys im Gepäck in San Francisco angekommen und auf einer anderen Plattform gelandet. Die Geometrie, mit der ich in London konfrontiert war, ist in San Francisco wieder aufgetaucht. Dort gab es eine große Diskussion über den Modernismus, Konstruktivismus, Suprematismus, Malewitsch. Da habe ich gemerkt, wie damals politisches Engagement eine Art von Kunst sehr geprägt hat und wie interessant das war, was ich als Übung gemacht hatte. In Mexiko habe ich das dann für die Arbeit für die Bibliothek verwendet. Wir sind oft ins Kino gegangen und haben das Meisterwerk *Eraserhead* von David Lynch in so einem kleinen typischen Kino gesehen, wo man rausgehen kann, wann man will. Ich bin in viele Buchläden gegangen und habe per Zufall Robert Musils *Mann ohne Eigenschaften* auf Französisch gefunden.

Puerto Escondido

VF Wir sind nach Mexiko-Stadt geflogen und haben einen Bus nach Puerto Escondido genommen, das nicht weit von Oaxaca entfernt ist. Das liegt in den Bergen. Es ist 1979. Auf der Fahrt gab es im Dschungel Guerillabanden, und eine Truppe von Soldaten oder falschen Soldaten hat mit Maschinengewehren alle Passagier brutal aus den Bus geholt. Da hatte ich große Angst. Wir haben stundenlang auf einer kleinen Wiese vor den Bus gewartet, es war nass und kalt. Endlich nach langer Diskussion, wahrscheinlich mit Bauern, weil viele lebendige Hühner mitgereist sind, haben uns die Guerilleros weiterfahren lassen. Inzwischen war es Nacht und wir alle sind im Bus eingeschlafen.
AR Warum sind Sie genau an diesen Ort gefahren?
VF Der Grund war ein Autor, den wir verehrten und mit dem mich wohl Pierre bekannt gemacht hat: Malcolm Lowry. *Unter dem Vulkan* ist eine ziemlich emblematische Geschichte von einem alkoholabhängigen Konsul, dessen mexikanisches Leben bis zu seinem Tod im Rinnstein in Oaxaca erzählt wird. Lowry ist viel nach Mexiko gereist und hat das Manuskript dreimal verloren, und dreimal neu geschrieben.
AR Was meinen Sie mit emblematisch?
VF Das Typische, auch mit diesem dreimaligen Verlust, da gibt es etwas wie eine versteckte Logik, etwas Schicksalhaftes. Normalerweise respektiere ich Bücher, aber das habe ich nach einigen Seiten an die Wand geknallt. So wütend war ich auf diesen blöden Typen, in dem ich meinen Vater wiedererkannt habe, der auch Alkoholiker war.
AR Hatten Sie sonst eine Verbindung zu Mittelamerika?
VF Nein. Frida Kahlo zum Beispiel kannte ich nicht einmal, damals wurde auch nicht viel über sie gesprochen.

AR Wo sind Sie untergekommen?

VF Wir hatten eine einfache Hütte gemietet. Einmal wurde ich gestochen, nicht von einem Skorpion, sondern einer schlechten Mücke. Wir mussten nach Oaxaca zum Arzt fahren, weil es in Puerto Escondido keinen gab. Es war Regenzeit und wir sind auf ungeteerten Straßen gefahren, Matsch, alles rutschte ab.

In Oaxaca haben wir die Prozession am Día de los Muertos, dem Tag der Toten, gesehen. Wie aus Zufall haben wir dann nach einigen Tagen in Porto Escondido eine Leiche gefunden, einen jungen Fischer, der über das Meer gekommen war. Später am gleichen Tag lag sein Körper auf Eisblöcken in der prallen Sonne auf dem Dorfplatz, und Frauen haben neben ihm geweint.

AR Hat Ihr Freund an der Übersetzung gearbeitet?

VF Ja. Und ich habe Zeichnungen und die Planung für die Bibliothek gemacht.

AR Wie haben Sie die Zeichnungen entwickelt?

VF Ich habe dort, wahrscheinlich wegen San Francisco und London, viele geometrische Formen ausgeschnitten und am Ende acht achteckige Tafeln fertiggestellt. Die Aufgabe, die unterschiedlichen Bereiche der Bibliothek, Poesie, Wirtschaft, Geschichte usw. zu illustrieren, habe ich mit abstrakt-geometrischen Kompositionen gelöst.

AR Wurde das realisiert?

VF Das Projekt ging leider auch schief. Die Leiterin der Bibliothek hat sich in der Zwischenzeit umgebracht.

AR Wie ging die Reise dann weiter?

VF Jemand ist nachts in die Hütte eingebrochen und hat uns bestohlen. Wir konnten nur noch Bustickets nach Acapulco kaufen. Dort haben wir meinen Vater angerufen, der aufgelegt hat. Er wollte nichts davon wissen. Pierres Eltern meinten, keine Sorge, aber wir müssten erst nach San Francisco kommen, weil es sehr schwierig sei, nach Acapulco Geld zu schicken. Wir mussten eine Lösung finden, um dorthin zu kommen, und haben in einem Café Pause gemacht, in dem man Schach spielen konnte. Das war perfekt, man lässt sich Zeit, schaut, was passiert und ob man nicht doch einen Ausweg finden kann. Wir haben also Schach gespielt. Und da war ein alter Mann, der mich die ganze Zeit beobachtet hat. Schließlich hat er uns auf Englisch freundlich angesprochen und uns ein Angebot gemacht. Ich habe ihn aber herausgefordert, um zwei Flüge nach San Francisco Schach zu spielen. Ich habe gewonnen und er hat mich nicht angerührt, aber er hat uns zwei Flugtickets bezahlt. Ich habe früher in Belgien viel Schach gespielt, gegen den belgischen Schachmeister, dem ich eine Menge Ärger bereitet habe. Ich habe ihn einmal fast geschlagen. Darauf war ich sehr stolz. Und seit Mexiko habe ich nie wieder Schach gespielt!

Tokio

AR Sie sind dann noch weiter nach Japan gereist?
VF In San Francisco haben wir Geld von Pierres Eltern bekommen und konnten weiter nach Japan reisen, um in Tokio Donald Richie, den Autor des Buches über Ozu, zu besuchen.
AR Er hat in Japan gelebt?
VF Er war Amerikaner, aber lebte in Japan, in einem alten traditionellen Haus mitten in Tokio. Die Stadt war schon 1979 riesig. Es war seltsam, dieses sehr alte Haus in der City zu sehen, ein Zusammenprall von Generationen, von Kulturen. Ein sehr traditionelles Japan auf der einen Seite und junge Punks auf der anderen. Zeitgenössische Architektur, die auf Viertel trifft, in denen die Menschen noch auf die alte Art und Weise gelebt haben. Pierre hat Donald Richie die Übersetzung gegeben, damit er sich die französische Version seines Buches ansehen konnte. Damals war das noch auf der Maschine getippt. Wir wurden von Richie und seiner Frau sehr gut empfangen, ich erinnere mich an die Geräusche der Schiebewände dieses Hauses und die Tatamiböden, auf denen wir natürlich Tee getrunken haben.
AR War die Übersetzung ein Auftrag?
VF Pierre war ja auch der Verleger. Er machte die Übersetzung und wollte sie verlegen. Er brauchte dafür die Rechte, aber vielleicht auch Bilder. Ich erinnere mich, dass ich zwei Fotos von Ozu von Dreharbeiten gekauft habe, um das Buch zu unterstützen. Und wir waren in den Produktionsbüros von Francis Ford Coppolas American Zoetrope, wo auch Wim Wenders gearbeitet hat.
AR Und am Ende wurde das Buch veröffentlicht?
VF Ja.

IV SPUREN HINTERLASSEN
Theater und Film: Genf, Paris (1981–1989)

AR Wie war Rückkehr in die Schweiz?
VF Die Reise hat ungefähr sechs Monate gedauert, danach gab es viele Dinge, die ich in Ordnung bringen musste. Ich habe mich gefragt, was ich in meinem Leben machen will, ob ich wirklich in dieses Schauspielerinnenkostüm passe. Viele Zweifel. Dazu kam meine erste Abtreibung. Ich wollte einfach nicht nur Pierres Begleiterin sein. Er hat damals das Drehbuch von *Campo Europa* geschrieben. Und ich dachte, mein Leben und ich würden ernster genommen, wenn ich ihn verlasse, von mir selbst und den anderen. Ich war noch von der Haltung meiner Mutter geprägt und wollte nicht durch einen Mann leben, sondern selbst für mein Leben verantwortlich sein, Geld verdienen, keine Kindern haben, unabhängig sein, wie ich das genau heute bin; mit vielen Kollateralschäden. Ich hatte Phasen, in denen ich leicht manisch-depressiv war und fast die ganze Zeit geschlafen habe.
AR Wie haben Sie den Rückkehr in den Alltag geschafft?
VF Ich habe angefangen, das Abitur per Fernstudium zu machen, um eine Struktur zu finden. Ich habe nicht viel gemacht, ich bin nicht faul, würde ich sagen, denn ich mache sehr viele Dinge, aber nicht, um ins Muster zu passen. So bin ich zu den Prüfungen gegangen. Die schriftliche Prüfung in Philosophie habe ich mit 18 von 20 Punkten bestanden. Ich habe über Georges Bataille und den Marquis de Sade geschrieben. Leider war der Rest der Prüfungen nicht gut. Kein Abitur, wieder nicht bestanden.
AR Wie sah es mit der Malerei aus?

VF Ich hatte noch nicht herausgefunden, wie ich damit anfangen sollte. Ich war ziemlich einsam, und die Welt des Theaters hat mir sehr dabei geholfen, mich in einen Raum zu begeben, auf den anderen zu reagieren, nicht völlig autistisch in meiner Welt zu sein, trotzdem eine Beziehung zu haben. Also wurde ich Schauspielerin. Ich habe in Genf mein Leben weitergeführt, weniger Kunst, mehr Schauspiel.

Man hat mir gesagt, ich solle mich an der École nationale de Théâtre in Straßburg bewerben. Ich habe für die Aufnahmeprüfung den ersten Monolog von Corneilles *Cinna* gesprochen, bin aber, wie bei der Kunstakademie, durchgefallen. Zwei Jahre später habe ich trotzdem dort als Profischauspielerin gearbeitet. Es war also besser so: nicht in die Schule, sondern direkt auf die Bühne.

Aber ich hatte einen ziemlich schwierigen Start. Eigentlich passte nicht, was ich vorgeschlagen, wie ich die Welt gesehen habe. Ich weiß nicht, es hat nicht gepasst, nicht in das Schulmodell, nicht für die Kunsthochschule in London und auch nicht für die Schauspielschule.

AR Würden Sie das wirklich so sagen?

VF Ich hatte auch tolle Erfahrungen, weil ich als Schauspielerin engagiert wurde, in meinem Alter. Aber auf dem normalen Weg, Studium, Abschluss, ging nichts. Ich fühlte mich zwischen den Stühlen.

AR Aber sie hatten ja dennoch Ziele. In Straßburg hat es nicht funktioniert, aber Sie haben nicht aufgegeben.

VF Ich habe immer weitergemacht. Ich glaube, ich musste etwas beweisen, dass mein Leben ein Beweis für meine Existenz sein musste. Mein Vater hat eines Tages zwischen Tür und Angel zu mir gesagt: »Ich werde dich brechen.« Trotz der Gewalt dieses Satzes war er die treibende Kraft vieler meiner Wanderungen, meiner Lebensentscheidungen, aber das hat zweifellos auch viel Kraft gekostet. Wenn ich ehrlich zu mir selbst bin, habe ich Filme gemacht, damit mein Leben irgendwo Spuren hinterlässt, auch im Theater, um nur einen Augenblick, ganz da und auch jemand anderer zu sein. Ich hatte damals das Gefühl, dass ich nicht existierte. Vielleicht kommt das von ganz klein. Umgekehrt ist mir klar geworden, wie reich meine Kindheit war. Ohne meine Kindheit wäre ich nicht Malerin geworden, das, was ich bin, obwohl sie einsam war und ich viel Ablehnung erfahren habe. Wenn ich zu einer Gruppe gehören wollte, war das Echo immer: nein. Das war seltsam. Und irgendwie wurde ich dann immer doch von anderen Gruppen akzeptiert. Das war ein Durcheinander.

Literatur, Theater, Film, Kunst und meine eigene Praxis, das war und ist für mich das Leben. Es ist die einzige Möglichkeit für mich zu leben. Deshalb habe ich nie damit aufgehört und werde es nie tun. Ich hatte ein chaotisches Privatleben. Das heißt, mit jemandem zusammenzuleben war nicht sehr gut für mich. Die erwartete weibliche Rolle hat mir Angst gemacht. Ich passe da einfach nicht hinein. Der Preis war zu hoch und meine Malerei hat zu sehr darunter gelitten.

AR Wie sind Sie vom Theater zum Film gekommen?

VF Nach dem Stück von Molière habe ich für das Schweizer Fernsehen gearbeitet. Der Autor und Regisseur Michel Deutsch hat mich dann für sein Stück *Dimanche* engagiert, in dem ich mit anderen Schauspielerinnen eine Majorette-Truppe gespielt habe. Das war noch in Genf. Danach habe ich 1980 für ihn in dem Stück *Partage* gespielt. Die Uraufführung war am TNS, dem Théâtre National de Strasbourg, mit Jean-Pierre Vincent als Direktor. In dem Stück ging es um die Ermordung von Sharon Tate, der Frau von Roman Polanski. Ich habe ein rotes Kleid getragen, vielleicht habe ich deshalb später rote Kleider gemalt. Colette Godard, eine Kritikerin von *Le Monde*, schrieb damals: »Was zum Teufel macht Valérie Favre auf der Bühne?« Das war die Wahrheit. Ich hatte keine Drogen oder so etwas genommen, sondern es war Mangel an Kultur. Ich habe dadurch viel gelernt, habe meine Grenzen erkannt und angefangen, dort, wo ich herkomme, aus einem kleinbürgerlichen, begrenzten Milieu, Türen zu öffnen.

AR Aber Ihre Karriere hatte ja erst begonnen.

VF Das stimmt, ich habe begonnen, zwischen Paris und Genf hin- und herzufahren und auch für Film und Fernsehen zu arbeiten. In *Geheimaktion Marseille* (1981) von Jean-Louis Comolli, dem Chefredakteur der Zeitschrift *Positif*, hatte ich eine Nebenrolle als die Sekretärin von Jacques Dutronc, eine sehr unangenehme Begegnung.

AR Sie haben auch mit Jean-Luc Godard gedreht?

VF Durch Bertrand Teubet, einen Bekannten, der bei Godard als Assistent gearbeitet hat, ist es zu der Zusammenarbeit gekommen. Godard war in der Schweiz ein großer Name, vor allem in Genf. 1982 habe ich in *Scénario du film ›Passion‹* mitgespielt. Anstatt ein Drehbuch zu schreiben, hat Godard mit dem Drehbuchautor Jean-Claude Carrière eine filmische Improvisation gedreht. Ich habe

Isabelle Huppert ersetzt und neben Hanna Schygulla und Jean-Luc Bideau einen Tag eine Bedienung in einem Café gespielt, an einem anderen Tag an einer Tankstelle zum Beispiel. Wir mussten alle möglichen Situationen improvisieren.

AR Gibt es eine besondere Erinnerung an die Arbeit mit Godard?

VF Ich erinnere mich an die Dreharbeiten, als er zu uns Schauspielern gesagt hat, dass wir, wenn wir uns eine Figur erarbeiten, das miteinbeziehen müssten, was außerhalb des Rahmens liegt. Das hat mich sehr interessiert, ist mir aber jetzt erst wieder eingefallen.

Es war eine Art Emotion, die mich jedes Mal durchfuhr, wenn ich etwas improvisieren musste, zum Beispiel eine Szene im Schilf am See. Godard hat seine Filme oft in der Nähe seines Wohnortes gedreht. Er kannte die Orte am Ufer des damals noch etwas wilden Genfer Sees. Die Emotionen kamen von der großen Verantwortung, die ich beim Improvisieren hatte, aber auch von dem Moment, mit dem Licht, dem See und den Bergen im Hintergrund.

Die schöne Seite bei dieser Erfahrung ist, dass ich mich mit Godard austauschen konnte, auch über Malerei, weil er an den alten Meistern sehr interessiert war, deswegen ist dieser Film entstanden.

AR Ist es zu einer weiteren Zusammenarbeit gekommen?

VF Später hat mir Godard eine kleine Rolle in dem echten Film *Passion* angeboten, aber zu diesem Zeitpunkt hatte ich bereits zugesagt, mit Lucien Attoun im Theater Jardin d'Hiver noch mal in Paris an dem Stück *Partage* zu arbeiten, das Michel Deutsch inszenierte. Es war ein Monat Proben, in dem ich viel gelernt, aber auch meine Schwächen und Grenzen gesehen habe, sodass ich mich gefragt habe, ob es sich lohnt, diesen Weg weiterzugehen. Ich habe durchgehalten und die Welt entdeckt, dank dieses Berufes, der den Figuren unter die Haut schlüpft.

AR Was hat Sie an der Arbeit gestört?

VF Die Welt des Kinos und Theaters hat eine große Gewalt in sich, auf der Bühne oder um sich ihr zu nähern. Und ich hatte schon viel Gewalt erlebt, also habe ich mich gefragt, ob ich zurückgehen und das fortsetzen könnte, was ich vorher getan hatte. Ich liebte Malerei und Literatur am meisten. Aber das ist nicht sofort geschehen, ich habe weiterhin in verschiedenen Produktionen gespielt, bei Antenne 2 oder Underground-Produktionen. Aber das ist wahrscheinlich ein Grund, warum aus meinen Bildern eine gewisse Gewalttätigkeit hervorgeht.

AR Sie sprechen von Gewalt. Ihre Entscheidung, nicht mehr in der Film- und Theaterbranche zu arbeiten, hing auch damit zusammen, wie Frauen dort behandelt werden?
VF Mit siebzehn, achtzehn hatte ich schon den Traum, eine große Schauspielerin zu werden, und habe dafür eine Zeit lang die Malerei vernachlässigt, fast aufgegeben. Aber mit der Zeit habe ich gemerkt, dass der Film nicht meine Welt, eine Männerwelt ist, vor allem damals. Vom Casting über den Regisseur bis hin zum Produzenten wurde erwartet, dass du als Frau nett und bereit bist, alles zu machen, was sie wollen. Sonst hat man möglicherweise die Arbeit nicht bekommen. Aber das habe ich durchschaut und bin immer fünf vor zwölf geflüchtet. Wenn Produzent und Regisseur mit je zwei jungen Frauen auf eine Party gehen wollten, bin ich immer abgehauen. Es kam vor, dass ich eine Rolle nicht bekommen habe, weil ich mich distanziert verhalten habe.
AR Welche anderen Filme haben Sie noch gedreht?
VF 1982 habe ich zum Beispiel *Paris-Plage* mit Unglee gedreht, einem Künstler, der auch Regisseur war und kurz danach Selbstmord begangen hat. Ich habe eine reiche Frau in ihrer Villa gespielt.
AR Sie haben erwähnt, dass Sie für einen Film reiten mussten.
VF Das war *Les cinq dernières minutes* von Claude Loursais, einer Persönlichkeit wie Orson Welles. Das war ein Krimi im Milieu der Pferderennen, von Antenne 2, damals ORTF, produziert. Es war eine sehr bekannte Fernsehserie in Frankreich zu dieser Zeit, wie in Deutschland *Tatort*. Da ich schon viel geritten war, war es ein wirklich schönes Shooting. Ich habe die Rolle der Mörderin gespielt, aber bevor ich von den beiden Starpolizisten verhaftet wurde, hatte ich einige sehr schöne Szenen zu drehen, in dramatischer Hinsicht mit den anderen Schauspielern und draußen auf der Rennstrecke. Es gibt ein langes Travelling, bei dem ich die Piste des Lions in Chantilly drei Kilometer entlang galoppiere. Dank der Dreharbeiten bin ich viel herumgekommen.
AR Gibt es Filme, die Sie gerne gedreht hätten, die aber nicht zustande gekommen sind?
VF Fast hätte ich einmal mit dem großen, portugiesischen Filmemacher Manoel de Oliveira gedreht. Bei den Dreharbeiten von *Parade*, einer Fernsehserie im Zirkusmilieu von FR 3, die wegen der Altstadt in Straßburg spielte, hat das Theater von Nanterre angerufen. Ich sollte zu einem Casting von Oliveira kommen, der *Der Satinschuh* (1985) drehen wollte. Ich hatte die erste Runde für

die Hauptrolle geschafft. Es war ein großer Stress, denn gleichzeitig musste ich mich um meine Rolle als Reiterin kümmern und die Produktion eines Drehtages so geändert werden, dass ich ein zweites Mal zu einem Vorsprechen bei diesem großartigen Regisseur gehen konnte. Leider hat es, wie so oft, nicht geklappt. Sicherlich hat mir diese Wendung des Schicksals geholfen, die Entscheidung zu treffen, die Bühne schneller zu verlassen. Aber vorher hatte ich noch ein Projekt, das mir sehr am Herzen lag. Das war mit meiner Freundin Rosine Lefebvre, die als Assistentin von André Steiger an der Comédie de Genève gearbeitet hat, eine Montage von Molly Blooms Monolog, der den Roman *Ulysses* von James Joyce beschließt.

AR *Melody Bloom* war Anfang der 1980er-Jahre der Ansatz, ihr eigenes Stück zu machen.

VF Ich erinnere mich, wie Rosine und ich abends in meinem unbeheizten Dienstmädchenzimmer an der Gare du Nord in Paris über die Entscheidungen diskutiert haben, die getroffen werden mussten, um diesen inneren Monolog zu inszenieren, das heißt, in den Kopf einer reifen Frau einzudringen. Wir hatten nicht viel Geld und haben Nudeln mit Tomatensoße zum Aufwärmen gegessen, die so verkocht waren, dass sie in einer Art Brei auf unseren Tellern landeten, weil wir so von der Arbeit absorbiert waren.

AR Gab es da schon die Idee für das Dekors?

VF Alles kam nach und nach bei der Diskussion, wie wir den Text darstellen sollten. Wir wollten kein Bett aufstellen, in dem ich liege, und sind zum Abstrakten übergegangen. So kamen wir auf das Schachspiel, mit dem ich viele Erinnerungen verbinde. Wir haben ein sehr großes Schachbrett aufgebaut, mit drei Figuren, Turm, Bauer und König oder Königin, die sehr leicht, aber sehr groß waren. Denn Molly ist in dem Text von Joyce sehr strategisch. Sie hat ihren Liebhaber, er darf nicht zu spät kommen, aber auch nicht zu früh. Dann hat sie ihre Periode usw.

AR Das Stück war um die Figur von Molly herum aufgebaut?

VF Wir haben einen Monolog über anderthalb Stunden zusammengestellt. Die Metapher des Schachspiels kommt dem Geist des Monologs, den Berechnungen und Prognosen am nächsten.

AR Wenn Sie Molly charakterisieren sollten?

VF Sie hat viele Register, ist auch sehr zurückhaltend. Ich wollte auf der Bühne nicht hysterisch sein. Aber es gab auch Momente, in denen Molly ausrastet, lacht oder traurig ist.

AR Eine Art Panorama ihrer Gefühle, ihres Charakters.

VF Ein Fächer, eine Interpretation des Textes, wie wir ihn uns vorstellten.
AR Wie oft haben Sie das Stück gespielt?
VF Leider nicht sehr oft. Etwa zehn Mal.
AR Ein Erfolg?
VF Auf jeden Fall. In Genf zum Beispiel haben wir es auf die Titelseite vom *Journal de Genève* geschafft, das war damals eine wichtige Zeitung.
AR Was waren für Sie die stärksten Momente?
VF Ich hatte immer großes Lampenfieber, Angst vor dem Anfang. Ich mag es, Dinge zu tun, die fast unmöglich sind. Molly, das war auch eine Herausforderung an das Gedächtnis, an die Inszenierung. Ich glaube, ich bin jemand, der Herausforderungen mag, all die schwierigen Dinge. Selbst wenn ich am Anfang nicht weiß, wie ich es machen soll, finde ich immer, oft, nicht immer, weil ich auch schon auf die Fresse gefallen bin, einen Weg. Nicht im Theater. Aber ich habe in meinem Leben auch Riesendummheiten gemacht.

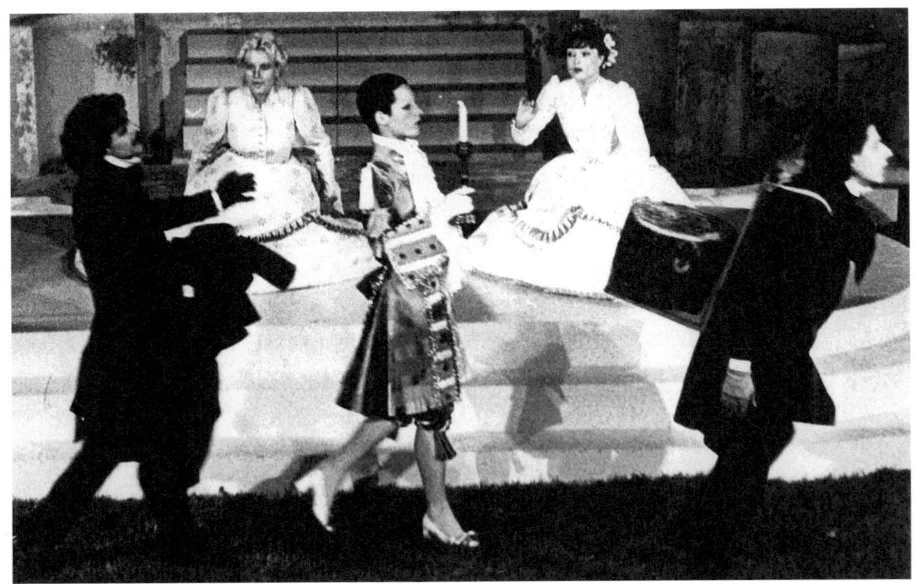

5 Molière, *Les précieuses ridicules*, Comédie de Génève, 1979/80 / Foto Comédie de Genève

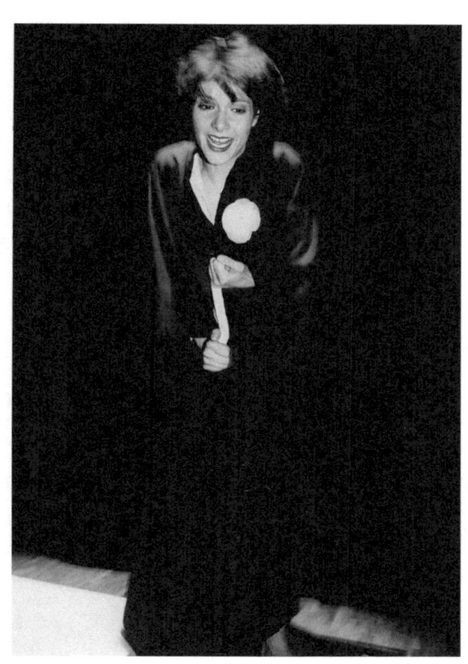

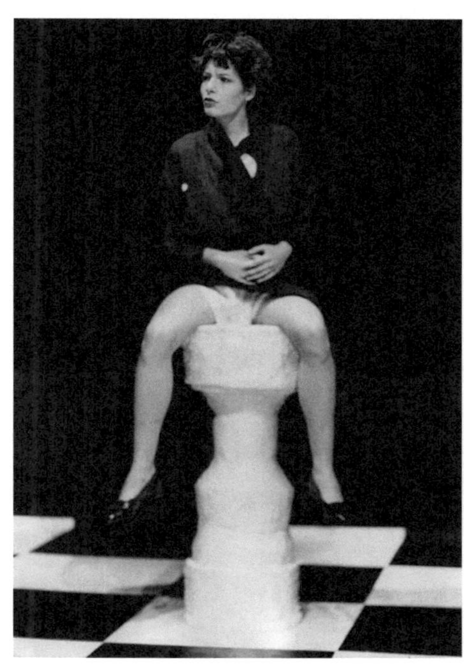

6/7 *Melody Bloom*, nach *Ulysses* von James Joyce, R: Rosine Lefebvre, Paris / Genf, 1982 / Foto Gérard Pétremand

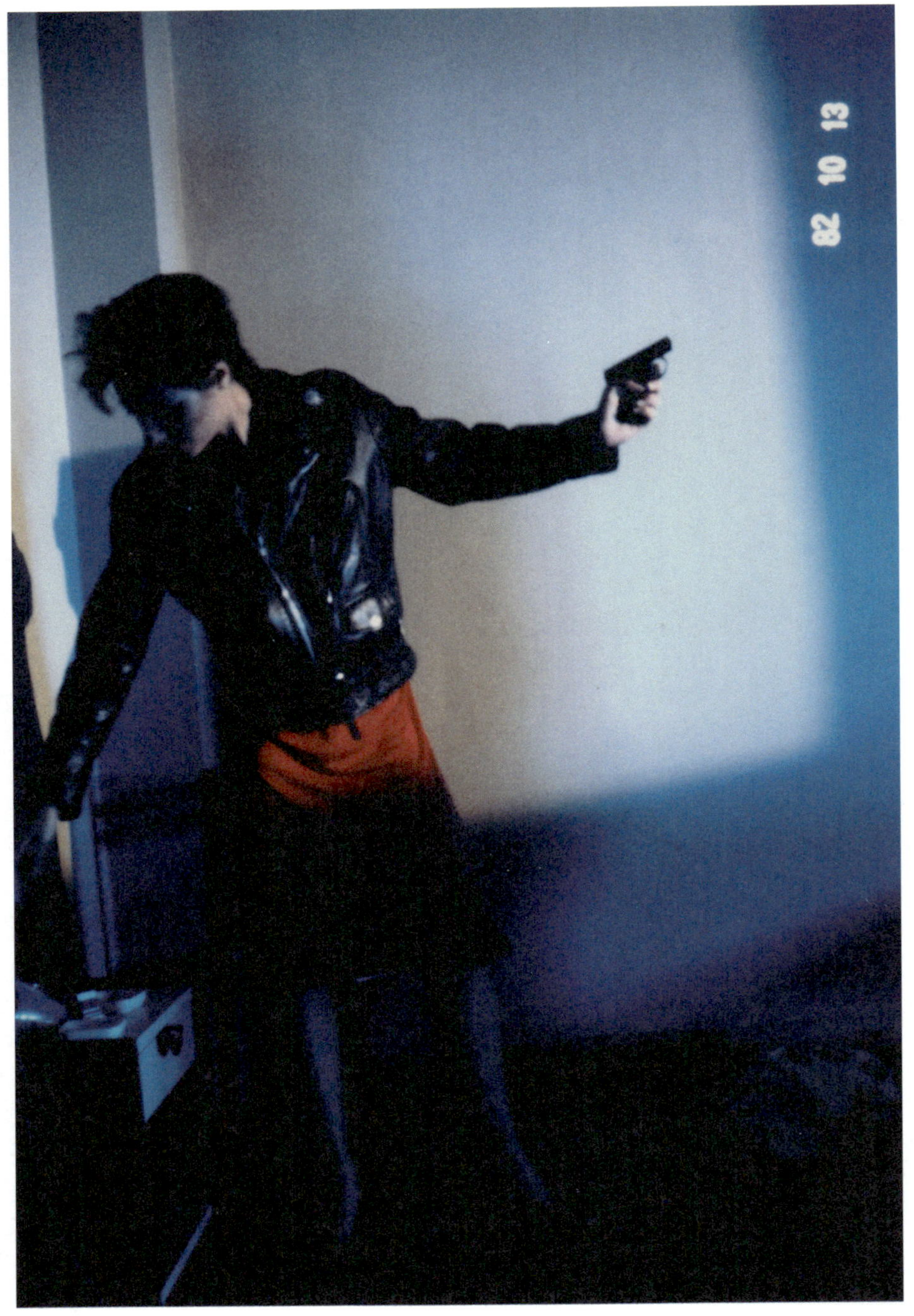

8 *Campo Europa*, R: Pierre Maillard, 1984 / Foto Pierre Maillard

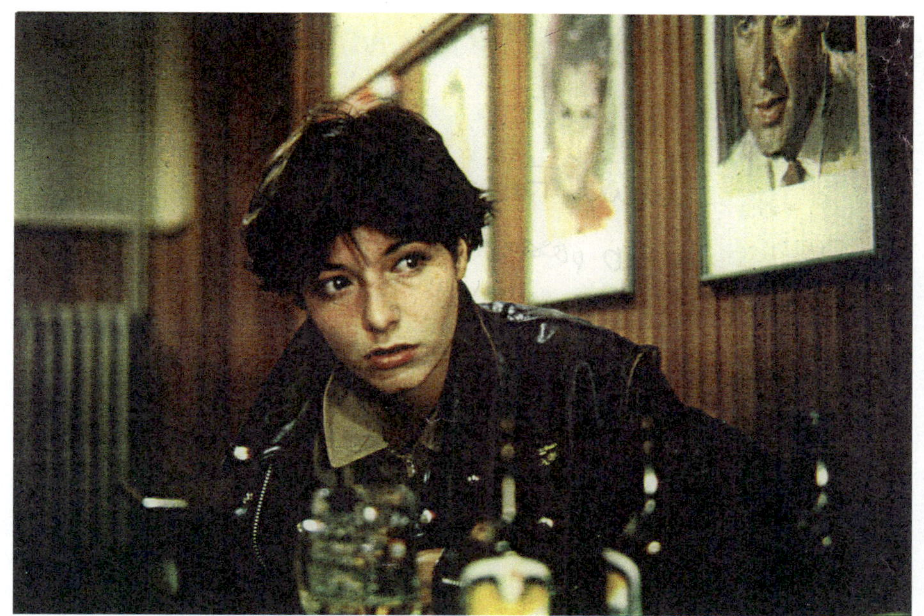

9 *Campo Europa*, R: Pierre Maillard, 1984 / Foto Pierre Maillard

V AUF DEM WEG ZUR MALEREI – ZYKLEN I

Paris, Brüssel, Berlin, Dresden (1989–1999)

AR Wann war die Schauspielkarriere zu Ende?
VF 1986. Ich hatte eine sehr gute Agentin, zu der ich in einem Café an den Champs Élysées gesagt habe, dass ich den Film verlassen will. Sie war erstaunt, aber am Ende war es ein sehr gutes Gespräch mit einem schönen Abschied.
AR Wie kam es zu dieser Entscheidung?
VF Wie ich schon ein wenig erklärt habe, war es ein interessantes Milieu und ich habe außergewöhnliche Erfahrungen gemacht, aber es ist ein anderes Leben, ein Leben, in dem man Figuren besucht. Ich denke, dass ich nicht schlecht war, aber ich war auch nicht sehr zufrieden in diesem Beruf. Ich hatte das Glück, große Schauspieler und Schauspielerinnen bei der Arbeit zu sehen, zum Beispiel Hanna Schygulla, die genug Raum in sich hat, um Rollen zum Leben zu erwecken. Aber ich konnte das nicht. Ich finde nicht das Material in mir, diese Emotionen nach außen zu transportieren. Es war ein Zufall, dass ich Schauspielerin geworden bin. Ich habe es gerne gemacht, weil ich ein Leben wie in einem Roman leben und viele Dinge ausprobieren wollte. Aber eigentlich ist die Leinwand meine Bühne.
AR Wie haben Sie dann Geld verdient?
VF Ich hatte ein paar Nebenjobs, Bar und so was. Und ich habe für eine katholische Zeitung Kindergeschichten geschrieben.
AR Mit Illustrationen?
VF Eigentlich nicht. Das waren Geschichten für Kinder, die entscheiden konnten, wie die Geschichte weitergehen sollte. Ich

entwickelte fünf bis sieben Varianten kleiner Geschichten, die sich – je nach Entscheidungen – mit je unterschiedlichem Ende weiterentwickelten, ein schönes oder dramatisches Ende, was davon abhing, was man als Anfang gewählt hatte. Eine Art Modell, wie eine Struktur mit Anknüpfungspunkten. Es waren die kleinen Texte an diesen Knotenpunkten, die dem Leser das Gefühl gegeben haben, durch seine Entscheidungen an der Geschichte teilzuhaben. Dieses »Training« hat mir sicherlich geholfen, später meine Bilderserien zu machen, die alle miteinander in Verbindung stehen.

AR Etwa der Zyklus *Der dritte Bruder Grimm*, in dem es explizit um Märchen und Erzählen geht?

VF Ich habe mich schon immer für »Fiktion« interessiert, Fiktion im Allgemeinen als Flucht aus der Realität und vor allem dank dieses nicht realen Mediums konnte ich beginnen, Geschichten zu erfinden. Das Studium und die Analyse bestimmter Märchen sowie alter Mythen hat mir sehr geholfen, mich selbst zu konstruieren, besonders in schwierigen Zeiten.

AR Gab es andere Alternativen zur Arbeit als Schauspielerin?

VF Ich habe mit einem Freund eine Filmproduktionsfirma gegründet, sie hieß *Fructidor*. Wir wollten ein Märchenfestival in Südfrankreich filmen und im Fernsehen davon berichten. Obwohl ich es geschafft habe, die Rechte zu bekommen, ist es am Ende gescheitert.

AR Sie haben das Festival nicht gefilmt?

VF Nein, wir hätten einen Vorschuss gebraucht. Das hat nicht geklappt, wir waren zu jung und hatten zu wenig Erfahrung in diesem Bereich. Das Gute ist, dass ich durch dieses Märchenfestival viele Erzähler kennengelernt habe, und wir haben mehrere Tagen in Paris im 14. Arrondissement Abende mit vielen Geschichten verbracht. Eine sehr gute Schule.

AR Hatten Sie noch andere Filmprojekte?

VF Ich habe 1983/84 den 16mm-Kurzfilm *Vivant Pépère* gemacht. Ich habe das Drehbuch geschrieben und Regie geführt. Es ist eine Geschichte in vier Kapiteln ohne Ton, nur mit Musik von einer jungen Komponistin. Es geht um das Abenteuer von einem Mädchen, das in den Jardin du Luxembourg flieht, bis eine Frau es wiederfindet.

AR In Schwarz-Weiß?

VF In Farbe. Das Licht im Film war sehr wichtig. Der Film besteht aus vier Teilen. Es ist ein Mise en abyme der Geschichte eines

Mädchens, das sich von der Kindheit zu einer erwachsenen Frau entwickelt. Das ist eine sehr kurze Zusammenfassung dieses 16mm-Films, dessen einzige Kopie noch in Paris bei dem Regisseur Jerôme Boivin liegt.

AR Gibt es Erinnerungen an Filme aus dieser Zeit, die Sie gesehen haben und die wichtig waren?

VF Ich bin sehr oft, manchmal jeden Tag in die Cinémathèque française gegangen. Es gab eine Dependance in der rue du Faubourg-du-Temple, zehn Minuten zu Fuß von dort, wo ich gewohnt habe. Ich erinnere mich zum Beispiel an *La Jetée* (*Am Rande des Rollfelds*) von Chris Marker, einen Film den ich einmal die Woche Monate lang gesehen habe. Ein Meisterwerk.

AR Sie haben sich den Film von Chris Marker immer wieder angesehen? Was hat Sie daran beeindruckt?

VF Ja, wie ein Ritual, wie ein Ritornell. Was ich an diesem Film bemerkenswert finde, ist diese Art der ewigen Wiederkehr. Der Anfang des Films, ein mittellanger Film, endet mit der Szene vom Anfang und wir verstehen, dass ein Teil des Lebens eines Mannes, des Helden, aber gleichzeitig auch sein ganzes Leben in einem Foto dargestellt ist. Es ist aufregend und hat mich sehr beeindruckt. Dieser Film inspirierte zum Beispiel Terry Gilliam zu *12 Monkeys*, und ich denke auch an Claude Sautets Film *Die Dinge des Lebens*, in einem ganz anderen Register. Ein Unfall, und ein Mann sieht sein Leben ablaufen, in dem das Drama der bürgerlichen Sorgen der damaligen Zeit zusammenfasst.

AR Wie war das, nachdem Sie die Schauspielerei aufgegeben hatten?

VF Es war plötzlich ein Gefühl der Leere, aber auch ein gewonnenes Territorium für mich selbst. Die Welt der Regisseure, in der es damals fast keine Frauen gab, hatte mich ziemlich verstört und ich war froh, dass ich mich entschieden hatte, die Gewalt der Sets zu verlassen. Ich war froh, noch einmal ganz von vorne anfangen zu können.

AR Und wie war das dann mit dem Malen?

VF Ich habe wie damals in Genf mit Farben und Papier erst einmal zusammen gesessen, um möglichst schnell wieder in einen Malereimodus zu kommen. Erstmal ohne Ziel.

AR Vorher war die Kunst die ganze Zeit präsent, aber da ist wirklich die Entscheidung gefallen, zur Malerei zurückzukehren.

VF Eigentlich wollte ich schon vorher, aber ich war zu jung und habe es nicht verkraftet. Ich hatte noch nicht viel zu sagen. Ich ging auf die Suche. Ich hatte von La Grande Chaumière gehört, das war eine freie Akademie, immer am Nachmittag und sehr voll, aber das war mir egal, weil es mir darum ging, wieder ins Zeichnen einzutauchen. Mir war diese Atmosphäre der Konzentration vor dem Modell sehr wichtig.

AR Eine Art Fortsetzung der Académie de Meuron. Gab es hier Lehrer?

VF Ich hatte einmal in meinem Leben einen Lehrer, das war in Belgien, in Charleroi. Nicolas Binsfeld. Er hatte wirklich eine außergewöhnliche Technik, sehr nah an Francis Bacon, zu nah in meinen Augen. Zwei Wochen lang war ich dort und habe etwas gelernt.

AR Wann war das?

VF Das war noch in der Schweiz. Mit etwa sechzehn.

AR Aber zurück zu Paris.

VF Zunächst habe ich ein Atelier gefunden und mich eingerichtet. Ich habe von diesem neuen Ort, der Usine Éphémère, rue David d'Angers gehört. Das war eine alte Chemiefabrik, man muss sich Labortische vorstellen, Kacheln in großen Räumen im Erdgeschoss und im Obergeschoss eine Reihe von Räumen wie Büros. Der Mäzen, der Caroline Andrieux, der Leiterin des Bereichs bildender Kunst, diesen Teil des Gebäudes zur Verfügung stellte, der andere war der Musik gewidmet, empfing mich sehr freundlich, als ich mich mit einer Mappe vorgestellt habe, um zu sehen, ob ich eine Chance hätte, Teil des Teams zu sein. Ich kam zu spät, es gab nichts mehr zu tun, das Team war bereits gebildet. Aber als sie sich meine Bilder angesehen hat, wollte sie, dass ich doch Teil des Teams wäre, und fragte, ob ich mich mit einem Keller zufrieden geben würde, den ich ausräumen müsste.

Selbst in einem Keller ... Ich habe sofort zugesagt. Da ich nicht zum Pariser Serail gehört habe, war das eine Möglichkeit, in ein Netzwerk hineinzukommen. So habe ich etwa eineinhalb Jahre in der ersten Usine Éphémère verbracht. Viele Leute kamen, um die Ausstellungen zu sehen und die Künstler in ihren Ateliers zu besuchen. Es herrschte eine schöne Atmosphäre. Auch wichtige Galerien schauten regelmäßig vorbei. So wurden meine Arbeiten nach und nach gezeigt und ich lernte die gesamte Pariser Kunstwelt der damaligen Zeit kennen. Ich habe auch angefangen, meine Bilder zu verkaufen, was gut war, damit ich über die Runden kam.

AR Wie hat das funktioniert?

VF Die Usine Éphémère nahm zehn, zwanzig Prozent. Die Miete waren sehr billig, auch ein Grund, warum dieser Ort so beliebt bei Künstlern war. Es gab viel Publikum in den Ausstellungen und manchmal sehr schöne Konzerte und Partys.

AR Die Leute gingen durch die Ateliers und schauten?

VF Außerdem durfte jeder Künstler eine Einzelausstellung pro Jahr haben. 1988 habe ich angefangen, meine Arbeiten zu zeigen. Da gab es auch viele Konzertveranstaltungen. Es war die ganze Zeit etwas los. Das war wie La Ruche im Paris des 19. Jahrhunderts.

AR … wo Chagall und Soutine arbeiteten. Wie haben Sie in der Usine Éphémère gearbeitet?

VF Ich erinnere mich, dass ich für eine kurze Zeit von Antoni Tàpies inspiriert war. Vom Sand bekam ich Gelenk- und Hautprobleme, ernste gesundheitliche Probleme wegen Siliziumdioxid. Da habe ich damit aufgehört. Ich malte und ließ einen Großteil der unvorbereiteten Leinwand leer. Dies war der Anfang der *Série périmétrique* vor *La Poulinière*.

AR Wie würden Sie die Kunstszene dieser Zeit beschreiben?

VF Wir sind in Paris in den späten 1980er- und frühen 1990er-Jahren, ich mache Malerei. In den Galerien, Ausstellungen, wurde in dieser Zeit sehr wenig zeitgenössische Malerei gezeigt. Nathalie Obadia war in Frankreich fast die einzige junge Galerie, die zeitgenössische Malerei zeigte, neben etablierten Galerien, die moderne Positionen zeigten, wie die Galerie Claude Bernard an der Rive gauche, der Galerie de France und Galerie Fournier. Diese zwei Galerien waren im selben Viertel und gehörten zu den wenigen, die ein bisschen eine andere Version zeitgenössischer Kunst vorstellten.

Malerinnen gab es sowieso sehr wenige. Aber das System in Frankreich hatte ein doppeltes Problem. Zum Beispiel die Künstlergruppe Supports/Surfaces – Daniel Buren, Niele Toroni und Michel Parmentier – haben alles gesprengt, was Keilrahmen, Leinwand und Textur des Mediums auf der Leinwand war. Daneben gab es Jean Fautrier und Georges Mathieu mit ihrem dickem Farbauftrag, beide »Fossilien«, bei denen die Malerei den Transport eines emotionalen Moments sichern sollte. Auch Jean Degottex und Simon Hantaï haben mir gefallen.

Die großen Ausstellungen waren sehr auf Konzeptkunst fokussiert. Ich habe damals Positionen wie Joseph Kosuth und die Künstlergruppe Présence Panchounette oder General Idea im Museum Beaubourg gesehen. Und daher gab es zwei Schwierigkeiten: Ich male und ich bin eine Frau, was, zumindest auf politischer Ebene, für das Malen von Bildern gilt. Man darf nicht

vergessen, dass Frankreich noch einige Probleme mit dem Geruch des Patriarchats zu lösen hat.
AR Wenn Sie also mit Erde und Sand gearbeitet haben, war das auch der Versuch, dem Klischee weiblicher Malerei zu entkommen und die Malerei als Medium zu hinterfragen?
VF Wissen Sie, das Geschlecht in der Kunst hat für mich keinen Sinn, also wenn es interessante, gute Kunst ist. Das ist für mich am wichtigsten, aber oft wird gute Kunst von Künstlerinnen gemacht. Ich wollte andere Wege finden, es zu tun, vielleicht ohne Farben zu verwenden. Zum Beispiel der Zyklus *Série périmétrique* war sicher eine Reaktion auf meine Art, eine Entleerung, aber dazu mit »Story Telling«.
AR Was meinen Sie hier mit »Story Telling«?
VF Weil eine künstlerische Handlung eine Geschichte braucht, die ihr gewidmet ist, damit man sich an sie erinnert. Wenn sie keine Geschichte hat, lohnt es sich nicht und wird vergessen.
AR Aber das kam nach der Usine Éphémère? Sie blieben nicht lange dort?
VF Ein Jahr, eineinhalb. Das war 1987, 1988. Danach bin ich in ein Atelier in Belleville, das ich in der cour de Bretagne in der rue du Faubourg-du-Temple gefunden habe. Das war größer, und ich hatte Ruhe. Ab 1989 war ich dort und bin in diesem Viertel geblieben, bis ich nach Berlin gegangen bin. AR Wie war die Zeit nach dem Verlassen der der Usine Éphémère?

Die Jahre nach der Usine Éphémère waren großartig. Ich wurde in die kleine Pariser Kunstwelt aufgenommen. Meine Arbeit war sehr schnell erfolgreich und ich nahm an vielen Gruppenausstellungen teil und hatte meine erste Ausstellung im Centre d'art contemporain de Hérouville Saint Claire in der Normandie. Ironischerweise handelt es sich um ein Nebengebäude des Théâtre de Caen. Ich habe auch Objekte wie meine Skulptur *Chaise de l'arbitre* (Schiedsrichterstuhl) in der Werkstatt für die Theaterkulissen hergestellt. Es war ein schönes Augenzwinkern des Lebens.
AR Wie war der Austausch mit anderen Künstlern?
VF Ich habe in Paris viele Künstler getroffen, vor allem Maler, aber wir waren nicht sehr zahlreich. Wir haben uns auf Vernissagen getroffen und etwas zusammen getrunken, aber das war auch schon alles. Ich hatte den Eindruck, dass jeder für sich lebte. Große Freundschaften zwischen Künstlern habe ich nicht gekannt. Vincent Corpet, Carole Benzaken, Marc Desgrandchamps sind figurative Maler meiner Generation, ein bisschen

älter, und damals anerkannt war Jean-Michel Alberola, den ich sehr bewundert habe. Es gab natürlich noch andere … Es ist schwierig, alle aufzuzählen.

AR Wie war Ihr Leben in Paris?

VF Während dieser Zeit in Paris habe ich einige sehr schöne Liebesgeschichten erlebt, die mir viel gebracht haben. Ich habe sogar geheiratet, aber es war ein Misserfolg. Ich dachte, dass ich keine Werkzeuge hätte, um all diese Gefühlswellen anzunehmen, und dass es am Ende immer meine Kunst wäre, die im Vordergrund steht, meine Malerei; aus Schwäche, ohne Zweifel aus Angst vor der Verpflichtung und vor dem, was es in der Konsequenz bedeuten könnte, was ich nicht annehmen wollte, nicht annehmen konnte.

Es ist die Alchemie zwischen meiner Intimität und meiner Kindheit, die hier im Spiel sind. Ich weiß, dass ich als Kind einen enormen Mangel an Aufmerksamkeit hatte, damals war das fast normal. Leider hat mir das nicht dabei geholfen, eine Beziehung mit jemandem aufzubauen. Ich bin jemand, der zu empfindlich auf Zuneigung, den großen Mangel des »Anderen« reagiert und lieber das Opfer emotionaler Sicherheit für meine Kunst bringen möchte. Ich bin glücklich, wenn ich in meinem Atelier bin. Das ist es.

AR Wie war die Stadt für Sie?

VF Paris war auch eine gewalttätige Stadt. Ich habe Schlägereien beobachtet und hemmungslose Männer haben heimlich meinen Körper berührt. In der Metro, auf der Straße. Belleville ist eins der asiatischen Viertel von Paris, und ich habe eines Abends in einem chinesischen Restaurant einen Mord mit Messern beobachtet, das war wohl eine Mafiageschichte.

Allein die Tatsache, dass ich eine Frau war, war eine große Hürde, die es zu überwinden galt, und zwar nicht nur auf der Straße, sondern auch in der Kunstwelt. Sammler drehten meine Bilder um, um zu sehen, ob die Leinwand richtig auf dem Keilrahmen befestigt war, und gaben vor, sie vor einem hypothetischen Kauf überprüfen zu müssen, weil nicht sicher sei, ob eine Frau dazu in der Lage ist. Es war eine komische Situation. Ein Galerist aus Genf, der damals in London ansässig war, hatte mir gesagt, dass Investitionen in eine junge Malerin mit einem hohen Risiko verbunden seien, da die Produktion des Werks darunter leiden würde, wenn sie ein Familienleben habe. Das war Anfang der 1990er-Jahre.

AR Aber für Sie waren die Pariser Jahre durchaus erfolgreich. Sie haben ziemlich schnell eine Galeristin gefunden.

VF Die Jahre in Paris sind dicht und legen den Grundstein für die Strukturen meiner Gemäldeserien. Ich habe wichtige Personen der Pariser Kunstszene kennengelernt, von denen einige noch heute im Amt sind. Zum Beispiel Nathalie Obadia, die meine Galeristin wurde, Michel Nuridsany, der Kunstkritiker des *Figaro*, und Thierry de Duve, er ist Theoretiker, Philosoph. Ich habe ihn in der Usine Éphémère kennengelernt, wie auch den Kunsthistoriker und -kritiker Daniel Soutif, der Chefredakteur der *Cahiers du Musée national d'art moderne* des Centre Pompidou war. Wir haben uns bei einem Seminar von Thierry De Duve im Collège International de Philosophie wiedergetroffen, an dem Michel Foucault auch noch sehr präsent war.

Man kann über diese Zeit nicht sprechen, ohne die Angst vor Aids zu erwähnen, das auch mein Leben beeinflusst hat. Es gab Freunde, die an dem Virus erkrankt sind und nicht wussten, wie lange sie es noch schaffen würden. Hervé Guibert war eine Symbolfigur, die mit seinem Buch *Dem Freund, der mir das Leben nicht gerettet* hat Unruhe ausgelöst.
AR Er hat seine Aids-Erkrankung öffentlich gemacht.
VF Foucault war zu dieser Zeit schon tot, aber noch sehr präsent und prägte sowieso mit seiner Philosophie die Diskussionen, eben auch am Collège international de philosophie. Paris war eine Drehscheibe des Kunstbetriebs, nach New York. Aids hat das Leben verändert, zum Beispiel die Atmosphäre auf den großen Partys in der Galerie von Yvon Lambert oder im Palace, dem bekannten Club in Paris, wohin wir zum Feiern gingen und wo dann Leute auftauchten, die offensichtlich von der Krankheit gezeichnet waren und Skeletten glichen. Die Leute wurden vorsichtiger, es spielte sich weniger in den Hinterzimmern ab.

Es mag Ihnen komisch vorkommen, bei all dem, was ich Ihnen gerade erzählt habe, aber ich ging nicht viel aus. Ich war sehr mit meiner Malerei beschäftigt, und es war eine große Anstrengung für mich, auszugehen.

La Poulinière (seit 1989) / Série Périmétrique (1989–1994)

AR Um auf das Collège international de philosophie und Thierry de Duve zurückzukommen, inwiefern war er für Sie wichtig?
VF Nachdem ich von der Schule abgegangen war, habe ich ältere Leute getroffen, die mir wie Mentoren ein Wissen in Literatur usw.

vermittelt haben. Ich habe viel gelesen, aber vor Paris war die Lektüre nicht organisiert. Autodidakten wissen oft mehr, es ist nicht die Quantität, sondern unsere Art, zu lernen, sich zu informieren oder zu interessieren.

Thierry de Duve kam in mein Atelier, um über meine Arbeit zu sprechen. Wir haben uns angefreundet und ich habe ihn viel später auch in die Universität der Künste nach Berlin eingeladen. Er hatte mich eingeladen, um an seinem Projekt für eine neue Kunsthochschule in Paris teilzunehmen, ein wenig vom Black Mountain College in North Carolina inspiriert. Ich bin zu mehreren Treffen gegangen, um dem Kulturministerium das Projekt zu vorzustellen, an dem viele Künstler und Intellektuelle teilgenommen haben, natürlich Daniel Soutif und Bernard Marcadé, das aber leider ein Traum blieb.

Thierry de Duve hat sich für Malerei interessiert und mich auf den amerikanischen Maler Arshile Gorky hingewiesen. Aber bekannt geworden ist er mit einer Art Biografie über Marcel Duchamp. Seine Seminare waren pointiert, um sein Buch über das Readymade von Duchamp mit dem Publikum zu diskutieren. Ich hörte dort viel Kritik, viele wertvolle Gespräche über die Position von Thierry de Duve. Deswegen habe ich eine Antwort auf ein Readymade von Duchamp gegeben. So entstand 1989 *La Poulinière*.

AR Zu Deutsch »die Zuchtstute«.

VF Es war eine Antwort auf die Arbeit *3 Stoppages étalon* (3 Kunststopf-Normalmaß) von Duchamp. *La Poulinière* ist eine runde Scheibe, also unendlich, und genau das Gegenteil vom Mètre Etalon, dem Urmeter. Es ist ein Werkzeug zur Inszenierung von Bildern.

AR Können Sie *La Poulinière* beschreiben?

VF Sie ist ein Glücksrad aus Metall, auf dessen Rand ich Zahlen wie 395, 502 usw. mit weißem Stift geschrieben habe. Wenn ich das Rad dreht habe, blieb eine Zahl unter einem blauen Pfeil an einem geschwungenen Draht stehen, und jeder Zahl entsprach ein Arbeitsauftrag, den ich in ein Heftchen notiert hatte und für den ich mir drei Minuten Zeit gegeben habe. Deshalb ist eine Sanduhr zum Zähneputzen angebracht.

AR Wie wurden die Aufträge ausgeführt und wie sahen sie aus?

VF Die Aufträge, die der Apparat der Künstlerin gab, wurden immer mit Feder und Tinte auf Papier ausgeführt. Sie lauteten: schreiben, collagieren, einen Ablauf in Filmstills zeichnen, zum Beispiel Wolken; etwas mit einem Kegel zeichnen, mit dem sich

Duchamp ja viel beschäftigt hat; etwas mit einer Sanduhr, einem Stuhl zeichnen oder mit Geometrie, also Linien, die dann an eine obskure Wissenschaft erinnern; etwas zeichnen mit nur einem Pinselstrich, mit Zahlen, oder rote Röcke malen, die dann auf Leinwand übertragen wurden usw.

AR *La Poulinière* ist ein Objekt, das die Wahl trifft, das auswählt.

VF Ich habe zwar entschieden, wie das Rad aussieht, aber es gibt auch den Zufall. Die Zeit meiner Arbeit hat sich durch Zufälle organisiert, also kontrollierte Zufälle, mit drei Minuten Zeit, um eine Skizze zu machen.

AR Welche Funktion hatte *La Poulinière* in Ihrer Arbeit?

VF Es ging darum, meine Arbeit zu strukturieren und die Zeit zu beschränken. Anschließend habe ich die Zeichnungen in Gemälde übertragen. Ich wurde dabei nicht nur von Duchamp angeregt, sondern auch von den Lettristen, die in den 1940er-Jahren von Isidore Isou ins Leben gerufen wurden, und Oulipo, einem Kreis von Autoren, zu denen auch Georges Perec gehörte. Er schrieb den Roman *Anton Voyls Fortgang*, in dem er gänzlich auf den Buchstaben »e« verzichtet hat. Auch in seinem *Das Leben Gebrauchsanweisung* ist zeitlich und räumlich begrenzt, was in dem Haus mit seinen Etagen und Treppen passiert. Wie dann bei meiner *Série périmétrique* geht es um die Arbeit mit Grenzen, darum, sich selbst Regeln zu setzen – und darin findet man eine riesige Freiheit.

AR Zumindest Unerwartetes. Man wendet eine rationale, aber vielleicht erst mal sinnlos erscheinende Struktur an, um etwas anderes einzufangen als gewöhnliche, angeblich normale Ordnungsverfahren, die mit der Wirklichkeit verwechselt werden.

VF Man gibt sich einen Rand, was am Anfang Schwierigkeiten macht. Wenn man alles hat, hat man nichts. Ich habe manchmal zu viele Ideen und es besteht die Gefahr, keiner zu folgen, blind zu werden, deswegen muss ich strukturieren und reduzieren.

AR Für die Ausstellung in der Galerie Pankow haben Sie eine neue *Poulinière* gebaut. Das ist also weiterhin aktuell.

VF Ich wollte, wie damals in Hellerau, worüber wir noch sprechen werden, keine Bilder an die Wände hängen. Ich habe mich für das Thema »Selbst gewähltes Exil«, »Kunst Exil« entschieden, also die Wurzeln abschneiden, um in ein anderes Land, eine andere Kultur und Sprache einzutauchen. Die vier eingeladenen Künstler haben ihre Arbeiten mitgebracht und durften sich eines von mehreren neu gemachten Rädern für *La Poulinière* aussuchen, die

dann entschieden hat, wo und wie lange die Arbeiten ausgestellt wurden. Ich habe außerdem Zeichnungen mit Kreide gemacht, wobei es eine weitere *Poulinière* gab, die die Themen zum Beispiel abstrakt bzw. geometrisch oder figurativ entschieden hat, aber auch wie lange die Zeichnungen zu sehen sein sollten.
AR 2023 haben Sie dann eine *Poulinière* für das Centre Dürrenmatt gemacht.
VF Die ist aber nur mit Würfeln. Es geht um die Rettung der Welt.
AR Um auf die erste *Poulinière* zurückzukommen: Da muss der Maler keine Entscheidungen treffen. Man könnte sie auch eine Maschine zur Ideenfindung nennen.
VF Das Problem der Malerei ist nämlich, eine Idee zu haben, auf den Punkt zu kommen, wie es in meinen Serien geschieht, *Lapine Univers*, *Forêt*, *Le bateau des poètes* usw.
AR Die Bilder dieser Periode nennen Sie auch die *Série périmétrique*. Also wohl weil *La Poulinière* den Rahmen vorschreibt?
VF Dieses Zubehör ist eine Art von Vorschrift und tatsächlich gab sie mir einen Rahmen.
AR Aber der Perimeter ist ja auch die Frage des Rahmens.
VF Aber die *Série périmétrique* war nach *La Poulinière*. Bevor ich die Serie von weißen Bildern begonnen habe, habe ich das Ritual entwickelt, mit Kohle den Perimeter, den Umfang, auf die Leinwand zu zeichnen. Das kommt von Kafka, vom Schloss. Der Landvermesser geht immer die Runde. Die Runde, bevor er zum Schloss kommt. Er war der Spezialist, die Runde zu machen. Das gefiel mir. Das habe ich auch für die weiße Periode beibehalten und zuletzt in den Serien *Am Tisch* und die der Ausstellung *Unpolitical Works* wieder aufgegriffen.

Weiße Periode (1990–1994)

AR Es gab eine Zeit, in der Sie nur Weiß gemalt haben. Wie kam es dazu? Könnte man sagen, dass diese weiße Periode der Schnitt mit der Usine Éphémère war, um zu den Grundlagen zurückzukehren, sich zu orientieren, Ihren Weg zu finden.
VF Ich habe Kasimir Malewitschs Schriften gelesen, wie seine Theorie und Praxis des Suprematismus – ein Begriff, den er selbst geprägt hat – ineinandergreifen, diese Materie (*matière*).
AR »La matière« kann auf Französisch »das Thema«, aber auch »die Materialität« bedeuten.

VF Ich meine hier beides. Das Thema, aber die Bilder von Malewitsch sind nicht so dünn gemalt, wie man das erwarten würde. Malewitsch war, als er *Weißes Quadrat auf weißem Grund* und *Das schwarze Quadrat* gemalt hat, schon älter und hatte viel über Malerei nachgedacht. Aber ich habe mich entschieden, mit Weiß auf Weiß anzufangen. Und von der Basis aus zu denken, Tabula rasa, und meine Malerei von dort aus aufzubauen. Erst mal kamen *La Poulinière* und die *Série périmétrique*, das war 1989. 1990 habe ich mich auf Alltagsgestände konzentriert.
AR In die weiße Periode fällt die erste belgische Ausstellung. Wie kam sie zustande?
VF Durch die Vermittlung von Thierry de Duve. Er kannte Isabelle de Visscher-Lemaître, die mich wiederum mit Catherine Mayeur bekannt gemacht hat. Beide haben zusammen 1991 meine erste Ausstellung in Belgien organisiert. Es ist außergewöhnlich, dass sie mir geholfen haben. All diesen Menschen muss ich aus tiefstem Herzen danken.
AR Was haben Sie gezeigt?
VF Eine Arbeit mit dem Titel *Reserve de couleurs* (Farb-Reserve), die nur aus Schubladengriffen bestand, die in regelmäßigen Abständen an der Wand befestigt wurden und unter denen sich jeweils ein kleines Etikett mit einem Farbnamen befand. Man könnte sagen, dass es ein sehr farbenfrohes Werk war, ohne jegliche Farben, da sie nur mental aufgerufen wurden.
AR Sie entstehen nur in der Vorstellung des Betrachters.
VF In einem anderen Raum habe ich eine Reihe von Bildern gezeigt, die Stühle, von vorne und im Profil, darstellten, die alle weiß waren. Auf jedem Bild klebte ein Etikett, ähnlich wie unter den Schubladengriffen, auf dem ein kleines Gemälde mit einem Testbild in verschiedenen Grautönen abgebildet war.
AR Ein Testbild?
VF Ja, wie im Fernsehen. Damals war, wenn kein Programm lief, eine stilles Schwarz-Weiß-Bild mit Grauvariationen zu sehen. Oder wenn ein Profifotograf ein Foto macht, gibt es immer die kleine Farbtafel, die Reserve. Der Stuhl ist weiß, auf fast weißem Hintergrund. Und die Farbe ist ganz in der Reserve. Die Idee ist ziemlich interessant, aber die Technik mit diesem Metall finde ich zu schwer.
AR Nach den Stühlen kamen Kopfkissen, weiterhin in Weiß.
VF Mit den *Oreiller* (Kopfkissen), auch quadratische Bilder, hatte ich 1991 eine Ausstellung in einer kleinen Galerie in Annecy,

Raymond Losserand. Das ist auch eine Hommage an Malewitsch. Die Kissenbezüge, die per Zufall auch ein Quadrat sind, bewegen sich ein wenig in dem festen Quadrat des Rahmens. Die Idee war, die Geometrie einzuladen: eine Reihe von horizontalen Linien für die Bilderreihe *Pile de chemises* (Hemdstapel), bei den *Oreiller* das Quadrat und für *Armoire Housse* (Stoffschrank) Rechtecke. Die meisten Objekte von diesem Zyklus haben in der Realität eine weiße Farbe. Außerdem haben sie alle für mich eine Verbindung zu Luft. Sie sind Stoffstücke, wie die Leinwand. Ich malte auch Stoff über Stoff.

AR Was verbinden Sie zum Beispiel mit einem Stoffschrank als Gegenstand?

VF Die Idee des Nomadentums. Das sind Plastik- oder Stoffschränke für Leute, die nicht wissen, ob sie lange an einem Ort bleiben, Schränke mit Reißverschluss, die auch auf dem Dachboden oder im Keller stehen, manchmal nur vorübergehend. Ich wollte mich damals, wie gesagt, mit Alltagsgegenständen beschäftigen.

AR Das Ende der weißen Periode war eine Serie von zwölf Hühnern.

VF Hühnerfleisch wird auf Französisch »weißes Fleisch« genannt, rotes Fleisch aber zum Beispiel »Rindfleisch«. Hier geht es auch zurück in die Kindheit.

AR Warum?

VF Es gibt eine starke Erinnerung an Hühner. Die Familie meiner Tante wohnte in Frankreich und hatte mehr als 100 Hühner. Ich habe geholfen, sie zu rupfen. Dort habe ich bei einer Bauernfamilie gesehen, wie einem Hasen der Kopf abgeschlagen wurde. Der Klang davon und wie schnell das ging, sind noch immer in meinem Kopf.

AR Sie haben die gerupften Hühner in einer Metzgerei gekauft?

VF In Belleville ging das. Ich habe eines in meinem Atelier festgenagelt und dann gemalt. Ein Stillleben. Das war die letzte Serie. Wie bei den Stoffschränken sieht man bei den Hühnern auch den Kohlestrich, den Perimeter.

AR Und Sie haben sich auf Weiß beschränkt.

VF Die Bilder sind auf das Wesentliche reduziert. Farbe und eine Form. Es gibt eine Oberfläche, einen Untergrund. Was mich am meisten interessiert hat, ist: vor dem Beginn. Ich bin jemand, der sich für Prologe interessiert, die Grundlage, das Fundament. Eigentlich habe ich mich nur mit dem Anfang beschäftigt, nur mit der Basis gearbeitet. Ich habe aufgehört, bevor ich angefangen habe, ein Bild zu malen. Vor dem Anfang, das kommt auch in *Dégel* (Tauwetter) vor, dem Text, den ich zu dieser Zeit geschrieben habe. Es ist ein Theaterstück, das beginnt, bevor es beginnt.

AR Mit Farbe wäre das nicht möglich gewesen?

VF Meine Idee war es, Variationen von Weiß zu malen, die gedanklich weißen Objekten korrespondieren könnten. Was ist ein Bild, wo beginnt das Bild? Was ist eine Form? Diese Fragen gibt es seit Anbeginn der Zeit. Aber in Frankreich wurden in den 1960er-Jahren und davor, wenn man an Yves Klein denkt, faszinierende Entdeckungen gemacht. Das hat mich, neben Duchamp, motiviert, Weiß und keine Farbe zu verwenden. Obwohl Weiß auch eine Farbe ist.

AR Nach den Stoffschränken haben Sie auch eine *Reserve de blanc* (Weiß-Reserve) gemacht. Das ist auch eine Antwort auf die *Reserve de couleurs* vom Vorjahr.

VF Statt des Namens von einer Farbe stehen Bezeichnungen von allen möglichen weißen Gegenständen an der Wand: Eisbär, Milch, Mehl, Eisscholle, Schnee. Das heißt, während man das Weiß der Wand sieht, stellt sich der Betrachter das Weiß des Gegenstands vom Etikett vor. Es geht um das mentale Bild, das im Kopf des Betrachters entsteht. Die gleiche Spiel wie bei der *Reserve de couleurs*.

AR In der zweiten Ausstellung in Brüssel haben Sie neben *Pile de chemises* auch Skulpturen gezeigt.

VF Dank Isabelle de Visscher-Lemaître, die inzwischen Direktorin der Galerie Camille von Scholz in Brüssel geworden war, hatte ich das Glück, bei ihr in dieser renommierten Galerie ausstellen. Ich habe neben den weißen Bildern *Dégel* gezeigt, das ist ein Künstlerbuch, eine Edition in einer Streichholzschachtel. Es ist ursprünglich ein kleines Theaterstück, das ich geschrieben habe, in dem alle Figuren auf seltsame Weise Doppelgänger meiner selbst sind. Das Buch stellt eine vergrößerte Streichholzschachtel dar.

Außerdem habe ich die Rauminstallation *Chambre d'amour* (Zimmer der Liebe) gezeigt: Der Kragen eines Mannes hängt dem einer Frau gegenüber. Die sahen fast wie erhängte Menschen aus. Und ein Paar Ballettschuhe, die allein, ohne Ballerina die Wand hoch zu tanzen scheinen. Beide Arbeiten sind aus einer Art Brotteig. Alle Elementen zeigen eigentlich die Leere, wie auch später die *Robes Rouges* (Rote Röcke) oder *Pontormo*.

AR Sie haben mehrfach mit Teig gearbeitet.
VF Dieser Teig aus Brotkrummen, Mehl, Wasser und Salz ist kein edles Material. In der Anfangszeit in Paris habe ich mit Erde und Sand gearbeitet, bis ich Gesundheitsprobleme bekommen habe. Bei meiner Arbeit zu einhundert Jahren Frauenwahlrecht in Deutschland, mit Texten von Olympe de Gouges, habe ich wieder Erde verwendet. Dass ich am Anfang nur Weiß gemalt habe, war auch eine Entscheidung in dieser Richtung, eine Reaktion gegen den virtuosen Umgang mit einem edlen Material. Das ist eine Möglichkeit der Reflexion, die in den 1980er-Jahren überhaupt wichtig wurde. Das Cover der CD *Range ta Chambre* (Räum dein Zimmer auf) habe ich mit der roten Wachsrinde von Bonbel, der Käsemarke, gestaltet, über der Streifen von Bazooka-Kaugummi liegen.
AR Ich dachte, das ist ein Luftballon. Wenn Sie über solche unerwarteten Materialien sprechen, denke ich auch an das zerbrochene Glas, das Sie einmal vor Ihren Bildern ausgelegt haben, und das Malen auf Badematten.
VF In den 1990er-Jahren war ich mehrere Male in New York, das ich im Vergleich zu meinem ersten Besuch zwanzig Jahre zuvor, als ich dem Werk von Beuys begegnet bin, sehr verändert hatte. Die Skulpturen und Installationen, die ich in Ausstellungen, etwa von Matthew Barney, gesehen habe, waren sehr slick.
AR Hochglanz?
VF Plastik, Latex, Silikon sind sehr modische Materialien, das Gegenteil von einem Trash-Künstler, der mich sehr inspiriert hat, Mike Kelley. Matthew Barney hatte für mich viel mehr mit einem Heldenamerika für Superman zu tun. Neue hybride Menschen, Roboter und so weiter. Aber beide Künstler zeigen auch schon auf ihre Art und Weise eine fragile Seite von unserer Gesellschaft, und das war schon in den 1980er- und 1990er-Jahren.

In Paris bin ich oft durch die rue du Temple gegangen, wo es viele kleine Geschäfte gab, die alles hatten, über Töpfe bis zu toten Tieren, Hasen und Hühnern, die ich für meine weiße Serie verwendet habe. Das hat mich an Chinatown erinnert. Dort habe ich die Badematten gefunden. Ich habe sie mehrfach in Frankreich und Deutschland ausgestellt, aber am Ende leider alle zerstört; weil sie auf Desinteresse gestoßen sind und viel Platz im Studio gebraucht haben. Vielleicht war es zu früh.
AR Ich musste an Dada-Installationen aus Alltagsgegenständen oder auch Ben Vautier denken. Die Mischung aus Malerei und Installation.

VF Aber ich habe dann nicht mehr viel über andere Untergründe nachgedacht. Etwas in zwei Dimensionen auf eine bestimmte Fläche zu übersetzen ist das, was mich interessiert. Die Badematten waren für mich keine Sackgasse, nur eine Variante.
AR Sie haben auch mit Seife und Wolle gearbeitet.
VF Der Seifenhandschuh mit sechs Fingern und der Fäustling aus Wolle mit zwei Fingern: *Le lien entre les choses* (Die Verbindung zwischen den Dingen). Ich habe zu der Zeit *Moby-Dick* von Herman Melville gelesen und dem Handschuh einen weiteren Daumen hinzugefügt. Weil die Walfänger möglichst schnell in den Handschuh kommen mussten, gab es zwei zur Auswahl. Ich habe zwei Materialien verwendet, die nicht zusammenpassen: Seife und Wolle. Seife ist ein Medium, sich die Hände zu waschen, und löst sich in der Hand auf. Wolle, im Gegensatz dazu, schützt, hält warm. Solche Gegensätze interessieren mich. Es entsteht ein Bruch, ein mentales Loch, das der Betrachter füllen muss. Mit Seife habe ich auch einen Flötenschnabel gemacht, als Skulptur.
AR Und die Handschuhe. Was hat es damit auf sich? Bei dem Adler in dem Gemälde *Das Gebet* kehren sie zum Beispiel wieder.
VF Erst mal erinnern sie mich an den Hauswirtschaftsunterricht. Aber sie können verschiedene starke Bedeutungen haben. Es könnte ein Zubehör sein, das nur den Träger schützt und Aggressivität ausdrückt. Ein Arzt schützt sich auch mit Handschuhen für eine Operation, die erstmal ein Angriff ist, aber in der Hoffnung auf eine Besserung des Patienten.
AR Um noch mal auf Ihre erste Ausstellung in Brüssel zurückzukommen …
VF Das war meine erste Einzelausstellung in einer Galerie vor der von Nathalie Obadia, die zur Vernissage kam. Bei dieser Ausstellung hatte ich das Glück, John Cage und Merce Cunningham zu treffen. Das habe ich Isabelle de Visscher-Lemaître und ihrem Mann Eric de Visscher zu verdanken, einem Musikologen und Ausstellungskurator. Er war künstlerischer Leiter des IRCAM und anschließend Direktor der Cité de la musique in Paris. Er spielt eine wichtige Rolle in der Welt der zeitgenössischen Musik und war gut mit John Cage befreundet, der zufällig ein Konzert hatte. Er kam mit Merce Cunningham zu meiner Ausstellung, und wir haben zusammen zu Mittag gegessen. Das war einer der schönsten Momente in meinem Leben. Zwei, drei dieser Art, auch der mit Godard, als ich *Scénario du film ›Passion‹* gedreht habe. Wir sprachen lange über Weiß und die Abwesenheit. John Cage war

sehr an der *Reserve de couleurs* interessiert. Ich erinnere mich auch an die Diskussion über Stille. Das ist John Cages Kunst und ich hoffe, irgendwann auch meine.

AR Sie haben ja auch Arbeiten mit Ton gemacht. Sie haben zum Beispiel Ihre CD *Range ta chambre* angesprochen.

VF Eric und Isabelle de Visscher sprachen viel über John Cage und seine Projekte. Und ich habe ihnen ein Geschenk für ihr neues Zuhause gemacht, als sie umgezogen sind, natürlich eine Hommage an John Cage. Ich habe ihre beiden Namen auf Tonband aufgenommen. Damals war es noch nicht digital, es war ein Band, und ich mochte den Klang sehr. Den Streifen Tonband habe ich auf eine grüne Holzplatte geklebt, in Z-Form, weil es zu lang für die Platte war. Sie haben es draußen vor ihrem Haus als Namensschild aufgehängt, obwohl man den Namen nicht sieht und die Stimme nicht hört.

AR Ein unsichtbares Namensschild.

VF Damals lief das Tonband bei mir die ganze Zeit. Als ich nach Belleville in das Atelier gezogen bin, habe ich in meiner Küche ein Tonstudio eingerichtet, mit Kassettenrekorder und Mikrofon.

AR Was haben Sie aufgenommen?

VF In dem Katalog *Range ta chambre* gibt es die CD, die wir bereits erwähnt haben. Es gibt Aufnahmen, die eins zu eins übernommen sind. Und es gibt Aufnahmen, die ich wegen der Tonqualität im Studio neugemacht habe, den Gesang zum Beispiel.

AR Hier ist die Stimme der Schauspielerin übrig geblieben.

VF Es gibt eine gewisse Kontinuität. Danach habe ich *Les restes de la Méduse* (Die Reste der Medusa) gemacht, im Atelier von Hans Hartung in Paris.

AR Filme oder Theaterstücke erzählen auf ihre Art Geschichten, und die Schwierigkeit, zum Malen überzugehen, könnte ich mir vorstellen, ist, dass es ziemlich still und man allein im Atelier ist, wo sich die Geschichte auf der Stelle, im Rechteck der Leinwand, auf der Oberfläche entwickelt. Nach dem Ende Ihrer Karriere als Schauspielerin haben Sie mit Erde und Buchseiten gearbeitet, also sehr taktil und materiell, wie eine Art Performance, die man auch als Fortsetzung der Arbeit als Schauspielerin sehen könnte. Was fehlte, war aber die Geschichte, etwas zu erzählen, die Stimme. Also haben Sie die Lösung gefunden: Ich werfe die Farbe weg und füge den Ton hinzu.

VF Das war Teil meiner Forschung, nur weiße Farbe zu benutzen, und ich habe mir eine Ergänzung gebaut. Um eine Idee von

Farben in meine Arbeiten einzuladen, habe ich gedacht, dass Ton eine Lösung sein könnte. Sobald ich nicht mehr nur mit weißer Farbe gemalt habe, ist der Ton verschwunden.
AR Das beginnt mit den *Robes Rouges*. Dort ist es nicht mehr notwendig, die externe Stimme zu haben, weil sie in den Bildern ist. Würde es Sie interessieren, wieder etwas mit dem Ton zu machen?
VF 2018 wurde ich eingeladen, ein Hörspiel für den Radiosender France Culture zu machen. Ich habe das Drehbuch geschrieben. Es ist die Geschichte einer Hexe, die auf einem Parkplatz lebt und eine Spinne beschützt, die in die Zukunft sehen kann. Die Spinne lebt in einem Gully des Parkplatzes. Die Hexe macht ein Klangritual, um die Spinne aus dem Loch zu holen. Je nachdem, in welche Richtung die Spinne geht, kann die Hexe die Zukunft vorhersagen. Ich habe mich für diesen Teil des Stücks von afrikanischen Ritualen inspirieren lassen. Danach besuchen wir verschiedene Orte, die die Spinne bestimmt hat. Eine Sternwarte mit einem Dialog mit einem Astrophysiker zum Beispiel. Wir treffen auch eine Rabbinerin, die uns etwas über den Fall der Engel erklärt. Ich habe die Geschichte zusammengefasst. Es war auf jeden Fall ein tolles Abenteuer, fünfzehn Tage beim Radio zu verbringen, um mein Drehbuch mit Schauspielern und Schauspielerinnen aufzunehmen und Interviews mit unglaublichen Menschen zu führen, die in die Geschichte eingriffen.

Robes Rouges & Friends (1994–1996)

AR Auf Deutsch wird der Titel mit *Rote Röcke* angegeben.
VF Das ist gewollt, mir gefiel die Musik des Wortes »Röcke«. Das ist eine Frage des Klanges. Ich wollte die Variationen von Stoffen und Falten wiederaufnehmen, die ich in den weißen Serien begonnen hatte, den Kissen zum Beispiel. Die erste Farbinvasion war Rot, und es war ganz natürlich, dass ich dieses leere Kleid gemalt habe, das auf der Leinwand flattert. Es ist auch der Beginn einer Reihe von Bildern, in denen der Atem, der Wind, eine wichtige Rolle spielt. Dann kam die Kleidung von Figuren aus der Kunstgeschichte, die leer und entleert ist. Ich habe eine Reihe zu *Gilles* von Antoine Watteau gemalt, die sehr emblematisch war.
AR Was meinen Sie hier mit emblematisch?
VF Weil dieses Gemälde von Watteau mit dem Titel *Gilles* sehr bekannt ist. Es zeigt einen Schauspieler, der als weißer Pierrot

verkleidet ist und in der Mitte des Bildes steht. Ihm ist es fast peinlich, hier zu sein. Das hat auch mit meiner ehemaligen Arbeit als Schauspielerin und der Frage zu tun, was ich damals gemacht habe.

Ich war mehrmals im Louvre, das Bild hängt im zweiten Stock, fern von Touristenströmen. Es ist ein seltsames Gefühl, vor dem Gemälde zu stehen, das groß ist und so hängt, dass Gilles etwas auf den Betrachter herabblickt.

Ein anderes Bild, bei dem ich mich mit Entleerung beschäftigt habe, ist ein Porträt von Cosimo de Medici von Pontormo, das heute auch den Titel *Der Hellebardier* trägt und das ich in Los Angeles im Getty Museum gesehen habe. Die weiße Bluse und die rote Hose, das Kostüm des Prinzen, ist genau das Gegenstück zu den *Robes Rouges*. Es war also spannend für mich, das zu malen. Das ist der Anfang der *Redescriptions*, auf die wir sicher noch zu sprechen kommen.

Gilles hat keinen Kopf, nur seinen Hut, der über seinem Gesicht heruntergezogen war, und keinen Körper, es gibt nur seinen aufgeblähten Mantel im Wind. Es gibt viel Luft und Leere, Abwesenheit. Alle drei Serien habe ich sehr langsam gemalt, das ist eine alte Technik der Malerei, die Falten der Stoffe, der Röcke und Mäntel. Das ist klassische Malerei, von der ich in meinen Anfängen viel mehr gesehen habe als von zeitgenössischer Malerei. Ich konnte fünf bis sechs Bilder im Jahr malen und daneben noch ein paar kleine.

AR Nach den *Robes Rouges* haben Sie Rot nicht mehr häufig, nicht mehr so direkt verwendet, außer in manchen *Balls and Tunnels*; selten das ganze Bild, wie in *L'Ange arbre* (Der Engelbaum), wenn dann punktuell wie in den Selbstporträts nach de Chirico.

VF Es stimmt, dass ich es wenig verwende, zumindest sieht man es in den meisten meiner Bilder nicht direkt. Aber es ist eine Frage der Notwendigkeit. Wenn ich eine Farbe brauche, Rot oder eine andere, benütze ich sie einfach.

AR Wenn man sich die meisten Ihrer Bilder, die in Berlin entstanden sind, ansieht, muss man eine Zeitlang davor verweilen, um zu sehen, wie die Dinge Gestalt annehmen. Funktioniert das Rot vielleicht deshalb nicht? Ist es zu direkt?

VF Das weiß nicht. Rot gehört zu den warmen Farben. Wenn ich nach Themen suche, um meine Struktur weiter auszubauen, ist es nicht nur wichtig, welche Themen ich male, sondern auch, welche Farbvariationen ich für die einzelnen Serien verwende.

Die Selbstmordserie *Suicides* enthält zum Beispiel kein Rot, um Pathos zu vermeiden, und als eine Art poetischer Beschreibung der Geste, sich das Leben zu nehmen. Für die Serie *Fragmente* ist es Schwarz und Ultramarinblau. Rot kommt tatsächlich nicht so oft vor.

Aber wenn meine »Struktur«, die alle meine Bilderserien vereint, in meinen Träumen fertiggestellt sein wird, werden Sie sehen können, dass die Bilder, die ich mit roter Farbe gemalt habe, wie ein paar kleine, aber sehr wichtige Flecken in einem großen Haufen von Bildern in Grün-, Blau- und Grautönen sein werden.

Balls and Tunnels (1995 – bis zum Tod)

AR Wie hat die Serie *Balls and Tunnels* begonnen?
VF An dem Zyklus male ich seit 1995 und er wird bis zu meinem Tod dauern. Dieses Spiel mit dem Zufall hat auch dank Gerhard Richter begonnen, dessen Ausstellung ich 1992 im Musée d'art Moderne de Paris gesehen habe. Auf der einen Seite die abstrakten Streifen, und auf der anderen Seite Schwarz-Weiß-Bilder nach Fotografien. Diese Ausstellung hat mir eine Spur eröffnet, mir die Idee gegeben, dass ich etwas wie er machen könnte. Zwei Arten von Maltechniken parallel, das war der Ausgangspunkt für viele Dinge in meiner Malerei und vor allem der Beginn der Struktur von Serien und Zyklen. So hat es angefangen. Ich werde bis zu meinem Tod nur eines dieser Bilder pro Jahr malen. Deshalb ist es ein Tagebuch, ein bisschen die Geschichte des Jahres.
AR Sie sprechen von zwei parallelen Arten zu malen. Inwiefern ist das für Ihr weiteres Werk so wichtig?
VF Einmal im Jahr kann ich mit dieser Serie viel mehr Zufall in die Arbeit der Malerei einfließen lassen. Das ist das Gegenteil von all den anderen Bildern, die ich im Laufe des Jahres male, wo es viele Entscheidungen zu treffen gibt, um weiterzukommen. Bei *Balls and Tunnels* ist es viel einfacher und jedes Jahr gleich. Nur die Farben und Formate können sich von einem Jahr zum anderen ändern.
AR Könnten Sie vielleicht den langwierigen Arbeitsprozess kurz schildern, wie die Bilder einmal im Jahr entstehen?
VF Das ist eigentlich ganz einfach, nachdem ich die Ausstellung über Gerard Richter mit seinen beiden Ansätzen gesehen hatte, einer nach Schwarz-Weiß-Fotos und der andere abstrakt,

Farbschlieren auf der Leinwand, habe ich mir gedacht, dass ich mich noch weiter vorne positionieren sollte, das heißt bevor die Leinwand auf dem Keilrahmen befestigt wird. Diese Leinwand tauche ich in eine mit Tinte und Wasser gefüllte Badewanne ein. Und es sind die zufällig auf mein Stück Leinwand gedruckten Tintenflecken, die nach dem Aufspannen der Leinwand auf einem Keilrahmen zum Bild werden. Im Gegensatz zu Gerhard Richter ist meine Arbeit »flüssiger« und zeigt keine Materie, da die Tinte zufällig von der Leinwand absorbiert wird.

Ich sage manchmal auch, dass ich es der damals in der Schweiz obligatorischen Hauswirtschaftsschule zu verdanken habe, dass ich gezwungen war, zu lernen, wie man schmutzige Wäsche von Hand wäscht, und dass ich einige Jahre später die Situation zu meinen Gunsten gedreht habe, als ich gesehen habe, dass die Flecken dank der Seife und der Kraft meiner Arme verschwanden.

AR Haben Sie die Serie *Ball and Tunnels* schon einmal als ganze ausgestellt, also mit den bis dahin gemalten Bilder?

VF Durch den großen französischen Sammler Jean Mairet habe ich den Kunsthistoriker Thomas Hirsch, der in Düsseldorf arbeitet, und Beate Eickhoff, die Leiterin der Abteilung Malerei im Van der Heydt-Museum, kennengelernt. Die beiden haben mich zu einer Einzelausstellung in der Kunsthalle Van der Heydt eingeladen. Hier gab es zum Beispiel einen ganzen Saal, der nur den *Balls and Tunnels* gewidmet war.

Durch die Vermittlung von Thomas Hirsch hat mich übrigens Gerd Weggel, der Direktor der Neuen Galerie Gladbeck in der Nähe von Düsseldorf, eingeladen, die erste Ausstellung des ganzen Zyklus *Am Tisch* und der Siebdruckserie *Eine Komposition nach El Lissitzky über Schopenhauer zu werden* in seinem Museum zu zeigen. Das ist ein Ort mit einer erstaunlichen Architektur, mit langen Wänden aus nacktem Beton. Es gibt dort ein sehr schönes Ausstellungsprogramm, das sich hauptsächlich auf das Medium der Malerei konzentriert.

Les restes de la Méduse (1997)

AR Warum haben Sie *Floß der Medusa* vor vielen Jahren gemalt und einen Film dazu gemacht?

VF Ich habe einen Anruf der Caisse des Dépôts et Consignations bekommen, einer staatlichen Bank, die Künstlern die Möglichkeit gibt, ein größeres Werk zu schaffen, das einem Museum geschenkt wird. Zu dieser Zeit habe ich ernsthaft damit begonnen, alte Gemälde neu zu inszenieren. In der Malerei waren das zum Beispiel Antoine Watteau und Diego Velázquez. Ich habe beschlossen, Théodore Géricaults Gemälde *Das Floß der Medusa* als Arbeitsgrundlage zu nehmen, um eine Art fragmentiertes Gemälde zu erstellen. Es gab etwas sehr Zeitgenössisches darin.

AR Ich musste an ihren viel späteren Zyklus *Le bateau des poètes* (Das Boot der Dichter) denken.

VF Das Bild von Géricault ist von einer wahren Begebenheit inspiriert, einem Schiffsunglück aufgrund der Inkompetenz des Kapitäns. Nur zwei Überlebende konnten nach Frankreich zurückkehren. Es war in seiner Epik eines der ersten politischen Gemälde. In den 1990er-Jahren wurde noch nicht so viel in den Medien über Flüchtlinge mit Booten berichtet. Auf diesem Floß war das ganze Elend der Welt auf einigen Quadratmetern bemalter Leinwand dargestellt. Géricault hat sich bei der Gestaltung des Gemäldes genau an die Ereignisse gehalten, die sich auf dem Floß zugetragen haben. Die Not der Figuren, der Tod und auch die Hoffnung.

AR Und gleichzeitig ist es ein Konzentrat der sozialen Situation, eine Reflexion über die Gesellschaft.

VF Es war mir sehr schnell klar, dass ich ein so wichtiges Gemälde nicht übermalen würde, indem ich eine zeitgenössische Vision aufleben lasse. Ich hätte es vielleicht tun können, aber viele der gemalten Figuren auf dem Original waren nicht so weit von unserer heutigen Realität entfernt. Um sie besser zu verstehen, erfand ich einen Monolog, eine sehr lange Erzählung, in der ich mich selbst – sehr bescheiden – vor einer Kamera in Gefahr brachte. Ich fand es interessanter, das Bild in zwei Bereiche aufzuteilen.

Die eine wurde zur Erzählung, zu einem Monolog. Ich habe die Dauer heraufbeschworen, was für den Zuschauer eine Entscheidung ist, zu bleiben und zuzuhören, um zu verstehen, was geschieht, also das Gegenteil der Unveränderlichkeit des Blicks, den man auf ein festes Bild wirft, das ein Gemälde ist. Außerdem wird das achtstündige Video wie ein Gemälde auf eine Wand projiziert. Eine Art Verzerrung. Vor dieser Projektion liegt eine bemalte Leinwand auf dem Boden, die einen Meeresstrudel darstellt, nachdem das Meer etwas verschluckt hat.

AR Wie ist dieser Monolog entstanden und was hat er mit dem Gemälde zu tun?

VF Ich wollte das Gefühl vermitteln, dass wir uns nach der Katastrophe wiedersehen würden. Das Verschwinden des Floßes auf dem Meeresgrund. Die von Géricault gemalten Figuren waren verschwunden und wurden durch meine Improvisation neu erfunden. Um sie zu verkörpern, habe ich fast ein Jahr lang recherchiert und mich auf bestimmte Kategorien von Menschen und Berufen konzentriert. Ich habe mich zweifellos auch von meiner sehr kleinen Erfahrung mit Filmen inspirieren lassen. Ich interviewe einen Militär der französischen Armee und einen Dermatologen, mit dem ich über die Hautprobleme der Schiffbrüchigen spreche, und auch die Teerhaut des Gemäldes, die kaputt ist. Dann geht es auch um eine Vater-Sohn-Beziehung, Patrick, der Sohn. Alle Jungen in meinem Monolog heißen Patrick, sodass ich mehrmals gefragt wurde, ob mein Sohn Patrick heiße. Auf dem Bild hat man es auch mit Kannibalismus und Wahnsinn zu tun. Zur Vorbereitung hat mir eine Ärztin aus La Rochelle ermöglicht, in einem psychiatrischen Krankenhaus die Cafeteria der Patienten zu besuchen. Eine Erfahrung, die an *Einer flog über das Kuckucksnest* erinnert hat.

Ich bezog mich auf Géricaults Gemälde und auf das bewegte Bild des gesamten Kinos, von dem ich gehofft habe, dass es den Abgrund und die Ähnlichkeit zwischen dem Blick auf ein starres Gemälde und die Entfaltung einer Geschichte, die einem erzählt wird, zeigen würde. Es war daher notwendig, die beiden Fragmente vor Augen zu haben. Das Loch im Meer, das auf dem Boden präsentiert wird, und das Video, das wie ein Gemälde an die Wand gezeigt wird. Es war eine Reflexion über das Sehen, die ich präsentieren wollte.

AR Wo haben Sie das Meeresbild gemalt?

VF Ich konnte es im Atelier des Malers Hans Hartung und der Malerin Anna-Eva Bergman, seiner Frau, realisieren. Er war ein deutscher Maler, der sich in Frankreich niedergelassen hat. Im Zweiten Weltkrieg hat er gegen die Deutschen gekämpft und dabei ein Bein verloren. Mein Atelier in Belleville war schon groß und hoch, aber mit vier großen Säulen war es nicht möglich, ein so großes Bild wie das Original von Géricault zu malen. Das Gemälde sollte auf dem Boden gemalt und gesehen werden. Das Atelier von Hans Hartung hatte die nötige Fläche, also die Größe des Originals von Géricault.

AR Mit welchem Museum haben Sie zusammengearbeitet? Und warum war es interessiert?

VF *Das Floß der Medusa* ist schon ein Floß an sich. Es ist unmöglich, dieses Gemälde zu transportieren. Fast hätten sie es einmal nach London transportiert. Géricault hat die dunklen Stellen mit Teer gemalt, was damals in Mode war. Übrigens ist es schwierig zu restaurieren. Man kann das im Louvre sehen. Der Staat, dem Géricault das Gemälde kurz vor seinem Tod übergeben hatte, beschloss, von den zwei Malern Antoine Guillemet und Eugène Ronjat eine Kopie herstellen zu lassen, die im Musée de Picardie von Amiens zu sehen ist. Deswegen waren sie an einer Interpretation von *Das Floß der Medusa* interessiert.

AR Und das Bild lag als Abgrund auf dem Boden des Museums?

VF Und es gab ein Podest mit einer Treppe, von wo man den Strudel des Meeres von oben sehen konnte. An einer Wand hing die erwähnte Kopie von *Das Floß der Medusa* und an einer anderen Wand hatte ich die Möglichkeit, ein Bild umzuhängen, um stattdessen auf eine weiße Leinwand mein Video zu projizieren. Das Video ist nicht geschnitten, was in dieser Länge damals eine technische Herausforderung war. Ich wurde von Sonnenaufgang bis -untergang des 21. Dezember, des kürzesten Tages des Jahres, gefilmt. Im Katalog gibt es neben einen Gespräch mit dem Kunsthistoriker Bruno Chenique die Transkription des Monologs.

Das Werk wurde direkt nach der Uraufführung mehrfach gezeigt. Im Crédac – Centre d'art contemporain d'Ivry-sur-Seine, das damals von Madeleine Van Doren geleitet wurde, habe ich die Möglichkeit bekommen, *Les restes de la Méduse* zu zeigen. Es gab sogar eine spezielle Einladung, damit das Publikum die achtstündige Vorführung ohne Pause vor dem auf dem Boden installierten Gemälde verfolgen konnte.

Das Musée de Picardie bewahrt das Werk auf, aber es ist schon seit Jahren eingelagert. Ich mache mir große Sorgen um den Zustand des Videos, denn 1996 gab es nur VHS-Kassetten. Jetzt, wo wir 2023 darüber sprechen, fürchte ich, dass ich selbst ein Schiffswrack von Monologbildern hergestellt habe ... Ich müsste mich von Zeit zu Zeit damit auseinandersetzen.

AR Wann waren Sie zum ersten Mal in Berlin?

VF 1996 war ich zu der Gruppenausstellung *Räuber des Strandguts* im Künstlerhaus Bethanien in Berlin eingeladen. Die Ausstellung wurde von Karen Rudolph und Eric Suchère präsentiert, beide freie Kuratoren aus Paris.

AR Es wurde also französische Malerei gezeigt?

VF Die Ausstellung berichtete über einen Aspekt der Malerei, der in Frankreich zu dieser Zeit praktiziert wurde. Sie war sehr interessant, da praktisch alle teilnehmenden Künstler keine klassischen Gemälde auf Keilrahmen zeigten, sondern Hypothesen zur Dekonstruktion dieser Gemälde. Der Katalog gibt die Positionen der einzelnen Künstler sehr gut wieder. Er ist genial, weil Eric Suchère Schriftsteller, Dichter und Philosophen eingeladen hat, über die Arbeiten der Künstler zu schreiben. An der Ausstellung nahmen teil: Olivier Cadiot, Jacques Roubaud, Dominique Noguez, Valère Novarina, Roland Topor, Christian Gailly und Frederika Fenollabate.

Ich habe mich umso mehr auf diese Ausstellung konzentriert, weil sie mir die Kraft und das Potenzial gegeben hat, alles infrage zu stellen, neu zu beginnen und mich wieder in Gefahr zu bringen, wie ich es etwa zwanzig Jahre vor meinem Umzug von Genf nach Paris getan habe.

AR Was haben Sie gezeigt?

VF Ich konnte in dem Gewölbe eine Wandmalerei zeigen. Zu der Zeit malte ich mit weißer Farbe auf gestrickte Wollstreifen, die ich an der Wand befestigte, was für mich den gleichen Status wie ein Gemälde hatte. Ich hatte diese Art von Malerei bereits im Centre d'art contemporain de Hérouville in Zusammenarbeit mit dem Künstler Jean-Philippe Antoine ausgestellt. Aber das Ergebnis im Künstlerhaus Bethanien war nicht so gut. Ich brauchte eine komplementäre Idee, und so kam mir das Bild eines Kinderzimmers mit seinen weichen, kindlichen und einladenden Tapeten, die ich ein Jahr später in der Ausstellung im Kunsthaus Dresden entwickelt habe. Da habe ich mir eine Reihe von ausgenommenen Fischen und Seepferdchen vorgestellt, die mit schimmernden Farben in regelmäßigem Rhythmus an die Wand gemalt waren.

AR War die Ausstellung im Künstlerhaus Bethanien der Auslöser nach Berlin zu gehen? Oder haben Sie schon vorher daran gedacht?

VF Die Begegnung mit dieser unglaublichen Stadt hat mir wirklich einen Schock versetzt. Während dieses Aufenthaltes wurde mir klar, dass ich meine Arbeit dort fortsetzen wollte. Einfach in dieser Stadt leben. Ich habe gespürt, dass dort so eine Energie war, ich wollte wirklich ein Teil davon sein. An einigen Gebäuden trug die Stadt noch die Narben des Krieges. Es kam noch oft vor, dass Spuren von Gewalt an den Wänden zu sehen waren, und dann tummelten sich Hasen um die Ruine des Reichstags. Für die Kunstszene war es eine Zeit, in der man das Gefühl hatte, dass noch alles möglich wäre, Galerien haben eröffnet, vergängliche Räume und vor allem viele Künstler, die wie ich große Ateliers fanden, die oft nicht beheizt waren, aber es war so unglaublich, dass es mir persönlich egal war.

Also habe ich beschlossen, Paris zu verlassen und nach Berlin zu ziehen, wofür ich zwei Jahre gebraucht habe, weil ich einen ziemlich vollen Terminkalender mit Ausstellungen in Paris hatte.

Übrigens sollte die Ausstellung *Die Räuber des Strandguts* später im Jahr auch in München gezeigt werden. Zu diesem Zweck erhielt ich ein Aufenthaltsstipendium von der Villa Waldberta, wo ich den Herbst über an einigen Bildern gearbeitet habe.

Dieser Aufenthalt hat mich auf seltsame Weise an einen Sommersprachkurs in Passau erinnert, der ein paar Wochen dauerte, da mein Deutsch in der Schule eine Katastrophe war. Ich war schrecklich verunsichert, dass ich die deutsche Sprache nicht verstanden habe, und gleichzeitig erinnerte mich diese Musikalität an meine Großeltern mütterlicherseits, wenn sie ganz sanft ein paar Sätze austauschten und ich während der obligatorischen Siesta in ihrem Wohnzimmer so tat, als würde ich schlafen.

AR Wann war dieser Sprachkurs in Passau?

VF Das war ein Sommer, als ich noch in Neuchâtel lebte. 1974 vielleicht. Da meine Leistungen in der Schule in Deutsch schlecht waren, haben mich meine Eltern für zwei Wochen zu einem Sprachkurs nach Passau geschickt, wo ich bei einer Gastfamilie gewohnt habe. Ich erinnere mich, dass ich immer Hunger hatte. Das war das Jahr nach dem schrecklichen Vorfall mit dem Mann, der mich überfallen hatte. Ich muss fast fünfzehn Jahre alt gewesen sein. Den Tag verbrachte ich in einer Schule, in der Schüler unterschiedlicher Herkunft wie ich die deutsche Sprache gelernt haben. Der Höhepunkt war, dass wir einen zweitägigen Ausflug nach Prag hinter den Eisernen Vorhang gemacht haben. Wir haben stundenlang in den Bussen und Stacheldrahtkorridoren darauf gewartet, dass wir die Grenze passieren durften. Die Soldaten, die Wachtürme, die Kontrollen, die total graue und leere Stadt, die sehr lauten Straßenbahnen und der Besuch des Alten Jüdischen Friedhofs. Das war ein viel zu kurzer Aufenthalt. Im Herbst desselben Jahres bin ich dann nach Genf umgezogen, um dort ins Collège Voltaire zu gehen.

AR Sie haben Ihre Ausstellung im Kunsthaus Dresden erwähnt. Die Tapete mit den Seepferdchen und Fischen. Was haben sie außerdem ausgestellt?
VF An einer der Wände der *Chambre d'enfant* (Kinderzimmer). Um ihr eine Form zu geben, habe ich ein sehr einfaches Video gezeigt, für das ich eine Postkartensequenz berühmter Gemälde aus der Kunstgeschichte gefilmt habe, in der die Figuren alle schwanger sind: Mann, Frau, Tier. Egal. Ich hatte auf jede Postkarte große Bäuche mit Gouache gemalt. Das Konzept war sehr einfach, es ging darum, den Betrachter zu positionieren, bevor es passierte, also bevor etwas geboren wurde. Nachdenken über die Entstehung.
AR Warum Seepferdchen? Sie erinnern mich an Ihre Serie der Kakerlaken, denen auch der Bauch aufbricht.
VF Ich erinnere mich an einen Traum. Ich sitze vor einem kleinen Aquarium, in dem ein weißes Seepferdchen von einer Nautilusmuschel verschlungen wird. Dies passiert vor zwei großen, grauen Fischen, denen das egal ist. Dieser Traum ist ein paar Tage alt, und ich denke, dass das, ohne auf die Psychologie einzugehen, die ich nicht kenne, mehr oder weniger die Verwirrung erklärt, in der wir uns befinden, und die Zerbrechlichkeit von uns allen. Von einer Muschel verschlungen zu werden, sagt viel über unsere Situation aus.

Das Malen von Tieren aller Art – ich habe in meinen Bildern schon immer Tiere dargestellt –, von Insekten bis hin zu Fischen, gibt in gewisser Weise die Möglichkeit, zu erkennen, dass wir von Lebewesen umgeben sind und wir uns um sie kümmern müssen. Was in meinem Traum sowohl auf meiner Seite als auch auf der der Tierwelt unmöglich ist. Da sich die grauen Fisch nicht bewegen ... Vielleicht sind sie doch Pflanzenfresser.
AR Was haben Sie noch gezeigt?
VF In der großen Ausstellungshalle wurden einige neue große Gemälde mit dem Titel *Squash* gezeigt, und auch ein an der Decke angebrachtes Gemälde, auf dem ein von Goldfischen umgebener Kopf dargestellt war. Leider ist dieses Gemälde zerstört. Und eine Reihe von Gemälden mit Badematten als Malgrund.
AR Wie kam die Verbindung zum Kunsthaus Dresden zustande?
VF Peter Lang, dem ich viel zu verdanken habe, war ein außergewöhnlicher Mann. Er hat mir geholfen, die Brücke zu schlagen. Er war ein engagierter Kurator, der aus Leipzig kam und in Berlin gewohnt hat. Ich habe ihn im Künstlerhaus Bethanien mit

Christoph Tannert getroffen, und wir sind in Kontakt geblieben. Er hat mich auch bei der Ausstellung im Schweizer Kulturinstitut unterstützt und vorgeschlagen, sie in Dresden zu zeigen. Er hat mir Harald Kunde vorgestellt, den Chef des Kunsthauses, wo die Ausstellung im Sommer 1999 gezeigt wurde. Da habe ich schon in Berlin gewohnt.

Peter Lang und ich wollten einen Abend in der Woche einen Club anbieten. Einer der Räume des Kunsthauses wurde mit Flaschen dekoriert, damit sich das Publikum wohlfühlt. Wir waren die DJs und führten eine temporäre Bar. Dieser Mouse Club war ein großer Erfolg. Ich habe Neo Rauch und seine Frau, die Malerin Rosa Loy, sowie meinen zukünftigen Ex-Mann Alexander Koch kennengelernt. Es waren viele Künstler aus dem Osten da. Leipzig und Dresden waren noch Ruine und Baustelle zugleich, die Frauenkirche noch ein Steinhaufen, das war beeindruckend. Es gab eine große Energie bei den Künstlerinnen und Künstlern, die ich dort getroffen habe.

AR War es eine Einzelausstellung?

VF Ja, aber keine Wiederholung der Ausstellung in Paris, ich konnte schon neue Bilder zeigen. Ich habe mehrere große Bilder gemalt, unter anderem *Squash* und die *Chambre d'enfant*, in der ich eine Wandinstallation, eine Art Fresko, mit einer Videoprojektion mischte. Wir haben sogar, wieder mit Peter Lang, einen neuen Katalogen für die Ausstellung in Dresden gemacht: *Reine Malerei*.

AR Und vor der Ausstellung im Kunsthaus Dresden hatten Sie also eine Ausstellung im Schweizer Kulturinstitut?

VF Zu Beginn meines Lebens in Paris habe ich meinen Lebensunterhalt unter anderem im Centre culturel suisse verdient. Zwei, drei Jahre vorher habe ich dort Intellektuellen den Mantel abgenommen und Schweizer Weißwein serviert, Geschirr gespült und bis zwei Uhr morgens geputzt. Da ich dort viele Aufführungen gesehen hatte, kam ich also mit meinem bereits erwähnten Theaterstück *Dégel* unter dem Arm an, weil ich eine Lesung machen wollte. Und dann sitze ich im Büro von Daniel Jeannet. Er war Regisseur in Genf in den 1980er-Jahren und wir kannten uns aus der Theaterszene. Jahre später war er dann Direktor des Schweizer Kulturinstituts geworden, in dem es ein kleines Theater und Räume für Ausstellungen gibt. Sie machen auch Talks und Lesungen. Es ist ein Spiegel der französischen Schweiz. Und Daniel Jeannet hat mir eine Einzelausstellung im Schweizer Kulturzentrum angeboten.

AR Mit einer Lesung?
VF Auch. Ich konnte 1997 eine Ausstellung machen, während der ich eine Lesung veranstaltet habe. Es war ein doppeltes Geschenk. Zeitgleich wurde *Les restes de la Méduse* zum zweiten Mal im Crédac gezeigt und Nathalie Obadia stellte neue Gemälde in ihrer Galerie aus.

AR: Wie war die Lesung von *Dégel*?
VF Für die Lesung im Centre culturel suisse, erinnere ich mich, habe ich meine Atelierkleider voller Farbflecken angezogen. Ich war überhaupt nicht gut gekleidet, nur in meiner Alltagskleidung fühlte ich mich wohl dabei, diese Lesung auf der Bühne zu machen.

Der kleine Raum war voller Menschen, und während ich das Stück gelesen habe, wurden die Köpfe der sprechenden Figuren auf die Leinwand projiziert. Es waren schwarz-weiße Passfotos von Frauengesichtern, die ich in Marseille gefunden hatte. Auf jeden Kopf hatte ich eine Mütze aus dem Zyklus *Filet à souvenirs* (Erinnerungsnetze) gemalt. Damals waren es noch Dias, und das Geräusch des Projektors hatte sich in den Raum eingeladen.
AR Was wurde in der Ausstellung im Centre culturel suisse gezeigt?
VF Das war eine Art Retrospektive, ein Rückblick von einigen Bilderzyklen mit der Installation *La Bibliothèque Imaginaire*. Mit Peter Lang habe ich einen sehr schönen Katalog entworfen. Er wurde leider irgendwann weggeworfen. Ich habe nur noch zwei Exemplare. Ich weiß es nicht, aber ich habe den Eindruck, ein Direktor, ein Trend jagt den anderen.
AR *La Bibliothèque Imaginaire* ist 1994 entstanden. Was ist das für eine Installation?
VF Ich hatte sie bereits im Musée Rimbaud in Charleville-Mézières gezeigt. An der Wand hingen nur kleine weiße Papiere mit Signaturen, die mir damals der Mann von Nathalie Obadia mit einem IBM-Computer ausgedruckt hat, nach dem Zufallsprinzip. Die Anordnung berücksichtigt die Abstände der Bücher und Regalbretter, die man aber nicht sieht. Dazu kann man mit einem Walkman hören, was ich die Musik der Bücher nenne, das Geräusch von umgeblätterten Seiten. Eigentlich hatte ich dort Ausstellungen in zwei Museen, eine weitere im Musée de l'Ardenne, wo ich die Serie *Filet à souvenirs* neben Bildern aus dem 17. Jahrhundert ausgestellt habe. Ich habe auch mit einer Plastikhüllen eine Vitrine voll Gewehre verhüllt. In eine andere Vitrine

mit Gewehren habe ich eine Trompete aus gestrickter Wolle gehängt und noch mehr Objekte verteilt. Solche Interventionen waren damals, anders als heute, wenig verbreitet. Das Gästebuch des Museums war voll von Beleidigungen. Diese Ausstellung verdanke ich einem guten Freund, dem Direktor der DRAC war, Marc Vaudey, er hat mich eingeladen.

Kurz bevor ich zum zweiten Mal die Installation *Bibliothèque Imaginaire* im Musée Rimbaud aufgebaut habe, habe ich übrigens überraschend erfahren, dass ich den Irène-Raymond-Preis der Irène-Raymond-Stiftung in Lausanne erhalten hatte. Ich hatte ein Dossier eingereicht, um mich zu bewerben. Diese Auszeichnung zu erhalten hat mir Selbstvertrauen gegeben. Das war 1995.

Filet à souvenirs (1995–1997) / Die Kranken Schwestern (1999)

AR Die Serie *Filet à souvenirs* (Erinnerungsnetze) sind Porträts mit Löchern, die Serie *Die Kranken Schwestern* überlagerte Porträts.
VF Es sind zwei verschiedene Serien, die nichts miteinander zu tun haben und nacheinander gekommen sind.
AR Die *Filet à souvenirs* sind eine Art Selbstporträt mit einer Eselsmaske mit Löchern?
VF Man kann eine Eselsmütze sehen, aber es können auch Ohren sein.
AR Was hat es mit den Löchern auf sich?
VF Wie der Titel *Filet à souvenirs*, also Erinnerungsnetze, sagt, wird durch die Löcher in der Mütze an die Löcher der Erinnerung erinnert. Die Erinnerung an die erste Farbschicht, die man durch die Löcher in den Mützen oder Ohren sieht. In der Serie geht es also darum, die erste Farbschicht zu zeigen. Ich könnte noch hinzufügen, dass das Sieb, das ich mir in dem achtstündigen Video von *Les restes de la Méduse* ab und zu auf den Kopf gesetzt habe, eine Anspielung auf die Serie der *Filet à souvenirs* ist.
AR Die Porträts von *Die Kranken Schwestern* sind historische Porträts.
VF Wie bei anderen Gemälden habe ich mir berühmte oder weniger berühmte Porträts aus der Kunstgeschichte angeeignet, um sechs kleine Gemälde zu schaffen. Und da ich nicht mehr Bilder zu diesem Thema malen wollte, aber viele Porträts als Vorlage zur Verfügung hatte, habe ich mehrere davon auf einer Leinwand

übereinandergelegt. Aber nicht nur die Porträts summieren sich auf derselben Leinwand.

AR Was noch?

VF Es kommt auch auf die Art und Weise an, wie sie dargestellt sind. Manchmal sind die Porträts wiederzuerkennen, wie Andy Warhols *Marilyn Monroe*. Andere Gemälde, die eine Anhäufung von Porträts auf derselben Leinwand zeigen, sind so überladen, dass man das Original kaum noch erkennen kann.

AR Aber in der Serie sind nicht nur Frauenporträts zu sehen, sondern auch zum Beispiel Martin Kippenberger?

VF Nein, es sind nur Frauenporträts. Ich habe mich nur von Kippenbergers Porträt der schönen chinesischen Frau inspirieren lassen.

AR Wie kam es zu diesem Titel?

VF Der Titel ist ein Wortspiel zwischen der deutschen und französischen Sprache. *Die Kranken Schwestern* ist die Übersetzung von Krankenschwestern, das sind Personen, die a priori Kranke pflegen, aber sie sind auch Schwestern, die einfach krank sind, wenn man den Titel in die französische Sprache übersetzt. Und diesen mehrfache Bedeutung für ein Wort hat mir sehr gefallen.

AR Es könnten auch die vernachlässigten Malerinnen-Schwestern in der Kunstgeschichte sein. Aber wen pflegen sie?

VF In der Tat haben Sie recht, man entdeckt nach und nach, dass viele Künstlerinnen in der Kunstgeschichte, die lange Zeit hauptsächlich von Männern geschrieben wurde, unsichtbar gemacht worden sind. In diesem Fall muss man den Titel als »Schwestern, die krank sind« verstehen. Wenn man selbst krank ist, ist es auf den ersten Blick kompliziert, eine andere Person zu pflegen, nicht wahr? Ich werde mir bewusst, dass der Titel und die Serie mit den Tonnen von zerbrochenen Gläsern, die vor die kleinen Bilder geschüttet wurden, eine ziemlich starke Geste war.

AR Gibt es eine Beziehung zwischen den beiden Serien?

VF Eigentlich spielen die beiden Serien miteinander, weil die *Filet à souvenirs* die Erinnerungen des ersten dünnen Pinselstrichs auf dem Bild zeigen. Im Gegensatz dazu zeigt die Serie *Die Kranken Schwestern* die Anhäufung von Themen auf einer Leinwand, eine Überfüllung.

AR Wo haben Sie *Die Kranken Schwestern* gezeigt?

VF Ich habe die *Kranken Schwestern*-Bildern an zwei Orten gezeigt. 1999 in der Kunsthalle Luckenwalde und ein Jahr später im Palais des arts in Toulouse, wo ich mich auch von Tiepolos großen, oft an der Decke angebrachten Fresken inspirieren ließ und ovale Gemälde gemalt habe, die an der Decke befestigt waren. Eines dieser Bilder war ein Blick auf ein Becken mit Goldfischen, das an der Decke des Kunsthauses Dresden angebraucht wurde. Dieses Bild wurde zerstört und ist glücklicherweise im Katalog *Reine Malerei* abgebildet.

Im zweiten Bild, das an der Decke des Palais des arts in Toulouse hing, habe ich einen Haufen Hundescheiße gemalt, der auf dem Bürgersteig lag. Viele Besucher der Ausstellung haben nicht bemerkt, dass sie unter Hundescheiße hindurchgingen, da der Raum, in dem dieses Bild hing, Zugang zu einem sehr großen Raum gewährte.

AR Es war ein Durchgangsraum?

VF Ein Raum, durch den die Besucher gehen mussten, um die *Kranken Schwester*-Bilder und *Catapulte pour Chien* (Hundekatapult) anzusehen. Aber viele haben nicht bemerkt, dass ein Bild an der Decke installiert war. In dem großen Raum hingen dann *Die Kranken Schwestern*, mit Tonnen von zerbrochenem Glas vor den Werken, sodass das Publikum nicht in der Lage war, sich den sechs kleinen Bildern zu nähern.

AR Wie es auch bereits in Luckenwalde war. *Catapulte pour Chien*, was war das für eine Arbeit?

VF In dieser Ausstellung war ein Faxgerät rund um die Uhr in Betrieb. Ich hatte das Publikum gebeten, eine Zeichnung oder ein Gedicht zum Thema »Hund« an die Ausstellung zu faxen. Die eingesandten Faxe wurden an einer großen Wand neben einem großen Gemälde ausgestellt, das drei weiße Pudel darstellte.

Ich wollte mit dieser Ausstellung zum Nachdenken über den Blick und den Zugang zu Ausstellungsräumen anregen – jeder konnte durch die Sendungen per Fax ausstellen –, aber auch frustrieren, da die ausgestellten Gemälde außer *Weiße Pudel* aus der Nähe nicht zugänglich waren.

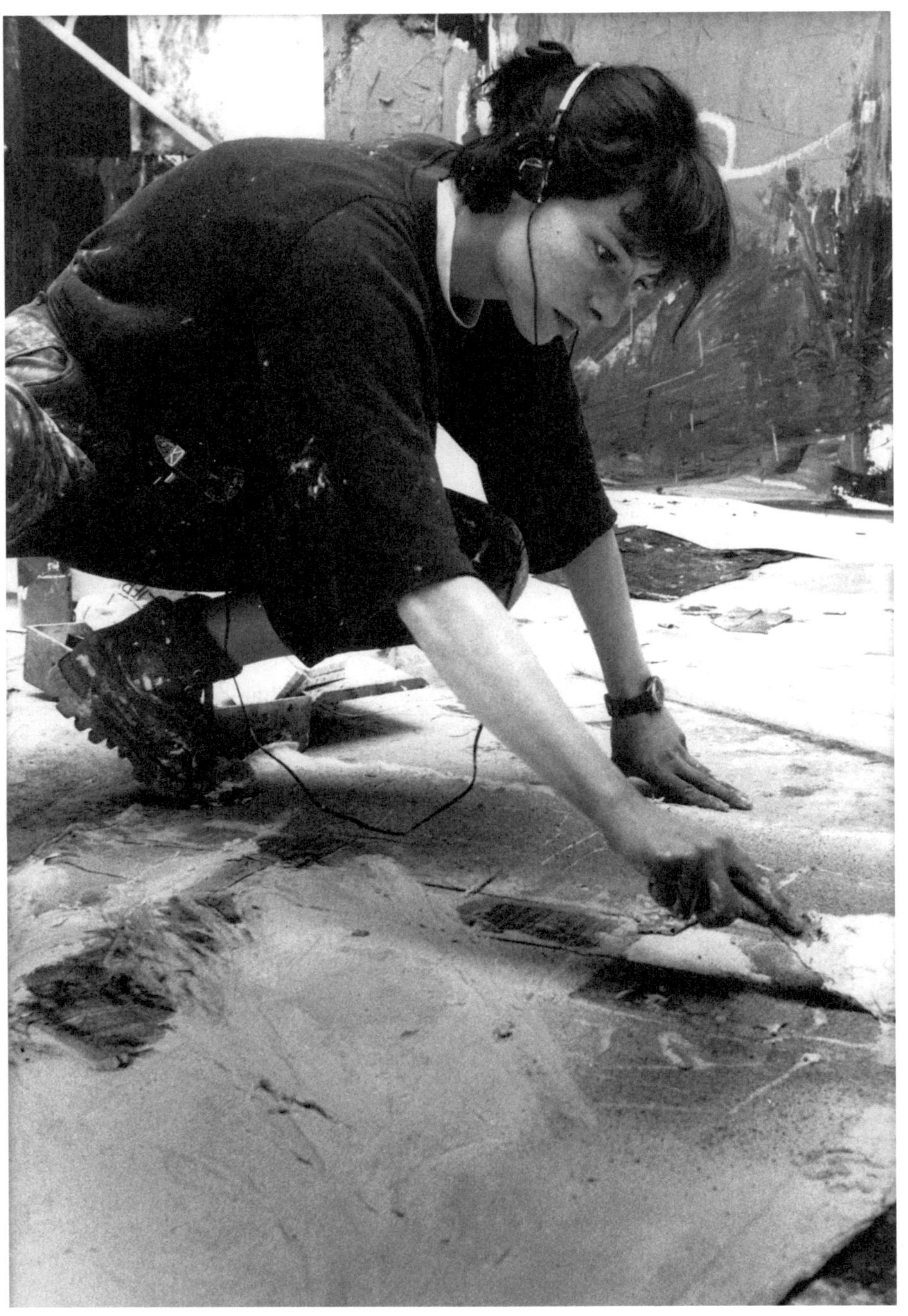

10 Usine Ephémère, Paris, 1988 / Foto privat

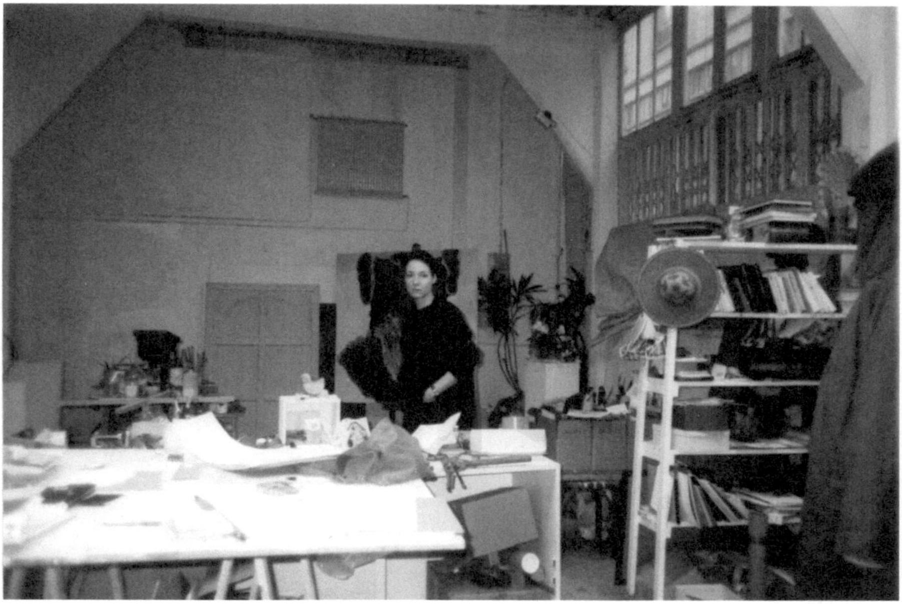

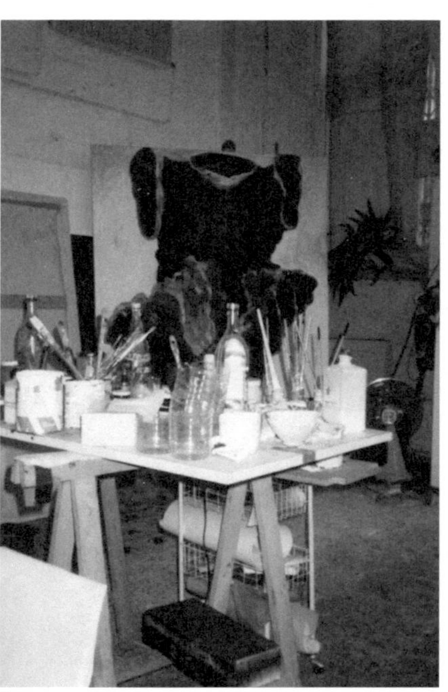

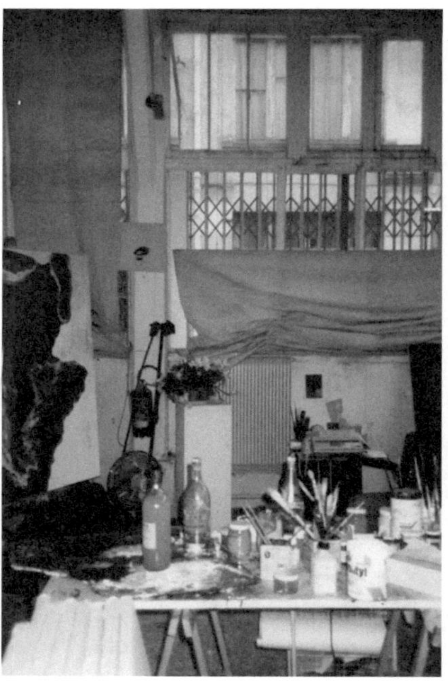

11/12/13 Atelier, rue du Faubourg du Temple, Paris, 1993 / Foto privat

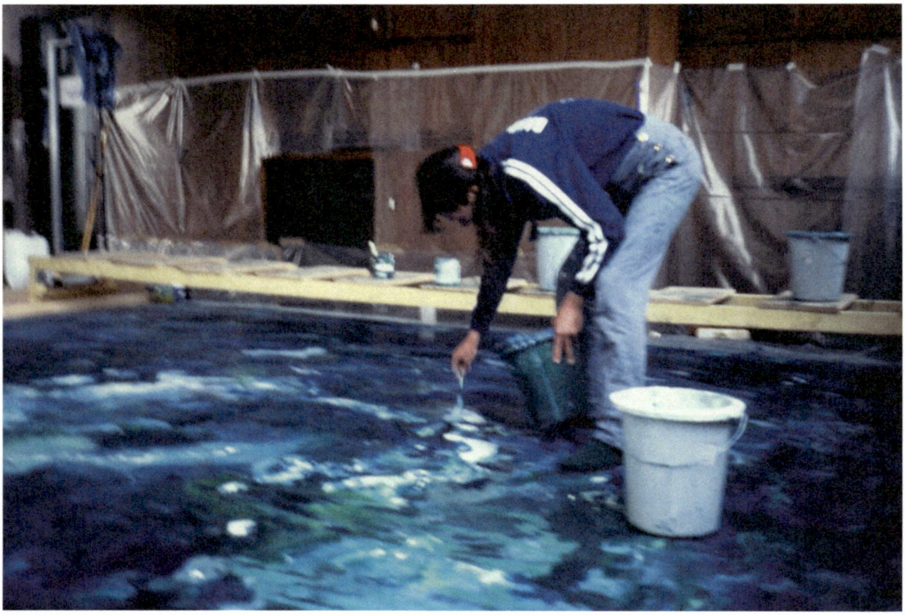

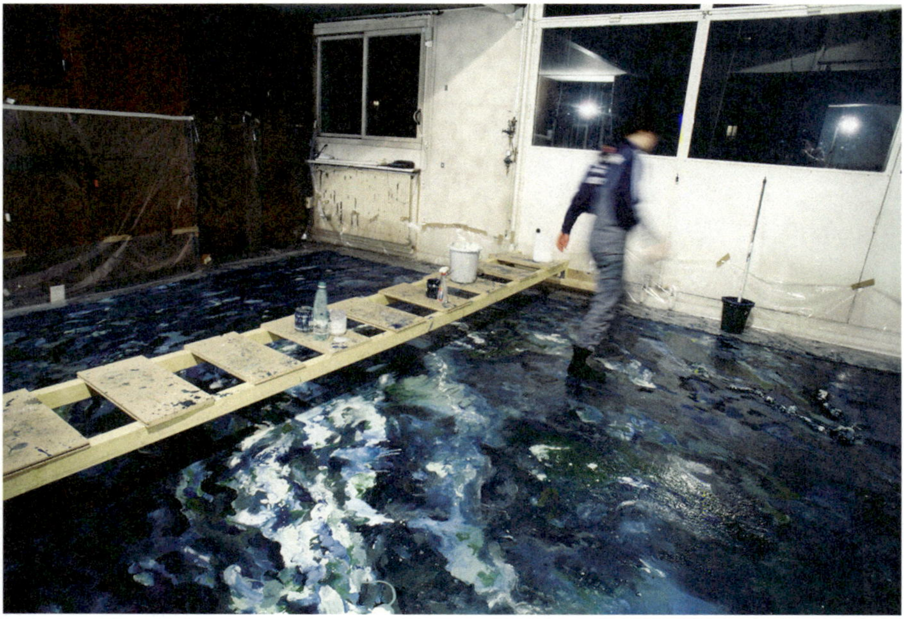

14/15 Atelier Hans Hartung, *Les restes de la Méduse*, Paris, 1997 / Foto privat

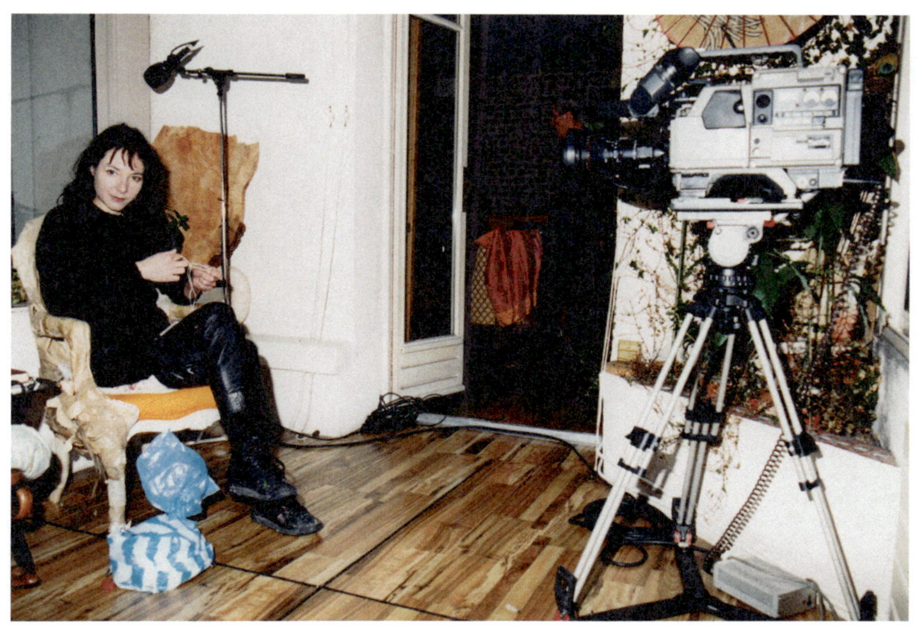

16 Dreharbeiten zu *Les restes de la Méduse*, Wohnung Famille Lebayon, Paris, 21. Dezember 1997 / Foto privat

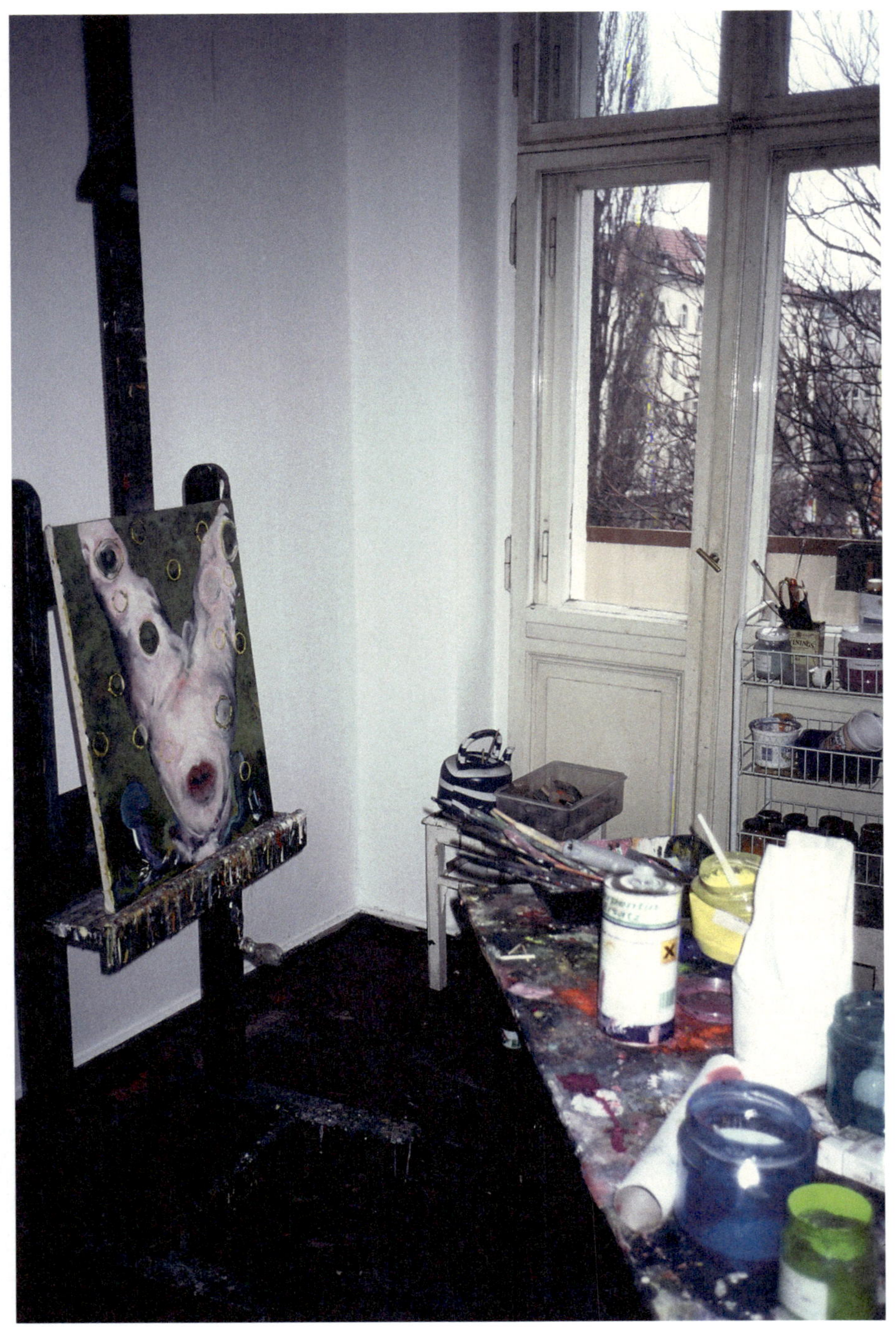

17 Erstes Atelier in Berlin, Wedding, mit *Filet à souvenirs* auf der Staffelei, 1995 / Foto Valérie Favre

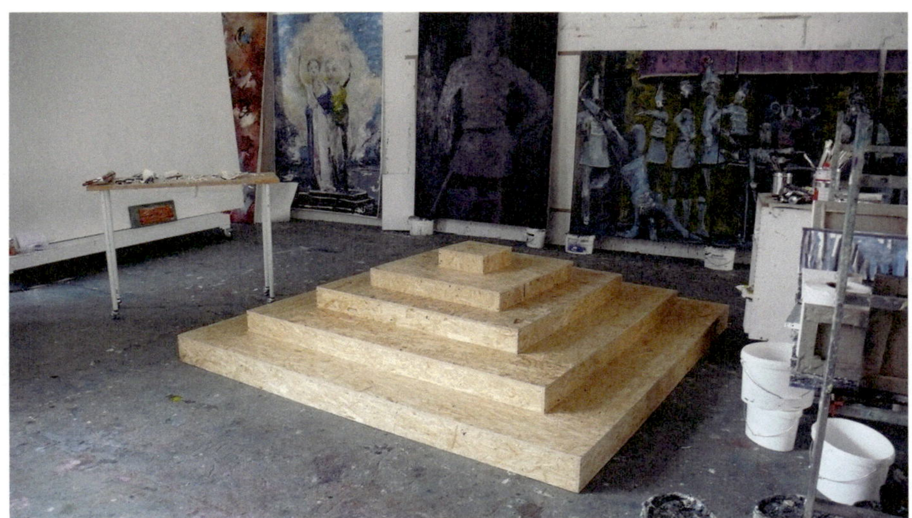

18 Atelier, Christburger Straße, mit *Henkerin* und *Secret Service* aus dem Zyklus *Theater*, Berlin, 2006 / Foto Uwe Walter

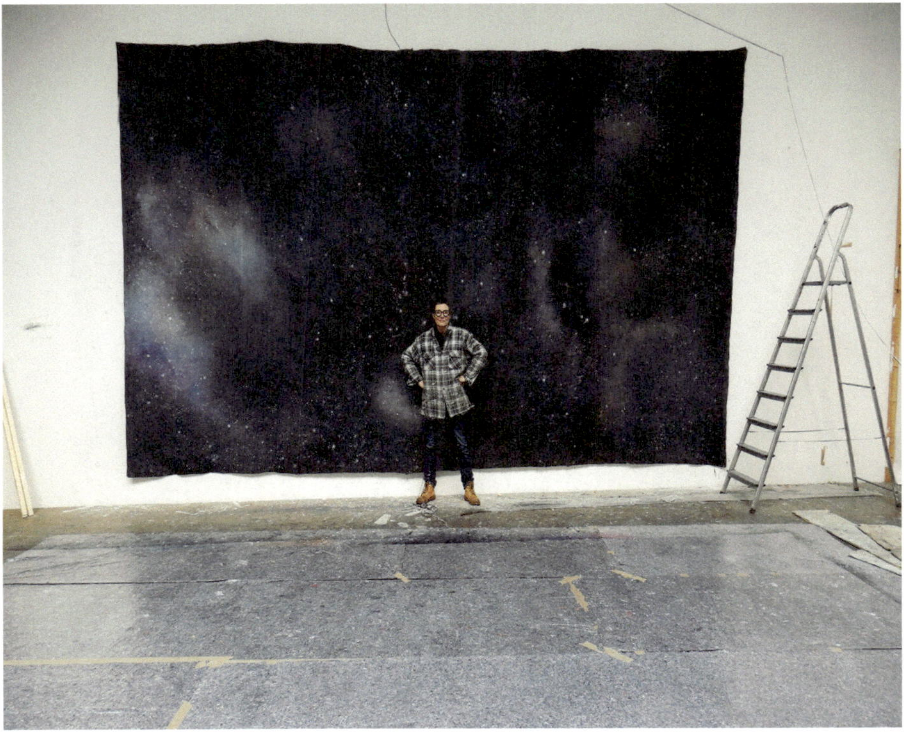

19 Atelier, Uferhalle, vor *Kosmos*, Privatsammlung Berlin, 2020 / Foto Uwe Walter

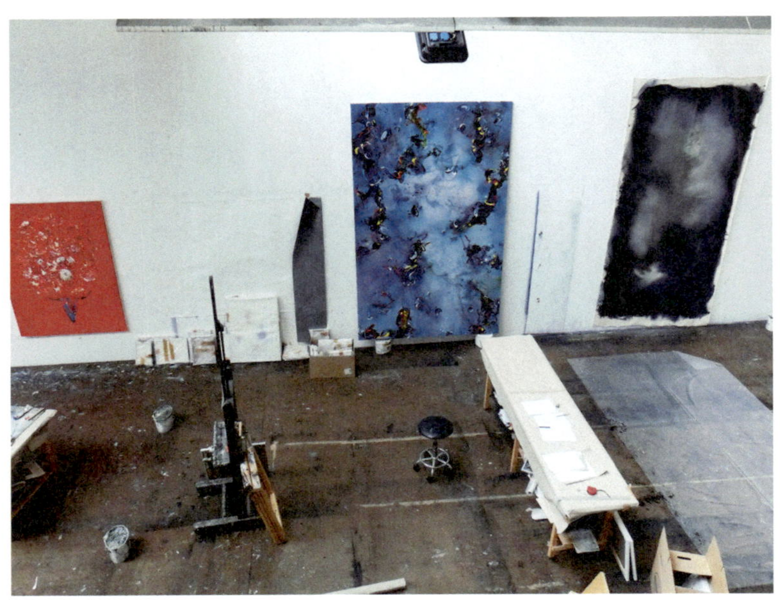

20 Atelier, Uferhalle, Berlin, 2012 / Foto Guy Oberson

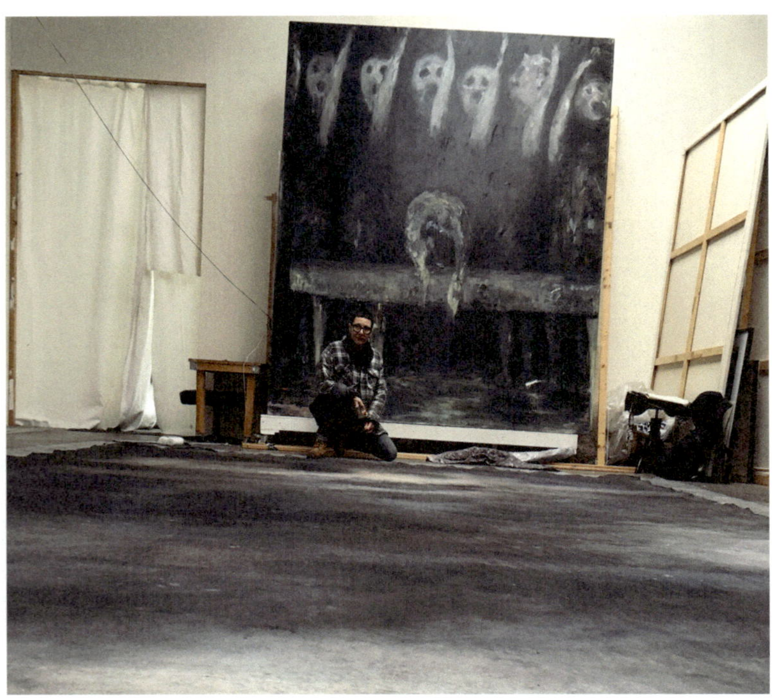

21 Atelier, Uferhalle, vor *The art of watching birds*, Galerie Barbara Thumm Berlin, 2020 / Foto privat

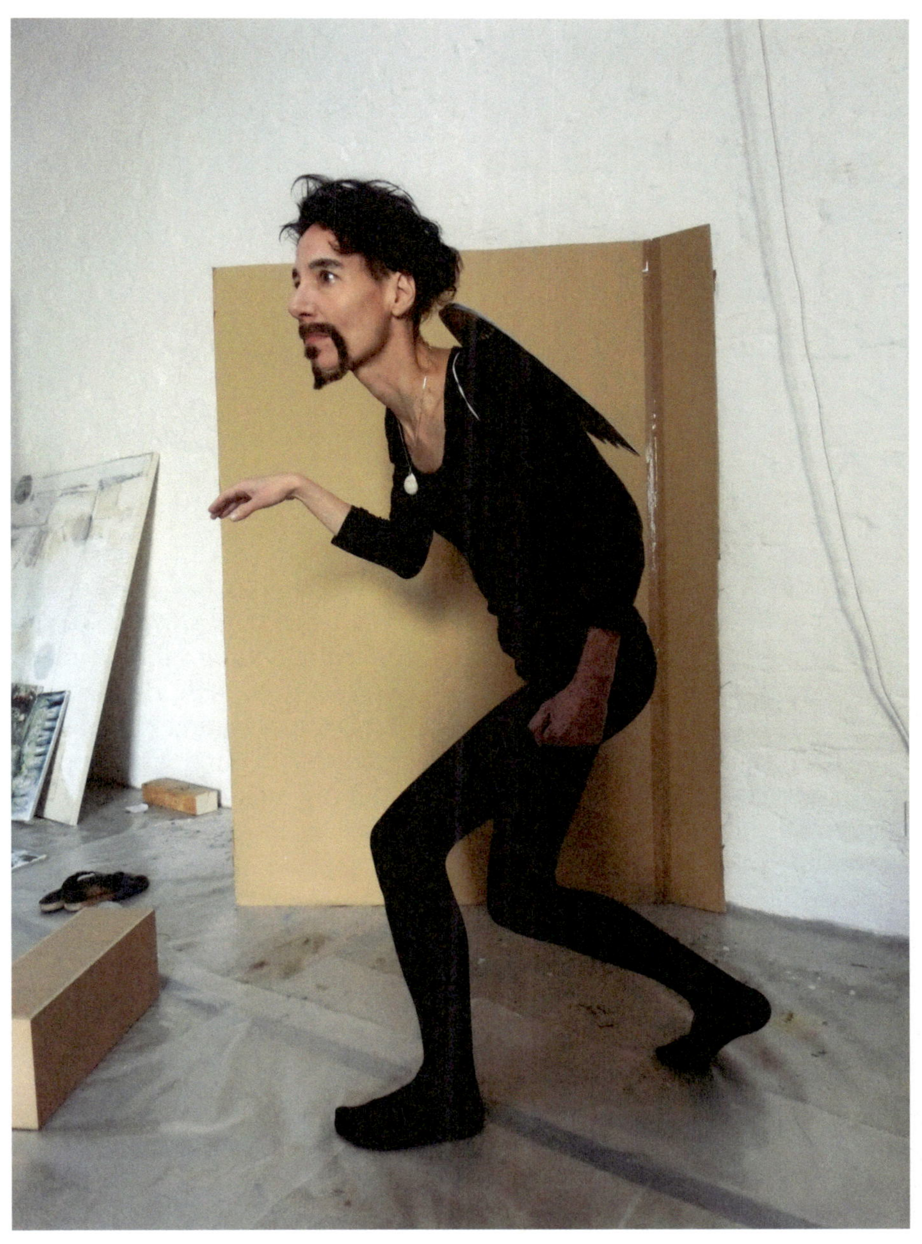

22 Atelier, Genter Straße, Berlin, Valérie Favre als *Engel* nach Odilon Redon, 2017 / Foto privat

VI GALERIEN
Paris, Berlin, Los Angeles, Zürich, New York, Tel Aviv

AR Wie würden Sie die Beziehung zu Ihren Galerien beschreiben?
VF Ich arbeite seit vielen Jahren mit Galerien zusammen. Das bedeutet, dass ich das unglaubliche Glück habe, Teil einer bestimmten Kunstwelt zu sein, aber es bedeutet auch, dass sich mein Leben nach dem Rhythmus der Einzelausstellungen richtet, die in ihren Wänden gezeigt werden, und jeder Tag meines Lebens auf das Ziel der bevorstehenden Ausstellung ausgerichtet ist. Es sind Monate, in denen ich gequält, verwirrt und glücklich bin, wenn ich eine neue gute Idee habe, die ich zu meinen Bilderzyklen hinzufügen kann. Denn unweigerlich kommt ein emotionaler und ein finanzieller Aspekt ins Spiel. Der Galerist oder die Galeristin ist natürlich Händler, der Verbindungen zu Sammlern herstellt, zu Institutionen für Ausstellungen, zu Kuratoren und Kuratorinnen, und es ist sein Job, zu verkaufen. Es ist ein moralischer und stillschweigender Vertrag, der zwischen uns zustande kommt. Die Galerien repräsentieren die Arbeit des Künstlers ein bisschen wie ein Rennpferdestall ... Entschuldigen Sie die Metapher.
AR Wie ist das Verhältnis zu den anderen Künstlern der Galerie?
VF Für meine Kunst muss ich ein wenig hinter ihnen zurückbleiben, um zu arbeiten. Ich weiß, dass andere im Team viel erfolgreicher sind als ich, das stört mich nicht. Wie überall sind Geschmäcker und Trends ohnehin sehr flüchtig.

Für mich geht es vor allem darum, dass ich regelmäßig Zeit für Ausarbeitung meiner Bilder brauche, was von all meinen Galerien, mit denen ich zusammengearbeitet habe, immer respektiert wurde. Natürlich mag ich es, anerkannt zu werden, aber wenn ich Malen praktiziere, ist es auf meinem Niveau vor allem eine einsame Arbeit im Atelier.

Paris I

AR Gab es eine Zusammenarbeit mit Galerien, bevor sie Nathalie Obadia getroffen haben?
VF Es gab ziemlich schnell viele Kontakte. Zunächst wurde ich für den berühmten Salon de Montrouge ausgewählt. Es war das erste Mal, dass ich meine Bilder zeigen konnte. Bevor ich mit Nathalie Obadia gearbeitet habe, hatte ich ein oder zwei Gruppenausstellungen in Paris, in Galerien am Rive Gauche, die es heute nicht mehr gibt. Und zwar mit Radierungen. Druckgrafik interessiert mich bis heute. Schon damals gab es kleine Artikel in Zeitungen von Kunstkritikern, wie *Le Figaro*, *Le Monde* oder *Libération*.
AR Wie kam es zu dem Treffen mit Nathalie Obadia?
VF Ich habe sie zufällig in der Galerie Daniel Templon kennengelernt, wo ich ein Portfolio meiner Arbeit hinterlassen hatte. Das einzige Mal in meinem Leben. Sie hat geantwortet, dass die Galerie nicht mit jungen Künstlern arbeite, aber dass sie daran interessiert sei, mein Atelier zu besuchen. Es wurde ein Termin vereinbart und seit diesem ersten Besuch verfolgte sie meine Arbeit. Sie ist regelmäßig vorbeigekommen. Ich dachte, dass die Galerie Templon immer noch an meiner Arbeit interessiert wäre, aber ich hatte mich geirrt, denn 1992 hat Nathalie ihre erste eigene Galerie in der rue de Normandie im 3. Arrondissement eröffnet. Ich hatte das Glück, sie mit einer Einzelausstellung zu eröffnen, in der ich zwölf weiße, an den Beinen aufgehängte Hühner gezeigt habe, über die wir schon gesprochen haben. Bei dem Format der sehr schmalen Bilder konnte man an zwölf stehende Weise denken. Bei dieser Ausstellung habe ich kein Bild verkauft, aber Philippe Dagen, der Kunstkritiker von *Le Monde*, hat einen Artikel über die Gemälde der Hühner geschrieben. Ich denke immer, dass der Erfolg eines Künstlers durch den Blick der Kritiker kommt und nicht nur durch das Geld. Seitdem hat Philippe Dagen regelmäßig über meine Arbeit eschrieben, bis er sie 2012 beim angesehenen Prix Marcel Duchamp verteidigt hat.
AR Welche anderen Künstler gab es in der Galerie Nathalie Obadia?

VF Zur gleichen Zeit wie ich wurde eine sehr gute Malerin, Carole Benzaken, engagiert, die von der Ecole Nationale Supérieure des Beaux Arts de Paris kam. Viele Leute sahen uns als Konkurrentinnen. Schon damals waren in Frankreich nur sehr wenige Malerinnen anerkannt. Brauchten wir das auch noch? Schon für uns Künstlerinnen war und ist es viel schwieriger, den Durchbruch zu schaffen. Das ist auch der Status der Kunst, sie ist ein Vorwand für die Konkurrenz um Werte aller Art, künstlerische, finanzielle, moralische usw. Das ist sehr menschlich. Aber Carole und ich lachten viel über diese Situation. Wir waren nicht dumm.

Berlin

AR In Berlin haben Sie sich von der Galerie Obadia getrennt?
VF Ich habe die Galerie Nathalie Obadia verlassen. Ich bewundere sie sehr für alles, was sie getan hat, um gute Malerei in ihren Galerien zu zeigen. Aber unsere Beziehung war immer schwierig. Wahrscheinlich bin ich zu empfindlich für abfällige Bemerkungen. Unsere Beziehung hat sich in meinen Augen im Laufe der Zeit verschlechtert. Der Grund dafür ist sicherlich die Distanz und die Zusammenarbeit mit anderen Galerien, die ich dann in Berlin mutig gesucht habe, um meine internationale Position zu stärken. Aber ich bereue es, dass ich ihre Galerie verlassen habe. Ich habe wahrscheinlich eine große Dummheit begangen, obwohl ich an Unabhängigkeit gewonnen habe.
AR Warum war die Zusammenarbeit mit deutschen Galerien ein Problem?
VF Es ist ein komplexer Teil der Arbeit zwischen den Galerien und den Galerien mit den Künstlern. Aus meiner persönlichen Erfahrung geht es manchmal sehr gut, wie beim Austausch zwischen Barbara Thumm und Peter Kilchmann. Aber das ist nicht immer der Fall.

Es ist wichtig zu verstehen, dass die erste Galerie, diejenige, die den Künstler entdeckt und ihn durch Investitionen zu Beginn seiner Karriere unterstützt, oft etwas unterkühlt ist, wenn sie ihr Hengstfohlen teilen muss. Das ist es, was mir ein bisschen mit der Beziehung zu Nathalie Obadia passiert ist.
AR Hat sie Forderungen an die deutschen Galerien gestellt?

VF Mein Ziel war es, mit meiner Malerei eine internationale Künstlerin zu werden. Es war schwierig, wenn man als Französin Künstlerin war, Mann oder Frau, egal. Französische Künstler wurden damals kaum exportiert, und Maler und Malerinnen gar nicht. Ich hatte vor, mich selbst zu exportieren und nach Berlin zu gehen. Das war einer der Gründe, warum ich Paris verlassen habe. Ich wollte auch in meiner Malerei Risiken eingehen und mich mit mehr Bildern meiner Generation auseinandersetzen. Ich wusste, dass es in Deutschland viele junge Maler und Malerinnen gibt.

Das war das Aus mit Nathalie Obadia, die immer wieder sagte, dass es kompliziert sei, französische Malerei ins Ausland zu verkaufen. Ich spreche von der Mitte der 1990er-Jahre. Es gab Leute, die tatsächlich versuchten, mir zu helfen, in deutsche Galerien zu kommen. Leider haben viele deutsche Galerien angesichts der in Frankreich bereits hohen Preise für meine Bilder das Projekt nicht unterstützt. Außerdem war mir in Deutschland nichts von den sehr hohen Preisen bekannt und auch von den zehn Prozent, die die potenzielle deutsche Galerie der Galerie von Nathalie Obadia gewähren sollte. Ich habe fast meinen romantischen Wunsch bereut, eine internationale Künstlerin zu werden, indem ich das Schicksal provoziert und mich selbst exportiert habe. Kurz gesagt, sehr schnell drehte sich der Wind, und ich habe angefangen, meine Arbeiten in der Galerie Wohnmaschine in Berlin auszustellen.

AR Sie sind bei Nathalie Obadia geblieben, bis Sie Frankreich verlassen haben?

VF Ich habe die Galerie von Nathalie Obadia 2007 verlassen, es war ein Winter, wie man ihn in Berlin erleben kann. Die Diskussion hat in einem Restaurant stattgefunden.

2006 wurde ich zur Professorin für Malerei an der Universität der Künste ernannt, eine wichtige Position, von der ich mir nie hätte träumen lassen, dass ich sie jemals bekommen würde. Ich wusste nicht einmal, dass eine Stelle ausgeschrieben war, geschweige denn, wo sich die Gebäude der UdK in der Stadt befanden. Es war ein Zufall, denn es gab nicht genug Malerinnen, die sich für diese Stelle beworben hatten, und oft wurden diese Stellen von männlichen Künstlern besetzt. Im Sommer 2005 hat mich das Sekretariat der UdK kontaktiert und mich gefragt, ob ich Interesse daran hätte, mich zu bewerben, zusammen mit neun anderen Kandidaten. Ich kannte diese

Berliner Institution nicht einmal, in der ich einen einstündigen Vortrag vor der Jury gehalten habe, und bekam den Posten der Professorin.

Ich möchte hier nicht weiter ins Detail gehen, aber noch hinzufügen, dass ich das als Geschenk meines Lebens betrachtet habe, weil ich nie an einer Kunsthochschule studiert hatte und meine Stelle die Nachfolge der Stelle von Georg Baselitz war. Außerdem habe ich entdeckt, dass es mir sehr viel Spaß macht, zu vermitteln, auf die Anforderungen und die Neugier der Studenten einzugehen.

AR Hatten Sie denn Erfahrung in der Lehre?

VF Um meinen Lebensunterhalt zu bestreiten, habe ich in meiner Zeit in Paris angefangen, Workshops an Kunsthochschulen zu geben, manchmal als Ergänzung zu einer Ausstellung. Der Architekturhistoriker Jean Attali hat mich dann an die Kunsthochschule in Dunkerque eingeladen, wo ich einen Lehrauftrag bekam. Mit ihm zusammen habe ich regelmäßig dort unterrichtet. Auf dem Rückweg nach Paris haben wir oft einen Zwischenstopp in Villeneuve-d'Ascq in der Nähe von Lille gemacht, wo ich Joelle Pijaudier Cabot kennengelernt habe, die damals das Musée LaM geleitet hat und später Direktorin der Museen für moderne und zeitgenössische Kunst der Stadt Straßburg wurde. Sie hat mich mit Estelle Pietrzyk viele Jahren später eingeladen, eine Einzelausstellung im Muséum d'art moderne et contemporain de Strasbourg zu zeigen.

AR Im Jahr 2006 hatten Sie auch Ihre Ausstellung im Haus am Waldsee in Berlin.

VF Katja Blomberg, die Direktorin vom Haus am Waldsee, hat mich eingeladen, die Serie *Autos dans la nuit* und die großen Gemälde aus dem Zyklus *Der dritte Bruder Grimm* zu zeigen.

AR Wie kam dann die Zusammenarbeit mit Barbara Thumm zustande?

VF 2006 habe ich sie auf der Messe Art Forum in Berlin kennengelernt. Ihre Galerie war zu dieser Zeit noch in der Auguststraße, und ich wurde von der Galerie Wohnmaschine vertreten. Ich war über Umwege dort gelandet und habe zwei Einzelausstellungen bei Friedrich Loock gemacht, eine der ältesten Galerien im ehemaligen Ostdeutschland. Maïté Vissault, freie Kuratorin und Direktorin der Galerie Wohnmaschine, hatte ihn mir vorgestellt. Dort habe ich zum ersten Mal in einer Einzelausstellung ausgestellt und unter anderem die ersten *Lapine Univers* und die Serie der

Flugübungen gezeigt, die von den Anschlägen des 11. Septembers inspiriert wurden. Ich habe Friedrich Loock gesagt, dass ich zu einer größeren Galerie gehen wolle. Er war großartig und stimmte meinem Wechsel zu.

Ein paar Tage später hat mir Barbara Thumm nach einem Besuch in meinem Atelier angeboten, mit ihr zusammenzuarbeiten und im nächsten Jahr eine Einzelausstellung von mir zu zeigen. Ich wollte schon immer mit Galerien arbeiten, die sich nicht nur am Medium Malerei orientieren. Bei Barbara Thumm war das der Fall, sie hat ein Programm mit sehr engagierten Künstlern, einigen großartigen Künstlerinnen, wie Teresa Burga, Joe Bear oder Anna Oppermann. Seither arbeiten wir zusammen. So beteilige ich mich gerne mit meinem Werken an der Arbeit einer Galerie. Ich fühle mich, als wäre ich Teil des Abenteuers.

Paris II

AR Gab es Kooperationen mit anderen Galerien?
VF Noch immer im Jahr 2006 habe ich die winzige Galerie Jocelyn Wolff in Belleville betreten, wo es verschiedene Ausstellungen gab. In dieser Galerie habe ich zum ersten Mal die *Les petits théâtres de la vie* (Die kleinen Theater des Lebens) ausgestellt, Zeichnungen und Collagen in Tusche.

Jocelyn Wolff und Alexander Koch wurden Freunde und haben beschlossen, eine Galerie in Berlin zu eröffnen: KOW, mit Nikolaus Oberhuber. Leider haben sich Alexander und Jocelyn zerstritten und meine Beziehung zu Jocelyn wurde ebenfalls kompliziert. Ich hatte das Gefühl, in die Ecke gedrängt worden zu sein, was er auch zugegeben hat. Ich hatte nicht das Gefühl, vollständig Teil dieses Abenteuers zu sein. Für den Prix Marcel Duchamp hätte ich einen konstruktiven Dialog mit Jocelyn Wolff gebraucht. Ich habe den Preis nicht erhalten. Weil meine Bilder *Fragmente* wahrscheinlich nicht gut genug waren. Ich hatte mich für eine Hängung entschieden, bei der großformatige Bilder aus der Serie *Fragmente* mit Visionen des Universums voll Sterne und kleinformatigen Figurenbildern gemischt waren.

Ich denke dabei an das Buch der Soziologin Nathalie Heinich *Le Paradigme de l'art contemporain*, in dem sie sehr gut die Stellung des Künstlers in diesen Systemen erklärt, mein Missgeschick beim Prix Marcel Duchamp ist auch in diesem Buch sehr gut erklärt.

Los Angeles

AR Sie hatten auch eine Galerie in den USA?
VF 2008 hatte ich Einzelausstellung in der Galerie Vielmetter. Leider war das ein Desaster. Susanne Vielmetter war mit der Ausstellung zufrieden und hat mir gesagt, dass das große Triptychon *Voliere III* bereits verkauft sei und Interesse an weiteren Bildern bestehe. Leider haben aber einen Tag vor der Eröffnung der Ausstellung alle Sammler ihre Angebote zurückgezogen. Es war die Krise der Lehman Brothers. Alexander ist zu mir gekommen, um die Ausstellung zu besuchen, und wir waren für drei Tage im Haus von Susanne und ihrem Mann untergebracht. Ich hatte einen Anfall von Traurigkeit. Ich bin in Tränen ausgebrochen und habe gegen Alexanders kalte Distanz angeschrien. Wir haben uns getrennt und uns ein Jahr später scheiden lassen.

Zürich

AR Wie entstand die Zusammenarbeit mit Peter Kilchmann?
VF Peter Kilchmann hat mich eingeladen, an der Eröffnungsausstellung seiner neuen Räume in der Zahnradstrasse in Zürich neben John M. Armleder und Francis Alÿs teilzunehmen. Ich wurde in das Programm seiner Galerie aufgenommen. Er hat meine Arbeit bei der Ausstellung *Intensif Station* 2010 im K21 in Düsseldorf entdeckt, wo ich meine erste Triptychen *Theater* und Bilder von *Der dritte Bruder Grimm* ausgestellt habe. So ist er nach Berlin gekommen, um mein Atelier in der Uferhalle im Wedding zu besuchen, wo viele Künstler gearbeitet haben. Ich war sehr stolz. 2013 hatte ich meine erste Einzelausstellung bei ihm, in der ich die komplette Serie *Suicides* von 129 Bildern in seinen Räumen gezeigt habe. Durch Peter Kilchmann habe ich Marius Babias kennengelernt, der mir vorgeschlagen hat, auch die ganze Serie *Suicides* in Berlin im Neuen Berliner Kunstverein zu zeigen. Bei dieser Gelegenheit habe ich übrigens Elisabeth Bronfen kennengelernt, eine Schriftstellerin, die sich auf Frauenleichen in Kunst und Literatur spezialisiert hat und eine feministische Persönlichkeit ist, die mir viel bedeutet.

New York

VF Aber es gab auch Schwierigkeiten. Durch Barbara Thumm und Peter Kilchmann wurde ich von der Sean Kelly Gallery kontaktiert. Im Sommer 2013 war ich in der riesigen New Yorker Galerie. Die Direktorin hat mich durch alle Räume geführt. Ich habe eines meiner Bilder in ihrem Büro gesehen und war wie ein Zombie vor ihr, völlig von der Rolle. Weil ich mich sehr einsam in dieser Stadt gefühlt habe, die für manche Menschen den Traum vom Erfolg wahr werden lässt und gleichzeitig eine wahre Maschine ist, um Menschen und Künstler zu zerstören. Ich hatte das Gefühl, dass ich in meinem damalige Lebensabschnitt nicht die Stufe erklimmen konnte, die man mir vorgesetzt hatte. In dieser Lebensphase war ich melancholisch und wütend auf die ganze Welt. In den Vereinigten Staaten hat es nicht funktioniert, auch wenn ich einige großartige Gemälde in renommierten Sammlungen hatte.
AR Was war das Problem bei der Zusammenarbeit mit Sean Kelly Gallery? Ist das der Situation bei Galerie Vielmetter vergleichbar?
VF Ich habe nicht mit Sean Kelly zusammengearbeitet, sondern war an einer Gruppenausstellung in der seiner Galerie beteiligt. Ich wollte seine Galerie sehen und mit den Leuten in Kontakt treten, mit denen er gearbeitet hat. Mit Susanne Vielmetter hingegen war ich damals Teil ihres Programms, aber es war nicht möglich, die Zusammenarbeit fortzusetzen.

Tel Aviv

AR War Art Forum für Sie ein wichtige Messe?
VF Für Künstler sind Messen für zeitgenössische Kunst nicht der beste Ort, um entspannt zu sein. Ich persönlich mag die Atmosphäre nicht so sehr, aber ich muss zugeben, dass ich dort manchmal tolle Werke gesehen habe, weil alle Galerien sich so sehr bemühen, ihre Werke zu verkaufen. Aber es sind auch diese Orte, an denen die »Multiplikatoren« vorbeikommen.

Dort hat mich die Kuratorin Doreeth Harten angesprochen, eine freie Kuratorin, die das Projekt hatte, mit mir eine Ausstellung in der Alon Segev Gallery in Tel Aviv zu machen. Wir sind zusammen hingefahren, um die Hängung vorzunehmen. Sie hat mir einen Teil ihrer Familie in Jerusalem vorgestellt und ich wurde zur Feier von Rosch ha-Schana in ihr Haus in einem Vorort von Jerusalem eingeladen. Die Ausstellung ist gut gelaufen. Ich habe die Begegnung mit Alon Segev sehr geschätzt, der ein sehr engagierter und mutiger Galerist ist. Ich hätte weiterausstellen können, aber leider schaffe ich nicht mehr Galerien, ich bin zu langsam und sehr beschäftigt mit meinen Bildern einen Zyklus zu bauen.

Paris III

AR Die Galerie C wird von Christian Egger geführt, zuerst in Neuchâtel und jetzt auch in Paris.
VF Christian habe ich zum ersten Mal in Berlin getroffen, als Guy Oberson, ein Schweizer Maler, der von der Galerie C vertreten wird, uns zum Essen eingeladen hat. Mit Christian hatte ich gleich einen guten Austausch über Literatur und Theater und eben auch über Kunst. Da hat sich eine sehr schöne Freundschaft entwickelt. Im Oktober 2020 habe ich die Dependance seiner Galerie in Paris während Corona eröffnet. Ein Untergangsgefühl. Die Straßen waren praktisch leer und bewaffnete Polizeikräfte im Marais unterwegs. Die Eröffnung war surreal, nur wenige Menschen waren anwesend, alle maskiert und sie haben sich auf der Straße aufgehalten, was unter den gegebenen Umständen normal war.

Ich würde gerne meine Arbeit mehr in Paris zeigen, die ich vor vielen Jahren hinter mir gelassen habe. Denn in dieser Stadt habe ich angefangen, und ich bin all jenen dankbar, die an meine Arbeit geglaubt und sie von Anfang an verfolgt haben.
AR Zu malen braucht Zeit. Sie betonen immer, dass Sie keine Bilder (*images*), sondern Gemälde produzieren, was mit der Frage der Materialität verbunden ist. Inwiefern stellt das angesichts des Kunstmarkts und Ihrer Arbeit als Professorin ein Problem dar?
VF In der Tat nehmen meine Aktivitäten als Professorin Zeit in Anspruch, die ich nicht im Atelier verbringe, was mir persönlich sehr gut gefällt. Das Problem für mich ist, neue Bilder zu haben, um auf Kunstmessen präsent zu sein. Galerien zeigen auf Messen gerne exklusiv neue Stücke von Künstlern, um die Aufmerksamkeit auf sich zu ziehen. Die Werke werden manchmal nur für ein paar Stunden ausgestellt, denn wenn sich niemand dafür interessiert, werden sie schnell in den Schrank gestellt. Außerdem ist es besser, wenn Ihr Werk in den Previews gezeigt wird, das heißt einige Stunden vor der offiziellen Eröffnung der Messe für

ein exklusives und mächtiges Sammlerpublikum. Ich persönlich fühle ich mich unwohl auf Kunstmessen, obwohl ich weiß, wie wichtig diese Termine für die Finanzen und die Beziehungen der Galerie sind und wie sehr sie von Zeit zu Zeit auch dem Künstler zugutekommen.

Wie Sie sagen, ist ein Gemälde für mich nicht nur ein Bild. Und Malen ist eine Ansammlung von Zeit, die in Materie umgewandelt wird, alles zusammen auf einer kleinen Fläche. Ein Bild zu machen, kann zu einem Experimentierfeld werden.

AR Es sind zwei verschiedene Vorgänge, die in der Malerei Zeit brauchen. Einmal ist es der Kampf mit dem Material. Die andere ist der Kampf, der die Fortsetzung, das Entstehen einer neuen Serie, neuer Bilder betrifft.

VF Zeit vor sich zu haben ist ein großer Luxus. Man muss extrem gut organisiert sein, um eine »leere« Zeitspanne vor sich zu haben, die man nutzen kann und in der man so in Form ist, dass man in seinem Schaffen vorankommen kann. Es ist nie sicher, dass es mir gelingen wird, wenn ich ein paar Tage vor mir habe, an denen ich mich im Atelier isoliert habe, etwas zu malen, das mich zufriedenstellt.

VII STRUKTUR DES WERKS
Die fragmentarische Struktur
Valérie Favre

1995 hatte ich die Idee, eine Struktur (mental) zu bauen, in die sich alle Serien von Bildern einschreiben würden die ich in der Zukunft malen würde und die in Wechselwirkung zueinander stehen sollten. Seit fast dreißig Jahren arbeite ich nun an diesem Ensemble. Die Serien folgen nicht nur aufeinander, sondern sind auch transversal verknüpft, durch Themen und Figuren, die im Laufe der Jahre in verschiedenen Situationen immer wieder in den Vordergrund treten. Das ist es, wovon ich in diesem Buch zu erzählen versuche.

Dieses Vorhaben ist de facto zum Scheitern verurteilt. Denn, um das Ganze zu verstehen, müsste ein Großteil (oder sogar die Gesamtheit) der Gemäldeserien gleichzeitig ausgestellt werden. Ich zeichne also zusammenfassende Schemata, die sich im Laufe der Jahre verändern, um die neuen Verbindungen zwischen den Serien aufzuzeigen und als Gedächtnisstütze zu dienen.

Mein Problem ist es, die Malerei – ich meine die wahre Malerei – mit all ihren malerischen Zielen, dem Material, den Farben, den Formen mit dem Blitzschlag einer Erzählung, das heißt mit meiner politischen und poetischen Vision, zu verbinden, die sich in meinen Bildern wiederfinden soll. Daher Gegenständlichkeit, aber nicht zu viel. Ich stelle fest, dass es schwierig ist, beides miteinander zu verbinden. Ein Ausweg, diese Schwierigkeit zu umgehen, ist die Serialität.

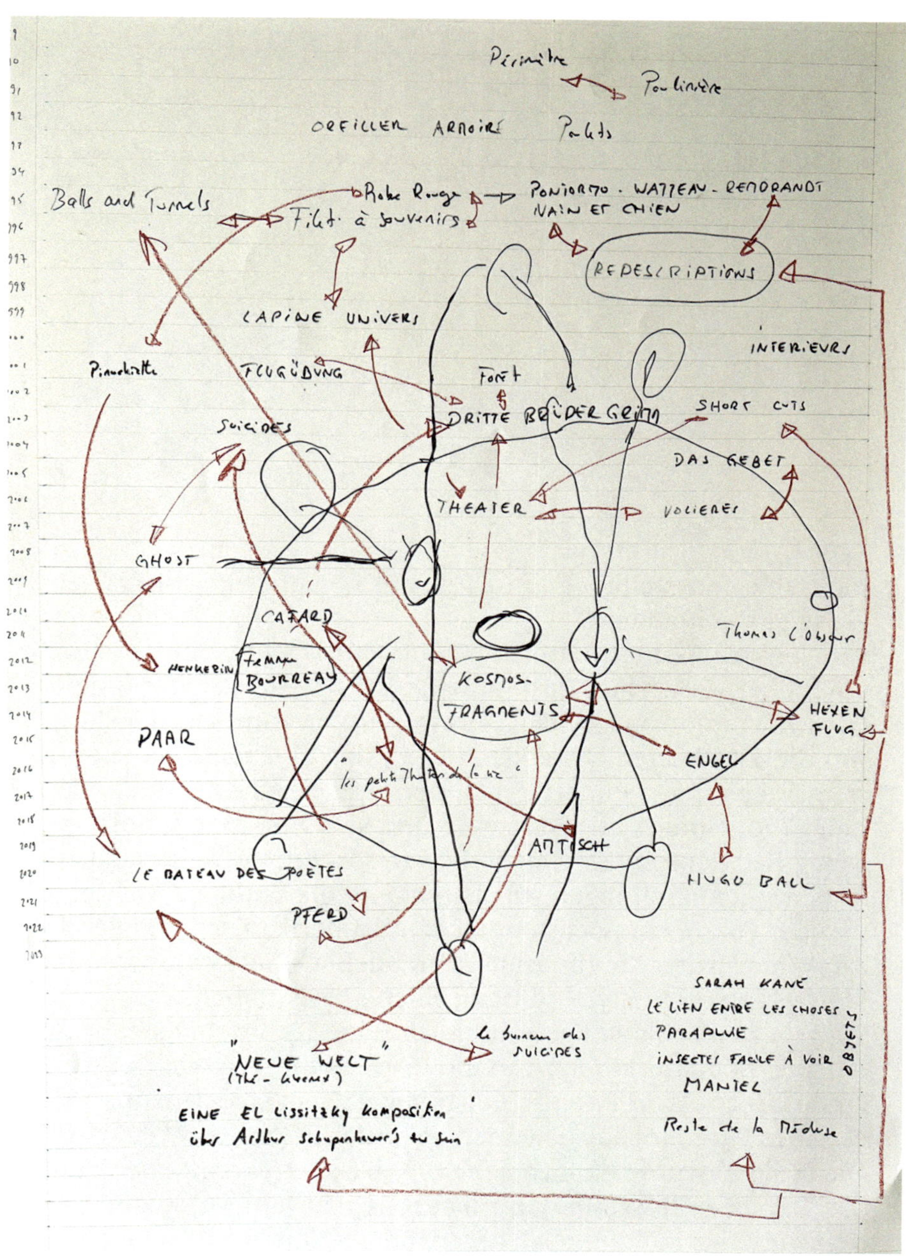

23 Struktur des Werks, Gesamtübersicht der Zyklen und deren Verbindungen (1989–2023) / 100 × 70 cm, Zeichnung, Foto Séverine Oppliger

VIII DER RAUM DER MALEREI – ZYKLEN II
Berlin (1999–2023)

AR Gab es Ausstellungen in Paris, die Sie auf Deutschland neugierig gemacht haben?
VF Gerhard Richter hatte 1992 eine Retrospektive in Paris, die mich überwältigt hat. Jörg Immendorff war 1994 in der Galerie Daniel Templon ausgestellt. Gezeigt wurden zum Beispiel einige von diesen riesigen Gemälden des Zyklus *Café de Flore*. Ich bin sehr lange vor den Bildern gestanden, weil sie eine Art von Erzählung sind, einfach seine Freunde und sein Kunstkreis, auch ein wenig Bad Painting in einigen Ecken. Das hat mir sehr gefallen. In den Buchhandlungen gab es nicht all die Kataloge wie heute und der Fokus war noch sehr stark auf amerikanischer Malerei.
AR Wie würden Sie die unterschiedlichen Entwicklungen der Malerei in Frankreich und Deutschland beschreiben?
VF Wie Deutschland hat Frankreich seine Tradition. Es hat zum Beispiel Édouard Manet und die Impressionisten wie Deutschland Caspar David Friedrich oder später Max Liebermann. Aber es gab in Paris einen Bruch mit dem Ende des Zweiten Weltkriegs. Die Malerei wurde danach sehr von der abstrakten Malerei aus den USA beeinflusst. In den 1960er-, 1970er-Jahren verband sich Konzeptkunst in Frankreich unter anderem mit der lokalen Bewegung Supports/Surfaces.

Die Kunstgeschichte der beiden Länder vor dem Ersten Weltkrieg ist sehr unterschiedlich: In Frankreich würde ich sagen, dass es eine Art Verzicht auf den Gebrauch des Mediums Malerei als Mittel der Emanzipation ist. Schauen Sie sich die Spuren an, die

Duchamp und seine Nachfolger hinterlassen haben. Während in Deutschland das Medium Malerei nie aufgehört hat, ein emanzipatorisches Werkzeug zu sein. Es gab auch am Bauhaus große Maler, die an dieser Akademie lehrten.

AR Dass Sie figurativ gemalt haben, hat bereits eine gewisse Verbindung zu deutscher Malerei vor und nach dem Krieg hergestellt, etwa zum Expressionismus und dessen Weiterentwicklungen.

VF In Italien gab es eine zeitgenössische Gegenbewegung, die dem Neoexpressionismus in Deutschland und den USA nahesteht. Der Initiator der Transavanguardia in Italien, die für eine Rückkehr zu traditionellen Formen der Malerei plädierte, war Anfang der 1980er-Jahre ein Intellektueller, der Kunstkritiker Achille Bonito Oliva. Der Künstlerkollege Jean Daviot wollte etwas Entsprechendes in Paris ins Leben rufen und hat in einem leeren Bürogebäude die Ausstellung *Bakakaï* organisiert. Die italienischen Maler, mich interessierte vor allem Enzo Cucchi, waren figurativ und haben sich für Traumwelten und mythische Elemente interessiert. Ihre Malerei war großflächig mit wenigen Elementen. Ich bin sicher, auch Maler wie Julian Schnabel haben sich das genau angeschaut. Sie haben Wert auf die Materialität gelegt, wobei sie nicht unbedingt auf Keilrahmen und Leinwand gemalt haben, sondern auf anderen Untergründen, zum Beispiel Stoffplanen. Ihren Widerspruch zur Pop-Art sah man auch in den erdigen Farbtönen.

AR Wie haben Sie ihre Bilder zu sehen bekommen?

VF In Zeitschriften, aber auch in Pariser Galerien, zum Beispiel in der Galerie Durand-Dessert, wo auch der Bildhauer Giuseppe Penone und die Arte povera gezeigt wurden, aber auch Gérard Garouste. Eine französische Bewegung, die für die Rückkehr zur figurativen Malerei wichtig war, war die Figuration narrative, also narrative Malerei, die die Pop-Art mehr oder weniger stark aufgegriffen hat, aber schlecht angesehen war und eher totgeschwiegen wurde. Dazu werden sehr unterschiedliche Positionen gezählt, ebenso Jacques Monory mit seinen blauen Bildern, der auch mehrere Bilder in einem nebeneinander stellt, wie auch Valerio Adami, der stärker in Richtung Pop-Art geht. Sie haben sehr figurativ gemalt, und es ging auch darum, unbedingt etwas auszusagen, sich politisch zu artikulieren.

AR Zu dieser Richtung gehörte auch Henri Cueco, der Ende der 1960er-Jahre Marx, Freud und Mao malte und sich mehr oder weniger verfremdet Alltag und Natur zugewendet hat. Man könnte da eine Verbindung zu Ihrer Malerei, zum Beispiel den *Robes Rouges* sehen.

VF Da würde ich noch Gérard Gasiorowski nennen, einem sehr interessanten französischen Maler, der relativ unbekannt war und ist. Er hat dick und in viele Richtungen gemalt, Pop-Art, aber auch viele Zyklen von Blumen, Hüten und bestimmten Dingen, mit denen er sich obsessiv beschäftigt hat.

AR Gibt es andere deutsche Maler, die für Sie wichtig sind?

VF Eugen Schönebeck ist für mich ein sehr großer Maler. Ich hatte das Glück, dass ein Sammler, der Bilder von mir gekauft hat, Bilder von Schönebeck besitzt, die in dieser Privatsammlung fast unsichtbar sind.

AR Wenn man die Bilder von Daniel Richter und Neo Rauch zu diesem Zeitpunkt sieht, ist der Unterschied zu Ihrer Malerei in Paris enorm. Auch wenn ich an Baselitz und Immendorff denke, hat das nur entfernt mit Ihrer Malerei zu tun.

VF Daniel Richter und Neo Rauch sind für mich keine Maler, die mich viel beeinflusst haben. Sie waren zu sauber in ihren Bildern. Was mich interessiert hat, war die Nachkriegsgeneration. Von Georg Baselitz haben mich auch seine *Cadavres exquis* interessiert, wie er auf seine Bildern Hundekörper setzt, sie durch Linien in zwei oder mehrere Teile zerschneidet, die der dann verschiebt. Dann *Die große Nacht*, wo in der Mitte des Bildes eine Figur mit einem großen Penis steht, in einem Dekors, das wie ein brauner Knast aussieht. Oder in den 1980er-Jahren die Neue Wilde Malerei, wo das Medium sozusagen schmutziger wurde.

Zuerst würde ich eigentlich gerne über Malerinnen sprechen, aber als ich nach Berlin gekommen bin, waren nur große Maler zu sehen. Zum Glück hat sich das geändert. Damals im Paris wurden nach und nach Maler wie Sigmar Polke und Willem de Kooning, den ich in Beaubourg entdeckt habe, ausgestellt. Aber es gab leider damals nur sehr wenige Künstlerinnen, obwohl Paris einer der Plätze der zeitgenössischen Kunst war. Es wurde damals keine deutsche Malerin gezeigt, auch nicht Maria Lassnig, Eva Hesse oder Marlene Dumas. Damals war es schon schwierig, ein Künstler zu sein, ernst genommen zu werden, aber wenn man eine Künstlerin war, dann war es fast unüberwindbar.

Auf der anderen Seite wurden in Frankreich Malerinnen wie Aurélie Nemours und Joan Mitchell ausgestellt. Aber das war viel zu wenig, um ein Vorbild für die jüngere Generation von Frauen zu sein, die Malerinnen werden wollten. Joan Mitchell, eine

großartige Frau, ist eine authentische Malerin in ihren immensen Formaten in der lyrischen Abstraktionsbewegung, die damals eine ziemliche Geste war.
AR Bei der Generation von Baselitz und Richter ist die Beschäftigung mit der figurativen Malerei eine Form der Auseinandersetzung mit der deutschen Vergangenheit. Gab es in Frankreich etwas Vergleichbares? Und inwiefern hat Sie dieser Ansatz interessiert?
VF Ich glaube nicht, dass sich die Maler in Frankreich so intensiv mit der Nachkriegsgeschichte beschäftigt haben wie die deutschen Maler. Das hat mich natürlich sehr interessiert. Vor allem der Unterschied, wie die Menschen in Deutschland nach dem Krieg mit ihrer schrecklichen Geschichte umgegangen sind. Viele Künstler, wie etwa Anselm Kiefer oder Schriftsteller wie Henrich Böll und Klaus Mann, haben sich mit ihrer Geschichte auseinandergesetzt. In Frankreich war es diskreter und hat länger gedauert, aber ich muss Claude Lanzmann erwähnen, mit seinem Film *Shoah*, den Filmemacher Alain Resnais mit *Nuit et Brouillard* (Nacht und Nebel), der die Deportation der Juden aus Frankreich in die Konzentrationslager zeigt, was absolut notwendig war und ist, um nie vergessen zu werden.

Man muss dazu sagen, dass die Aufarbeitung der Geschichte in Frankreich sehr lange gedauert hat und es eine Art Omertà gab. Kurz gesagt, es gibt viele Unterschiede zwischen den beiden Ländern, sowohl bei den historischen Wurzeln der Kunst, die der Öffentlichkeit gezeigt wird, als auch bei der Verbreitung der Kultur.

Ich denke plötzlich an René Girard, einen französischen Literaturwissenschaftler, Kulturanthropologe und Religionsphilosoph und die Entwicklung des Problematik des Sündenbocks. Beide Länder hatten nach dem Zweiten Weltkrieg eine gewalttätige Revolution, in Frankreich mit dem Mai '68 und in Deutschland mit der RAF. Aber Deutschland hat die documenta organisiert, um zu zeigen, zu diskutieren, vielleicht zu versöhnen, zu reparieren und zweifellos auch die Öffentlichkeit zu stören. Das war sehr visionär, denn es war Europa im Prisma der Kunst.
AR Wann war der Anfang in Berlin?
VF Ich bin am 31. Dezember 1998 in Tegel angekommen. Mit den gleichen Gefühlen, wie ich sie damals in Genf hatte, als ich die Stadt verlassen und im Zug nach Paris gesessen habe, ohne dort ohne jemanden zu kennen, um ein neues Leben anzufangen.

Kaum war ich angekommen, bin ich schon wieder losgefahren, um mich mit Nathalie Obadia in New York City zu einer

Gruppenausstellung von einem Teil ihrer Künstler zu treffen, die die Galerie in Räumen im Stil eines Factory Loft organisiert hat. Ich erinnere mich, dass ich ein *Filet à souvenirs* aufgehängt habe, das sehr beliebt war und das Nathalie Obadia verkauft hat. Ich war sehr stolz.

AR Hatten Sie bereits Kontakte in Berlin?

VF Stéphane Belzère, ein befreundeter Maler aus Paris, hat mir seine kleine Wohnung im Wedding mit Ölheizung und Blick auf den Hof zur Verfügung gestellt. Dank Peter Lang, den ich 1996 im Künstlerhaus Bethanien kennengelernt hatte und zu dem ich bis zu seinem Tod im Jahr 2013 einen engen künstlerischen und persönlichen Kontakt hatte, habe ich ein Atelier in der Boxhagener Straße 18 in Friedrichshain gefunden. Ein Stockwerk höher befanden sich eine Volkstanzschule und eine Theaterschule, und ich hatte keine Ruhe. Es war die Zeit, in der Berlin in allen künstlerischen Bereichen vor Aktivität sprühte.

AR Sind Sie mit Ihrem Atelier oft umgezogen?

VF In Berlin bin ich mehrmals aus einem Atelier ausgezogen, weil die Räume oft nur für kurze Zeit vermietet wurden, bevor man sie in Wohnungen umgewandelt hat. Ich habe mich für einige Monate in einem neuen Atelier in der Gerichtstraße wiedergefunden, einer großen, stillgelegten Fabrik ohne Heizung. An diesem Ort, der bei den in Berlin arbeitenden Künstlern sehr bekannt ist, habe ich den 18 Meter langen *Forêt* (Wald) gemalt. Der Maler Markus Lüpertz hat zum Beispiel damals dort gearbeitet.

AR Und wie hat sich die Situation seit dieser Zeit verändert?

VF Leider gefährdet der Berliner Immobilienboom wieder einmal außergewöhnliche Orte wie die BVG-Busreparaturwerke im Wedding, die Uferhallen. An diesem Ort, an dem ich seit 2009 gearbeitet habe, habe ich unter anderem erfahren, dass mein Atelier dort abgerissen werden sollte, um einen Turm und teurere, kleinere Räume zu bauen. Seit mehreren Jahren finden Treffen der Künstlerkollektive, die in den Uferhallen arbeiten, mit den neuen Eigentümern statt. Ich kann mir nicht vorstellen, mich in meinem Alter noch einmal mit all diesen Problemen auseinanderzusetzen, ich will mich nur noch meiner Malerei widmen. Ende 2021 habe ich daher beschlossen, mein Hauptatelier in die Schweiz zu verlegen. Seitdem lebe und arbeite ich zwischen Neuchâtel und Berlin.

AR Um auf Ihre Anfangszeit in Berlin zurückzukommen … Haben sich Ihre Erwartungen, die Sie bei Ihrer Ankunft in Berlin hatten, erfüllt?

VF Ich bin sehr froh, dass ich diesen Schritt gemacht habe. Ich bereue nichts. Die Landung war aber etwas schwieriger, als ich es mir vorgestellt hatte.
AR Nach Berlin zu kommen, war also nicht gleich produktiv für Ihre Arbeit?
VF In meinem ersten Berliner Atelier waren die Zeiten schwierig, Besuche in anerkannten Galerien ein Misserfolg. Ich habe meine Arbeit mit ästhetischen Schocks fortgesetzt. Die Praxis der Malerei war in Berlin lebendig und völlig ohne Komplexe, oft auf riesigen Formaten.

Eines Tages hat mir Nathalie Obadia erzählt, dass der US-amerikanische Sammler Tony Podesta in Berlin sei und mein Atelier besuchen wolle. Ich war so sprachverwirrt, ich habe zwar gut Englisch gesprochen, aber mir schossen ständig neue Wörter durch den Kopf, sodass es der verwirrendste Atelierbesuch mit vielen stillen Momenten auf meiner Seite war, weil ich kein Wort mehr an das andere reihen konnte. Außerdem hat Podesta mehrere Telefonanrufe auf einem der ersten Handys erhalten, die ich in meinem Leben gesehen habe, und zwar von Hillary Clinton, da er ihr Anwalt war, genau wie der ihres Mannes. Alles endete mit dem Kauf eines Gemäldes.

Das Malen war nicht anders als in Paris, aber ich musste alles zusammenzubringen, eine neue Sprache lernen, die Stadt erkunden, das war eine sehr unruhige Zeit. Ich begann eine Serie von Arbeiten, die ich *Intérieur* nannte. Das war etwas ganz Besonderes, weil ich diese Serie schnell in zwei Gruppen aufgeteilt habe. Die erste Gruppe zeigte Fragmente von Objekten und Figuren, die von Formen umgeben sind und von Comics oder Graffitis von Berlin inspiriert waren. Ich habe sie noch nie gezeigt, bis in diesem Winter 2023 im Show Room der Galerie Barbara Thumm. Und die andere Gruppe hat Porträts von kleinen Mädchen auf schlichtem Hintergrund dargestellt. Diese Serie wurde in der Galerie Nathalie Obadia ausgestellt. Es war ein ziemlich seltsamer Bruch in der Malerei.
AR Warum ein Bruch?
VF Weil ich kleine Mädchen mit sehr großen Köpfen gemalt habe. Nur ein Dutzend Gemälde. Wahrscheinlich eine Basis für den Zyklus *Lapine Univers*, der kurz darauf entstanden ist. Die Bilder sind nicht sehr gut aufgenommen worden. Mich haben die Bilder der Fotografin Diane Arbus von geistig Behinderten inspiriert. Sie war am Backstage-Bereich interessiert, an Menschen, die geistig oder

körperlich nicht der Norm entsprechen, wie sie ja auch in dem Film *Freaks* auftreten.

AR Es geht darum, am Rand der Gesellschaft zu stehen, also der Rahmen nicht als eine ästhetische, sondern gesellschaftliche und politische Kategorie. Die Frage der Norm.

VF Mich haben schon immer Menschen interessiert, die anders sind. Ich hatte zum Beispiel das Glück, einem Mädchen, das ein bisschen anders war als wir, mit Down-Syndrom, privat das Malen in Paris beizubringen zu können. Sie kam mehrere Jahre jeden Mittwochnachmittag in mein Atelier und hatte ihren eigenen Platz und ihre eigene Staffelei. Es war ein wunderbarer Austausch. Ich glaube, wir haben viel voneinander gelernt.

Aber da fällt mir eine andere Geschichte ein, die ich ganz vergessen habe. Ich bin mit meiner Mutter, erst im Kinderwagen, dann zu Fuß spazieren gegangen. Wenn man durch ein Tal gegangen ist, das ich als Mädchen mit dem Schlitten bis nach Biel hinuntergefahren bin und das heute bebaut ist, ist man zu einem dunklen Tannenwald gekommen. Der Weg führte durch den Wald an einem weißen Haus vorbei, das man durch die Gitter sehen konnte. Das war eine psychiatrische Anstalt. Und meine Mutter hat mir immer gedroht: »Wenn du nicht brav bist, kommst du zu den Verrückten.« Ich hatte immer Angst, in so einem Haus »eingeknastet« zu werden.

AR Die Drohung, wenn Sie sich nicht der Norm entsprechend verhalten. Das Haus erinnert mich natürlich an die Hütten und Häuser in Ihren Waldbildern und in *Der dritte Bruder Grimm*. Für das Waldpanorama hätten Sie eigentlich auch diesen Wald nehmen können.

VF Meine Bildern haben nicht unbedingt mit meiner Vergangenheit und meinem Leben auf den ersten Blick zu tun. Aber ich muss zugeben, dass, wie bei vielen Künstlern, der Lebensweg die Richtung unserer Arbeit und die Wahl der Themen, die wir erforschen, beeinflusst. Aber ich denke nicht, dass es notwendig ist, meine Bilder im Licht meiner Biografie zu betrachten. Das wäre unpassend.

AR Um auf Berlin zurückzukommen ... Gab es das Gefühl, anders malen zu müssen?

VF Und dann, als ich in Berlin angekommen bin, als jemand, dem alles fremd war, aber als freiwillige Exilantin der Kunst, habe ich mich in der Haut von jemandem gefühlt, der sich anpassen muss ... Wenn man sein Leben der Kunst und insbesondere der Malerei widmet, fällt man aus der Norm.

Ich musste eine Verbindung herstellen, ich musste die neue Umgebung verdauen. Und das hat Zeit gebraucht, wie immer, um gute, interessante Dinge zu schaffen. Nach und nach habe ich das künstlerische Leben in Berlin entdeckt. Clubs in Wohnungen oder Hinterhöfen, ein Wachhäuschen in der Mitte eines Platzes mit einer winzigen Treppe im Inneren, die in die Eingeweide Berlins hinabführte. Die Stadt bestand größtenteils noch aus Ruinen oder war im Bau. Der Potsdamer Platz war noch für ein oder zwei Monate ein Feld mit Überresten von Wachtürmen und freien Hasen auf der Wiese.

Ich habe viele junge Künstler getroffen, die wie ich auf der Suche nach frischem Wind waren. Manchmal habe ich mir gesagt, ich bin eine Malerin, die nicht malen kann. Ich hatte diesen Zweifel, ich bin immer so, ich zweifle immer an den Bildern, die ich male. Chacun de mes tableaux est un poème raturé. (Jedes meiner Bilder ist ein durchgestrichenes Gedicht.)

AR In Dresden hatten Sie Alexander Koch kennengelernt. Er ist Künstler und Kurator?

VF Am Anfang war Alexander Künstler. Er hat erst Malerei in Dresden studiert und sich dann der Konzeptkunst zugewendet. Später war er Student bei Astrid Klein in Leipzig. Danach hat er vor allem als Kurator und Autor gearbeitet. Sein großes Thema, über das er auch geschrieben hat, war »Kunst verlassen«, durch Entscheidung, Unfall oder Selbstmord; zum Beispiel der holländische Künstler Bastien Ader oder der Künstler-Boxer Arthur Cravan.

1999 habe ich an einer Trilogie von Ausstellungen in der Kunsthalle Luckenwalde teilgenommen, die Peter Lang und Christoph Tannert kuratiert haben. Vor mir waren bereits Frank Nitsch und Eberhard Havekost ausgestellt worden. Ich habe die sechs kleinen Gemälde *Die Kranken Schwestern* gezeigt, über die wir schon gesprochen haben, sechs Porträts, die von alten und zeitgenössischen Malern inspiriert waren und die man nicht aus der Nähe betrachten konnte, da ich davor mehrere Tonnen Glas ausgelegt hatte. Parallel dazu zeigte das Institut français de Berlin am Ku'damm große pixelige Schwarz-Weiß-Fotos von Alexander Koch und mir, die ich mit einer Kamera mit Selbstauslöser gemacht hatte, sodass man die Bilder nur aus der Ferne sehen konnte. Judy Lybke von der Galerie Eigen + Art hatte mich ebenfalls eingeladen, an einer Gruppenausstellung in seiner Galerie teilzunehmen. Leider kam es zu keiner Zusammenarbeit.

AR Die Fotos erinnern an *Bed-in for Peace* von Yoko Ono und John Lennon. Alexander Koch hat auch einen Text zu der Ausstellung im Haus am Waldsee geschrieben.
VF Und einen Text über deutsche Malerei für das Carré d'Art in Nîmes. Als Françoise Cohen, die Direktorin, mich 2005 zu ihrer Gruppenausstellung *La nouvelle Peinture Allemande* eingeladen hat, war das eine Anerkennung für mich. Ich hatte sie 2004 bei der Ausstellung *Hello Bamby* in der Galerie Nathalie Obadia kennengelernt, wo ich das zweite Triptychon *Domination* (Herrschaft) aus der Serie *Der dritte Bruder Grimm* gezeigt habe, das die Freunde des Centre Pompidou für die Sammlung des Museums gekauft haben. 2008 hat Françoise Cohen mir dann eine Einzelausstellung im Carré d'Art angeboten. Für mich war das ein riesiges Ereignis. Abgesehen davon, dass das Museum wunderschön ist, war es auch eine echte Anerkennung meiner Arbeit. Für die Vorbereitung dieser Ausstellung stellten Susanne Neubauer und Barbara Thumm den Kontakt zu Peter Fischer, dem damaligen Direktor des Kunstmuseums Luzern, her, der meine Arbeit dann in einer Einzelausstellung zum ersten Mal in einem Schweizer Museum vorgestellt hat.

Aber zurück zu Berlin … Alexander und ich sind in der Berliner Kunstwelt zusammen erwachsen geworden. Er ist ein sehr kluger Mann und viel jünger als ich. 2000 haben wir geheiratet. Judy Lybke war unser Trauzeuge. Zusammen mit seiner damaligen Freundin haben wir uns zu viert in der Gegend von Florenz getroffen, um ein paar Tage gemeinsam die Gegend zu erkunden. Leider hat unsere Beziehung wegen meiner Malerei, wegen meinem Monster, nicht gehalten.
AR Wie haben Sie Deutsch gelernt?
VF Ich hatte mein Atelier anfangs in der Boxhagener Straße und ging regelmäßig in eine Pizzeria auf der anderen Straßenseite, um eine Pause zu machen. Dort habe ich eine ältere Dame getroffen, die mir helfen wollte, Deutsch zu verstehen und zu sprechen. Leider habe ich ihren Namen vergessen. Sie war 1962 Deutsche geworden und hatte sich entschieden, aus Liebe in der DDR zu bleiben, wo sie Französischunterricht gab. Sie erzählte mir viele Geschichten aus ihrer Zeit, von der Mauer und von ihrem Leben in Ostdeutschland. Ich fuhr zu ihr nach Marzahn, um Deutschunterricht zu nehmen. Ich hatte nie Angst und fand den Stadtteil mit den großen Betongebäuden, die in viel Grün eingebettet waren, sehr interessant.

AR Wie war das, die Sprache nicht oder nur wenig zu kennen und sie lernen zu müssen?

VF An einem Ort zu leben, an dem Sie ihre Muttersprache nicht sprechen, ist in der Regel von Vorteil. Es ist am Anfang schwierig, aber man gewinnt Wissen und Verständnis für bestimmte Denkmechanismen, für Kulturen, die anders sind. Und für diejenigen, die Abenteuer suchen, ist es meiner Meinung nach von Vorteil, Fremdsprachen zu »überqueren«. Mehrere Jahre lang war es ein Zufluchtsort für mich, umgeben von einer Sprache, die ich nicht sehr gut kannte, weil ich nicht alles verstanden habe, sodass ich eine imaginäre Welt gebaut habe. Jetzt ist es nicht mehr dasselbe, ich verstehe viel mehr von der deutschen Sprache. Was mir von dieser frühen Zeit geblieben ist, ist meine ganz besondere Art, mich auf Deutsch auszudrücken. Wovon in diesem Interview leider nicht mehr viel zu lesen sein wird, weil alles in ein gutes Deutsch korrigiert ist.

AR Umgeben von der fremden Sprache waren Sie in einer Art Vakuum. Welche Bilder sind in diesem Moment aufgestiegen?

VF Zum Beispiel in der Serie *Der dritte Bruder Grimm* in dem Triptychon *Domination* gibt es eine Trauerweide, ein Baum, der oft an Flüssen steht. Im Garten meiner Kindheit hatten wir eine. Es kamen Erinnerungen an meine Kindheit. Manchmal sind es ganz kleine Dinge, die wir unter die Lupe nehmen, die eine Kreation in Gang setzen können. Davor gab es die Serie der *Intérieur*, von der ich bereits gesprochen habe.

AR Sie hatten bei *Der dritte Bruder Grimm*, anders als bei *Forêt*, keine Vorstellung einer bestimmten Landschaft?

VF Eigentlich ist es so: Wenn ich male, versuche ich, am besten alles zu vergessen, was in dieser Welt ist, das Alltagsleben, alles. Ich denke immer an die Passage von Rilke in den *Die Aufzeichnungen des Malte Laurids Brigge*, wo er sagt: Wenn er an seinem Schreiben arbeitet, wenn er ein Gedicht schreiben will, ist er zuerst voller Erinnerungen. Dann versucht er, alles zu vergessen. Wenn er endlich alles hinter sich gelassen hat, kann er mit dem Schreiben beginnen. Er sagt es natürlich viel besser. Aber das ist der Kern.

AR In Berlin haben Sie eine neue Sprache gelernt und sich einen neuen Raum in der Malerei eröffnet. Könnte man sagen, dass in der Malerei etwas aufgestiegen ist, was vorher ausgeblendet wurde? Könnte man die Zeit in Paris, die mit *La Poulinière* begann und über die weiße Periode bis zu den *Robes Rouges* ging, auch als eine Zeit der Vermeidung von etwas bezeichnen?

VF Nein, ich denke nicht. Im Gegenteil, es war der Beginn einer langen Reihe von Bildern: Es ging eigentlich um den Atem, um Luft, Wind und Falten und die Abwesenheit eines Körpers, der gleichzeitig im Körper des Bildes existiert. Und nach der Fragmentierung dieser Figuration begann ich, die Welt »meiner« Malerei zu erkunden. Die *Série périmétrique* und das Objekt *La Poulinière* sind ein Prolog wie mein Theaterstück *Dégel*.
AR Ich meine das nicht negativ, sondern als Strategie zu vermeiden, in die Falle der Tradition oder der eigenen Herkunft zu tappen.
VF Auf jeden Fall ist die Tradition der Malerei weiterzuerforschen. Aber was bedeutet die Tradition? Nicht nur die Tradition, sondern auch die zeitgenössische Malerei in all ihren Facetten. Und das geschieht jetzt. Das klingt vielleicht absurd, aber irgendwo hatte ich das Gefühl, ein Defizit, ein Defizit an Technik, an Experimentieren, an Erfahrung, einfach an Leben zu haben. Malen steht manchmal vor technische Probleme. Und dafür muss ich eine Lösung finden. Das bremst und schützt auch.
AR Was meinen Sie genau mit technischen Problemen? Sie meinen ja nicht akademische Technik.
VF Ich denke, bei der Technik stehen zu bleiben, bedeutet, auf der oberflächlichen Ebene der Dinge zu bleiben. Erhabene Werke können technisch katastrophal sein. Wir haben über *Das Floß der Medusa* gesprochen, das nicht transportabel ist, weil es technisch mit schlechten Materialien gemalt wurde. Wenn man sich Mike Kelley und seine Werke ansieht oder Dieter Roth, einen großen Künstler und Dichter, ist es ihnen eigentlich egal, ob sie dies und jenes Ding machen.
AR Sie meinen, dass es egal ist, mit welchem Material sie arbeiten?
VF Denn irgendwo haben Kunstwerke für manche Künstler, wie die, die ich gerade genannt habe, nicht mehr das Ziel, die Zeit zu überdauern. Man kann mit allem malen. – Vielleicht täusche ich mich. Aber in der Vision der Kunst der letzten Zeit kann man all diese Kontrolle durch unsere Bildschirme erkennen, was unsere ästhetische Orientierung sichtbar verändert. Ich für meinen Teil schwanke zwischen dem Schaffen eines guten Bildes und dem Nicht-Guten in einem Bild. Ich gebe zu, dass es mir extrem schwer fällt, immer gute Ergebnisse zu erzielen. Was zählt, ist, authentisch vor der eigenen Arbeit zu sein, dann ist es egal, welche Technik, Strategie man verfolgt. Ich weiß oder wusste, wie es geht, aber es geht nicht oder geht nicht mehr. Vor allem wenn es darum geht, einen neuen Zyklus zu entwickeln.

AR Bei den *Robes Rouges* war der Zugang noch akademischer?
VF Ich denke nicht. Es war nur der Anfang nach dem Anfang. Ich weiß nicht, was akademisch bedeutet. Das Urteil über ein Bild wechselt so schnell im Lauf der Zeit.
AR Wirklich? – Ich habe den Eindruck, in Ihrer Malerei in Berlin spielt die Materialität eine viel größere Rolle.
VF Mein Ziel war es, die Malerei wieder zu verzaubern, das war in der Pariser Zeit. Danach in Berlin habe ich das Zubehör bekommen, um meine Malerei zu verzaubern. Material vielleicht schon, aber sicher mit der Energie von Malerinnen, Malerei meiner Generation, die ich in Berlin getroffen habe.
AR Sie arbeiten nicht mit Fotografien, die Sie auf die Leinwand projizieren oder kopieren, sondern vor allem mit mentalen Bildern, manchmal mit Vorlagen, von denen sie dann losfliegen, wie Sie sich ausdrücken. Da ist etwas, das weitergehen will, die Vorstellungskraft, die den Kopf in Gang setzt, das Material herausfordert.
VF Meine Malerei ist ein Denkwerkzeug. Jedes Bild ist auf seine Weise ein Gedicht, jedes Bild hat viel innere Lebenszeit und Zweifel. Malen, Übermalen, Weitermalen, denn das macht für mich das Leben eines Bildes aus.
AR In Berlin hat sich die Malerei als ein Schlachtfeld geöffnet?
VF Es ist ein etwas aggressiver Begriff, um meine Malerei in Berlin zu definieren. Was Perspektiven eröffnet, ist die Veränderung des Kontexts, die ich immer heilsam finde, um sie in der eigenen Praxis weiterzuentwickeln. Manchmal kann es knifflig sein. Das Komplizierteste ist das Gewicht der Dinge im Atelier. Das Atelier ist schwer zu transportieren. Und wenn das der Fall ist, kann es beim Umziehen in ein neues Atelier lange dauern, bis man sich zurechtfindet. Anstatt also über ein Schlachtfeld zu sprechen, würde ich sagen, dass ich mich mehr mit den rückwärtigen Basen und der Krankenstation beschäftige.
AR Dort versucht man vielleicht Leben zu retten, aber es ist auch nicht gerade ein friedlicher bzw. ansehnlicher Ort ... Jedenfalls sehen Ihre Bilder, zumindest was Ihre Materialität betrifft, manchmal durchaus wie ein Schlachtfeld aus. Das Wort bezieht sich auf einen anderen, weniger kontrollierten Umgang mit dem Material (Farbe etc.), den es in Paris so nicht gab. Es geht ja gerade um den Einfluss des Kontexts auf die Malerei. Wie würden Sie die Änderung Ihrer Malerei in Berlin beschreiben?
VF Ich denke, dass es eine gute Entscheidung war, das Risiko einzugehen, Paris zu verlassen und meine Arbeit in Berlin fortzusetzen.

Vor allem wegen all der Dinge, die ich in der Berliner Kunstszene erkunden konnte, und der Auswirkungen, die das auf meine Malerei hatte und noch hat. Aber vor allem ist das sehr mental, was sich bei mir entwickelt hat. Ich denke, dass das, was in meinen Bildern zu sehen ist, vor allem seit ich die Struktur der Serien, die aufeinander aufbauen, eingeführt habe, nur die Spitze des Eisbergs ist.

Ohne Berlin wäre ich in meiner Arbeit nicht da, wo ich heute bin. Auch weil ich Künstlerinnen in Berlin kennenlernen durfte, zum Beispiel die US-amerikanische Malerin Amy Sillman. Sie übermalt wie ich ihre Arbeiten immer wieder, was eben nicht unbedingt gut angesehen war und ist. Ich habe einen Vortrag gehört, in dem sie erklärt, warum und wie sie das macht. Das sehr Schöne an ihrer Arbeit ist, dass ihr Übermalen funktioniert!

AR *Repentir* hat auf Französisch zwei Bedeutungen, »bereuen« und »übermalen«?

VF Im Kunstbereich bedeutet es, das Bild während des Malprozesses in der Komposition usw. zu ändern, mit dem Wunsch, es zu reparieren, neu zu machen. Bei manchen Malern ist das ein Teil ihrer Arbeitsweise. Ich habe das Gefühl, dass Cy Twombly viel damit spielt. Einige seiner Bilder sind wie aus einem Guss, während es in anderen Bildern offensichtlich Bereiche gibt, in denen er übermalt und retuschiert hat. Und ich finde das sehr sensibel.

Choreographie für 40 Rentner und einen Zwerg (2000)

AR Im Jahr 2000 sind Sie nach Hellerau zurückgekehrt.

VF Das Festspielhaus Hellerau war ein magischer Ort der Begegnung der Künste, einer der ersten transdisziplinären Orte des frühen 20. Jahrhunderts, an dem sich Tanz, Theater, bildende Kunst und Musik, in Sälen und Gärten begegnet sind.

AR Eine sogenannte Gartenstadt, die vom Gedanke der Lebensreform geprägt war.

VF In der Nazizeit war das eine deutsche, nach dem Zweiten Weltkrieg eine sowjetische Kaserne. Als ich das Glück hatte, eingeladen zu werden, dort eine Ausstellung zu machen, war es immer noch sehr stark von dieser Militärzeit gezeichnet. In dem großen Theatersaal gab es noch Gymnastikgeräte für die Soldaten, Gewichte, Ringe. Das war alles hybrid an diesem Ort.

AR Das war der Ort der Ausstellung, an dem Sie auch den Film *Choreographie für 40 Rentner und einen Zwerg* gedreht haben.

VF Ich wollte keine Gemälde zeigen, da der Ort nicht für eine traditionelle Hängung geeignet war. Außerdem gab es noch kleine Wandmalereien der Künstlerin Nancy Spero, die ich nicht mit meinen Bildern stören wollte. Stattdessen wollte ich eine Videoarbeit integrieren, inspiriert von dem Schweizer Komponisten und Musikpädagogen Émile Jaques-Dalcroze. Es war das zweite Mal, dass ich dieses Medium verwendet habe.
AR Wer war Émile Jaques-Dalcroze? Worum ging es ihm?
VF Um die Befreiung des weiblichen Körpers. Alle Frauen können sich bewegen, ihren Körper befreien. Er war ungefähr 1910 in Hellerau, also vor dem Ersten Weltkrieg. Wir standen am Anfang der Entwicklung vieler künstlerischen Möglichkeiten, dem Zusammentreffen von Theater, Tanz und Musik. Hellerau war ursprünglich dafür bestimmt.
AR Für Sie war klar, dass Jaques-Dalcroze mit Dresden verbunden war?
VF Jaques-Dalcroze hat an diesem Ort die Rhythmik erfunden. Er ging nach Hellerau mit Adolphe Appia, einem Genfer Architekten und Bühnenbildner, der sein künstlerischer Berater wurde und die rhythmische Gymnastik für das Theater fruchtbar machen wollte. Hellerau war einer der ersten Orte, ein Labor, in dem sich viele Künstler mit unterschiedlichen Medien getroffen haben, um gemeinsam etwas zu schaffen. Es war extrem avantgardistisch.
AR Unterrichtet der Zwerg die Rentner?
VF Nein, er versucht einfach, die Damen zum Tanzen zu bringen. Der Titel *40 Rentner* kommt von den vierzig Dieben von dem Märchen. Bei Jaques-Dalcroze geht es darum, die Bewegungen mit der Musik zu koordinieren, was ich in Dresden gemacht habe. Mit einfachem Klezmer, den man auch reduzieren kann. Sie mussten sich gehen lassen. Der Anfang, für den Zwerg, war schwierig.
AR Was repräsentiert diese kleine Gestalt für Sie? Wie passt das zusammen? Der Zwerg und Jaques-Dalcroze?
VF Es ist wieder für mich dieses Bedürfnis, die Situation wie einen Handschuh zu erklären, der von innen nach außen gekehrt wird. Ich wollte diese Menschen durch die Leichtigkeit des ungezwungenen Tanzes erforschen, deren Leben nicht einfach war, der Krieg, zwei Diktaturen, und die einzuladen ich mir dank des Phantoms von Jaques-Dalcroze gewünscht habe. Ich musste den Musikpädagogen Jaques-Dalcroze in meinem Video spielen sehen und habe mir einen kleinen Mann vorgestellt, der ihn spielen sollte. Ältere Menschen sind oft klein, und ich wollte sie nicht

beunruhigen. Er musste diese Leute zum Tanzen einladen, es war Improvisation und gab das Risiko, dass nichts passieren würde.

Der zweite Grund ist persönlicher und ambivalent. Jaques-Dalcroze kam auch aus Genf. Als kleines Mädchen bin ich in Biel regelmäßig zu Rhythmussessions gegangen, ich kannte also mehr oder weniger das Prinzip dieser Entwicklung von Bewegung im Rhythmus der Musik. Und so wurde mir, einer Person von kleiner Statur, das heißt anders als die Körpernorm, etwas aufgezwungen. Mich interessieren Menschen, die das, was wir für normal halten, infrage stellen. Ich hatte ein paar Gemälde gemalt, die von dem berühmten Gemälde von Velázquez inspiriert waren, *Hofzwerg mit Hund,* auf dem wir einen Königsnarren neben einem Hund sehen, der gigantisch erscheint.

AR Für mich war es interessant, die Kleidung der Frauen zu sehen. Weil sie ein bestimmtes Selbstbild spiegelt. Ihre Art, sich zu bewegen, zeigte eine bestimmte Gewohnheit von früher, und eine Erinnerung daran, sich so zu bewegen.

VF Auf die Runde, die sie immer gemacht haben, und diese Kleider, die sich mit den Rhythmen der Körper bewegten, habe ich Wert gelegt. Meine Mutter liebte Tanz und hat mich mit zehn Jahren nach Paris mitgenommen, um Carolyn Carlson in der Opéra Garnier zu sehen, den großen Star des zeitgenössischen amerikanischen Tanzes. Wir sind auch in den riesigen Louvre mit seinen gigantischen Gemälden gegangen, von denen ich wohl so überwältigt war, dass ich mich an keine starken Momente mit meiner Mutter erinnere.

AR Also war Ihre Mutter am Tanzen interessiert?

VF Ich habe als kleines Mädchen immer gesehen, wie sie viele sehr schöne Kleider für sich genäht hat. Und ich hatte Lust, zu tanzen, aber sie hat uns in einen Kurs in Biel gesteckt, Rhythmik nach Jaques-Dalcroze. Wir waren noch kleine Kinder, das war schrecklich. Jemand hat Klavier gespielt und wir konnten uns bewegen, wie wir wollten. Stundenlang haben wir uns um einen Tisch oder eine Bank gedreht, von einer Seite zur anderen.

AR Sie wollten neue Bewegungen lernen?

VF Mein großes persönliches Drama ist, dass man mir immer die Möglichkeit genommen hat, etwas zu lernen. So habe ich damals gedacht, was sicher nicht ganz wahr ist.

Viel später habe ich die Theaterwelt in Genf kennengelernt und 1976 oder 1978 eine Aufführung des Living Theatre gesehen, das in den Vereinigten Staaten einflussreich war. Es war verrückt, von großer Gewalttätigkeit, sie haben sich geschlagen, Sadomaso, es gab Blut und Ketten. Ihre Bewegungen haben mich an Jaques-Dalcroze erinnert, aber es war für eine politische Sache, um aus dem sexuellen Panzer auszubrechen.

Flugübungen (2001)

AR Die *Robes Rouges*, *Gilles de Watteau* und andere Gestalten fliegen bei Ihnen. In Berlin haben Sie dann die Serie *Flugübungen* gemalt.
VF Das hat nichts mit den Bilderzyklen zu tun, die ich in Paris gemalt habe. Das rote Kleid, die leeren Kostüme der Figuren, die in berühmten Gemälden wie Watteaus *Gilles* dargestellt sind, zielten auf den Atem und die Abwesenheit des Körpers ab und spielten mit einer Präsenz des Körpers, der des Mediums Malerei.

Ich habe die Serie *Flugübungen* aus zwei Gründen gemalt, einem persönlichen: Es war die Erlaubnis, metaphorisch und akrobatisch mit dem Pinsel zu fliegen. Zweitens hat mir dieser Titel erlaubt, auf meine eigene Art und Weise auf die Anschläge vom 11. September 2001 in den Vereinigten Staaten zu reagieren. Ein weiterer Bruch in der Zeitgeschichte, der neue Felder der Beschränkung, der Kontrolle über unsere individuellen Freiheiten eröffnen würde. Es ist ganz einfach das langsame Fortschreiten unserer Gesellschaften in eine Zukunft, in der uns immer mehr aufgezwungen wird.

Ich war im Winter 1993 in New York. Da gab es bereits einen Anschlag auf die Garagen des World Trade Centers. Den ersten! 2001 wird es weitergehen. Ich habe in einem Hotel, das nicht weit davon entfernt liegt, übernachtet. Ein Teil der Stadt stand still, nur die Sirenen der Krankenwagen, der Feuerwehr und der Polizei haben geheult. Ich bin im Dunkeln in meinem Zimmer geblieben und habe die vielen Lichter beobachtet, die an der Decke flattern. An der Rezeption habe ich erfahren, dass es eine große Explosion im World Trade Center gab und es sich um einen Anschlag handeln könnte. Es war tatsächlich ein Anschlag.

Diese Erfahrung ist für mich mit den Unruhen in den Vorstädten 1983 in Paris verbunden. Ich war zufällig im Viertel Saint-Germain. Der Geruch und der Lärm der CRS (Bereitschaftspolizei), die sich mit den Aufständischen geprügelt und Tränengas eingesetzt haben. Ich bin gerannt, um mich unter eine Veranda zu flüchten.

Im Juli 1995 gab es dann ein Attentat auf den Zug der RER-Linie an der Metro Saint-Michel. Ich war per Zufall ganz in der Nähe. Das ganze Viertel war geschlossen, um die Verletzten zu retten.
AR *Flugübungen* war also eine Reaktion auf diese Erfahrungen von Anschlägen?
VF Ich wollte darauf reagieren, indem ich einige Bilder gemalt habe, auf denen der Betrachter in einen Vogel schlüpfen kann, der über eine Art Landschaft fliegt. Die Vogelperspektive, die Inszenierung der Komposition kann den Eindruck erwecken, sich auf einer anderen Ebene zu befinden als nur mit beiden Füßen auf dem Boden, auf menschlicher Augenhöhe. Man braucht immer Ausreden, um ein Gemälde zu beginnen …
AR Wenn ich richtig sehe, hat das Malen von Landschaften in Berlin begonnen.
VF In der Tat war ich in Paris mit anderen Dingen beschäftigt. Das Verlassen der Komfortzone hat mir andere Themen, andere Horizonte eröffnet und mir neue Erkundungsfelder erschlossen. Die *Flugübungen* waren eine Art, die Malerei von Landschaft aufzugreifen. Dafür habe ich mich entschieden, seltsame Landschaften zu malen, zum Beispiel mit Bäumen, die wie Brokkoli und fliegende Untertassen aussehen. Und der Blickpunkt war wichtig, also die Blickachse des Betrachters.

Einige Jahre später habe ich mit der Serie *Fragmente* begonnen, bei denen es sich um Fragmente von Landschaften des Universums handelt. Manchmal habe ich meine Staffelei auf den Rand eines Planeten gestellt, um eine festere »Landschaft« anzudeuten.

Forêt (2002)

AR Sie haben zum Beispiel Wälder gemalt.
VF Berlin ist eine sehr grüne Stadt im Vergleich zu Paris. Es hat lange gedauert, bis ich aus dieser Berlin-Impression eine zusammenhängende Serie gemacht habe. In der Serie *Forêt* stammen die farbigen Interventionen als farbige Flecken um die Muster dagegen aus dem urbanen Aspekt Berlins. Ich habe auf beiden Seiten gespielt. Muster und Malweisen.
AR Wie sind Sie bei diesem sehr langen Bild *Forêt* vorgegangen?
VF Ich habe Fotos von zwei spezifischen Waldgebieten genommen, die geografisch existierten. Einer in Deutschland, der andere in Südfrankreich. Wie die der *Suicides* sind sie mit einer sehr

präzisen Farbwahl gemalt, ohne Rot, und ein bisschen collagenartig. Das ergibt ein Panorama von achtzehn Metern, das Süd- und Nordeuropa verbindet.

AR Worin lag die Notwendigkeit, dieses Bild so auszudehnen?

VF Ich wollte dem Betrachter den Eindruck eines Spaziergangs vermitteln. Inspiriert wurde ich von »Panorama«-Rundbildern, die auf Messen der Öffentlichkeit präsentiert wurden, bevor das Kino seine volle Tragweite entfaltet hat. Ein Beispiel ist das restaurierte Bourbaki-Panorama, das in Luzern in der Schweiz in einem kreisförmigen Pavillon gezeigt wird. So habe ich angefangen, diesen langen Wald zu malen, wo es im Gegensatz zu meinen anderen Bildern keine Figuren gibt, sondern nur Baumstämme, das Laub und die Fluchtlinien. Ich habe auch meine Farbpalette reduziert, um es fiktiver aussehen zu lassen.

AR Die reduzierte Palette erweckt auch den Eindruck von Camouflage. Es entsteht ein eigenartiger Effekt der Perspektive, aber auch der Fläche, die etwas verdeckt.

VF Für den Boden und die Fluchtpunkte dieses großen Gemäldes habe ich mich von der Kulisse eines Videospiels inspirieren lassen. Ich habe angefangen, das erste Panel auf der linken Seite zu malen, und dann Panel für Panel, bis der Wald entstanden ist. Ich war gezwungen, meine Farbpalette zu reduzieren, um immer den Überblick über das gesamte Werk zu haben. Der Eindruck der Camouflage war von mir nicht beabsichtigt.

AR Mit dem Wald haben Sie sich gleich ein deutsches Thema vorgenommen.

VF Ich habe oft gehört, dass der Wald ein typisch germanisches Thema ist, da es viele Legenden gibt, die sich darauf beziehen. Und der Titel bezieht sich auf solche Geschichten. Die Serie nähert sich den legendären und geheimnisvollen germanischen Wäldern an, aber für mich ist der Wald dennoch universell.

Ich denke, dass ich durch das Malen dieser Serie ganz logisch dazu gekommen bin, den Zyklus *Der dritte Bruder Grimm* zu beginnen. Das sind Geschichten, die oft in Wäldern spielen. Ich habe mir zum Beispiel Anselm Kiefer angeschaut, weil er die Farben in seiner Palette reduziert hat, auch wenn es Materialien sind, die auf seiner Leinwand den Ton angeben, auch seine Themen. In einer ganz anderen Richtung hat Alex Katz eine Serie von großformatigen Gemälden mit Wald als Thema geschaffen, die ich bei meiner Ankunft in Berlin gesehen habe. Aber ich denke, dass mein Gemälde nichts mit diesen Malern und vielen anderen, die

ich erwähnen könnte, zu tun hat. Aber wir sind aus Einflüssen aufgebaut, und diese sind es, die, wenn wir sie verdaut haben, wieder zu neuen Werken werden.
AR *Forêt* wurde im Musée de Picardie gezeigt.
VF In dem ich bereits *Les restes de la Méduse* gezeigt hatte. 2004 hat Sylvie Couderc die Ausstellung kuratiert. Ich erinnere mich an die Vernissage der Ausstellung, bei der ein Politiker der Stadt Amiens am Ende seiner Rede die gesamte Öffentlichkeit eingeladen hat, die Ausstellung zu besuchen. Der Politiker, Sylvie Couderc und ich gingen voran. Beim Anblick des achtzehn Meter langen Gemäldes *Forêt* fragte er, wer das gemalt habe? Er hatte seine Rede gelesen, ohne sich dessen bewusst zu sein, was er sagte. Er hat meine Zweifel an der Fähigkeit von Politikern, wirklich in die Kunst zu investieren, nur noch verstärkt. Natürlich gibt es auch Ausnahmen.

Pferd (2023)

AR Der Wald kehrt in den großformatigen Pferdebildern Ihrer letzten Serie wieder, wobei ich ihn eher als Gitterstäbe gesehen habe.
VF Aber für diese Pferdeköpfe können diese mageren Baumstämme auch ein Refugium darstellen. Das Phänomen der Darstellung des Rasters in der Geschichte der Malerei ist ein wichtiges Element. Zweifellos war es in der Vergangenheit sehr symbolisch und bietet eine Art Abkürzung für den Ausdruck des zeitgenössischen Malers. Ich denke da an Paul Klee, Robert Ryman, Agnes Martin und andere, die durch Gitter aufgefallen sind. Auf jeden Fall ist es ein Thema, das mich interessiert und das ich vertiefen werde.
AR Können Sie das genauer erklären, sowohl die Symbolik des Gitters wie seinen Bezug zur zeitgenössischen Malerei?
VF Das Gitter ist eine emblematische Struktur der modernen Kunst, das heißt, die ästhetischen Revolutionen haben sich durch Gitter vollzogen, seit dem 20. Jahrhundert in praktisch allen künstlerischen Bereichen. Ich bin keine Expertin, aber ich empfinde es als ein unglaubliches Werkzeug zur Reduktion und Synthese. Das Gitter ist ein Archiv für Ideen, wenn man es als Felder denkt. Und dann gibt es Künstler, die es zum großen Teil ihrer Werke gemacht haben, zum Beispiel Piet Mondrian, Juan Gris, Dan Flavin. Was ich in den Werken französischer und amerikanischer Maler gesehen

habe, ist bei einigen dieser Künstler eine Art Reduktion in der Behandlung der Form. Ich denke da an Jean Degottex, Simon Hantaï, Jean-Pierre Raynaud und Clyfford Stil, aber auch an Jasper Johns in den 1960er- und 1970er-Jahren, sodass die Malerei mehr zu einem intellektuellen Raum geworden ist. Vielleicht hat alles mit Kasimir Malewitsch und seinem *Weißen Quadrat auf weißem Grund* begonnen, und das Verrückte ist, dass es parallel dazu einen Robert Rauschenberg oder einen Jean Fautrier in Frankreich gab, die ihre Werke fernab der geometrischen Reduktion und der Rasterwerkzeuge weiterführt haben.

Um auf die Pferde zurückzukommen, für diese Serie, die hauptsächlich aus kleinen Gemälden besteht, war es notwendig, mich vor einem Thema von Bildern wiederzufinden, das mit meiner Struktur der Zyklen übereinstimmt.

AR Was meinen Sie damit?

VF Meine Struktur könnte auch ein Raster sein.

AR Sie meinen als Verbindung zwischen den einzelnen Zyklen?

VF Ja, auch wenn ich meine Struktur als ein weniger starres Schema ansehe, das flexibler auf die Zufälle der Entwicklung meiner Ideen im Laufe der Jahre reagieren kann.

VF Die Serie *Pferd* steht neben der Serie *Der dritte Bruder Grimm*, die viele Figuren zeigt, die als Pferde verkleidet sind. Zehn, fünfzehn Jahre später kommen die Pferde in diesem Zyklus mit kleinen Bildern zurück, aber diesmal zum größten Teil ganz normal.

AR Was hat es hier mit den Pferden auf sich?

VF Mit diesem Tier, das uns sehr nahesteht und unsere Geschichte dank seiner Domestizierung geprägt hat, mache ich eine etwas politische Geste, bei der man nur diese kleinen Gemälde sieht, die Pferde darstellen, die Zerbrechlichkeit von uns allen in dieser Welt. Das könnte sich in eine Richtung bewegen, die uns alle in Gefahr bringt. Das ist für mich oft die Theorie des umgestülpten Handschuhs. Ich schlage etwas scheinbar ganz Unschuldiges oder sogar ein wenig Dummes vor und dahinter verbirgt sich eine weitere Geste. Eine Geste, die mir sehr am Herzen liegt.

AR Außerdem befinden sich einige offensichtlich in Verwandlung oder sind möglicherweise doch Puppen oder Apparate. – Pferde tauchen immer wieder in Ihren Bildern auf. Sie sind selbst geritten, auch im Film. Das Tier muss eine starke Bedeutung für Sie haben. Haben Sie jemals eins besessen?

VF Ja, ich habe einen Araber-Yearling vor dem Schlachter gerettet und ihn in einem Vorort von Paris auf einem Bauernhof mit anderen Pferden untergebracht. Leider muss man immer Entscheidungen treffen, und nach zwei Jahren habe ich ihn einem Züchter angeboten, der nicht weit von meiner Tante entfernt war, die ebenfalls Pferde hatte. Ich wusste also, dass es ihm gut gehen würde.

Es spielt auf jeden Fall eine symbolische Rolle. Ich weiß nicht, wie ich es sagen soll, aber ich hatte immer in meinem Leben eine Tendenz, in der Natur zu sein, sehr einfach, Pferde, Kühe und Hühner zu beobachten. Aber am liebsten beobachte ich Insekten. Wir haben noch nicht über die Serie der *Kakerlaken* gesprochen. Schmetterlinge erscheinen wie andere Insekten in *Les petits théâtres de la vie*. Eigentlich viel mehr als Pferde.

Ich erinnere mich an den Anruf des Philosophen Yves Michaud, der mir die Nachricht überbracht hat, dass ich den Grand Prix des Salon de Montrouge bekommen habe, der damals ein sehr geschätzter und guter Wettbewerb war. Das war 1996. Seine Frau Catherine Michaud hat mich eingeladen, im folgenden Jahr für den Louvre eine Reihe von mir bemaltem Porzellan zu entwerfen. Ich habe zwei Wochen in der Porzellanfabrik von Giens verbracht. Es herrschte Fabrikatmosphäre mit Arbeiterinnen in Reihen, die den ganzen Tag die gleichen Blumen gemalt haben.

Ich hatte mein eigenes kleines Atelier und konnte auf das Geschirr malen, was ich wollte. Die Motive waren sehr einfach, es waren Mücken, Marienkäfer, kleine Kakerlaken und Grillen. Ich nannte diese Serie von bemaltem Porzellan: *Des insectes faciles à voir* (Insekten leicht zu sehen), ein Wortspiel mit dem Wort »avoir« (haben/besitzen).

AR Im Zusammenhang mit dem Raster bzw. der Gitterstruktur haben Sie über die Reduktion auf das Wesentliche gesprochen. Da musste ich an Paul Cézanne denken, der sich auf die Darstellung von Landschaft konzentriert hat.

VF Ich habe mich den Werken von Cézanne nie sehr nah gefühlt. Es ist seltsam, obwohl er einer der größten Maler seiner Zeit, also des 19. Jahrhunderts ist. Ich weiß, dass sich viele Maler auf ihn berufen. Für mich war es immer schwierig, seine Art und Weise, eine Komposition zu strukturieren, zu schätzen. Das ist wahrscheinlich eine Geschichte meiner Sensibilität. Gleichzeitig muss ich zugeben, dass Cézanne völlig einzigartig ist und man ihn daher nicht ignorieren kann. Er war ein Visionär und hat Wege wie den Expressionismus geebnet und gleichzeitig war er wahrscheinlich auch ein introspektiver Maler wie Bonnard. Cézanne war in der damaligen Kunstwelt isoliert. Die Impressionisten haben ihn nicht wirklich akzeptiert und der Galerist Durand-Ruel wollte nicht mit ihm zusammenarbeiten. Trotz der Schwierigkeiten kämpfte er und setzte seine Arbeit fort. Es ist eine Lektion über Selbstständigkeit, Freiheit und Selbstvertrauen. Dennoch kann ich tief in meinem Inneren seine Zersetzungsarbeit nicht verstehen.

AR Was meinen Sie mit Zersetzungsarbeit?

VF Meine Einschätzung ist nach meinen ästhetischen Kriterien und daher subjektiv. Die Erinnerung, die mir von Gemälden Cézannes bleibt, sind Eindrücke von Farben, die in Richtung Braun- und verwaschenen Grüntönen gehen, mit oft sehr dunklen Strichen, die die Formen abgrenzen. Seine Werke strahlen für mich eine gewisse Traurigkeit und ein leicht depressives Gefühl aus. Die Atmosphäre seiner Bilder erinnert mich an das bürgerliche Wohnzimmer meiner Eltern, das von Stille und Traurigkeit erfüllt war. Es gab keine Bilder von ihm, aber die Farbigkeit und seine Motive erinnern mich an diese Zeit. Aus diesem Grund fällt es mir schwer, über einige von Cézannes Werken zu sprechen.

AR Wenn Sie von Traurigkeit sprechen, denke ich an die Bilder seiner Frau, die etwas Hartes, fast Grausames haben. Wenn man sich die Porträts von Cézanne ansieht, scheint es keinen Unterschied zu machen, ob er einen Berg malt oder einen Menschen. Sie sprechen über die abgegrenzten Formen, also dass Cézanne auf seiner Leinwand seine Malerei parallel zur Natur konstruiert oder realisiert, wie er sagt, und sie in Strukturen, die er entschieden hat, einfasst, festsetzt.

VF In der Tat, ein bisschen wie der Vorkubismus, wenn das als eine Periode existiert. Kandinsky zum Beispiel, der vielleicht Cézanne studiert hat. Das ist sehr pragmatisch gesehen, als Entwicklung von einer Form zu einer anderen.

AR Dass bei Cézanne diese Entwicklung als Struktur erstarrt?

VF Ja, das könnte man so sagen. Aber wissen Sie, ich fühle mich nicht sehr wohl, ständig Vergleiche zu ziehen. Ich denke dabei an den Anthropologen Philippe Descola, der eine vergleichende Analyse dieser Praxis unternommen hat: Identifikation, Beziehung und Figuration in der Kunst. Ich selbst merke nach und nach die Grenzen all dieser Vergleiche, die ich ständig anstelle, um meine Gedanken voranzutreiben und zu versuchen, das, was ich fühle, zu beschreiben.

AR Können Sie kurz erklären, was in diesem Zusammenhang mit den Begriffen Identifikation, Beziehung und Figuration gemeint ist bzw. worum es in der Analyse geht?

VF Das heißt, dass ich oft Werke miteinander in Beziehung setze, um sie besser zu verstehen. Ich identifiziere ein Werk, einen Künstlernamen und vergleiche sie mit einem anderen Werk, einem anderen Künstler, das kann ein Bild sein, ein Buch usw. Das Drama für mich ist, dass ich leider nur Perlen von Namen und Werken aufreihen kann, ohne mir jemals die Zeit zu nehmen, tiefer in meinen Gedanken zu graben, warum ich dieses und jenes mit anderen Dingen assoziiere. Das kann zu einer einfachen Lösung werden, was ich vermeiden möchte. Descola hat das zwar nicht genau so gesagt, aber wenn er Werke assoziiert, ist das sehr aufschlussreich. So gelingt es, den rutschigen Abhang zu vermeiden, der nirgendwohin führt.
AR Für Sie gibt es bei Cézanne etwas Starres und nichts, das sich verändern oder entwickeln könnte. Aber geht es ihm nicht um etwas anderes? Also die Variation in der Wiederholung.
VF Da haben Sie recht. Was mir gefällt, ist die Hartnäckigkeit des Malers vor seinem Modell, und in der Tat ist Cézanne einer von ihnen. Landschaft ist seine fixe Idee.
AR Aber Sie bevorzugen Wassily Kandinsky?
VF Über Kandinsky wird immer gesprochen, gerade wegen seiner Texte, Manifeste. Was er über die spirituelle Bewegung in Farben und über Punkt, Linie und Fläche geschrieben hat, haben mir sehr geholfen, die Beziehung zwischen der mentalen oder wenn Sie wollen spirituellen Welt und einer möglichen zweidimensionalen Übersetzung auf das Papier zu verstehen. Sie haben mir Methoden vermittelt. Ich befolge sie nicht, aber sie haben mir den Reichtum einer Methode zur Herstellung symbolischer »Geschichten« eröffnet.
AR Kandinskys Epiphanie waren die Heuschober von Claude Monet, das ist eine andere Art, zur Abstraktion zu kommen, die aber in Bewegung bleibt. Er hat mit Gabriele Münter bayerische Landschaft gemalt und kam zu abstrakten Kompositionen in einem musikalischen Sinn. Aber das Scharfkantige, Eckige erinnert durchaus an Cézanne.
VF Das ist natürlich wahr, und vielleicht kann die Übersetzung von Musik in Malerei auch eckig werden. Das ist ohnehin sehr subjektiv.
AR Sie sprechen viel über Malerei als konzeptuelle Kunst, dass das Konzeptuelle aber nicht in der Art des Malens liegt ...
VF Die Malerei ist konzeptuell. Das ist eine notwendige Komponente, denke ich. Vielleicht könnte ein Gemälde eines kleinen

Kindes ein konzeptloser Akt sein, aber ich glaube selbst hier, dass ich mich irre. Man macht oft den Fehler, Konzeptkunst in eine Schublade zu stecken, wegen der Kunstbewegung, die sich als »Konzeptkunst« bezeichnet und immer mehr an Bedeutung gewonnen hat. Ich denke wie Sie, dass das Konzeptuelle nicht in der Art des Malens liegt ... Aber es gibt so viele mögliche Wege bis hin zur Zerstörung des Bildes, des Gemäldes.
AR Sie sprechen von der Störung und Zerstörung der klassischen Leinwandkunst. Aber geht diese Zerstörung nicht auch mit dem Verlust malerischer Techniken einher?
VF Viele der alten Malereitechniken sind vergessen, nur noch Restauratoren haben dieses Wissen, mit Öl, Pigmenten, Ei usw. umzugehen. Aber das kommt auch wieder zurück. Ein Teil der jungen Generation interessiert sich dafür.
AR Bei der Zerstörung des Tafelbildes ging es auch darum, die Trennung von Kunst und Leben infrage zu stellen, aber auch um die Gefahr, in der Technik steckenzubleiben, die vielleicht technisch virtuos, aber leer und leblos ist.
VF Sonst wendet man nur Technik an und kommt nicht darüber hinaus. Um auf die Zerstörung der Technik zurückzukommen, plötzlich geht es bei mir und auch bei anderen Künstlern meiner Generation, darum, die Welt wieder zu verzaubern.
AR Sie sagen »verzaubern«. Für die Auswirkungen der Säkularisierung und wissenschaftlicher, technischer Entwicklung hat Max Weber den Begriff der »Entzauberung der Welt« geprägt, einfach gesagt, dass die Götter tot sind und die fragliche Verbindung zur Natur verloren gegangen ist.

Das ist ja auch mehr oder weniger direkt ein Thema in der Malerei, zum Beispiel Ernst Ludwig Kirchner und Max Beckmann, das Leben in den Städten, der Erste Weltkrieg, Geschwindigkeit, Fragmentierung von Zeit und Raum, eine Entwicklung, die man auf den Faschismus und Holocaust zulaufen sehen kann, was Theodor W. Adorno dazu veranlasste zu sagen, dass es barbarisch sei, nach Auschwitz Gedichte zu schreiben. Also die Frage, ob sich die Welt noch neu verzaubern lasse.
VF Es sind unsere künstlerischen Handlungen, die die Größe haben sollten, die Welt neu zu verzaubern, und das Paradox ist, was man mit dem Zitat von Adorno macht. Denn seither gab und gibt es so viel Gewalt, dass wir nicht aufgeben dürfen, sondern im Gegenteil weiterhin verzaubern müssen, was verzaubert werden kann. Vor dem Ersten Weltkrieg gab es in Europa eine sehr große künstlerische

Aufbruchsstimmung, aber kurz zuvor hatten die Deutschen und die Franzosen 1870/71 Krieg geführt. Das ist nicht die beste Zeit, um die Welt zu verzaubern. Und sie doch haben es gemacht.

Noch eine Bemerkung zu Cézanne. Er hat Realismus und die der Dekonstruktion der Form vermischt. Er war sich also beider Seiten sehr bewusst.

AR Was meinen Sie mit Realismus und Dekonstruktion?

VF Er hat einen Wortschatz entwickelt, die Natur in Formen zu übersetzen. Weil er aber sein Motiv so oft gemalt hat, hat es fast keine Form mehr, also die *Montagne Sainte-Victoire* entwickelt sich am Ende zu einer Art Vulkanform. Er konstruiert oder dekonstruiert auch eine Art von Struktur in einem Bild, man könnte sagen, emotional, anekdotisch, realistisch. Bei diesem Übersetzungsvorgang kommt etwas Neues heraus, was auch mit dem südlichen Licht zusammenhängt. Cézanne führt, verglichen mit manchen Impressionisten, eher Protokoll. Er ist nicht Monet, der das Licht emotionaler, spiritueller eingefangen hat, als er zum Beispiel die Kathedrale von Chartres malte. Man sieht das Licht, das mit dem Gebäude spielt, wie es sich verändert. Die Übersetzung ist flexibler, offener. Die Bilder, die ich von Cézanne kenne, sind nicht besonders groß, anders als die von Monet. Das ist vielleicht eine Frage des Atelierplatzes.

Das ist das Paradox, das ich mit der Malerei von Cézanne habe. Sie zieht mich intellektuell vollkommen an, aber ich bleibe seinen Werke gegenüber eher distanziert. Seine Stillleben zum Beispiel und einige seiner Landschaften finde ich wenig überraschend. Vielleicht liegt das an der übermäßigen Produktion von Gemälden, ähnlich wie bei Camille Corot, der eine gigantische Produktion hatte. Aber die Serie der *Montagne Sainte-Victoire*, ist eine fantastische Serie.

AR Symptomatisch ist auch die Beziehung zwischen Maler und Objekt, die problematisch geworden ist. Cézanne hat versucht, seine Lösung durch die Konstruktion des Bildes zu finden. Er hat etwas berührt, das bis heute ein Problem darstellt. Auch wenn man an die Fotografie denkt und die Konkurrenz mit anderen Medien, scheint es, als ob das Objekt nicht mehr ausreichen würde, die Welt malend zu repräsentieren. Die Dinge haben an Gewicht verloren. Cézanne ist für mich auch das Unternehmen, den Dingen Gewicht und einen Ort zu geben. Ich meine, es gibt Leute wie Lovis Corinth zum Beispiel, die eine andere Lösung gefunden haben.

VF Anders, auf jeden Fall. Man darf nicht vergessen, dass die Erfindung der Fotografie und des Kinos nicht so lange her ist, das ist im 19. Jahrhundert, nicht einmal 200 Jahre. Also nichts im Vergleich zur Geschichte der Menschheit, wenn man an die Höhlen denkt, die man gefunden hat, wo es die ersten unglaublichen Malereien gibt. Dennoch gibt es offensichtlich eine große Lücke und unser Gehirn, unsere Gene und Zellen entwickeln sich etwas langsamer als die Erfindung des Telefons oder der Elektrizität. Umso besser, ich bin froh, dass es so ist. In der Art und Weise, wie wir die Form, ein Bild verstehen, das reicht viel weiter zurück.

Pinochiettes (2002)

AR Durch den Umzug nach Berlin haben sich meinem Eindruck nach Ihre Art zu malen und ihre Motive stark verändert. Serien wie *Squash* und auch die Auftritte der *Pinochiette* sind zum Teil sehr turbulent, mit viel Bewegung und einem Andrang von Motiven verbunden. Sie stehen dem Wald gegenüber, der ja auch in den anderen Serien präsent ist. Diese beiden Seiten haben Sie in der Ausstellung *Fôrets* im Musée de Picardie in Amiens gegenübergestellt. In den folgenden Serien *Schläfer* und *Der dritte Bruder Grimm* beruhigt und ordnet sich der Bildraum.
VF Die Gemäldeserien korrespondieren miteinander; zumindest die, die ich für wichtig halte. *Pinochiettes*, davon gibt es nicht viele. Sie haben keine Beine und fliegen. Es ist eine Verbindung zwischen der Abwesenheit von Körpern (*Cosimo de Medicis nach Pontormo*, *Robes Rouges*, *Gilles de Watteau*), die alle geflogen sind, und dem Beginn der Darstellung eines Körpers mit einem Kopf und einer langen abstehenden Nase. Man könnte sagen, dass diese Arbeiten mit einer Versöhnung der Figur beginnen, oder anders gesagt mit dem Flicken. *Filet à souvenirs*, die nur Köpfe mit einer Eselsmütze darstellten, aus der Pariser Zeit, in der ich gleichzeitig die *Robes Rouges* gemalt habe, sind jetzt dank der Serie *Pinochiettes* als Kopf und Körper zusammen dargestellt. Das sind kleine Details, aber um meine Arbeit zu verstehen, sind sie wichtig.
AR Die *Pinochiette* tritt ja auch in *Triptyche*, *Ferrari*, in der Gestalt des Todes in *toi et moi* auf und hat dann auch Beine. Ist das schon eine Weiterentwicklung in Richtung *Lapine Univers*.
VF Die *Lapine Univers* ist die erste Figur, die ich in dem Sinne dargestellt habe, dass ich eine Figur in meiner Arbeit repräsentiere. Auch

wenn die gesamte Kunstgeschichte voll mit gemalten Figuren ist, erfindet jeder Maler die Geschichte neu durch die Art und Weise, wie er die Werke um sich herum, die Anekdoten oder die Gesellschaft betrachtet. Es ist eine Neuerfindung einer Welt durch seine Augen.

Autos dans la nuit (2004–2006)

AR Auch in der Serie *Autos dans la nuit* gibt es eine Art Landschaft.
VF Wie im großen Panorama *Forêt* wollte ich den Betrachter auf einem Weg von wenigen Metern wandern lassen, aber im Gegensatz zu dem Spaziergang vor *Forêt* habe ich einen fragmentierten Spaziergang gemalt; das heißt 24 kleine Gemälde, die eine Sekunde Film symbolisieren, der Autos in verschiedenen Situationen zeigt. Es handelte sich also nicht um ein Bild, das in 24 Fragmente unterteilt war, sondern um 24 Fragmente, die eine Sequenz mit einer Variation desselben Themas darstellen sollten.
AR Hitchcocks *Der unsichtbare Dritte* spielt auch eine Rolle.
VF Das ist nur eins der Gemälde, es ist Teil der 24 Bilder. Manchmal, für einige von ihnen, habe ich mich vom Kino, der Kunstgeschichte und vor allem von meiner Fantasie inspirieren lassen.
AR Warum in der Nacht?
VF Ich weiß es nicht. Der Titel klang gut mit »Nacht«. Das könnte auch von Filmen kommen, die ich in dieser Zeit gesehen habe, dem Film *Mulholland Drive* von David Lynch oder auch *Crash* von David Cronenberg, wo die Nacht eine große Bedeutung hat.
AR Sie sind nie Auto gefahren?
VF Ich habe meinen Führerschein in Paris gemacht, aber er wurde mir gestohlen. Ich fahre seit Jahren nicht mehr. Das ist für mich kein Tor zur Freiheit.
AR Bei der Entwicklung von *Squash* über *Forêt*, *Autos dans la nuit* bis zu *Der dritte Bruder Grimm* geht es am Ende um eine Suche nach der Darstellung von Raum. Bei den Bildern mit der *Pinochiette* hat man noch den Eindruck einer Collage, aber es gibt bereits die Landschaft, den Wald, der sich bevölkert. In *Die Schläfer* gibt es einen Punkt, an dem es sich stabilisiert. In *Der dritte Bruder Grimm* wird das dann komplexer. Die Entwicklung Ihrer Landschaften ist auch der Versuch, einen eigenen Raum zu finden, auch für die Malerei. *Robes Rouges* und *Pontormo* fliegen noch.
VF Sie sind sicher nirgendwohin geflogen, das war es, was ich zu erklären versucht habe.

AR Ich meinte nicht, dass sie irgendwohin fliegen, sondern nur dass sie fliegen. Man könnte auch sagen schweben. Jedenfalls sind sie nicht mit einer Landschaft oder einem Ort auf der Erde verbunden, ganz anders als etwa dann in *Der dritte Bruder Grimm*, wo auch gesprungen und geflogen wird. Es geht mir um die Entwicklung Ihrer Bildräume.
VF Das ist eine gute Frage. Ich würde sagen, dass es eine Mischung aus meinem Leben, meinen Erfahrungen zwischen meinen Lebensabschnitten in Paris und Berlin ist, und natürlich auch aus all den Einflüsse, die ich in meinem Kopf verarbeitet habe, was dazu geführt hat, dass sich mein Blickwinkel und die Praxis meiner Malerei weiterentwickelt haben.

Ich könnte einfach auf die Formate der Bilder eingehen. In Berlin sind sie groß oder sogar riesig. Die Ateliers sind groß, die Stadt ist gigantisch, und man gewöhnt sich daran, neue Erfahrungen zu machen. Ich träume oft davon, dass ich die Fähigkeit habe, zu fliegen ... Das ist sehr physisch in meinem Traum, und es funktioniert jedes Mal, wenn ich mich daran erinnere.

Lapine Univers (2001–2012)

AR Nach etwa zwei Jahren haben Sie in Berlin mit den *Lapine Univers* angefangen. Wie ist es zu dieser Gestalt gekommen?
VF Ungeplant. Wie ein Zufall. Solche Figuren gibt es auch in *Theater*.
AR Also ungeplant taucht diese Figur auf, an der Sie dann weiterarbeiten und die Sie in anderen Gemälden wiederverwenden.
VF Es war eine Verkettung von Umständen, die dazu führten, dass sich diese Figur in meinen Bildern etabliert hat und ich sie zu einer Hauptfigur macht habe. Meine Analyse der Situation als Malerin, die ich in Paris gelebt hatte und die auch in Berlin genauso war. Damals dachte ich in der Einsamkeit des Ateliers, dass es schön wäre, wenn ich eine kleine Fee als Spielgefährtin beim Entwickeln meiner Bilder hätte. Zu dieser Zeit habe ich begonnen, über die Serie nachzudenken, die ein paar Jahre später den Titel *Der dritte Bruder Grimm* bekommen hat. Ich habe Märchen gelesen und darin so viel Magie gesehen, dass sie mich sicherlich beeinflusst haben.

Und dann war ich fasziniert von der Erscheinung der Videospielfigur Lara Croft, die in den 2000er-Jahren sehr erfolgreich war. Eine weibliche Superheldenfigur. Es war selten genug, sodass es aufgefallen ist. Wie ich Ihnen bereits erzählt habe, wollte ich die Welt mit meinen Bildern neu verzaubern. Kurz gesagt, indem ich diese hybride Figur des *Lapine Univers* erfunden habe, hatte ich die Möglichkeit, wie Lara Croft, eine Figur darzustellen, die meine Bilder bewohnen und in meinen Bildern Tausende von Abenteuern erleben konnte. Dieses *Lapine Univers* stellte den Spiegel der Möglichkeiten dar, die eine Malerin für sich fast unmöglich erreichen konnte. Da der Zugang zur Kunstwelt auf hohem Niveau für Malerinnen noch schwieriger war und es noch immer ist.

AR Aber die Hasenfrau ist ja keineswegs immer eine Superheldin. Zum Teil sieht sie sehr zerbrechlich, mitgenommen oder erschöpft aus. Wie passt das in dieses Bild?

VF Das ist wahr, ich wollte sie nicht als triumphierende Heldin darstellen. Angesichts des Titels, den ich gegeben habe, ist es normal, dass die *Lapine* in verschiedenen Haltungen gezeigt werden sollte. Das Wichtigste war der Titel, der den Zuschauern im Gedächtnis bleiben sollte. Ohne den Titel hätte ich diese Figur nie weitergemalt, sie wäre nie zu einer meiner emblematischen Serien geworden. Man kann also manchmal durch das Licht der Worte der Malerei Körper und Bedeutung verleihen.

AR Die Bilder haben keine glatte Oberfläche. Es ist kein Pop-Art-Bunny oder ein ironisches Zitat, sondern hat etwas Mehrdeutiges.

VF Ich glaube, es war wichtig, dass die *Lapine Univers* ein Körper ist, der nicht nur sichtbar und erkennbar ist, sondern auch aus dem Material des Gemäldes besteht.

AR Sie meinen, dass die Farbe zu einem plastisches Material wird?

VF Ja, als ob ich ihr einen Körper geben würde, man könnte fast sagen, gebären mithilfe des Malmaterials. Das ist unter anderem der Grund, warum sie einen besonderen Körper hat, denn ich habe meinen Gesten auf der Leinwand immer den Vorrang gegeben und nicht unbedingt alles kontrolliert.

AR Sie verbinden die Gestalt der *Lapine Univers* auch mit *Columbia*, Symbol der USA und außerdem Markenzeichen der Filmindustrie in Hollywood.

VF Ich habe mir das Symbol der Hollywood-Filmfirma Columbia angeeignet, um zu zeigen, dass auch ich Bilder produziere, die zum Träumen anregen, und dass das *Lapine Univers* zusammen mit dem Logo der Firma Columbia zu den Symbolen meiner eigenen Produktionsfirma von Bildern, eigentlich Gemälden, wurde.

Ich habe verschieden große Ölgemälden gemalt, auf denen *Lapine Univers* und *Columbia* zusammen auf einem Podium, mit einem rosa-orangen Himmel hinter ihnen, dargestellt waren. In einigen meiner großen Ölgemälde auf Papier war der Himmel grau bis stürmisch.

AR Haben die Figuren der *Lapine* auch etwas mit Karikatur zu tun? Ich meine, es gibt eine komische Seite darin, aber auch ...

VF Nein. Ich habe diese Figur sehr ernst genommen, das war mein Markenzeichen. Ich will nicht sagen, dass die Karikatur nicht ernst ist, aber im Fall der *Lapine Univers* war es meine selbstbewusste Geste als Malerin. Ich würde eher sagen, mit Humor, ein Wort, das mir lieber ist als Karikatur in dieser Welt, die oft von Männern regiert wird, wie übrigens auch die Welt der Kunst, ohne zu naiv zu sein.

Für die Häsin verbirgt sich dahinter ein Wortspiel, das leider nur in der französischen Sprache funktioniert: »Lapine« ist die Häsin und »La Pine« bedeutet in der Umgangssprache Penis. Das war mein Anspruch als souveräne Frau, die sich mithilfe ihrer *Lapine Univers* in die Kunstwelt der Großen begeben durfte, also mit meinem fiktiven Penis. Ich könnte dann auch metaphorisch meinen Pinsel zeigen.

AR Wenn ich von Karikatur gesprochen habe, habe ich an Verzerrung oder Überzeichnung gedacht, wie bei Honoré Daumier und James Ensor. Sie verwenden ja ein Markenzeichen, das Bunny, wie Sie ein paar Mal den Peugeot-Löwen verwendet haben. Die *Lapine* stellt einen gesellschaftlichen Zusammenhang her.

VF *Lapine Univers* ist eher zu einem Untersuchungsgebiet geworden. In der Tat habe ich mehrere Bilder gemalt, die auch auf die Denunziation der großen Industrie- und Kommunikationskonzerne zielen. Die *Lapine Univers* hat die Hauptrolle neben berühmten Logos gespielt, die ich neben ihr gemalt habe.

Man kann aber auch zum Beispiel von alten mythologischen Figuren wie dem Minotaurus sprechen, der gewalttätigen Seite des Stiermannes, der im Labyrinth eingesperrt ist; eine Art Metapher für all unsere Verpflichtungen, die wir erfüllen und erbringen müssen, um ein lebenswertes Leben zu haben. Das wird in Zukunft eine große Herausforderung für unsere Gesellschaft sein.

Die *Lapine Univers* symbolisiert das Imaginäre, dort gibt es keine Grenzen, wie in den Märchen und Mythen, auch wenn es

Rituale zu respektieren und moralische Verpflichtungen gibt. Alle diese Handlungen in den Geschichten geben unserem Leben einen Sinn.

Von einer eher wissenschaftlichen Seite, gab es zu der Zeit, als ich angefangen habe, die *Lapine Univers* zu malen, große Debatten über das erste Klonen. Und heute haben wir es geschafft, Schweineherzen in Menschen zu transplantieren.

AR Was meinen Sie mit Handlungen, die dem Leben einen Sinn geben?

VF Die meisten Menschen streben danach, ihrem Leben einen Sinn zu geben. Ich wollte sagen, dass wir uns nicht mehr in einem kollektiven Sinn wiederfinden und dass gerade Mythen, Märchen und auch Religionen diesen kollektiven Aspekt entwickelt haben. Leider muss ich zugeben, dass es mit den extremen Tendenzen, die uns dorthin geführt haben, wo wir heute sind, gescheitert ist. Und doch sollte aus unserer Vielfalt an Kulturen, Gedanken und Glaubensrichtungen dieser Sinn des Lebens hervorgehen. Wir alle erleben einen Rückgang der Demokratien, die Politik ist sehr schwer zu definieren. Das ist vielleicht sehr naiv formuliert, aber ich meine es ernst.

AR Was interessiert Sie an Mythologie?

VF Alles. Ich lege großen Wert auf Mythen. Das sind die Quellen von allen unseren Welterzählungen, nicht nur von den Griechen, sondern auch Mythen aus dem Norden, Süden, Westen und Osten.

AR Sie nehmen Strukturen und Gestalten der Mythen ...

VF Nehmen Sie *Die Verwandlung* von Franz Kafka, die Metamorphose in eine Kakerlake. Diese Verwandlung in Insekten findet man auch bei den Griechen, Arachne wird in eine Spinne verwandelt. Und Orpheus, Ödipus oder die Harpyien. In der Tat sind die Mythen und Märchen, die manchmal daraus hervorgehen, ein riesiges, paralleles Territorium, und ich denke, das ist ein wesentliches Bedürfnis. Ein bisschen wie multiple Matrizen.

AR Was meinen Sie mit Matrizen?

VF Das sind imaginäre Streifzüge, die ich Ihnen vorschlage: Aber ja, Mythen sind Matrizen, die die Grundlagen unserer Gesellschaften und Kulturen bilden. Die Geschichten, aus denen sich die Mythen zusammensetzen, entwickeln sich wie Rhizome in die eine oder andere Richtung, je nach Epoche und Region der Welt. Und dann dachte ich auch an die Parallelwelt, die der Film *Matrix* vorschlägt. Die Realität, die nicht die Realität ist. Mythen sind also eine äußerst wichtige Grundlage, die wir durch zu viele Vereinfachungen in den

Erzählungen betäubt haben. Manchmal denke ich also, dass die Realität auf der »anderen Seite« liegt, wie im Film *Matrix*.

AR Oder in Alfred Kubins Roman *Die andere Seite*. – Um noch mal auf das Entstehen der *Lapine Univers*, also Zufall und Wahl zurückzukommen. Die Figur taucht beim Malen zufällig auf, Sie bearbeiten sie und wiederholen sie dann gezielt. War das bei *Pinochiettes* auch so?

VF Nein, überhaupt nicht. Es gibt insgesamt nur vier *Pinochiettes*-Bilder. Das lässt sich nicht mit dem Zyklus der *Lapine Univers* vergleichen. Die Idee, beinlose *Pinochiettes* zu malen, hatte ich kurz nach der Serie *Lapine Univers*. Ich wollte eine gewisse sehr bekannte Puppe feminisieren, der die Nase wuchs, wenn sie Lügen erzählte.

AR Wie sind sie entstanden?

VF Bei der Ausstellung *Forêt* in Amiens, mit dem Wald, über den wir bereits gesprochen haben, wollte ich die Antwort auf die Frage geben, was hinter dem Wald oder darin passiert. Im Atelier bin ich jemand, der sich viele kleine Geschichten erzählt, und so habe ich mir Figuren wie *Pinochiette*, den laufenden Baum oder einen schlafenden Batman ausgedacht und noch mehr Gestalten, die die Bewohner dieses Waldes sein könnten. Ich habe eine ganze Reihe von Bildern mit solchen skurrilen Bewohnern gemalt, immer in einer Waldkulisse. Das hat mich unter anderem dazu gebracht, das Diptychon *Schläfer* zu malen.

AR In dem Zyklus *Theater* wiederholen sich die Figuren weniger auffällig als bei *Pinochiettes* und *Lapine Univers*. Außer der Gestalt des Todes vielleicht.

VF Am Anfang waren die Figuren, die ich in den Szenerien malen wollte, Majoretten, eine Art Soldatinnen, die man in der Schweiz im Dorf meiner Kindheit oft bei lokalen Veranstaltungen marschieren sah. Frauen in Uniform in kurzen Röcken und Netzstrumpfhosen, also sehr sexualisiert. Sie hatten Trommeln, Trompeten und Stöcke, was mich, als Kind sehr beeindruckt hat.

AR Welche Rolle spielen sie in den Bildern? Sie kommen ja auch in Ihrer *Redescription nach Rembrandt* von dessen *Kreuzabnahme* vor.

VF Als ich angefangen habe, diese Triptychen zu malen, die Szenen darstellten, habe ich viel an Bildern gearbeitet, die bekannte Werke aufgegriffen haben, um sie neu zu inszenieren. Ich habe diese Reihe von Bildern *Redescriptions* genannt, über die wir noch sprechen werden. Um nicht gezwungen zu sein, die gleichen Figuren wie das Original zu malen, habe ich einige der Protagonisten, die die gleiche Position wie das Original hatten, einfach in Majorettenkostüme gekleidet. Das war einfacher und man konzentrierte sich nur auf die Achse der Komposition und der Kulisse, falls es eine gab. Per Zufall habe ich übrigens bei meinem Schauspieldebüt in dem Stück *Dimanche* von Michel Deutsch eine Majorette gespielt.

Sarah Kane (2002)

AR In der Ausstellung *Forêts* war auch eine Arbeit zu Sarah Kane zu sehen.
VF Ich habe diesen Besuch bei der englischen Theaterautorin Sarah Kane nicht für das Museum in Amiens, sondern für mich gemacht. Erst mal weil ich von ihr sehr inspiriert war und weil ich es nicht geschafft habe, ein Gemälde von ihr als Hauptthema zu malen. Lange Zeit habe ich nach Möglichkeiten gesucht, sie darzustellen, ohne a priori ein Porträt von ihr zu malen. Ich wollte über ihr Theater berichten, über die Art und Weise, wie sie sich das Undarstellbare vorstellte. Deshalb habe ich mich bewusst von der Malerei abgewandt.
AR Diese Art Barschrank mit Beleuchtung und Musik hat etwas Geheimnisvolles, ja Bedrohliches. In einem Interview haben Sie darüber gesagt, er symbolisiere den Exzess und Mangel bei Sarah Kane.
VF Es ist die Komplexität der Übersetzung im allgemeinen Sinne, die ich an ihr unglaublich finde. Die Übersetzung, das, was ein Regisseur aus einem Text auf der Bühne macht. Bei Sarah Kanes Texten ist dies fast unmöglich, ohne entweder in Pathos zu verfallen oder auf der Ebene des bloßen Lesens ihrer Stücke zu bleiben. So brutal sind sie. Deshalb habe ich die Gelegenheit ergriffen, ihr eine Hommage in Form eines Kabinetts zu machen. Eine Mischung aus einer kleinen postapokalyptischen Küche und einer simulierten Theaterbühne mit Beleuchtung. All das ist in einem grünen Schrank untergebracht, dem Kabinett, das ich *Sarah Kane* genannt habe.
AR Inwiefern lässt sich dieser Übersetzungsvorgang auf die Malerei übertragen?
VF Ich habe eben keine mögliche Übersetzung meiner Gefühle gegenüber der Autorin Sarah Kane, meiner Emotionen angesichts ihrer Texte gefunden. Deshalb habe ich den Sprung gewagt und diese Skulptur gemacht. Ich habe mich nie daran gestört, meine Pinsel beiseite zu legen und ein anderes Medium zu verwenden,

um eine Idee zu übersetzen. Aber das ist doch recht selten. Ich habe übrigens einen *Suicides* gemalt, der von Sarah Kanes Selbstmord motiviert ist. Dieses Bild ist Teil dieser Serie von 129 Bildern.
AR Ich meinte, inwiefern sich die Übersetzungsarbeit des Malers mit dem des Regisseurs, in Ihrem Beispiel im Theater, vergleichen lässt. Oder wie würden Sie Ihre Übersetzungsaufgabe als Malerin beschreiben?
VF Ihre Frage berührt die Basis des Austauschs im Geist, zwischen einer Idee und ihrer Umsetzung in etwas Sichtbares und auch Hörbares. Für Maler, ich spreche für mich, ist das eine spannende Aufgabe. Denn man muss Parameter, wie die Unmittelbarkeit der Wahrnehmung, berücksichtigen, man könnte auch sagen den Schock des unbeweglichen Bildes. Ich arbeite viel instinktiv und verschränke Bereiche, die mich interessieren, insbesondere Geopolitik, Mythen, Natur und unsere Endlichkeit. Aber eigentlich müsste man sagen, dass ein Künstler ein Fährmann ist, eine Brücke zwischen schwankenden Ufern, wo alles immer sehr instabil ist. Denn die Blicke ändern sich, die Moden ändern sich, der technologische Fortschritt geht weiter, die Urteile und Stile ändern sich. Es ist nicht derselbe Übersetzungsprozess, den der Regisseur und der Maler durchlaufen, da ist es offensichtlich, dass unsere Wege an einem bestimmten Punkt auseinandergehen.

Der dritte Bruder Grimm (2004–2007)

AR *Der dritte Bruder Grimm* ist ein großer Zyklus. Wie viele Bilder gehören dazu?
VF Das sind vier große Triptychen und die drei Jahreszeitenbilder. Sie sind Close-ups von den vier Triptychen, also dreimal Variationen, die drei Pferdepuppen in drei Jahreszeiten, und so weiter. Alle Bilder zu nennen, würde hier zu weit führen.
AR In den Triptychen wiederholt sich eine bestimmte Anordnung.
VF Ich habe eine Art Szenario installiert, das die vier großen Triptychen betrifft. Das heißt, es gibt Motive, die sich in jedem Bild wiederfinden. Und wie immer habe ich davon geträumt, alle vier Triptychen zusammen zu sehen, um den Betrachter in eine kontemplative Umgebung zu versetzen.
AR Was meinen Sie mit Kontemplation? Oder anders gefragt, was ist der Unterschied zu anderen Serien?

VF Ich glaube und hoffe, dass es in dieser Hinsicht keinen Unterschied zu den anderen Serien gibt. Der kontemplative *Moment* ist essenziell, wenn man ein Gemälde betrachtet. Ich denke an ein kleines Gemälde wie einen Vermeer, vor dem man stundenlang stehen bleiben kann, wie vor Monets *Seerosen*, einem Barnett Newman und vielen anderen Werken. Ich bin wahrscheinlich ehrgeizig und ein wenig verrückt, wenn ich mir so hohe Ziele stecke.
AR Inwiefern entwickelt sich der Zyklus von einem Bild zum anderen? Oder sind es nicht eher parallele Situationen?
VF Sie haben recht, dass es sich um parallele Entwicklungen handelt, die auf einen Blick zu erkennen sind.
AR Der Titel bezieht sich auf die Gebrüder Grimm, aber nicht auf Wilhelm und Jacob, die Märchen gesammelt haben, sondern auf ihren unbekannteren Bruder, der Maler war. Inwiefern orientiert sich der Zyklus an Motiven von Märchen?
VF Ich habe mich schon immer für Märchen interessiert. Es sind Initiationsgeschichten, die in die Tiefen unserer Kulturen eintauchen, aus allen Blickwinkeln. Man findet viele Wurzeln der Archetypen, die unsere Gesellschaften formen. Was auf der einen Seite wünschenswert ist, gilt aber nicht immer für das verbannte Tier, die in bestimmte Rollen eingesperrte Frau und den Ausländer … Aber es lässt sich nicht leugnen, dass es spannend ist. Ursprünglich erzählten diese mündlichen Geschichten von der nahen und fernen Welt. Ich beziehe mich auf die Studien von Marie-Louise von Franz und natürlich auf Carl Gustav Jung. Ich wollte mit diesen Triptychen neue Erzählungen wiedergeben, indem ich imaginäre Motive wie die Pferdepuppe und moderne Fortbewegungsmittel miteinander vermischt habe. Eigentlich sind es Vorwände eines Malers.
AR Während der Bruder Maler war, beschäftigten sich die anderen Brüder mit Sprache, also damit, Geschichten zu erzählen. Geht es auch darum, die Strukturen von Märchen auf die Malerei zu übertragen?
VF Der Titel *Der dritte Bruder Grimm* war eine Einladung, diese Serie aus dem erzählerischen Blickwinkel zu betrachten. Ich interessiere mich für narrative Malerei, aber ich muss zugeben, dass ich nicht genau weiß, was das ist. Als ich in Paris gelebt habe, habe ich immer wieder Kritik an der Bewegung der Neuen Figuration gehört, denn die Malerei sollte abstrakt sein.

Ich versuche, durch die Serien und ihre Komplementarität, denen der Faktor der Zeit eine Legitimation geben wird – jedenfalls hoffe ich das – , diese Ebene der narrativen Malerei zu zeigen, das heißt, die Malerei als Denkwerkzeug zu nehmen und sie auf mehreren Bildern in einer Serie und immer unter einem etwas anderen Blickwinkel zu entwickeln. Fragmentiert, um besser zu verstehen.

AR Inwiefern sind diese Bilder erzählerisch anders als *Die Alexanderschlacht* von Albrecht Altdorfer oder ein Zirkusbild von Georges Seurat?

VF Sie haben recht, diese Frage zu stellen. Ich habe auch meine Zweifel an dem Unternehmen, das ich seit Jahren betreibe. In der Serie der vier Triptychen kann man die Verschiebung der Motive und ihre Verwandlung von einem Gemälde zum anderen sehen. Wenn ich diese Entwicklung in einem einzigen Gemälde zusammengefasst hätte, hätte ich, da bin ich mir sicher, mein Ziel verfehlt, da ich nur auf der Ebene des Bildes (*image*) geblieben wäre und ich immer noch hoffe, mit meinen Gemälden etwas anderes zu erreichen.

Dies ist die Fortsetzung des Panoramas von *Forêt*, über das wir schon gesprochen haben. Das war ein einziges großes Gemälde mit Satelliten kleinerer Gemälde, während die Serie *Der dritte Bruder Grimm* fragmentarisch ist. Ich habe es nicht geschafft, die Nuancen, die Entwicklung des Blicks in ein einziges Bild zu packen, ich musste unbedingt mehr als ein Dutzend Bilder malen.

AR Was meinen Sie mit »Entwicklung des Blicks«?

VF Wenn ich eine neue Idee für eine Serie habe, die mit früheren Serien zusammenpassen könnte, sehe ich immer das Ganze wie ein Satellit, der einen sehr großen Teil der Erde beobachtet, und nicht das einzelne Bild, das gemalt werden soll. Ich weiß, dass dies schwierig und frustrierend ist, da fast niemand, nicht einmal ich selbst, Zugang zu der gesamten Serie hat, wenn sie fertiggestellt ist. Und ich brauche im Durchschnitt mehrere Monate bis Jahre, um sie zu »formulieren« und zu produzieren. Einige der Bilder werden verkauft, gehen vielleicht verloren oder werden zerstört. Das ist es, was ich an meiner Arbeit liebe, zu wissen, dass nichts als Ganzes sichtbar sein wird, außer in Gedanken, durch Fotografien und Zeichnungen, und es trotzdem zu tun.

AR Sie haben von dem Gegensatz von mythologischen und modernen Motiven in dem Zyklus *Der dritte Bruder Grimm* gesprochen. Man könnte einige hinzufügen, etwa natürlich – künstlich usw. Solche Gegensätze werden auch in Märchen verhandelt. In Ihren Bildern ist das aber keineswegs so eindeutig. Der Betrachter kann eben nicht genau sagen, ob es Tier, Kostüm, Mensch oder etwas ganz anderes ist. Dabei geht es auch um die Frage des Hybriden, der Mischwesen, die dann auch in *Theater* wichtig sind.

VF In Serie *Der dritte Bruder Grimm* kündigt sich zweifellos die Serie der großen *Theater* an. Ich habe kurz die Figuren und Motive erwähnt, die die Bilder bevölkern. Sie sind in der Tat hybrid, gebastelt, nicht »normal«. Zentauren, die in der Ferne kämpfen, während einer von ihnen in dem Triptychon *Domination* gebärt. In anderen Triptychen findet man das Thema des Pferdes, das in ein Theaterkostüm verwandelt wurde und von menschlichen Beinen getragen wird. Ich wollte mit diesen wiedererkennbaren Figuren aus der kleinen Mythologie eine Brücke zwischen dem Alten und dem Neuen schlagen. Zum Beispiel der Zentaur als archetypische und symbolische Figur, der oft als Entführer von Frauen gesehen wird, in meinen Bildern aber eine nette Puppe ist. Das zu unserer Unterhaltung gebastelte Pferd, die Theaterpuppe, neben dem Rennwagen, dem Flugzeug und dem Motorboot als Fahrzeuge der Gegenwart. Aber in einigen Bildern bleibt der Zentaur ein Zentaur.

AR Was meinen Sie mit kleiner Mythologie?

VF Die kleinen Mythologien beziehen sich auf unseren Alltag, zum Beispiel die Transportmittel ebenso wie die in jedem Triptychon gemalten Häuser. Auch wenn sie wichtige Objekte sind, denn wir alle brauchen ein Dach über dem Kopf, sind sie unsere kleinen Mythen, im Vergleich zu dem, was ich als große Mythologien betrachte Die Mythen sind die Geschichten, die unsere Zivilisation geprägt haben, in denen Frauen mehr Anerkennung finden, als es in den Gesellschaften meistens der Fall ist.

AR Worum es ja eigentlich geht, ist, wie Sie in diesem Zyklus einen neuen Bildraum erschaffen, der sich dann in den *Theatern* wieder verändert. Wie lassen sich also verschiedene Motive, Räume und vielleicht Zeiten zu einem Bildraum verbinden? Sie machen keine Collage, sondern die Perspektiven fließen ineinander und die Personen verschwimmen – mehr oder weniger – mit der Landschaft.

VF Die Fragestellung ist auch, wie man es allgemein schafft, Dinge, die auf den ersten Blick nicht zusammengehören, zusammenzubringen. Oberflächen, aber ohne eine Collage zu machen, weder mit Schwarz zu umranden noch als Montage Ich habe das vermieden. Es war für das Auge nicht einfach, Lösungen zu finden, wie man die Elemente auf die gleiche Ebene bringt, weil die Leinwand eine Oberfläche ist. Man kann sich nicht darum drehen, sie ist einfach da.

Voliere I–III (2007/08)

AR Die *Volieren* sind dunkler als die Serie *Der dritte Bruder Grimm*. Ist das die dunkle Seite der Märchen? Auch die Gebrüder Grimm haben bestimmte Märchen aussortiert, die es in der Urfassung gab, die aber nicht in die Sammlung aufgenommen wurden.
VF *Volieren* besteht aus drei Triptychen, wobei in den ersten beiden die Figuren wie in einem Gefängnis eingesperrt sind, das durch eine Mauer dargestellt wird, die den Horizont vollständig abschneidet; im Gegensatz zur Serie *Der dritte Bruder Grimm*, in der das Problem der Perspektive sehr präsent ist. Zwei Faune oder Peter Pan sind dort eingesperrt, sie werden von einem Adler und einer Art Hydra begleitet. In jedem Bild ist eine Hütte installiert, die wie ein Zufluchtsort wirkt.
AR Der Name Peter Pan ist ein Wortspiel, das die mythische Gestalt Pan mit Peter Pan aus dem Buch vom James M. Barrie verbindet. Pan ist ein mythologisches Mischwesen, ein Faun. Über die Entstehung der Panflöte wird berichtet, eine Nymphe habe sich nur durch die Verwandlung in ein Schilfrohr vor Pans Vergewaltigung retten können. Können Sie mehr zu dieser Gestalt sagen, die ja mehrfach in Ihrem Werk auftaucht?
VF Ich erinnere mich daran, dass der spanische Film *Pans Labyrinth* von Guillermo del Toro mich dazu inspiriert hat, Peter Pan darzustellen, eine Geschichte über den Widerstand gegen eine faschistische Regierung. Die Anwesenheit des Fauns im Film hat eine mögliche Öffnung einer Traumwelt gezeigt ... ein wenig gefährlich, aber sehr attraktiv. Von der sehr seltsamen Erinnerung an diesen Film ausgehend habe ich mir diese Peter-Pan-Figuren vorgestellt, die die drei Triptychen *Volieren* bewohnen. Aber vor dieser Serie habe ich mir auch ein Gemälde von Arnold Böcklin angesehen, auf dem ein Faun dargestellt ist, der im Schilf sitzt und Flöte spielt. Ich erinnere mich, dass dieses Bild eine große Melancholie ausstrahlte. Von diesem Gemälde aus habe ich mir einen Peter Pan vorgestellt, der unter einer Straßenlaterne über Los Angeles sitzt, was wiederum auf *Mulholland Drive* Bezug nimmt. Eine Anspielung auf in der Großstadt isolierte Figuren aus archetypischen Fiktionen, die filmische Fiktionen hervorrufen. Ich hoffe auch, dass ich eine Art von Melancholie berührt habe.

Aber Sie haben recht, dass diese Figur aus dem Faun und Peter Pan eine lüsterne Seite hat. Ich denke auch an Picassos

Federzeichnungen, an Debussys fantastische Musik in *Prélude l'après-midi d'un faune*, getanzt von Vaslav Nijinsky oder Rudolf Nurejew, glaube ich.

AR Wie in der Serie *Das Gebet* kommt auch in *Volieren* der Handschuh vor.

VF Aber in den Triptychen hat er eine andere Funktion: Der gelbe Handschuh ist ein Schutzwerkzeug. Ich spiele gerne mit Gegenständen wie dem Handschuh, der von einer Serie zur nächsten erscheint und jedes Mal eine andere Bedeutung hat. Das Auftauchen des gelben Handschuhs zieht sich wie ein roter Faden durch meine Gemälde.

AR Dann gibt es die Badehütten aus abstrakten Rauten.

VF Ich glaube, dass die Hütten die Vorstufe der Triptychonserie *Theater* sind, weil es wichtig war, eine vertikale Masse vor das horizontale Grau zu setzen, das die Gefängnismauer darstellt. In den ersten beiden Bildern habe ich eine Hütte gemalt, eine auf der linken Seite des Bildes, die andere auf der rechten. Meine Idee war es, die beiden Triptychen zusammen als einen Streifen von sechs Tafeln zu zeigen. Die hellen, leichten Rauten würden einen Kontrast zu der grauen Fläche dahinter bilden. In der Tat erweckt die Aneinanderreihung der beiden Triptychen fast den Eindruck einer abstrakten Komposition. Es ist die Fortsetzung von *Forêt*, das ebenfalls mit einer reduzierten Farbpalette gemalt wurde.

Das dritte Triptychon ist anders. Ich wollte den Anfang zeigen, die Ursache, warum die beiden Faune vor dieser grauen Wand mit den Adlern eingesperrt wurden. Wie ein Flashback im Kino.

Ich muss zugeben, dass es ein wenig anekdotisch ist, aber für mich ist es jedes Mal, wenn ich ein Bild beginne, wichtig, eine Geschichte im Kopf zu haben. So kann ich die Bilder als Ganzes sehen und wie eine Romanautorin, die ihre Geschichte schreibt, voraussehen.

AR Auch in der Serie *Am Tisch* gibt es, wie in *Theater*, *Volieren* und *Genesis*, die Rauten.

VF Wie beim gelben Handschuh ist die Raute zu einem Motiv geworden, das seit der Serie *Volieren* regelmäßig auftaucht. Indem ich ein geometrisches Motiv genommen habe, habe ich mich von der Ikonografie des Handschuhs befreit und die Malerei wurde offener, zumindest durch den Rhythmus der Rauten, die nicht automatisch eine Bedeutung haben.

AR Wenn man nur diesen Ausschnitt betrachten würde, wäre es ein abstraktes Gemälde. Danach haben wir den Vogel und den Satyr, aber es gibt Momente in dem Gemälde, die der Betrachter erst einmal nicht entschlüsseln kann.
VF Ich versuche, in einigen Bildern, die Zonen zu streifen, in denen die Formen im Hintergrund verschwinden, was Sie sehr gut beschrieben haben. Bei den *Volieren* ist der Hintergrund radikal und die Wand grau, sodass ich nicht so viele Möglichkeiten hatte, die Figuren zu verschmelzen. Zwei Werke haben mich geprägt, die ich mir für diese beiden Triptychen der *Volieren* angesehen habe: Édouard Manets *Die Erschießung Kaiser Maximilians* (1868) und Francisco de Goyas *Die Erschießung der Aufständischen am 3. Mai* (1814). In meinen *Volieren* steckt vielleicht eine kleine Nostalgie der zusammenbrechenden Utopien.
AR Und die Raute, gibt es dazu eine Geschichte?
VF Ich denke, es ging darum, ein anderes Symbol zu verwenden. Die Raute ist natürlich sehr bedeutungsvoll. Sie wurde sowohl in der figurativen Malerei, etwa Pierrots Anzug, als auch in der geometrischen Abstraktion häufig verwendet.
AR Die Harlekine. Aber ist der Bezug zu Picasso auch ironisch?
VF Nein, ich glaube nicht, es ist eher eine »abgenutzte« Form, weil sie oft verwendet wurde.
AR Das dritte Bild der *Volieren* ist eine Reinszenierung der *Toteninsel* von Böcklin.
VF Dieses Triptychon ist in meiner persönlichen Erzählung tatsächlich das erste der drei, auch wenn es zwei Jahre nach *Voliere I* gemalt wurde. Ich wollte die Hütte unbedingt in die Mitte des Bildes setzen, da sie einmal links und dann rechts in den ersten beiden Triptychen platziert war. Ich wollte unbedingt eine Landschaft – den Horizont – malen, um die Lesart der ersten beiden *Volieren* umzukehren. Ich wollte auch, dass diese Landschaft für den Betrachter erkennbar ist, nicht wie in der Serie *Der dritte Bruder Grimm*, wo alle Landschaften imaginär sind. Sehr schnell bin ich bei Böcklins *Toteninsel* hängen geblieben. Dieses Bild ist für mich sehr vorausschauend, nicht nur, dass wir alle irgendwann sterben werden, sondern vielmehr, weil es die Vorstellung von Frieden und Stille, die das Bild vermittelt, mit einer Vorahnung von großer Gewalt, die diese Insel stören könnte, vereint. Zu dieser Zeit malte ich parallel die Serie der *Suicides*.

Kakerlaken (2008–2016) / Autoscooter-Garage (2008)

AR Was war der Ausgangspunkt von *Autoscooter-Garage*?
VF Zu dieser Zeit habe ich parallel die Serie *Autos dans la nuit* gemalt. Autoscooter sind Autos von Jahrmärkten, parodistische Autos, die für eine bestimmte Form der Unterhaltung stehen.
AR Für mich waren die *Autoscooter* das Gegenstück zu den *Kakerlaken*, nicht die Emotion, aber die Art und Weise, wie Sie das zeigen. Denn *Kakerlaken* ist sehr direkt. Man sieht dieses Tier, zwischen Form und Formlosigkeit, das aufgeschlitzt ist und vielleicht angreift. Bei *Autoscooter* geht das über die Garage, die ein enger und bedrohlicher Raum ist.
VF Ich wollte schon mit dem Titel *Autoscooter-Garage* – es gibt davon nur zwei Bilder – die Absurdität des Aufstellens von Autoscootern auf einem Dachboden verdeutlichen. Ich wollte wieder einen Blickfang für das Denken des Betrachters schaffen. Auf der einen Seite sind die Autos mit ihren elektrischen Stangen wie Insekten, die ganz unten im Bild positioniert sind, und auf der anderen Seite ein Dekor, das an eine Militärkaserne oder einen verlassenen Festsaal erinnern könnte.
AR Was hat es mit den Fahnen auf sich?
VF Die Komposition des Gemäldes hat mich dazu veranlasst, weitere Rechtecke unter die rechteckige Form der allgemeinen Komposition zu setzen. Es stellte sich heraus, dass diese kleinen Rechtecke, die ich auf beiden Seiten der Leinwand platziert habe, zu Bannern und Wimpeln wurden.
AR Hatte das einen Bezug zur Tagespolitik?
VF Es ist einfach durch Deduktion, im Hinblick auf die geopolitische Situation entstanden, die mich schon immer interessiert hat. Ich habe auch an Guy Debord gedacht, der in seinem Buch *Die Gesellschaft des Spektakels* schon sehr gut davor gewarnt hat, was aus uns werden könnte, wenn wir in unseren Autoscootern sitzen und uns unterhalten lassen ... Ich möchte jedoch darauf hinweisen, dass meine Bilder nicht moralisch sind, dafür sind sie zum Glück zu kompliziert.
AR Die Serien *Autoscooter* und *Kakerlaken* sind für mich eine Fortsetzung der *Volieren*, der Raum hat sich jetzt ganz geschlossen, das eingesperrte, domestizierte Tier, bei dem man sich fragt, ob es noch fliegen kann, bzw. ist der möglicherweise verletzte Faun nun die gequälte, hingerichtete Kreatur. Stimmt es, dass sie Kakerlaken einen Bezug zu einem Stillleben von Manet haben?

VF Es ist eher von Chaim Soutine und Rembrandt inspiriert, eine *Redescription* ihrer geöffneten Kuhkörper, was ja auch eine Verbindung zu meiner Kindheit hat. Ich habe das auf die Kakerlaken übertragen.

Als ich mich dafür entschied, ein Gemälde mit einem Insekt zu malen, habe ich mir sofort Gedanken über das Format gemacht. Es gibt nur vier *Kakerlaken*-Bilder und jedes hat ein Format von 250 x 180 cm. Das macht die Serie wegen des Formats ungewöhnlich. Außerdem ist dieses Insekt etwas Besonders: Es lebt dort, wo wir leben, wie die Ratten, und es wird nicht geschätzt. Das ist das Gegenteil der Serie *Der dritte Bruder Grimm*, in der alles mehr oder weniger idyllisch erscheint.

AR Der Bauch bricht auf und die Eingeweide treten hervor.

VF Ich wollte den empfindlichen, zerbrechlichen Teil des Insekts zeigen. Man sieht seinen Bauch. Das war besonders interessant zu malen und hat mir viel Freiheit gelassen. Ich wollte mit diesen vier großen *Kakerlaken* auch auf die Position des Sammlers hinweisen, nicht nur auf die des Insektensammlers, bei dem man eher den Rücken der angehefteten Insekten bewundern kann. Vielleicht waren es meine »Cafards«, die diese riesigen Tiere darstellten. Das ist ein französisches Wort, das traurig bedeutet.

AR »Avoir le cafard« bedeutet wörtlich übersetzt »die Kakerlake haben«, ist aber eine Redewendung dafür, sich niedergeschlagen, mutlos, traurig zu fühlen.

VF Im Kunstverein Ulm waren drei Kakerlaken ausgestellt. Das Gästebuch war voll Beleidigungen und bisher wurde keines der Bilder verkauft. Sammler suchen offensichtlich etwas anderes!

Suicides (2003–2013)

AR Sie werden als Malerin von dem Thema Tod angezogen.

VF Viele Künstlerinnen haben sich für Sex und den Körper als Ausdruck der Emanzipation interessiert und tun es heute noch. Ich komme einige Jahr später und musste für mich neben den anderen Künstlerinnen und Künstlern andere Richtungen entwickeln. Außerdem braucht Sex in erster Linie den Körper. Mit dem Tod allgemein, habe ich gedacht, gibt es viel mehr Felder und Ebenen, um meine Malerei zu entwickeln. Ich hatte das Gefühl, dass an diesem Ort das große Ereignis unserer Endlichkeit als Individuen, der Tod, zu allen möglichen Spekulationen führt, ich denke an Religionen, Philosophie und natürlich Kunst. Er ist ein aktiver Motor für die Schöpfung, wie es die Liebe sein könnte, nur dass für mich gerade der Tod weder Körper noch Geschlecht hat. Die einzige visuelle Inkarnation sind Skelette, Knochen und die Verwesung von Leichen, aber schon sind wir da in dem, was übrig bleibt. Aber ich bin überhaupt nicht diese Art von Künstlerin, die sich mit Verwesung beschäftigt. Ich habe immer versucht, eine Art poetisch Ebene zu erreichen und zu zeigen, auch mit den großen *Kakerlaken*-Bildern zum Beispiel, obwohl das komisch klingen mag.

AR Wie kam es zu der Beschäftigung mit dem Thema Selbstmord und der Serie *Suicides*?

VF Ich kam auf die Idee, diese Serie zu malen, weil das Thema des Selbstmords in der Malerei nicht viel erforscht war, im Vergleich zu der Anzahl der Vanitasdarstellungen, die die Kunstgeschichte durchziehen. Ich denke auch an all die Beschwörungen des Todes in allen Kulturen, die faszinierend sind. Jedenfalls dachte ich, dass ich mich darauf einlassen könnte. Auch die vielen Selbstmorde in meiner Familie waren ausschlaggebend für diese Entscheidung. Anfang der 2000er-Jahre habe ich also begonnen, diese Serie zu malen.

AR Wie hat sich diese Serie, an der Sie dreizehn Jahre gemalt haben, im Laufe der Zeit verändert?

VF Ich wollte zunächst eine Enzyklopädie der Arten, sich das Leben zu nehmen, erarbeiten. In Paris wurde zu der Zeit, als ich dort gelebt habe, das Buch *Suicide mode d'emplois* (*Gebrauchsanleitung zum Selbstmord*) von Claude Guillon zensiert. Das war Ende der 1980er-Jahre. Es ist selten genug, dass ein Buch zensiert wird. In dem Buch ging es um Rezepte für Selbstmord und vor allem um die Nebenwirkungen, wenn es nicht funktioniert hat. Es dauerte noch mehr als zehn Jahre, bis ich diese Serie von über hundert Gemälden auf den Weg gebracht habe.

Aber es reichte nicht aus, ein Thema zum haben, das ich durchdeklinieren konnte, sondern ich musste die besten Übersetzungswerkzeuge finden. Zunächst das Format 24 x 18 cm, ein beliebtes Format für Fotoabzüge, und dann die Wahl der Farben. Ich habe die Farbe Rot und ihre Variationen sofort eliminiert, um auf einer poetischen Ebene zu bleiben. Es ging nicht darum, »gore« zu zeigen.

AR Sie haben vorhin über »die visuelle Inkarnation« des Todes gesprochen. Es geht also darum, wie sich der Tod überhaupt darstellen lässt. Vor welchen Problemen standen oder stehen Sie bei der Darstellung des Moment des Todes? Wie lässt sich der Tod überhaupt darstellen, abgesehen von dem eher allegorischen Skelett in dem Zyklus *Theater*?

VF Ich habe meine Imagination arbeiten lassen. Für einige Szenen wie die Porträts, die ich von bekannten, nicht fiktiven und fiktiven Personen in der Serie *Suicides* gemacht habe, habe ich recherchiert. Man kann zum Beispiel wissen, dass Gilles Deleuze aus dem Fenster gesprungen ist oder Mark Rothko sich die Pulsadern aufgeschnitten hat, genauso wie Diane Arbus. Aber ich habe Ihre Frage nicht beantwortet, oder vielleicht doch?

AR Bei der Serie der *Suicides* ist das Problem der Darstellbarkeit doppelt. Denn sie mussten nicht nur das Sterben, sondern auch Gewalt, in diesem Fall gegen sich selbst, malen. Gewalt ist in ihren Bildern immer wieder mehr oder weniger direkt präsent.

VF Ich versuche nicht, Gewalt zu zeigen, sondern dass meine Bilder Objekte der Kontemplation sind, in denen der Betrachter Zeit mit seinen eigenen Gedanken investieren kann. Gewalttätige und sanfte. Das ist vielleicht etwas überheblich von mir, aber das ist es, was ich zu erreichen versuche.

AR Gleichzeitig hat diese Serie eine eigene Schönheit. In Ihrer Ausstellung im Neuen Berliner Kunstverein haben Sie dem menschlichen Sterben das Verwelken von Blumen gegenübergestellt.

VF Für diese Ausstellung habe ich eine Installation aus Blumensträußen in Vasen gezeigt, die auf einem großen Plateau aufgestellt waren, zusammen mit drei Leinwänden, auf denen ich während der Ausstellungszeit nebeneinander vertikale Streifen gemalt habe. Ich habe jeden Tag einen neuen Streifen gemalt, aber immer beim ersten Streifen begonnen, also am ersten Tag einen Streifen, am nächsten Tag zwei, am dritten drei, sodass es nach den 92 Tagen der Ausstellung 92 Streifen gab. Die ersten waren, da ich sie oft übermalt hatte, dunkel und dann wurden die Streifen immer heller, also vom ersten, dunkelsten Indigostreifen bis zum letzten, der unsichtbar blieb; als wäre man vor einem Werk von Daniel Buren, der seine Streifen in Fernsehtestbildern dekliniert hätte.

Dies ist auch eine Idee, die ich von der Serie der Stühle aus dem Jahr 1991 übernommen habe, die in Brüssel ausgestellt waren. Die Schildträger mit den Testbildern, über die wir schon gesprochen haben, waren winzig und auf einer Leinwand unter dem Stuhl angebracht, während es in Berlin im Neuen Berliner Kunstverein zehn Meter lange Bilder waren.

Die Installation begann genau drei Monate vor der Eröffnung der Ausstellung in meinem Atelier. *Suicides* hat die Entwicklung der Zeit gezeigt. Jeden Tag habe ich ein Bild mit den fünf Blumensträußen gemalt, die im Laufe der Zeit verwelkten, und wieder einen neuen Streifen, wobei ich die vorhergehenden von links nach rechts wiederholt habe. Es ging darum, die »Farbschicht« zu demonstrieren. Dies, um sich durch diesen Akt der *La fragilité des fleurs* (2013), dem Titel des Werks, bewusst zu werden. Ich wollte »die Zeit« evozieren, die eigentlich schon tot ist, da die Schnittblumen eigentlich tote Pflanzen sind. Es war vor allem eine poetische Geste, um darauf aufmerksam zu machen, dass wir zu Lebzeiten für unser noch zu lebendes Leben bereits tot sein könnten. Selbst in der reinen metaphorischen Schönheit der Blumen.

AR Der Selbstmord führt als Darstellung des Sterbens einerseits unsere Vergänglichkeit vor, andererseits gibt es unter anderem politische Implikationen, weil man nach den Gründen fragt.

VF Wir haben viele Rituale ausgelöscht. Nirgends wird etwas darüber gelehrt und in unserer kapitalistischen Gesellschaft viel versteckt. Hier gibt es eine Zensur, denn in der Konsumgesellschaft darf man auf keinen Fall tot sein. Man muss vor allem lebendig und jung sein, konsumieren und natürlich Sex haben. Der Tod ist ein Tabu.

AR Vor allem am Anfang der Corona-Epidemie hat man das gut gesehen. Da wurden die Toten gezählt, statistisch ausgewertet und mit Worten jongliert. Dazu zynische Kommentare über die Alten, die sowieso sterben werden. – Sie haben auch viele bekannte Selbstmörder in Szene gesetzt. Warum?

VF Nachdem ich einige Bilder über die Art und Weise des Sterbens gemalt hatte, wurde mir sehr schnell klar, dass es zu nichts führen würde, wenn ich alle Todesarten aufzählen würde, aber ich nicht auch einen archetypischen Aspekt hinzufügen würde. Dadurch kamen Charaktere wie Kleopatra, die auch für ihren Selbstmord bekannt ist, und nach und nach alle anderen hinzu.

AR Auch in der Serie *Le bateau des poètes* aus dem Jahr 2020 kommen Selbstmörder als Köpfe vor. Wen haben Sie dafür ausgesucht und warum?

VF Nachdem ich die Serie *Suicides* beendet hatte, habe ich lange nach einer Möglichkeit gesucht, das Thema wieder aufzugreifen, aber unter einem anderen Blickwinkel. Ich wollte versuchen, mir eine Fortsetzung all dieser großen Akteurinnen und Akteure der

Kunst und Literatur vorzustellen, die mich beeinflusst, mir geholfen und mich aufgebaut haben und von denen einige Selbstmord begangen haben. In der Serie *Le bateau des poètes* sind sie alle Figuren aus der nahen und fernen Vergangenheit wie Albert Einstein, Rosa Luxemburg, Pier Paolo Pasolini, Dante und so weiter. Ich habe sie auf Boote unter einem Himmel voller Sterne platziert. Es geht auch um Migranten, die auf der Suche nach einem besseren Leben die Meere überqueren und dabei ihr Leben riskieren.

AR In welchen anderen Ihrer Serien spielt der Tod eine Rolle?

VF Die Serie *Suicides* ist die einzige, die so frontal ist. Aber in vielen meiner Serien ist die Vorstellung von unserer Endlichkeit präsent. Zum Beispiel in *Fragmente*, *Universen*, vielleicht auch in einigen *Short Cuts*.

AR Auch in Ihrem Bild *Genesis* ist die Konfrontation sehr direkt.

VF Es kommt vor, dass ich ein Bild male, ohne es mit meiner gesamten Struktur in Verbindung zu bringen. Ich wollte eine Allegorie des Übergangs vom Leben zum Tod malen, die durch diese Barriere in der Mitte des Bildes dargestellt wird.

AR Gleichzeitig ist es die Landschaft, dieses Wunder, im Angesicht des Todes am Leben zu sein.

VF Es gibt ein wunderschönes Gemälde von Hieronymus Bosch, *Aufstieg der Seligen*, in dem der obere Teil des Gemäldes den Übergang vom Leben zum Tod zeigt. Es sieht aus wie eine Röhre. Das ist eine Reduktion, die perfekt ist.

AR Ich habe den Eindruck, dass das Thema Tod, im Besonderen in *Suicides*, für Sie von Bedeutung ist, weil sie sich für die Veränderungen, Verwandlungen des Körpers interessieren, etwa in Gestalt von Hybriden. Und Tod, Verwesung oder auch Verwandlung in ein Zombie, wie sie sie gemalt haben, sind die endgültigen Verwandlungen, das Verschwinden des Körpers.

VF Vielleicht ist es bei mir ein Umweg, um nicht auffällig über Themen zu malen, die mit Sex zu tun haben, um mich abzugrenzen, auch abzuheben.

AR Wenn man den Körper als Gestalt, Form sieht, geht es auch um die Haltbarkeit und Veränderbarkeit einer Form. Ich denke zum Beispiel an die Zeichnungen von Körpern aus Ihren Notizbüchern.

VF Der Bleistift gleitet über meine Ideen für Körperformen. Meine Zeichnungen in meinen Notizbüchern sind ein Laboratorium und ich versuche, möglichst kein bestimmtes Ziel bei der Darstellung eines Körpers zu verfolgen. Manchmal ist es interessant genug, dass ich mich davon für ein Gemälde inspirieren lasse.

AR Sie haben in *Suicides* ein Bild nach Maria Lassnigs Selbstporträt mit Pistole (*Du oder Ich*) gemalt. Lassnigs Art zu malen ist sehr anders als Ihre, dennoch gibt es Ähnlichkeiten. Zunächst zwar bei Ihnen nicht diese Besessenheit, aber ein Interesse am Selbstporträts. Dann die Bedeutung des Körpers.
VF Maria Lassnigs Selbstporträts, wenn ich mich recht erinnere, zeigen sie oft in Situationen von Gewalt. Das Bild, auf dem sie mit den Pistolen sitzt und mit einer auf den Betrachter zielt, und ein anderes, auf dem sie einen Besenstiel zerbricht, sind sehr seltsam. Übrigens steht die Version, die ich von ihrem Selbstporträt in der Serie *Suicides* gemacht habe, absichtlich auf dem Kopf, und dann habe ich einen Siebdruck gemacht, in dem ich ihren Platz einnehme und ebenfalls einen Besenstiel zerbreche. Ich habe diese Serie in der Schublade gelassen.
AR Warum haben Sie ihre Version des Pistolenbildes auf den Kopf gestellt?
VF Weil ich keine Kopie ihres Gemäldes machen wollte. Indem ich die Seite gewechselt habe, auf der die Pistole an die Schläfe gehalten wird, war es ein neues Bild.
AR Man hat bei Ihnen den Eindruck hat, dass die Körper nicht festgelegt sind, dass sie sich verwandeln könnten. Und es gibt etwas Gewalttätiges, vielleicht mehr als bei Lassnig.
VF Die Beziehung zum Körper. Ich frage mich oft, warum man Körper malt, warum die Darstellung des Körpers in der Kunstgeschichte und für den Künstler so faszinierend ist. Ist es, weil wir beim Malen von Körpern einen neuen Körper mit Materie und Farben erschaffen, wie eine Geburt mit anderen Werkzeugen? Ist es die Erotik der Geste, die Farbe auf der Leinwand zu berühren, die vor dem wirklichen Körper des lebenden Modells Gestalt annimmt?
AR Sie sagen vor dem Körper des lebenden Modells. Das trifft bei Ihnen ja weniger zu, da sie nicht mit Modellen arbeiten; es sei denn, Sie nehmen sich selbst als Modell.
VF In der Tat. Und ich gehe davon aus, dass es nicht dasselbe ist, wenn jemand im Atelier anwesend wäre. Die Malerei würde sich dann sicherlich darauf konzentrieren, das zu zeigen, was vor den Augen des Malers liegt. Wenn ich male, ist es oft mit der Leere vor mir, da die Bilder innerlich sind, selbst wenn ich Skizzen und Notizen habe, die mir helfen, den Weg zu finden.
AR Der dritte Punkt, bei dem ich eine Verbindung zur Malerei von Maria Lassnig sehe, ist etwas, das ich als surrealistisches Moment

bezeichnen würde, auf der Ebene der Farbe und der Situationen, in denen sich der Körper bei Lassnig wiederfindet. Bei ihr sind die Räume oft leer oder nur angedeutet. Und die beleuchteten Körperteile, das Stück Fleisch, das noch übrig ist, wirken surreal. Bei Ihnen ist bis auf *Am Tisch* der Bildraum eher im Dunkeln, zum Beispiel in *Theater*, oder in der Unschärfe. Wie würden Sie Ihre Verbindung zum Surrealismus beschreiben?

VF Wie André Breton gesagt hat, ist der Surrealismus der wahre Mechanismus des Denkens außerhalb jeglicher Kontrolle, und das ist es, was ich tue, wenn ich male. Ich lasse die Assoziationen von Figuren und Formen kommen, die im Material der Malerei Gestalt gewinnen, und erzähle mir eine möglichst wenig kontrollierte Geschichte. Interessant und kompliziert zugleich ist, dass das Material die rasante Entwicklung von Ideen bremst und das Ergebnis oft überraschend ist. Wenn ich zeichnen würde, wäre es vielleicht direkter und weniger mysteriös, da ich auf der Ebene des Bildes bleiben würde.

AR Was meinen Sie hier mit der Ebene des Bildes?

VF Wenn ich an Gemälde denke, sind sie »illustrativ« und lassen einen Teil der Materie zugunsten des genauen Bildes weg, weil die Wirkung des Gemäldes auf den Betrachter woanders stattfindet. Es ist die Rezeption des Wiedererkennbaren und des verrückt Rekonstruierten, die die Emotionen hervorruft. Das ist keine Kritik, ich liebe Leonora Carrington, René Magritte und Max Ernst sehr.

AR Gibt es Arbeiten von Maria Lassnig, die Sie besonders schätzen?

VF Ich habe in Amsterdam eine Retrospektive von ihren Arbeit gesehen und mir gefiel neben ihren Gemälden ein Raum im Museum, in dem eine Reihe von Aquarellen ausgestellt waren, die von einer Reise nach Griechenland stammten. Ich fand sie großartig.

Ich glaube, es waren Studien, die sie gemacht hat, und ich habe ihre Fähigkeit bewundert, Zweifel zu zeigen, zu zeigen, dass es sich um einen Versuch handelt und nicht um mehr. Sie wissen, dass es beim Malen mit Aquarellfarben schwierig ist, viele Male mit Farbe auf das Papier zurückzukehren, ohne großen Schaden anzurichten. Und die Ausstellung hat eben auch einige Arbeiten gezeigt, bei denen das Aquarell nicht ästhetisch schön war. Und das hat mir wirklich gefallen.

AR Sie haben über den Zweifel gesprochen.

VF Man hat aber in ihren Ölgemälden nicht wie bei Goya zum Beispiel den Eindruck, dass sie etwas übermalt hat oder immer wieder angegangen ist, wie auch bei James Ensor. Den Zweifel finde ich mehr bei mir, meine Bilder sind völlig damit beladen, auf dem Umweg, auf dem Holzweg zu sein. Zum Beispiel das bekannte Selbstporträt mit Pistolen, in Hellgrün, vielleicht war es nicht zack-zack, sondern sie hat fünf Versionen vorher im Atelier gemalt, dann alle kaputt gemacht bis auf eine, die sie ausgestellt hat. Das kann auch sein.

AR Sie finden den Zweifel nicht in den Gemälden, da sie keine Spuren der Überarbeitung zeigen. Diese Suche nach der Malerei ...

VF Das Problem in der Malerei ist, dass das Gemälde »Präsenz« ist, es ist fixiert und steht still, ohne Erklärung. Es steht einfach da. Auf seiner Oberfläche ist wenig oder viel Material aufgetragen, die die Präsenz des Gemäldes abbildet. Es spielt keine Rolle, ob es mit Zweifeln gemalt wurde oder nicht. Die einfache Tatsache, dass ein Gemälde an der Wand hängt, ist bereits ein Sieg über alle Zweifel und die Zeit, die der Künstler darauf verwendet hat.

AR Gut, aber das ist sehr allgemein. Denn die Art der »Präsenz« kann ja sehr unterschiedliche Qualität haben und unterschiedlich erreicht werden. Und für Sie ist, wenn ich Sie richtig verstehe, erst durch Zweifel bzw. Übermalen, also einen Malprozess als Suche, eine angemessene Form der Präsenz erreichbar?

VF Ich sage meinen Studenten oft, dass ein Gemälde nicht nur eine Assoziation von gemalten Oberflächen zeigt, sondern auch die Archäologie der Schichten, die sich in bestimmten Bereichen des Bildes angesammelt haben oder nicht. Wenn ich mir einen Robert Ryman, einen Karel Appel oder eine Miriam Cahn anschaue, dann sind das Künstler mit großen Unterschieden in ihren malerischen Vorschlägen, den Überlagerungen von Schichten, den unberührten Stellen auf der Leinwand, alles ist sichtbar und das verkörpert für mich das faszinierende Geheimnis der Malerei mit einem großen »Mehr« jenseits des Bildes, das wir zu sehen bekommen.

AR Um wieder auf Lassnig und auch Marlene Dumas zu sprechen zu kommen, ist nicht nur der Umgang mit dem Material, sondern eben überhaupt der Ausgangspunkt unterschiedlich?

VF Ich weiß nicht, was Sie mit Ausgangspunkt meinen, es gibt so viele.

AR Woher ein Bild kommt, wie es beginnt. Bei den Bildern von Lassnig und auch von Dumas habe ich den Eindruck, dass es um den Blick von jemand anderem geht. Bei Maria Lassnig ist es weniger ihr Blick auf die Welt oder auf sich selbst, der zählt, sondern mehr der des Mannes, der Eltern, der Medien auf sie, auch wenn er in ein Körpergefühl oder so etwas übersetzt ist. Und bei Dumas die Bilder von Frauen, in denen oft der männliche, normierende, ausbeutende Blick der Medien und Werbung auf den weiblichen Körper verarbeitet wird.

VF Ja, das sind ihre Inspirationsquellen. Jede Künstlerin, jeder Künstler hat sein Rezept.

AR Und ihre Inspirationsquellen sind andere. Aber auch Sie arbeiten immer wieder mit vorgefundenem Bildmaterial. Inwiefern unterscheidet es sich von den beiden Künstlerinnen?

VF Ich persönlich bleibe diskret, es gibt keine Bilder, die von meinem Privatleben inspiriert sind, oder nur sehr wenige. Wir werden noch über die *Redescriptions* sprechen, bei denen ich skrupellos aus der alten und neuen Kunstgeschichte schöpfe, um mich auszudrücken. Das sind Werkzeuge, die ich sogar in meinen Titeln zeige und benenne. Was ich eher zu machen, zu erforschen versuche, wie Marlene Dumas und Maria Lassnig, ist, einen Archetyp zu berühren. Sie konzentrieren sich mehr auf den Körper, die Frau, die Machtverhältnisse, die Gewalt. Auch ich habe eigentlich die gleichen Ziele, aber ich benutze einen anderen Weg, um sie zu zeigen.

AR Maria Lassnig hat als Malerin in einer Männerdomäne einen Kampf geführt, der dem ihren teilweise ähnlich ist, wenn auch die Art zu malen und die Themen ziemlich unterschiedlich sind.

VF Ich habe eine große Bewunderung für diese Malerin.

AR Anders gesagt, für Sie ist die Frage, ob es sich um eine Malerin oder einen Maler handelt …

VF Man sollte versuchen, ein Kunstwerk zu betrachten, ohne den Namen des Künstlers zu kennen. Aber es funktioniert so, dass der Name des Künstlers, der hinter dem Kunstwerk steht, ihm seine Unterschrift und damit seinen Wert gibt. Und zum Glück gibt es auch Frauen, die anerkannt oder sehr anerkannt sind, und das ist gut so.

AR Ich wollte sagen, dass für Sie die Frage, ob es sich um eine Malerin oder einen Maler handelt, nicht so wichtig ist, da für Sie die Art und Weise, die Technik und der Blick auf die Welt zählen.

VF Die Kunstwelt ist sehr fragmentiert, in viele Sphären, die oft hermetisch voneinander getrennt sind. Es gibt verschiedene Kunstwelten. Es ist eine Frage des Zugangs. Jeremy Rifkin hat im Jahr 2000 sein aufschlussreiches Buch *Access. Das Verschwinden des Eigentums. Warum wir weniger besitzen und mehr ausgeben werden* veröffentlicht, in dem er dies sehr gut beschreibt. Wer eine Unterschrift oder ein Kunstwerk kauft, zahlt dafür, eine Erfahrung zu machen. Man könnte auch von Ausstellungen sprechen, die zu Blockbustern werden und für die man bezahlt, um eine Erfahrung zu machen.

Das ist die eine Seite. Eine andere Version der Kunstwelt ist der Zugang durch Wissen und die Eingeweihten, das gibt es auch, während es Kunst – zum Glück so würde ich denken – auch auf der Straße und in der Natur zu finden ist.

AR Sie wollen sagen, dass der Zugang zu Kunst durch Geld, Wissen und Kontakte verschiedener Art reglementiert ist. Eine Welt, an der Sie als Künstlerin ja teilhaben. – Was meinen Sie mit einer Erfahrung von Kunst in der Natur und auf der Straße?

VF Es beginnt in der Tat sehr früh mit der Erziehung und dann mit der Auswahl an guten Kunstschulen und so weiter. Dass unser System dem Leistungsprinzip unterworfen ist, ist ein wesentliches Element unserer kapitalistischen Gesellschaften, das meiner Meinung nach völlig neu überdacht werden sollte, da es nur zu schwerwiegenden menschlichen Problemen führt, die ich hier nicht weiter ausführen kann.

Wenn ich sage, dass man mit Kunst in der Natur und auf der Straße experimentieren sollte, dann geht man zeitlich sehr weit zurück. Bis in die Höhlen, wo es vor den bemalten Wänden wahrscheinlich schon irgendwelche Aufführungen gab ... Wir können und wollen nicht in die in prähistorische Zeit zurückgehen, aber meiner Meinung nach ist es dringend notwendig, unsere Systeme für den Zugang zu geistigen und natürlichen Ressourcen zu überdenken und anderen Intelligenzen den Vorzug zu geben, nicht nur KI, denn es könnte schlimmer sein. Ich bin eine große Träumerin und wahrscheinlich ein bisschen zu optimistisch ...

AR Es geht, um auf meine Frage zurückzukommen, also auch darum, inwiefern Frauen keinen Zugang zum Kunstbetrieb haben oder hatten. Würden Sie sagen, dass Frauen in der Kunst heute dieselben Möglichkeiten wie Männer haben?

VF Sie wissen, dass es immer noch in verschiedenen Bereichen eine Frauenquote gibt, die die Chancen von Frauen garantieren sollen, zum Beispiel in großen Unternehmen, in der Politik und so weiter. Die Welt der Wissenschaft ist immer noch eine Katastrophe für Frauen. Es gibt zu wenige. Und dann gibt es noch die Unsichtbarkeit, die Frauen erleiden, in der Geschichte, in der Wissenschaft, etwa in der Forschung, und natürlich auch in der Kunstgeschichte. Das ändert sich zum Glück ein wenig, aber viel zu langsam. Und ich rede nicht von den drei Vierteln der Frauen unseres Planeten, deren Rechte mit Füßen getreten werden, wenn die Rechte überhaupt existieren oder nicht einmal das.

Ich bin mir des großen Privilegs bewusst, das ich habe, über Kunst und die Welt um uns herum nachdenken, debattieren und zweifeln zu können, während ich gleichzeitig das Gefühl habe, dass ich nicht die Mittel habe, um über Rassismus, Kriege und die Unannehmlichkeiten, in die wir uns selbst bringen, zu sprechen. Wenn wir endlich verstehen, dass wir alle zusammen leben müssen, werden sich die Dinge vielleicht ändern. Meiner Meinung nach haben Frauen viele Möglichkeiten in der Hand, denn sie sind es, wie in der Welt der Kunst, die die Revolutionen durchführen werden, und zwar zusammen mit den Männern. Das ist zugegebenermaßen etwas naiv, aber ich glaube, wir haben keine andere Wahl.

Und um Ihre Frage weiter zu beantworten, müssen Sie sich nur die Preise für ein bedeutendes Werk eines Künstlers auf dem Kunstmarkt ansehen: Es sind immer noch die Männer, die am teuersten sind. Es gibt einige wenige Ausnahmen von Künstlerinnen. Aber da es immer noch zu oft die Männer sind, die den Kunstmarkt bestimmen, müssen wir uns noch in Geduld üben ... oder Alternativen finden, aber das ist eine fast unmögliche Aufgabe, glaube ich.

AR Die Karrieren welcher Künstlerinnen sind für Sie für diese Situation, auch im Blick auf die Vergangenheit, bezeichnend?

VF Ich muss an zwei Künstlerinnen denken, an Ana Mendieta und Lee Lozano. Ana Mendieta war die Gefährtin von Carl André, die möglicherweise Selbstmord begangen hat, aus ungeklärten Umständen aus dem Fenster gestürzt ist. Sie war Malerin, Fotografin und hat Performance gemacht.

Lee Lozano war Amerikanerin und eine sehr gute und meiner Einschätzung nach vielversprechende Malerin. Am Anfang war sie figurativ, dann hat sie das reduziert und ist zu etwas wie einer Geometrie übergegangen. Nach und nach hat sie die Malerei aufgegeben, um sich stattdessen dem Schreiben von Notizbüchern und Tagebüchern zu widmen, in denen sie obligatorische Dinge aufschrieb, die sie als Aufgaben zwingend zu erledigen hatte. Sie ist sehr bekannt für eine dieser Verpflichtungen, *Boycott Women* von 1971, die darin bestand, ab sofort kein Wort mehr mit Frauen zu wechseln, und das für immer, was sie auch tat. Sie ist wieder zu ihrer Mutter gezogen und bald an Krebs gestorben. Das sagt viel über ihr Leiden aus, denke ich, und über das Schicksal von Künstlerinnen in den Vereinigten Staaten, die bekanntlich kein Beispiel für die Gleichheit der Geschlechter und der Menschen sind.

Beide Künstlerinnen teilten ein tragisches Schicksal, und es sind oft die künstlerischen Werke dieser Frauen, die mich besonders berühren, Frauen, die nicht wie die Männer leben konnten, weil sie in Ländern gelebt haben, in denen es für Frauen kompliziert ist, Rechte zu haben, und von ihrer Kunst für ihre Kunst zu leben ein wahrer Hindernislauf ist, mit enormen Opfern, die sie bringen müssen.

Le bureau des suicides (seit 2018)

AR In der Corona-Zeit haben Sie ein *Bureau de suicides* initiiert, zu dem Sie Gesprächspartner wie Thomas Macho und Geraldine Spiekermann eingeladen haben. Können Sie etwas über diese Fortsetzung der *Suicides* erzählen und wie weitere Veranstaltungen aussehen könnten.

VF Die Realisierung dieses Büros ist viel älter. Ich hatte das Bedürfnis, nach anderen Ebenen zu suchen, um das tabuisierte Thema Selbstmord in der Welt zu erforschen. Also stellte ich mir die Existenz eines imaginären Büros vor, in dem wir gemeinsam über dieses Thema diskutieren könnten. Eine Art *Bureau des incertitudes* (Büro der Ungewissheiten).

Auf Einladung von Annette Tietz von der Galerie Pankow in Berlin konnte ich dieses Büro zum ersten Mal eröffnen. Leider hat Covid – was für ein Zufall! – die Dinge kompliziert gemacht. Es war trotzdem interessant, mit Geraldine Spiekermann und Thomas Macho über dieses Thema zu sprechen. Wir hätten mit einer Eröffnung im Sprengel Museum in Hannover fortfahren sollen, aber auch hier hat uns Covid einen Strich durch die Rechnung gemacht.

Um auf den Ursprung dieses Werks zurückzukommen, mit nichts außer einem Notarschild, also einem Metallschild, wie es zum Beispiel auch Ärzte haben, das neben den Klingeln angebracht wird. Mich hat eine Szene aus Richard Fleischers Film *Soylent Green* aus dem Jahr 1973, der auf dem Roman von *Make Room! Make Room* (dt. *New York 1999*) von Harry Harrison basiert, sehr berührt. Die Szene zeigt einen Ort, an dem Menschen freiwillig Selbstmord begehen können. Im Film gibt es eine riesige Schlange von Menschen, die darauf warten, in einen Raum zu gelangen, in dem ihnen ein Beruhigungsmittel verabreicht wird. Es ist eine halluzinierende Freiheit. Deshalb habe ich mich entschieden, dieses fiktive Büro zu bauen. Es lädt nur dazu ein, sich auszutauschen, zu reden, zu kommunizieren.

Ich wollte auf eine bestimmte Vision der schleichenden und regelmäßigen Einschränkungen unserer Freiheiten aufmerksam machen und auf die Schwierigkeiten und enormen Hindernisse in unseren Gesellschaften, in denen die Entscheidung, bei guter Gesundheit zu sterben, verboten ist. Der einzige Ausweg, um freiwillig aus dem Leben zu scheiden, besteht darin, dies mit Gewalt zu tun. Oder es ist eine unheilbare Krankheit, die in einigen Ländern den Zugang zu einem sanften und moralisch akzeptablen freiwilligen Tod ermöglicht.

Ich weiß, dass das gewalttätig erscheinen kann, aber ich gestehe meine Besorgnis ein, angesichts der Anordnung, um jeden Preis in unseren Gesellschaften leben zu müssen, die schleichend immer autoritärer werden, ohne Utopien, außer der Aufforderung zum Misstrauen den anderen gegenüber und zum Konsum und unseren Gehirnen, die von sozialen Netzwerken, künstlicher Intelligenz und Algorithmen kolonisiert werden, die die Massen dorthin führen, wo sie wollen. Ich denke, dass dieses *Bureau des suicides* eine echte Plattform ohne Tabus wäre, um über das Leben, über unsere Leben zu diskutieren. Das ist wieder die Geschichte vom umgedrehten Handschuh.

AR Sie verstehen also den Selbstmord als eine Herausforderung an die Gesellschaft, wie sie mit der Freiheit des Einzelnen umgeht, und auch symptomatisch dafür, wie die Freiheit eingeschränkt wird. Sie sprechen außerdem das Thema der Sterbehilfe an.

VF Ich möchte noch hinzufügen, dass es eines Tages ein echtes *Bureau des suicides* geben könnte. Eigentlich gibt es bereits eine solche Einrichtung mit dem Verein EXIT in der Schweiz und einigen anderen Ländern in Europa, die eben den assistierten Suizid praktizieren. Wenn ich richtig informiert bin, sind diese Orte nur im letzten Stadium einer unheilbaren Krankheit zugänglich.

Mein *Bureau des suicides* würde zu einem Ort der Reflexion werden, an dem über Möglichkeiten des Sterbens, ohne zu leiden, diskutiert wird, die nicht so restriktiv wären. Das sind die letzten großen Tabus unserer Gesellschaft, die ich hier berühre. Das weiß ich.

Vorher werde ich das *Bureau des incertitudes* (Büro für Ungewissheiten) eröffnen, um darüber zu diskutieren, was wir tun können, um so gut wie möglich weiterzuleben, den Dialog und die philosophische Lektüre fortzusetzen und uns zum Beispiel in der Bildung zu engagieren, die eine der wichtigsten Glieder ist, damit wir miteinander kommunizieren und uns gegenseitig respektieren

können. Eine Tür für das *Bureau des paradis* (Büro der Paradiese), das noch nicht eröffnet ist.
AR Mit dem Tod stellt man auch die Frage nach der Vergangenheit und über die Weitergabe von Geschichte, aber eröffnet auch das Gespräch mit den Toten. Auch Ungesagtes, das weitergegeben wird. Hier liegt der Grund, warum ich mich, wie in meinem Roman *Irrblock*, für Geister interessiere. Es liegt auch etwas schaurig Romantisches darin, aber es sind die Toten, die in uns leben. Sie haben eine Serie *Ghosts* gemalt und geisterhafte Wesen tauchen in vielen Ihrer Gemälde auf.
VF Sie haben recht, wenn Sie sagen, dass man sich viel mit den Verstorbenen beschäftigen und man ihnen Ehre erweisen sollte. Aber für mich war es nicht diese Seite, auf der ich nach Inspiration gesucht habe, um die Serie *Ghosts* zu malen, die nicht die beste Serie ist, die ich je gemalt habe, sondern ich denke eher an eine Leere, wenn ich an Geister denke, an Unbeständigkeit. Vielleicht kann man den Geist mit seinen Erinnerungen füllen, aber eigentlich ist er nur eine Erscheinung. Ich muss sagen, dass ich nicht gefunden, was ich gesucht habe. Also habe ich mich abgewandt und bin woanders hingegangen.
AR Um auf die Frage von Geschichte und Vergangenheit zurückzukommen. Es ist klar, dass die Generation meiner, ihrer Eltern zutiefst von unausgesprochenen Dingen geprägt wurde. Und selbst wenn die Leute noch am Leben sind, stellt sich die Frage, ob sie bereit sind, sich zu erinnern, zu erzählen, Dokumente herauszugeben. Für mich ist all das mit dem Thema Tod verbunden.
VF Was Sie über Geister sagen, über diejenigen, die uns vorausgegangen sind, finde ich sehr richtig. Ich glaube, dass wir dank der Erinnerung Geschichte machen, die kleine und die große Erinnerung, und dass wir sie manchmal verändern, formen und auslöschen, sei es im privaten Kreis der Familie oder auf der Seite der Menschen.

Das Gebet (2006)

AR Wir haben bereits das Motiv des Handschuhs angesprochen. In der – wenn ich richtig sehe – sechsteiligen Serie *Das Gebet* trägt ein Vogel, wohl ein Adler, einen Handschuh, in einem für Ihr Werk ungewöhnlichen Innenraum.
VF Trotz der wenigen Bilder mit Vogelmotiven ist es nicht unbedingt immer ein erkennbarer Adler, den ich gemalt habe. Diese Serie

stellt durch einen Vogel, der in einem schäbigen Zimmer gefesselt ist, unsere Unfähigkeit, zu leben, dar, aber es ist nur Malerei. Es ist nicht unbedingt eine Botschaft, die ich übermitteln wollte.

AR Der Vogel liegt auf einer Badematte oder einem Gebetsteppich. Was hat es mit dem Titel auf sich?

VF *Das Gebet* kann viele Bedeutungen haben, und ich möchte diesen Titel unbedingt für alle möglichen Interpretationen offen lassen. Es kann sowohl die etwas gräuliche Friedenstaube symbolisieren, die gefesselt ist, als auch eine Tierquälerei oder die Fesselung, die die Religion uns auferlegt, wenn wir gläubig sind.

AR Unweigerlich denkt man an den Adler als deutsches Nationalsymbol, das abgestürzt ist. Inwiefern spielt dieser Bezug eine Rolle, gerade mit dem Handschuh zum Putzen?

VF Das ist Ihre Interpretation, entweder kriegerisch oder auf der Ebene der Putzfrau.

AR Was meinen Sie damit?

VF Für mich ist der Handschuh zu einem sehr großen Symbol für Prekarität geworden. Der Handschuh ist eines der Objekte, deren Status sich geändert hat, wie übrigens auch der des Autos. Natürlich gibt es immer noch aristokratische Handschuhe und teure Autos, aber diese Gegenstände sind demokratisiert worden.

Leider sind Handschuhe auch ein Symbol für prekäre und schwierig Arbeit. Aus diesem Grund habe ich Vögeln und einigen meiner Figuren, die meine Bilder bewohnen, Handschuhe angezogen und werde sie auch weiterhin malen.

AR Ich musste auch an die Adler von Baselitz denken, die, auf den Kopf gestellt, recht unentschieden in der Luft hängen. Ihre Darstellung ist da viel entschiedener. Könnte man das als Antwort darauf sehen?

VF Ich verstehe, was Sie meinen, denn es gibt eine Korrespondenz zwischen Baselitz und mir. Man könnte sich vorstellen, dass meine Adler am Boden angekommen sind und nicht mehr fliegen können.

AR Der Betrachter braucht Zeit, bis er den Vogel erkennen kann. Man hat den Eindruck, er löst sich auf oder verwandelt sich in etwas anderes. Der Eindruck ist ambivalent. Das erscheint mir überhaupt ein sehr wichtiges Moment in ihrer Malerei zu sein.

VF Ich glaube, dass der Betrachter immer Zeit braucht, um ein Gemälde zu betrachten, und vielleicht braucht er sogar noch mehr Zeit, um meine Bilder zu betrachten. Ich weiß aber nicht, ob ich bei der Beschleunigung unserer Gesellschaft nicht Lust habe, eine Arbeit zu machen, die mit dieser Geschwindigkeit kompatibel ist.

AR Der Adler taucht auch in den *Volieren* auf. Gibt es eine Verbindung zwischen den beiden Serien?
VF In der Serie *Volieren* sind es wirklich fliegende Adler und Hydren, die ich gemalt habe. Wenn Sie sich erinnern, sind sie von Mauern eingesperrt. In der Serie *Das Gebet* hat er die Funktion einer Fessel. Es ist wieder die Idee des umgedrehten Handschuhs, die diese beiden Serien in Beziehung setzen sollte.

Hexenflug (seit 2007)

AR Können Sie etwas zu den Malern sagen, die Sie für die Serie der *Redescriptions* auswählen? Es sind viele, mit denen Sie sich beschäftigt haben: Füssli, Rembrandt, Goya, Manet, Ensor, van Ouwater usw. Warum diese Maler? Und gibt es etwas, was sie verbindet?
VF Ich glaube, es ist die Verbindung zu aktuellen Ereignissen, die Aktualität, die mich dazu veranlasst hat, diese oder jene Bilder als Grundlage für eine *Redescription* zu wählen. Und dann habe ich eine Übereinstimmung in den gemalten Figuren mit den Themen gesehen, die damals gemalt wurden und die ich auf meine Weise umgewandelt und übertragen habe. Sie wissen, dass es immer die gleiche Frage ist, wie man ein Bild beginnt. Die *Redescriptions* sind nur ein Vorwand, wie zum Beispiel bei Francis Picabia, der sich von Pin-up-Girls aus Zeitschriften inspirieren ließ, um einige seiner Bilder zu malen.
AR Was meinen Sie mit »die gleiche Frage, wie man eine Bild beginnt«?
VF Wenn ich den ersten Pinselstrich auf der Leinwand mache, weiß ich sofort, dass ich ein neues Bild machen muss, weil das, das ich gerade begonnen habe, nicht genau das wiedergeben wird, was ich darstellen möchte. Die Bilder, die in der Gruppe mit dem Namen *Redescriptions* zusammengefasst sind, sind, wie der Titel schon sagt, eine Strategie. Eine Strategie der Vereinfachung, weil ich von einem Bild ausgehe, das bereits existiert.
AR Wenn ich Sie richtig verstehe, sprechen Sie hier von einem Zweifel an dem Medium Malerei, das gleichzeitig die Droge ist, von der Sie nicht loskommen. Könnte man also sagen, dass Ihre Serien und Zyklen dazu dienen, das zu umkreisen, was Sie darstellen möchten?
VF Ich zweifle nicht an der Malerei, aber ich zweifle oft an den Bildern, die ich male, das ist ein großer Unterschied.

AR Die zweite Frage wäre: Wenn Sie sagen »das, was ich ausdrücken möchte«, sprechen Sie von Bildern in Ihrer Vorstellung? Heißt das, dass die Übersetzung scheitern muss, weil Ihre Vorstellung reicher ist?
VF Das ist gut gesagt. Ich versuche, mithilfe meiner Vorstellungskraft alle Serien zu verwirklichen. Im Prozess der Umsetzung von Formen, Figuren und Räumen wird es komplex. Eigentlich ist es die Arbeit der Reduktion und Transformation einer Idee, die mir oft Probleme bereitet, weil es so viele Möglichkeiten gibt, dies oder jenes so oder anders zu malen.
AR Aber ist es nicht so, dass das Material an der Entstehung des Bildes mitarbeitet und Ihre Vorstellung unterläuft, also behindert und gleichzeitig selbst produktiv ist?
VF Ja, das stimmt, aber man kann mit dem Medium spielen, und manchmal ist das Ergebnis viel besser, als wenn man seiner Grundidee völlig gefolgt wäre. Es ist jedoch wichtig, sich nicht von seiner Grundidee zu trennen.
AR Eine der wichtigsten Serien der *Redescriptions* ist der *Hexenflug*. Können Sie etwas über die Malerei von Francisco de Goya sagen, was Sie daran schätzen und für Sie von Bedeutung ist?
VF Dieses kleine Gemälde von Goya, *Flug der Hexen*, hat mich wegen seiner Ambivalenz berührt. Man konnte es als die Entführung eines Mannes oder als die Rettung eines Mannes durch drei lärmende Hexen sehen. Zu der Zeit, als ich mit dieser Serie begonnen habe, wurde viel über »Care«, sich um Menschen kümmern, gesprochen. Und nicht nur die Medien betonten zu Recht immer mehr den Status von Opfern.

Die Wiederholung dieses Gemäldes erschien mir sehr passend, vor allem mit den Figuren der Hexen, die als Frauen ausgegrenzt, stigmatisiert usw. wurden und die in diesem Bild für mich eine Doppelrolle gespielt haben. Wie üblich bei mir, um mit mehreren Interpretationen zu spielen.

Was mich bei Goya fasziniert, ist seine Doppelzüngigkeit. Er war Hofmaler und hat Porträts der königlichen Familie gemalt, Gemälde ohne Verzierung. Und auf der anderen Seite ist er der dunkle Maler. Meiner Meinung nach ist er nicht so düster, er ist ein luzider Künstler. Die Serie von Stichen über die Schrecken des Krieges ist ein Beweis dafür. Sein Gemälde von Kronos, dem Gott, der seine Kinder frisst, sagt viel darüber aus, wie er Könige und auch die dunklen Facetten von Gesellschaften sieht.

AR Bei ihrer Bearbeitung der Szene mit den fliegenden Hexen von Goya haben Sie sich auf die Hexen mit der getragenen Figur konzentriert. Warum haben Sie den Mann darunter, der sich schützt, weggelassen?
VF Das wäre sonst fast eine Kopie gewesen und hätte den Fokus, den ich mit diesem geretteten oder misshandelten Körper zeigen wollte, verwirrender gemacht.
AR Sie haben viele Variationen dieses Bildes gemalt, in denen die Hexen und die getragene Person ihre Gestalt verändern und auch fast verlieren. Was ermöglichen diese Variationen darzustellen? Warum bzw. in was verwandeln sich die Gestalten?
VF Im Laufe der Serie hat er sich in verschiedene neue Figuren verwandelt, zum Beispiel in einen Goldfisch. Um auf die Ökologie hinzuweisen. Manchmal habe ich nur die Hexen in der Luft gemalt, das schien mir genug, niemand ist mehr zu retten oder zu entführen.
AR Sie haben sich auch mit *Die drei Hexen* von Füssli beschäftigt. Einmal sind sie in einer Badewanne unterwegs. Welche Bedeutung hat für Sie die Gestalt der Hexe? Und vielleicht können Sie etwas zu den Bildern von Füssli sagen.
VF Ich wollte etwas über William Blake machen und fand keinen Ausweg. Später fand ich die Lösung, indem ich den Text von Maurice Blanchot, *Thomas l'Obscur* (*Thomas der Dunkle*), kopiert und gezeichnet habe. William Blake und Füssli waren Freunde. Da ich in der Umgebung der düsteren Fantasie und der etwas symbolistischen Gemälde der Zeit bleiben wollte, habe ich das Gemälde der drei Hexen von Füssli transformiert. Die Badewanne, weil im Original nur die drei Gesichter zu sehen sind.
AR Um auf die Serie der *Redescriptions* als ganze zurückzukommen, wie würden Sie Ihr Verhältnis zur malerischen Tradition und den Umgang mit diesen Werken der Kunstgeschichte beschreiben?
VF Ich glaube nicht, dass ich mich mit der Bildtradition dieser Zeit auseinandersetzen kann, es ist zu akademisch in der Darstellung und ich werde es fast nicht können. Es ist eher ein Thema, das der Maler anspricht, das mich anspricht, und ich versuche, es so gut wie möglich zu transformieren und auf meine eigene Weise zu malen.
AR Was meinen Sie mit »zu akademisch in der Darstellung«? Meinen Sie die damalige Art zu malen, die sich nicht in die Gegenwart übertragen lässt?
VF Das Wort »akademisch« ist je nach Epoche veränderlich und hat je nach Standpunkt unterschiedliche Bedeutungen. Es ist

ohne Zweifel nicht das beste Wort, um die Situation zu beschreiben. Denn ich war darauf konzentriert, ein bereits existierendes Gemälde wie das von Füssli in ein neues Gemälde umzuwandeln, mit denselben drei Hexen, aber in einer anderen Umgebung. Diese Übertragung ist für mich wichtiger als die Maltechnik, auch wenn ich Ölfarbe wie zu Füsslis Zeiten verwende.

AR Wie hat sich die Malerei und die Rolle des Malers seit Goya verändert? Inwiefern schlägt sich das in Ihren *Redescriptions* nieder?

VF Es gab so viele Brüche und neue Felder in der Malerei seit Goya, es ist unglaublich. Wir haben seit der Entdeckung der Fotografie zweifellos viel an Ausdrucksfreiheit gewonnen. Der Maler ist nicht mehr da, um die Welt a priori darzustellen, sondern um seine Emotionen auszudrücken. Ich weiß nicht, ob es immer gute Malerei ist, aber wenn ich zum Beispiel an Mark Rothkos Gemälde denke, bin ich sehr glücklich über die Entwicklung der Gesten in der Malerei.

AR Was schätzen Sie an Rothkos Gemälden?

VF Er ist ein Maler, der ein Gefühl für den Raum hatte, und er schaffte es, eine Art von Unendlichkeit in seinen Bildern zu übersetzen.

AR Ich würde gern noch mal auf Édouard Manet und vor allem James Ensor zurückkommen.

VF Manet hat den Rahmen bereits gesprengt, auch wenn er noch viel stärker an Regeln oder Erwartungen gebunden war, an einen Kanon der Darstellung als heute. Und er ist nicht James Ensor, der auch aus der bürgerlichen Klasse kommt, aber viel verrückter ist, zum Beispiel das Bild mit dem Tod, der mit einer Decke auf dem Sofa sitzt, das ich für meine *Redescriptions* verwendet habe. Ensor ist turbulenter und überschreitet andere Grenzen.

AR Was zeichnet für Sie James Ensor aus, mit dessen Bildern Sie sich zuletzt beschäftigt haben?

VF Wenn ich seine Bilder betrachtet habe, es gibt mehrere davon in den Stuttgarter Museen; wenn ich nichts als die Farben gesehen habe, die er auf ein Leinwand aufgetragen hat, um ein Stillleben mit Früchten darzustellen, ist alles in meinem Kopf durcheinander geraten. Die aufgetragene Farbe zum Beispiel war eine echte Kruste, und ich erinnere mich an ein stechendes Rosa, das aus Karminrot und einem elektrischen Zitronengelb zusammengesetzt war. Ein wahrer Wahnsinn, vor allem wenn man sich in seine Zeit zurückversetzt.

Er bietet ein sehr persönliches Universum, das außerhalb der Zeit liegt. Ich habe den Eindruck, dass seine Bilder gestern wie vor hundert Jahren entstanden sein könnten. Ich schätze seine Arbeiten von Paraden, Maskenköpfen, aber auch die seltsame Atmosphäre dieser bürgerlichen Interieurs. Für mich gibt es eine Atmosphäre von Ingmar-Bergman-Filmen, manchmal auch Szenen des Grauens, ohne etwas zu zeigen.

Das kleine Gemälde, das ich erwähnt habe, zeigt ein Interieur mit einem Skelett, das gemütlich in einem Sessel mit einer Decke sitzt. Ich habe vier *Redescriptions* gemacht, wobei ich das Skelett als Grundlage für meine Arbeit genommen habe. Und die ganze Szenerie rundherum hat sich von Bild zu Bild weiterentwickelt.

AR Inwiefern ist Ensor für Ihre Malerei überhaupt, noch mehr in seiner Malweise als in seinen Motiven, von Bedeutung?

VF James Ensor, aber paradoxerweise auch Marcel Duchamp, haben mir geholfen, die Malerei als Denkwerkzeug zu verwenden; aus diesem Grund realisiere ich seit Jahren diese Struktur, die alle meine Gemäldeserien darstellen. James Ensor für alle malerischen Materialien, die er bei seinen gemalten Themen einsetzt. Marcel Duchamp für seine Analyse und seinen Blick über den Rahmen hinaus, den er auf die Malerei richtet, mit all seinen Strategien, die man kennt, wenn man sich mit seinem Werk beschäftigen. Seine rebellische Haltung gegen das Performative, das Schaffen des Künstlers, zum Beispiel das Schachspielen bis hin zu den wie nebenbei gemachten technischen Zeichnungen.

AR In Bezug auf die Suche nach Formen und Ausdrucksmöglichkeiten, wenn man an die Künstler denkt, die Sie schätzen, etwa Francisco de Goya, Odilon Redon, James Ensor, Pierre Bonnard usw., sind es Maler, die nicht zur sogenannten künstlerischen Moderne gehören, weil sie entweder vorher sind oder sich nicht in Bewegungen wie Impressionismus, Expressionismus, Futurismus usw. einordnen lassen.

VF Das Problem mit Redon, Bonnard oder Ensor zum Beispiel in all ihren Qualitäten ist, dass sie Künstler sind, die sehr introspektiv vorgehen, wie ich ja auch. Sie haben sich also nicht in eine Bewegung ihrer Zeit eingeordnet, sondern waren am Rand. Bonnards Arbeit wurde erst später anerkannt, man hat nur von Picasso und Matisse gesprochen, der auch in Südfrankreich gewohnt hat, praktisch nur zwei Schritte von Bonnard entfernt. Das ist eine andere künstlerische Qualität, für mich, viel mehr die Arbeit des Dichters, der sich von der Welt zurückgezogen hat.

AR Bei der Kunst der Moderne geht es für mich auch um die Auseinandersetzung mit der Tradition angesichts gesellschaftlicher

Umbrüche, die problematisch sind. Max Beckmann ist für mich ein starkes Beispiel dafür, auf Veränderungen und Katastrophen seiner Zeit reagieren zu müssen, die Industrialisierung, der Erste Weltkrieg, der Nationalsozialismus usw. Er hat versucht, eine angemessene Formensprache zu entwickeln, die auf den Druck historischer Ereignisse reagiert.

VF Irgendwie ist die Moderne ein Traum, eine Fata Morgana, die Geschwindigkeit, die durch das Auto verkörpert wird. Und ich vermute auch die Grundlage der Souveränität des Individualismus. Die Entwicklung der Werbung durch die schnellere Verbreitung von Bildern aller Art ist auch ein Beispiel.

AR Die Technik, der technische Fortschritt.

VF Und ich denke zum Beispiel an Fernand Leger, Francis Picabia oder Marcel Duchamp mit der *Schokoladenmühle* und dem *Großen Glas*, da gibt es auch eine Faszination für Technik, die ich sehr gut nachvollziehen kann, die auch etwas Spielerisches hat, wie *La Poulinière*.

AR Was für eine Faszination ist das? Und inwiefern spielt sie in ihrem Werk eine Rolle? Sie haben zum Beispiel Autos in *Autos dans la nuit* gemalt, aber die sind nicht immer funktionstüchtig. Dann gibt es die Fortbewegungsmittel in *Der dritte Bruder Grimm* und Diagramme wie technische Baupläne, zum Beispiel in *Les petits théatres de la vie*, aber auch in der Zeit von *La Poulinière*.

VF Ich suche meine Inspirationen zum Beispiel in wissenschaftlichen Aufzeichnungen und Architekturplänen von Häusern und Flughäfen speziell für meine Zeichnungen, aber auch beim Lesen von Poesie warte ich auf den Auslöser, in Texten, die mir oft riesige Räumlichkeiten öffnen.

AR Sehen Sie hier einen Bezug zur Moderne?

VF In der bildenden Kunst war die Moderne eine großartige Plattform für bildliche Revolutionen. Schriftliche Interventionen, Zahlen, Formeln und Pläne wurden in den Bildern inszeniert und dann dekonstruiert und fragmentiert, wie zum Beispiel in der kubistischen Bewegung.

AR An welche Interventionen denken Sie? Und können Sie etwas mehr zu diesem Prozess der Dekonstruktion und Fragmentierung sagen?

VF In den Künsten war es eine sehr utopische Zeit, die viele neue Ideen befördert hat, und ich denke, dass die Künstler sehr frei waren. In der Malerei, wenn man den Kubismus als moderne Bewegung miteinbezieht, sehe ich Werke von Georges Braque,

Juan Gris und Pablo Picasso, die ihre Formen zerlegt und Collagen verwendet haben.

Ich habe mich in der *Série périmétrique* und der ersten *Poulinière* mit vielen technischen Dingen beschäftigt, die aber völlig erfunden waren. Aber es hat mich mehr die Seite der Arbeitsnotizen interessiert, in meinen Bildern umzusetzen. Ich ließ mich von den Zeichnungen von Marcel Duchamp und den Notizen von Wissenschaftlern, die ich in Büchern gefunden habe, inspirieren.

AR Sie meinen, die Abstraktion und die Darstellung innerer Zusammenhänge, also eines inneren Bauplans, einer inneren Funktionsweise.

VF In meinem Hörspiel *Parking* habe ich mich mit einem Astrophysiker über Quantenphysik unterhalten, ohne mich darin auszukennen. Und das Material, die Bausteine unseres Körpers, gleichen denen des Universums, was ich demnächst zum Thema eines Gemäldes machen werde.

AR Also Technik als Mittel, Zusammenhänge herzustellen.

VF In der Moderne gibt es aber eben auch die Trennung der emotionalen, erzählerischen Seite von der technischen, linear, präzise und klar, und die Tendenz, das Kunstwerk von seinem Inhalt zu entleeren. Das beginnt für mich in unserer europäischen Kultur mit der Moderne, dass man die Form entleert und in den Vordergrund stellt. Wenn man sich die Russen ansieht, dann war das außergewöhnlich. Sie haben das sehr gut erfasst, aber es war eine politische Reaktion. Sie mussten die Kunst ihres Inhalts entleeren, um L'art pour l'art zu machen.

AR Sie meinen, um der Zensur zu entgehen?

VF Das ist wie *1984* von George Orwell. Wenn es kollektive Unterdrückung gibt, meidet man die allgemeinen Künstlergruppen, die so etwas wie die Politik des Begehrens, die Bewegung bestimmen. Man findet Auswege, was zum Beispiel auf Malewitsch oder Tatlin zutrifft.

AR Sie haben von einer Fokussierung auf die Form gesprochen, während der Inhalt beliebig zu werden droht. Das bringt mich auf die Forderung, der Künstler müsse als Avantgarde dem technischen Fortschritts folgen und sich die neusten Produktionsmittel aneignen. Würden Sie das auch so sehen?

VF Nicht unbedingt. Ich denke zum Beispiel an das Werk von Joseph Beuys, der mit Fett und Filz viele von uns voll getroffen hat, in erster Linie nicht technisch, sondern er hat unsere kollektive Erinnerung an Krieg wachgerufen. Er hat außerdem in seiner Kunst bereits auf die kommenden ökologischen Katastrophen hingewiesen, und auch auf unsere Lebensweise, die viele von uns völlig von der Natur abgeschnitten hat. In Performances wie *Coyote, I like America and America likes Me* oder *7000 Eichen – Stadtverwaldung statt Stadtverwaltung* hat er auf unsere existenziellen Beziehungen zur Natur hingewiesen. Und wenn man heute sieht, dass die ökologische Katastrophe droht, dann ist der Glauben an den technischen Fortschritt ein Fehler. Denn der Verlust der Biodiversität kann nicht rückgängig gemacht werden.

AR Aber es geht ja um einen reflektierten Einsatz von Technik, den Sie vorhin auch angesprochen haben. Ist das nicht auch eine Problematik der Moderne, diese Beschleunigung eines angeblichen Fortschritts?

VF Ja. Haben wir die Wahl, anders zu handeln? Wenn ja, mit wem und wie? Wir sind so sehr vernetzt, dass die Überflutung mit »allem« das Unterscheidungsvermögen und die Anerkennung des anderen als Verbündeten, als Freund sehr schwierig macht. Und beides nimmt meiner Meinung nach tendenziell ab, selbst wenn wir den Eindruck haben, Freunde zu haben, die uns in Netzwerken folgen.

Der Liberalismus, der für mich eine Folge der Moderne ist, hat zu großer Ungleichheit und irreparablen Schäden sowohl am Klima als auch an der Artenvielfalt geführt. Und die Moderne ist ein Standpunkt unserer weißen Kultur, ein Begriff des Fortschritts durch die Wissenschaft, die daraus resultierende Industrie und auch die künstlerischen Visionen, die sich damit beschäftigen, die Utopie einer gewissen Verzauberung durch den Konsum zu entwerfen und diesen natürlich kritisieren.

AR An welche Utopien denken Sie? Und was meinen Sie mit der Verzauberung durch den Konsum?

VF Meine Position ist eben sehr kritisch gegenüber diesem Konsumismus. Das Buch *Die Dinge* von Georges Perec beschreibt exemplarisch unsere Wünsche und Bedürfnisse, Dinge zu besitzen. Aber ich leugne nicht, dass wir dank der Entwicklung der Menschenrechte, die derzeit in Gefahr sind, und dank der wissenschaftlichen Forschung in alle Richtungen besser für uns Sorge zu tragen und besser wählen können, ob wir Entscheidungen treffen oder nicht.

Es ist so komplex, dass es jetzt die Hilfe von künstlicher Intelligenz braucht, um Lösungen zu sehen, die so eng miteinander verwoben sind, dass ich mir ein großes, explodiertes Wollknäuel vorstelle, das man vom Anfang bis zum Ende des Fadens aufzuwickeln versucht, um einen Sinn von all dem zu finden.

Vor langer Zeit habe ich einmal gesagt, ich misstraue den Modernen, ich bevorzuge Dada. Oder Oulipo, extrem in der

Auseinandersetzung mit der Welt, der Poesie oder der Vision. Ich habe das große Privileg, morgens aufzustehen und etwas zu tun, für das ich mich begeistern kann. Ich würde sagen, dass der Akt des Malens eigentlich ein Akt des Widerstands ist. Nicht gegen den Fortschritt, der in manchen Fällen fragwürdig ist, sondern ein passiver Widerstand, um zu zeigen, dass man Zeitlichkeit auch anders erleben kann. In der Stille und auch in Harmonie mit sich selbst. Auch wenn ich zugeben muss, dass es schwierig ist, denn man braucht die Anerkennung von bestimmten Leuten des Kunstbetriebs, um den Luxus zu haben, seine Arbeit zu zeigen und davon leben zu können. Aber man darf nicht zu schnell voranschreiten und die Etappen überspringen, denn man muss seine Kreativität und seinen kritischen Geist frisch halten, um nicht zu einer Fabrik fader künstlerischer Werke zu werden.

Ich kann heute nicht mehr über historische Entwicklungen in der Kunst sprechen, ohne global an alle Kulturen zu denken. Wir sind so vernetzt, ob man will oder nicht. Obwohl ich mich leider gar nicht so gut auskenne. Meine Antwort ist instinktiv. Es sind meine Gefühle.

AR Wie sieht diese Entwicklung aus und wie wäre eine globale Perspektive darauf?

VF Von Österreich bis New York gab es Menge Experimente aller Art, in der Performance-Kunst, in der Musik, aber diese Seite ist umgeblättert. Kunst war immer nah an der Gesellschaft, ob gegen sie oder nicht, ihr verpflichtet oder nicht.

AR Können Sie das etwas ausführen?

VF Ich denke, dass die großen experimentellen Revolutionen heute in der digitalen Welt der dritten Dimension stattfinden, und das ist schon seit einiger Zeit der Fall. Sicherlich wird es immer Schriftsteller, Maler, Filmemacher, Komponisten usw. geben, aber die Palette wird sich stark erweitern, denn der Mensch muss in Welten flüchten, die ihm gut tun ... mit wenig Aufwand, wenn ich das so sagen darf. Und es sind auch Künstler, die diese Paralleluniversen eröffnen.

AR Bei Corona hat man gesehen, auf welche Weise die Politik, die Gesellschaft wenigstens für einen Moment mobilisiert werden können.

VF Unsere Geschichte sind voll mit Pandemien gewesen. Wahrscheinlich sind Pandemien sogar Schuld am Untergang von Zivilisationen. Ich denke, dass wir noch nicht erlebt haben, was die Konsequenzen der Pandemie des Corona-Virus für die globale Zivilisation sind.

AR Wie sehen Sie die Malerei angesichts solcher historischer Ereignisse und Herausforderungen?

VF Ich finde den Beruf des Malers großartig, weil man immer lernen muss, eine Farbe vorherzusehen. Wenn man ein Bild mit Schwarz beginnt und dann Gelb hinzufügen will, funktioniert das nicht. Man muss also wissen, dass es geht, wenn man zuerst hell nimmt, dann dunkel zu werden, oder wann man dunkel nehmen kann, um wieder hell zu werden. Aber es gibt auch andere Techniken, eine Art Strategie, die immer vorausschauend ist.

Man muss sich ein Beispiel am Schachspieler nehmen, der immer fünf Züge voraus ist. Ich will keinen Krieg führen, aber wenn die schwarzen Figuren einen bestimmten Zug machen, dann muss ich mit den Weißen reagieren und das, das und das machen. Mit immer etwa fünf Zügen Vorsprung hat man den besten Überblick Und so ist es bei einem guten Maler. Beim Malen geht es darum, immer einen Schritt voraus zu sein.

Meistens ist es Schachmatt und die Malerei gewinnt, aber nicht immer. Das Wort Strategie ist leider zu militärisch, aber ich finde kein anderes. Ich empfinde die Malerei als etwas, das man vorbereiten und dann kommen lassen muss. Die ganze Phase des Zufalls, über die wir gesprochen haben, muss man entstehen lassen und akzeptieren.

AR Vorausschauend Bedingungen, die Möglichkeiten zu schaffen, für etwas, dass es passieren und sich entwickeln kann. Das ist also der politische Rat, wie der Maler zu denken.

Shorts Cuts (seit 2007)

AR Eine Ihrer Serien heißt *Shorts Cuts*. Was bedeutet dieser Titel, woher kommt er und inwiefern charakterisiert er die Serie?

VF Der Titel stammt aus einer Sammlung von Texten von Raymond Carver. Mehrere Erzählungen sind die Grundlage für das Drehbuch zu Robert Altmans Film aus dem Jahr 1993. Als ich den Film gesehen habe, führte mich das sofort dazu, diese Serie von kleinen Formaten zu malen, in denen Themen und Ideen miteinander verflochten sind, die sich später auf großen Leinwänden wiederfinden sollten. Das Interesse war, wie in dem Film, dass sich die entwickelten Themen überschneiden.

AR Von welchen Ideen sprechen Sie zum Beispiel? Und inwiefern überschneiden sich die Themen?

VF Gerade in dieser Serie sind alle möglichen Ideen für Gemälde möglich, nur das Format muss gleich bleiben. Man könnte sagen, dass diese Serie *Short Cuts* eine Art Notizbuch in Form von Gemälden ist. Anstatt zu zeichnen, habe ich beschlossen, meine Idee direkt zu malen, auf diesem kleinen, immer gleichen Format, das war die einzige Einschränkung. Einige Bildern sind gelungen, andere nicht.

Manchmal, wenn die Jahre vergehen, wird ein Bild der *Short Cuts* oder ein anderes Bild, das ich nicht gelungen fand, aber immer noch gut genug, um es zu behalten, plötzlich sehr interessant. Es ist der Blick, der sich mit der Zeit und den Erfahrungen ändert. Das ist faszinierend.

AR Die Bilder sind auf einem Format gemalt, das an Breitwandbild bzw. CinemaScope erinnert. Gleichzeitig konzentrieren Sie sich oft auf ein Motiv, dem Sie viel Platz lassen, wie im Western eine einzelne Figur in der Landschaft. Sei es der Spargel von Manet, einem Faun oder dem Glücksrad der Fortuna. Was ermöglicht dieses Format und welche Verbindung zum Kino gibt es?

VF Das Format erinnert natürlich an CinemaScope, und vor allem die Tatsache, dass es klein ist, hat es mir ermöglicht, diese Bilder in Notizen zu verwandeln und vor allem viele Themen gleichzeitig zu erforschen, ohne eine neue Serie beginnen zu müssen. Sie sind etwa wie Tests oder um schnell Ideen auf die Leinwand zu setzen. Außer dem Titel des Altmanns Film und dem Format hat es nichts mit der Kinowelt zu tun.

AR Was ist der Unterschied zwischen den Serien *Redescriptions* und *Short Cuts*? Wenn ich richtig sehe, beschäftigen Sie sich in beiden mit der Kunstgeschichte. In der Serie *Short Cuts* außerdem mit Motiven der Mythologie, des Films oder einer weiblichen Version des hl. Georg usw.

VF Genau, ich habe mir erlaubt, fast alles zu mischen und so meine Ideen besser für größere Formaten aufbauen zu können oder sogar eine komplette Serie zu starten. Aber nicht immer handelt es sich bei *Short Cuts* um *Redescriptions*. Sie bleiben für sich und haben keine weitere Entwicklung.

AR Ein paar Bilder der Serie haben Sie Édouard Manet gewidmet. Der Bund Spargel und der liegende Torero sind natürlich für das Format sehr passend. Was war darüber hinaus Ihr Interesse an diesen Bildern und an Manet als Künstler?

VF Ja, in der Tat ist Éduard Manet ein bedeutender Maler in der Geschichte der europäischen Kunst, der viele Künstler beeinflusst hat. Darüber hinaus wurde er selbst von anderen Kulturen beeinflusst, die er in seine Bilder einfließen ließ. Japanische Drucke zum Beispiel, und er hatte auch eine gewisse Freiheit, das weibliche Modell auf die Bühne zu bringen, wie Courbet es tat. Nämlich, dass er die Frau subtiler gemalt hat, statt sie als Objekt zu zeigen. Deshalb habe ich sein Stillleben mit Spargel und dem Spargelbündel aufgegriffen. Irgendwie eine Antwort, ein wenig ironisch, die keinen Kommentar braucht.

AR Die Bilder sind in Grau gehalten, das meist mit wenigen Farben kontrastiert. Wie würden Sie das Verhältnis von Figur und Malgrund beschreiben? Manche Figuren heben sich nur kaum ab, wie die Uhus etc., andere treten stärker hervor.

VF Einige davon sind Bilder, die ich sehr schnell gemalt habe, »nass in nass«. Andere, etwa einige große Formate haben länger gebraucht. Die Farbe Grau sollte meine Aufmerksamkeit auf das Thema lenken, das ich entwickeln wollte.

AR Sie haben gesagt, dass die *Short Cuts* zu den *Theatern* geführt haben.

VF Die *Theater* sind eigentlich eine kleine Zusammenfassung dessen, was ich in der *Short Cuts*-Serie erforscht habe. Das Format ist ebenfalls CinemaScope, aber auch die Deklination von Themen, die von einem Bild zum anderen immer wiederkehren. Aber die Aufgabe war riesig, das System mit den Skeletten und ein oder zwei Ausflügen in die *Redescriptions*, zum Beispiel die kleine Szene mit dem Wächter vor dem Zelt in dem von Piero della Francesca inspirierten Gemälde *L'ordre de la nuit*.

AR Die Konstruktion der *Theater* war also viel komplexer als die der *Short cuts*? Und Sie wollen sagen, dass die Skelette wiederkehren?

VF Ja, weil ich mit der Serie der großen *Theater*-Triptychen strengere Vorgaben erfunden habe, für die Kulissen, die Dachluken: weiße, unbemalte Flächen und Figuren, die von einem Bild zum anderen wiederkehren, wie die Figur des Skeletts, die in allen Triptychen auftauchen sollte. Es ist eine Art System. Bei den *Short Cuts* ist die Übung viel freier.

Henkerinnen (2009)

AR Cut ist der Schnitt, nicht nur im Film. Ich musste daher bei *Short Cuts* an Ihr Bild *Messerschnitt* und dann die Serie der *Henkerinnen* denken. Wie ist es zu dieser Serie gekommen?

VF Sie haben recht mit dem »Schnitt«, der kleine Messerschnitt ist eine Reaktion auf gewalttätige Bilder, die von Terroristen gemacht wurden. Aber die Idee der Montage wie ein Schnitt im Kino ist eher die Schlussklappe, um die es in diesem kleinen Bild auch geht. Wenn man dir den Kopf abschlägt, ist es normalerweise vorbei. Wie bei der Frau, die als Henkerin Köpfe abschlägt, ein Beruf, dem sich Frauen nicht gewidmet haben, die im Gegenteil dank ihrer Körper Leben spenden. Aber ich denke, ich wollte auf den Weg hinweisen, den Frauen gehen müssen, um anerkannt zu werden, und dass es trotz vieler Fortschritte in unserer Gesellschaft für uns immer noch schwierig ist. Denken Sie an die Wissenschaft, das Konzept der Moderne, der Begriff des Fortschritts … das sind Bereiche, die noch immer überwiegend von Männern dominiert werden. Ich versuche, der Welt mit diesen Figuren zu zeigen, dass nichts selbstverständlich ist.

AR Sie haben gespenstische Frauen gemalt, die keine Beine und keine Gesichter haben. Sie erinnern an die beinlose *Pinochiette*, auch wenn die Gestalten statisch und bedrohlicher sind.

VF Ohne Beine und ohne Gesicht sind sie keine oder alle Frauen. Die Unsichtbarkeit von Frauen ist ein Phänomen vieler Gesellschaften. Aber sie können nicht fliegen und auch nicht lügen wie *Pinochiette*, also male ich ihnen andere Möglichkeiten.

AR Wie viele Ihrer Gestalten schweben auch die Henkerinnen. Was verbinden Sie mit Schweben oder der Überwindung der Schwerkraft ?

VF Vielleicht ist das eine Metapher für viele unserer Unsicherheiten, die sich schon zu der Zeit, als ich diese Serien malte, am Horizont abzeichneten. Rückblickend ist das vielleicht leicht gesagt … Ich habe immer versucht, mich so gut wie möglich über die Bewegungen und Turbulenzen der Welt zu informieren.

Les petits théâtres de la vie (seit 2010) / Theater (seit 2008)

AR Es gibt in Ihrer Serie *Les petits théâtres de la vie* Momente von El Lissitzky, also dem konstruktivistischen Theater mit mehrstöckigen Bühnen usw. Diese kleinen Theater betonen die Architektur mehr als Ihre Malerei, sie sind noch mehr Bühne und konstruierte, verschachtelte Realität.

VF Es stimmt, dass *Les petits théâtres de la vie* viele seltsame Orte darstellen. Oft sind es Kuppeln, Theaterbühnen, Innenräume von Kathedralen …, die ich herstelle, indem ich die Räume neu zerlege, sodass man merkt, dass es sich um Orte mit fragilen

Perspektiven handelt. Ich meine das in den beiden Bedeutungen von »zerbrechliche Perspektiven«, wie auch der Titel der Serie, der an eine persönliche Biografie oder im Gegenteil an eine Fiktion denken lassen kann. In diesen Räumen spielen sich die unterschiedlichsten Szenen ab, und oftmals ist der letzte Eindruck ein dekorativer. Was mich nicht stört.

Diese Arbeiten sind auf Papier. Das erlaubt mir, sehr flexibel in meinen Entscheidungen zu sein: Schichten von Gouache-Tinte hinzufügen und das Papier zu zerschneiden. Das ist bei Malerei auf Leinwand nicht so einfach. Seit einiger Zeit versuche ich, meine Leinwände zu zerschneiden und zu nähen oder sie übereinander zu kleben.

AR Sehen Sie einen Zusammenhang zwischen den beiden Theaterserien?

VF Die großen Triptychen *Theater* haben nichts mit der Serie *Les petits théâtres de la vie* zu tun, sondern sind eher ein Anhang der Serie *Short Cuts*. Ich wollte versuchen, mit dieser Serie mehrere Dinge zu zeigen: einen immer gleichen Ort mit seinen Vorhängen, Vorhänge mit vielen Falten wie ein Rahmen um die Figuren, die sich auf der Bühne bewegen.

AR Ist es auch eine Art Fortsetzung ihrer Arbeit mit Stoff und den leeren Kostümen?

VF Ich glaube nicht. Der Zyklus *Theater* ist zunächst aus dem CinemaScope-Format entstanden. Ich habe dieses Format wegen des Kinos gewählt, wegen der großen Leinwand, auf der die Bilder des Films fast unwirklich erscheinen. Das hat mir sehr gefallen und ich habe mich davon für die Formate mehrerer Serien inspirieren lassen, wie die *Volieren* und dann die *Theater*, etwa 170 x 360 cm für jedes Bild.

AR Inwiefern handelt es sich um eine Entwicklung in den Triptychen? Einzelne Figuren kehren wieder, viele verschwinden aber auch.

VF Einige Figuren tauchen von Triptychon zu Triptychon wieder auf. Die meisten der gemalten Figuren sind verschlüsselt. Ein Skelett, das in jedem Triptychon vorhanden war, ist leicht zu erkennen. Es ist die Hauptfigur. Um dieses Skelett herum haben sich verschiedene, meist weibliche Figuren entwickelt. Sie waren es, die in meinen Erzählungen wichtige Rollen gespielt haben. Aber nicht immer. Im leersten Triptychon *Play Back* gibt es einen Mann, der auf einem Sofa sitzt, und in der Ferne ein kleines Pferd, das durch die Kulissen springt. Es ist möglich, dass ich in einigen Jahren die Serie der *Theater* wiederaufnehmen werde, weil ich Figuren hinzufügen möchte, wie zum Beispiel die des Paares aus der Serie *Paar*.

Ich erinnere mich an die ersten beiden Triptychen. Im ersten habe ich eine Szene gezeigt, in der die Figuren wie in einem Theater vor dem Betrachter standen, und im anderen die gleiche Szene, aber von hinten, wie ein Blick hinter die Kulissen, als ob man ein Schauspieler wäre, der darauf wartet, auf die Bühne zu kommen. Ich habe versucht, dass diese beiden Triptychen nicht nur ein intelligenter Schachzug, sondern wirklich zwei sehr unterschiedliche Gemälde sind. Der Eindruck, gleichzeitig vor den zwei Orten zu stehen, war für den Betrachter interessant. Die Art der Darstellung meiner Malerei ist nicht vollständig figurativ, wie Sie betont haben, die Formen und Oberflächen gehen ineinander über.

Es ist wahrscheinlich eine meiner erfolgreichsten Serien in diesem Sinne. Und das, obwohl ich mehrere Jahre gebraucht habe, um diese Serie zu malen. Leider hat man sie nur sehr selten alle zusammen gesehen.

AR Was würde sich aus einer Gesamtschau der Triptychen *Theater* ergeben?

VF Es geht darum, dass ich versuche, die Malerei, auf eine Ebene zu bringen, dass meine Serien nicht nur eine physische Anhäufung von so und so vielen Bildern sind, sondern dass mein Vorschlag, »ein Bild« zu sehen, durch die Möglichkeit gegeben wäre, die gesamte Serie zusammen zu präsentieren, wodurch die Gesamtheit der Bilder der Serie zu einem einzigen Bild würde, also die Reduktion auf eine einzige Ebene, auf der das Wesentliche im Ganzen liegt. Ich weiß, dass dies unmöglich zu realisieren ist, aber es ist das Projekt, das mir am Herzen liegt und mich interessiert. Die ganze Serie zusammen zu sehen ergibt eine neue Bedeutung. Und nicht, wie allzu oft, sehen wir die Malerei auf ein einziges Objekt reduziert: Es ist das Ganze, das das Werk schafft.

AR Was ist das für ein Bildraum, der sich in diesen Triptychen öffnet? Diese teilweise labyrinthisch gefalteten Vorhänge und Stoffbahnen öffnen sich auf einen dunklen Hintergrund, was einen ambivalenten, ebenso geheimnisvollen wie unheimlichen Eindruck vermittelt.

VF Auf dem langen Format sieht man eine feste Bühne, auf der die Personen stehen. Ich habe den Rest der Szene mit Stoffen umgeben, um mich auf alte Gemälde mit drapierten, sich kreuzenden Falten zu beziehen. Wahrscheinlich eine Metapher für die Gemütszustände der gemalten Figuren ... Das war ein Scherz! Für mich stellen diese Stoffe, die wie Rahmen um jedes Triptychon gelegt sind, die Zerbrechlichkeit der Welt, das Nomadentum und das Zeitalter der Ungewissheit dar, in das wir nun eingetreten sind. Damals hatte ich nur eine Ahnung davon, dass wir gezwungen sein werden, mobiler zu sein, mobiler in unseren Gedanken, mobiler in unseren Entscheidungen, wenn es möglich ist. Viele von uns haben auch keine Wahl. Das ist der Grund, warum diese Einrichtung, die die Illusion der Unsicherheit vermittelt, ein wenig barock ist.

AR Im Sinne eines barocken Welttheaters? Die Komposition der *Theater* und das Auftreten des Todes und mehr oder weniger finsterer Gestalten erinnert an den Totentanz.

VF Das ist auch einer von den wichtigen Einflüssen. Es stimmt, dass die Figur des Todes in jedem Theatertriptychon vorkommt. In der Stadt Luzern gibt es am Rathaus der Stadt eine Wandmalerei mit einem Totentanz und eine andere als Fragment an der berühmten Holzbrücke.

AR Sie sprechen von Einflüssen. Welche anderen gibt es?

VF Die Figur des Todes in Ingmar Bergmans Film *Das siebente Siegel* von 1957, die sich in mein Gedächtnis eingebrannt hat, und viele Stiche, in denen es üblich war, den Tod als Skelett darzustellen.

AR Parallel zu der Serie *Theater* haben Sie auch die *Suicides* angefangen. Mit der Darstellung von Figuren ist bei Ihnen auch die von Gewalt, Verletzung, Verstümmelung verbunden. Es gibt auch hellere, verspieltere Theater, die an Zirkus oder Karneval erinnern, aber andere sind finsterer.

VF Ich glaube nicht, dass meine Theaterbilder so schrecklich sind, aber Sie haben recht, dass ich mich nicht zensiert habe. Es stimmt auch, dass ich parallel dazu die Serie der *Suicides* gemalt habe, aber das war alles sehr getrennt und differenziert, vor allem in der Malweise und der Technik.

AR In der Schweiz – weniger als in Deutschland – ist Gewalt ein Teil der Karnevaltradition. Ich habe mich gefragt, ob das in Ihre Bilder eingegangen ist. Wenn ich richtig sehe, ist die Darstellung von mehr oder weniger mutierten Gestalten ohne Gesichtern, mit verstümmelten, zerfließenden usw. Gliedmaßen in Ihren Bildern vor dem *Theater*-Zyklus eher zurückhaltend. Das beginnt mit den *Theatern* und steigert sich mit *Suicides*, auch eine Verbindung von Tod und auch Gewalt. Können Sie dazu etwas sagen?

VF Das ist eine interessante Frage, denn ich persönlich habe nie gedacht, dass die Folge meiner Gemäldeserien eine Zunahme der

Darstellung von Gewalt zeigt. Ich habe immer versucht, ein Maximum an Nuancen einzuführen, und sei es durch das Auftauchen von Themen und deren Ausarbeitung, ich denke da an die Serien *Fragmente* und *Paar*.

AR Wir wissen als Zuschauer nicht, warum Ihre Körper aussehen wie sie aussehen. Aber auch ihre Verkleidungen regen zu Spekulationen an. In *Theater* treten ja auch die Majorettes auf, über die wir schon gesprochen haben. Der Karneval hat eine Rolle gespielt?

VF Ich musste in der Serie der *Theater* Figuren malen, die von einem Bild zum anderen mehr oder weniger wiedererkennbar waren. Die Majorettes waren aufgrund ihrer vielfältigen Interpretationen sehr schnell von Bild zu Bild klar zu erkennen.

Die Atmosphäre des Karnevals hingegen hat mich weniger beeindruckt. Ich mag keine Menschenmassen und schon gar nicht solche, die sich drängen und Lärm machen. Einige Quellen stammen aus dem Theater, auch aus Theaterstücken, die ich gesehen oder gelesen habe, Sarah Kane zum Beispiel, der französische Regisseur Claude Régy, der ja auch Sarah Kane und den Theaterautor Gregory Motton inszeniert hat und dessen Bücher, die ich bis heute lese, und viele andere.

AR Sie haben während der Arbeit an dem *Chimères / Bleibox* gesagt, etwas, eine Kiste, sei Ihnen zu illustrativ. Sie wollten Sie übermalen oder verändern. In welchem Sinne illustrativ?

VF Ich hatte in dieser Kiste zuerst so etwas wie Tierköpfe, die mir nicht gefallen haben. Das war zu offensichtlich.

AR Worum es hier geht, ist die Vieldeutigkeit eines Motivs bzw. einer Form, wie sie dargestellt sein müssen, um vieldeutig zu bleiben.

VF Es ist schwierig, Ihnen zu antworten, weil es sich um ein Detail eines Gemäldes handelt. Wenn ich im Atelier male, ist es nicht nur ein Detail, das ich auf ein Bild male, sondern oft das Ganze, das fast vollständige Gemälde, wobei ich respektiere, wo die Figuren platziert sind. Die Dinge, die sich durch das Übermalen tatsächlich ändern können, sind, dass ein Kopf völlig verändert wird. – Ich habe neulich einen Satz aufgeschrieben: »Ich male gegen den Strich.« Ich glaube, ich bin dem sehr nahe.

AR Ist das eine Anspielung auf den Roman *Gegen den Strich* von Joris-Karl Huysmans?

VF Nein, das hat nichts damit zu tun. Ich dachte eher an eine künstlerische Position, »gegen den Strich« zu sein, besser gesagt: an das Anderssein. Ich glaube, es ist wichtiger, diese Ziele zu verfolgen und immer höher zu streben als das, was man auf den ersten Blick erreichen kann, und sich nie auf seinen Lorbeeren auszuruhen.

AR Wie Sie den Prozess Ihres Malens beschreiben, also in Schichten und das sich Verändern eines Motivs, ist er möglicherweise meiner Art, zu schreiben, ähnlich. Wenn jemand sagt, dass dabei Beschreibung eine wichtige Rolle spielt, ist das nur der halbe Weg. Wenn man ein Zimmer betritt, könnte man sagen, in dem Zimmer sind ein Kaktus, ein Computer, ein Tisch und zwei Leute, die sich unterhalten, und dann deren Dialog darstellen. In meinen Büchern spricht bis jetzt niemand oder vielmehr alle und alles. Ich würde wohl beim Kaktus bleiben und anfangen, ihn zu beschreiben, und dann kommt, wie Sie das einmal gesagt haben, etwas aus dem Kaktus heraus und die Dinge beginnen sich zu bewegen, werden porös, undeutlich. Und am Ende ist es kein Kaktus mehr, er ist verschwunden, hat sich verwandelt oder ist gar zerstört.

VF Ich weiß nicht, ob man die flüssige Beschreibung der Dinge, die das Schreiben bietet, mit der Schwerfälligkeit der Umsetzung eines Gemäldes vergleichen kann, das auch »Emotionen« enthalten sollte. Ich gebe zu, dass dieses Medium für meine Malpraxis nicht die Plastizität hat, die Sie beschreiben, das Medium Malerei hat nicht so viel Flexibilität. Aber es ist interessant.

Ich habe eine neue kleine Serie eröffnet, die mit schwarzem Tee auf Papiertaschentüchern (Kleenex) gemalt ist und einen Kreis darstellt, der unserem Planeten ähnelt. Schwarzer Tee als Malmedium hat die Tendenz, mit der Zeit und dem Licht zu verschwinden. Vielleicht kann diese Serie auf eine Beschreibung hindeuten, eine Präsenz, die zum Unsichtbaren tendiert.

AR Bei Ihnen, würde ich sagen, befinden sich die Formen und Motive überhaupt zwischen Entstehen und Verschwinden. Dementsprechend könnte man sagen, ich will das Wort Kaktus in Bewegung setzen, verwischen oder zerstören, also das, was sich die Leute darunter vorstellen oder was man mit dem Wort erfasst zu haben glaubt.

VF Ich glaube nicht, dass ich zerstört habe, wenn ich male. Ich kann das Bild, das ich male, anzweifeln und in diesem Fall auf die erste Schicht malen. Das fertige Bild stellt eine Folge von Farbschichten dar, die für den Betrachter manchmal nicht sichtbar sind. Außerdem ist ein Gemälde sofort für den Betrachter zugänglich, während ein Buch die Zeit des Lesens braucht, in der der Text alle möglichen Zustände durchlaufen hat, um das endgültige

Buch zu erreichen. Nichts ist von den Anstrengungen sichtbar. Während ein Gemälde manchmal die Stigmata der Arbeit des Malers trägt.
AR Ich denke schon, dass die Zerstörung vorgefasster Formen eine Rolle bei Ihnen spielt, die Sie als Angriffspunkt brauchen. Die Frage ist nur, wie weit die Zerstörung geht und ob sie etwa eine Verwandlung hervorruft. Zum Beispiel Ihre *Redescriptions* zerstören ja die Bilder der Tradition nicht, aber sie greifen sie an, damit etwas anders erkennbar wird. Oder ein Gesicht wird ja in seiner Erscheinung nicht auf die Leinwand gezwungen, sondern eher auf Distanz gehalten. Es steigt eine mögliche Form auf, aus dem Material, dem Grund der Malerei. So entsteht etwas Neues in der Transformation.
VF Die Form erscheint im Bild. Aber nie mit Zwang oder Gewalt. Die Erscheinung einer Form ist der Anfang eines Bildes. Ohne langsam den Formen eine Rolle im Bild zu geben, gibt es nichts. Ohne Gewalt sonst ist es ein Desaster.

Fragmente / Kosmos / Universum (seit 2012)

AR In dem Katalog *La première nuit du monde* zeigen Sie Ausschnitte aus der Serie *Fragmente*, teilweise über zwei Meter große Bilder. *Fragmente* lässt sich zuerst einmal auf das Universum, auf den Kosmos beziehen, weil etwas wie Sternennebel oder Phänomene am Himmel zu sehen sind.
VF Ich wollte mich wieder auf eine Reihe neuer Gemälde rund um Landschaft konzentrieren, wie in *Forêt* und *Der dritte Bruder Grimm*. Und die Idee, den Sternenhimmel zu malen, kam mir, um »die Kamera« in einem anderen Winkel zu platzieren.
AR Dass Sie sich für Himmelsphänomene interessieren, wird nicht nur an der Serie *Le bateau des poètes* deutlich. Auch in Ihrem Hörstück *Parking* sprechen Sie mit einem Astronomen. Was ist dieses Interesse?
VF Ich war schon immer fasziniert von der Unendlichkeit, also von einem Konzept, das wir uns nicht vorstellen können. Auch wenn wir dank Teleskopen wie Hubble nach und nach Fragmente des Universums in Reichweite haben, sind wir noch weit davon entfernt, das Universum zu verstehen, und das fasziniert mich. Es geht auch darum, mit dieser Serie von Landschaften unsere Endlichkeit auf Erden zu zeigen.

AR Gleichzeitig sind die Motive aber auch Materiewolken, die Landschaften bzw. Gegenstände andeuten. Zwischen Erscheinen und Verschwinden. Könnte man dieses Dazwischen von Sichtbar- und Unsichtbarwerden auf Ihre ganze Malerei beziehen?
VF Zu einem großen Teil ist das, was nicht gezeigt wird, oft viel wichtiger als das, was gezeigt wird, also das, was gesagt oder nicht gesagt wird.
AR Ich denke hier auch, an den Gegensatz oder das Zusammenspiel von Zufall und Kontrolle. Fleckenmotive sind nicht ganz zu kontrollieren, was Sie auch in Ihrer Ausstellung *Unpolitical Works* beschäftigt hat, in der Sie Fleckenbilder als Gegensatz zu den Pferdebildern in Öl gezeigt haben.
VF In der Tat ist es immer die Kluft zwischen den Dingen, die wichtig ist. Wenn man sich zum Beispiel ein kleines Stillleben von Giorgio Morandi ansieht, merkt man schnell, dass es der Raum zwischen den Gegenständen ist, den er malt und der die Objekte interessant, fast liebenswert macht.

Ich für meinen Teil wollte die Lücke öffnen und gleichzeitig über zwei Thesen nachdenken: eine objektive und kontrollierte, das in Öl gemalte Pferdchen und zum anderen die Gefahrenstelle auf der Leinwand, auf der die Abweichung gezeigt wird. Es ist die Kombination der beiden Möglichkeiten, die ich in der Ausstellung zusammenbringen wollte.
AR Sie spielen in der Serie *Fragmente* mit der Vieldeutigkeit von Flecken, Farbspuren, Formen. Aber auf ganz andere Art als in Ihren anderen Ölbildern. Was hat es mit dieser Vieldeutigkeit zwischen fester und undeutlicher Formgebung auf sich? Und was verbinden Sie sonst mit dem Titel *Fragmente*?
VF Der Titel besagt ganz einfach, dass man nur Zugang zu einem winzigen Teil des Universums hat ... bei mir imaginär. *Fragmente* ist auch eine Metapher, eine Frage nach den Möglichkeiten unseres Gehirns, die Dinge in ihrer Gesamtheit zu betrachten. Das scheint mir angesichts der wachsenden Zahl von Interaktionen zwischen all den Daten, die unsere Gesellschaften produzieren, schwierig und kompliziert zu sein. Und noch mal zum Bildmaterial: Es ist ein Eindruck: Wenn man sich von den Bildern der *Fragmente* entfernt, fühlt man sich wie vor einem Fenster, das einem ein Stück des Universums zeigt. Je näher man dem Bilder kommt, desto mehr sieht man eine unkontrollierte Ansammlung von Flecken.

Mein Ziel war es nicht, jedes Detail zu malen, das ist bei vielen meiner Bildserien der Fall, es gibt nicht oft Details. Wenn es Details gibt, sind sie in der Masse des Mediums gefangen. Und dann kann es unter dem Blick des Betrachters zu vielen Dingen werden.

AR Zu der Serie gehört auch ein sogenannter *Tapis*, ein Teppich. Wie ist er entstanden? Und inwiefern war er als Fortsetzung der Gemälde nötig?

VF Ich habe einen Großteil der Bilder der *Fragmente* fotografiert und sie dann kleiner auf Papier ausgedruckt und wie ein Patchwork zusammengenäht. Diese kleinen Fotos der *Fragmente*, die in einem regelmäßigen Rhythmus zusammengenäht wurden, ergaben einen Teppich, das heißt ein neues Fragment des Universums, das aus winzigen Fragmenten besteht. Bei der Ausstellung im Musée d'art moderne et contemporain in Straßburg hatte man den Eindruck, dass die Bilder real wären, während sie gleichzeitig als Fotos auf einem Sockel präsentiert wurden. Die Vielzahl der gleichen Motive konnte den Eindruck erwecken, man fliege über weit entfernte Galaxien, da die Gemälde verkleinert waren, aber gleichzeitig hatte man das Original vor Augen, das an der Wand hing. Es gab viele Fragen, denen ich nachgehen wollte, wie zum Beispiel die der Reproduktion von Bildern und des Unterschieds zwischen dem Original und der Reproduktion. Die Wahl, einen Teppich in Szene zu setzen, hatte auch eine Portion Humor, denn es war für mich ein Besuch bei den Märchen und den fliegenden Teppichen und auch die Frage nach dem »Dekorativen«, nach der Möglichkeit, aus einem banalen Gegenstand eine Geschichte zu entwickeln.

AR Inwiefern sind *Fragmente / Kosmos / Universum* eine Serie? Oder gehören sie gar nicht zusammen?

VF Es ist die gleiche Serie. Nach 2012 habe ich diese Serie weitergemalt, ohne den Titel *Fragmente* zu nennen, ich bin in andere Richtungen gegangen. Mit der gleichen Grundtechnik und um den Unterschied zu verdeutlichen, nannte ich sie *Universum* oder *Kosmos*.

AR Was sind Unterschiede, was Gemeinsamkeiten? Die Serie *Universum* sind teilweise viel größer und es tauchen Zeichnungen, Skizzen in den Bildern auf?

VF Genau, ich habe den Himmel voller Sterne als Grundlage für grafische Interventionen bei einigen der Bilder genommen, die leider zu wenige sind. Und auch, um riesige Bilder immer mit dem Thema des Universums zu erstellen.

AR Die Serie *Fragmente* erinnert auch an *Hexenflug*. Nicht nur wegen des schwebenden Motivs, sondern auch wegen des dunklen Hintergrunds.

VF Ich habe immer versucht, die beiden Serien nach Format und Technik zu trennen. Aber Sie haben recht, die Hexen fliegen bei mir durch unübersichtliche Räume, während in Goyas Original die Figur und der Esel auf dem Boden sind. Der Maler hat subtile Informationen gegeben.
AR Auch die Hintergründe in *Theater* und *Le bateau des poètes* sind dunkel, was die Figuren einerseits hervortreten lässt, andererseits bedroht. Wie würden Sie diese Bildräume beschreiben?
VF Auf jeden Fall ist es nicht meine Absicht zu drohen. Die Serie *Le bateau des poètes* ist die Fortsetzung der Serie *Universum*, obwohl sie völlig auf andere Zwecke ausgerichtet sind. Die Flüchtlinge auf ihren Booten, die Überquerung des Styx für andere Passagiere, und für mich war es normal, dass diese Serie die Nacht heraufbeschwört. Aber ich wollte keine Anstrengung wie in der Serie *Theater* suggerieren. Die Idee für dunkle Hintergründe ist wie von selbst entstanden.
AR Was meinen Sie mit Anstrengung?
VF Die Gemälde, die die Serie *Le bateau des poètes* bilden, sind einfacher in ihrer Komposition: ein Himmel, Sterne mit einer Wasserfläche und einem Boot, das darauf segelt. Jedes Bild hat das gleiche Muster, nur die Passagiere ändern sich. Im Vergleich dazu sind die Triptychen der *Theater* viel komplexer.

Thomas l'Obscur (2013)

AR Von dem Text *Thomas l'Obscur* (*Thomas der Dunkle*) von Maurice Blanchot gibt es zwei Versionen. Warum haben Sie die erste Version gewählt?
VF Es ist die lange Version von 1941. Das Buch hat sich nicht oder nur sehr schlecht verkauft. Also hat Blanchot beschlossen, es zu kürzen. Heute gibt es zwei Versionen, die im Umlauf sind. Ich fand die lange interessanter, umfassender, introspektiver, eine große innere Reise.
AR Sie haben sich entschieden, das ganze Buch abzuschreiben? Die Mönchsarbeit des Kopierens …
VF Ich wollte in einen anderen Rhythmus kommen, eine Zeit der Besinnung. Ich war auch traurig, weil ich den Marcel-Duchamp-Preis nicht erhalten hatte.
AR Warum Blanchot?
VF Von Maurice Blanchot hatte ich vor vielen Jahren *L'entretien infini* gelesen. Bei meiner Arbeit über Selbstmord bin ich wieder

auf ihn gestoßen und habe mehrere seiner Werke gelesen, insbesondere *L'espace littéraire*. Ich fand außergewöhnlich, wie sensibel er schreibt, auch über andere Schriftsteller, über Franz Kafka, André Gide oder Marcel Proust. Ich gehe sehr gerne zu einer der zwei französischen Buchhandlungen in Berlin. Durch die kurze Version von *Thomas l'Obscur* habe ich erfahren, dass es die lange gibt.

Blanchots Geschichte erzählt von einer inneren Reise, von Zweifeln am Leben, am Tod, an der Liebe, kurzum, am Anfang nichts sehr Originelles. Und doch habe ich mir von den ersten Seiten des Lesens an gesagt, dass ich schon lange den Wunsch hatte, an den Rand von etwas zu zeichnen, und dass ich den Text vielleicht illustrieren könnte. Ich habe William Blake immer sehr bewundert, nicht nur seine Gedichte, sondern vor allem auch seine Zeichnungen, die in seine Schriften eingestreut waren. Also machte ich mich daran, die vollständige Kopie von *Thomas l'Obscur* in Angriff zu nehmen. Ich hatte die Möglichkeit, drei Monate im Maison Borel zu verbringen, um an diesem Projekt zu arbeiten, in Auvernier, in der Nähe von Neuchâtel, wo ich einen Teil meiner Kindheit verbracht habe. Es war also auch parallel eine Zeit der Selbstbeobachtung.

AR Was war das für ein Gefühl, den Text abzuschreiben?

VF Äußerst friedlich und konzentriert. Ich wollte keine Streichungen machen, daher musste es sehr genau sein. Es war konzentriert.

AR Der gedruckte Text kehrt zum Moment des Schreibens zurück, wird wieder zur Geste, zur Zeichnung. Gab es für Sie ein vorherrschendes Thema?

VF Woran ich mich erinnere, was von dem Text heute in meinem Gedächtnis bleibt, ist das unglaubliche Gefühl des Verlustes. Dieses Gefühl des Schwanengesangs, den wir leben. Dieser Gedanke war in Blanchots Werk sehr präsent.

AR Ich hatte den Eindruck, es geht Blanchot darum, in seinem Text, Bilder eher zu vermeiden. Es ist jedenfalls kein Text mit der üblichen Bildlichkeit. Sie haben anfangs eher Landschaft gemalt und sich dann viel mit dem menschlichen Körper, seinen Veränderungen und seiner Beziehung zu anderen Körpern beschäftigt.

VF Es ging in viele Details, ich weiß es nicht mehr genau.

AR Die Körperformen sind fließend, was mich an *Suicides* erinnert hat, in denen sie bedrohte Körper darstellen, die verschwinden.

VF Die Serie der *Suicides* hat nichts mit dem Kopieren des Buches von *Thomas l'Obscur* zu tun.

AR Ich denke, sehr wohl. Der Tod ist in diesem Buch ja sehr präsent. Auch Körper, die sich begegnen. – Was ist der Unterschied zwischen literarischer Bildlichkeit und gemalten Bildern? In seinem Text kann Blanchot sagen: »Es gibt einen Tisch«, und danach aber: »Nein, es gibt gar keinen Tisch.« Am Ende kann man mit Sprache alles behaupten. Man denkt, in der Malerei ist das nicht möglich. Aber Ihre Bilder arbeiten ja mit dieser Gleichzeitigkeit. Etwas ist da und doch nicht.
VF Es sind die Grenzen zwischen Text und Bild, von denen Sie hier sprechen. Das ist der Kern meines Problems und deshalb habe ich eine Reihe von Gemälden zum gleichen Thema gemalt, bei dem Versuch, diese Oszillationen zwischen dem, was gezeigt wird, und dem, was durch das Gezeigte vielleicht nicht mehr gezeigt werden kann.
AR Wenn man den Text liest, kommen Bilder, aber der Autor arbeitet mit Zeit. Es gibt ein filmisches Moment darin, zum Beispiel: »Es gibt keinen Tisch mehr« oder »Es gibt noch keinen Tisch«. Man muss als Leser dieses Schwanken, diese Unentschiedenheit aushalten, die wie ein Sog ist, aber auch abstößt. Die Entscheidung, das malerisch anzugehen, ist sehr interessant.
VF Denn es wird nie ein Tisch sein. Egal, wie viel man malt oder zeichnet, es ist immer nur eine Übertragung, nie ein Tisch. Wir kommen auch hier auf eine Art Fiktion zurück. Denn beim Malen ist es nur ein Bild, das etwas darstellt. Ich kann einem Bild den Titel »Der Tisch meines Nachbarn« geben, oder »Die Pfeife meines Nachbarn«. Das ruft für Sie und für mich etwas anderes hervor.
AR Blanchot stellt die abbildende Funktion der Sprache infrage. Ihm geht es nicht um die Wiedergabe der Welt. Ihre Malerei ist nicht repräsentativ im gewöhnlichen Sinne. Kam Ihnen das entgegen?
VF Ich weiß nicht, ob es möglich ist, das zu vergleichen. Die Welt sichtbar oder lesbar zu machen, sind zwei sehr unterschiedliche Aufgaben.
AR Bei Blanchot gibt es eine Tendenz zur Formlosigkeit, wobei er die Grammatik akzeptiert.
VF Ich glaube, dass eine Struktur notwendig ist, wenn man etwas kommunizieren will, Grammatik ist eine davon, wie für den Maler andere Elemente. Diese konnten sich im Laufe der Zeit dank Veränderungen in der Repräsentation weiterentwickeln. Genauso wie die Sprache, die immer wieder neue Wörter und wahrscheinlich auch Grammatikregeln enthält.

AR Trotzdem sehe ich die Frage der Formlosigkeit, die ich auch in Ihrer Malerei finde. Die Frage: Wie gewinnt ein Ding, ein Gegenstand Gestalt? Bleibt er bestehen oder verschwindet er? Das ist auch wieder das Problem der Zeit.
VF Da haben Sie vollkommen recht.

Engel (seit 2016)

AR Für mich gibt es zwischen der Serie *Das Gebet*, über die wir schon gesprochen haben, und dem der *Engel* insofern eine Verbindung, als beide – Vogel und Engel – fliegen können, aber daran gehindert werden oder es nicht mehr können.
VF Das ist eine interessante Feststellung, ich habe die beiden Serien noch nie miteinander in Verbindung gebracht.
AR Inwiefern spielt das Religiöse eine Rolle?
VF Die Engel sind nur durch Teilhabe göttlich, und sie sind Teil der ältesten Gesellschaft des Kosmos, die den Mythen zufolge diejenige ist, zu der am Ende der Geschichte alles zurückkehren muss. Ich habe mich von einem Buch von Emanuele Coccia inspirieren lassen, um zu versuchen, eine Antwort zu finden.
AR Für mich ist der Engel auch ein Vermittler zwischen göttlicher Sphäre und Menschenwelt, oder allgemeiner zwischen Welten. Diese Verbindung ist abgebrochen.
VF Die Engel sind eine sehr hierarchische Gesellschaft, sie haben eine riesige Geschichte. Die Rabbinerin in meinem Theaterstück *Parking* hat von dem Fall der Engel erzählt. Es ist ein wenig das, was wir erleben, seit einige von uns die Augen für die Katastrophen unserer Welt geöffnet haben und andere von uns immer noch Kriege führen, den »Anderen« und unsere Erde ausbeuten. Das ist die Geschichte der Engelhierarchien, die wir wiedergeben.
AR Woher kommt bei Ihnen das Motiv des Engels? Insbesondere das des mit dem Kopf nach unten aufgehängten Engels?
VF Ich habe eine beeindruckende Figur gebraucht, die in Erinnerung bleibt. Ich habe das Bild des Engels, der in fast allen Gemälden der Kunstgeschichte frei herumfliegt, umgedreht. Ich habe den Engel also an den Füßen mit dem Kopf nach unten aufgehängt. Es ist vielleicht eine Metapher von mir, von meinem Leben im selbst gewählten Exil, aber sicherlich verkörpert es die Gedanken der Umwälzungen, eines Übergangs von einer Welt in die andere, der jedoch schrecklich behindert wird. Der Engel, der

an den Füßen hängt, ist derjenige, der mit der Hierarchie der Engel gebrochen hat. Er hat viele Namen, Luzifer, Hesekiel, Satan, Dschinn …

AR Wenn die Engel nicht aufgehängt sind, haben Sie keine Beine und sind auf einer Art Podest platziert. Das erinnert auch an Ihre *Henkerinnen*. Sind sie ein Gegenbild dazu?

VF Eigentlich nicht. Die Engel haben Körper aus Luft. Sie fliegen und sind nur durch Teilhabe göttlich. Ich denke, *Engel* ist eine Erinnerung an die erste Serie, die ich in Paris gemalt habe, Kostüme ohne Körper, die im Wind schweben.

Dazu wollte ich mit der Figur des Engels eher eine emblematische Figur aus der Kunstgeschichte malen. Es gibt wunderbare Gemälde, auf denen Engel aus allen Religionen dargestellt sind.

AR Natürlich gibt es auch den Engel von Odilon Redon.

VF In der Tat ist er ein sehr mysteriöser Maler, den ich immer wieder anschaue. Die Engelfiguren tauchen oft in seinem Werk auf. Eines Tages habe ich mich als Engel verkleidet, wie in einem Bild von Redon, und von mir ein sehr kleines Bild gemalt. Ich wurde davon inspiriert, und habe mehrere Gemälde nach Engeln von Redon gemalt.

AR Sie haben sich als Engel von Redon verkleidet, sich fotografiert und gemalt. Die Bilder sind komisch, aber auch berührend. Können Sie etwas mehr zu diesen Bildern sagen?

VF Die von Odilon Redon gemalten Engel strahlen etwas anderes aus als ihre übliche Rolle als Engel in der religiösen, später symbolistischen Malerei. Redons Engel sind anders. Sie sind Erdenbewohner, Wanderer mit Flügeln. Ich muss gestehen, dass ich nicht alle seine Werke kenne, aber die, die ich gesehen habe, seine Engel sind Menschen. Und das hat mich davon überzeugt, mich als einer von ihnen zu verkleiden.

AR Können Sie etwas genauer erklären, was Sie an Redon schätzen?

VF Er ist ein Maler, der in sich eine wahre Traumwelt hat. Wenn ich seine Bilder betrachte, habe ich den Eindruck, dass die Motive aus dem Hintergrund des Bildes erscheinen, als würden sie vom Blick angezogen. Es ist ein bisschen wie der Effekt eines Fotopapiers, das man in die Flüssigkeit des Entwicklers legt und das nach und nach die Formen und Kontraste eines Bildes enthüllt.

AR Sie haben das Spiel mit der Verkleidung noch weitergetrieben. Neben Fotografie und Malerei gibt es auch noch eine Performance, bei der sie Ihrem Doppelgänger begegnen. Ich habe nur Fotos davon gesehen. Können Sie darüber etwas erzählen?

VF Ich weiß nicht, welche Performance Sie meinen. Ich habe kaum welche gemacht.
AR Das ist um so interessanter. Aber wenn Sie nicht darüber sprechen wollen, müssen wir das nicht. – Um auf Ihre Serie *Engel* zurückzukommen, die andere Verbindung zu der Serie *Das Gebet* sehe ich darin, dass die Engel – wie auch der Adler – dabei sind, ihre Gestalt zu verlieren, also formlos zu werden, oder sich in etwas anderes zu verwandeln.
VF Das Verschwinden des Subjekts. Ich erinnere mich, dass ich in Paris eine Reihe von roten Kleidern im gleichen Format gemalt hatte: 1 x 1 m auf schwarzem Hintergrund. Die ganze Serie sollte gleichzeitig gesehen werden und ich hatte ihr den Titel *Das Verschwinden des Subjekts* gegeben, da man vom ersten bis zum letzten Bild eine Form sah, das rote Kleid, das im schwarzen Hintergrund der Leinwand verschwand. Wir wiederholen uns wahrscheinlich nur, machen das Gleiche noch einmal. Manchmal aus einem anderen Blickwinkel, aber es ist zweifellos das Gleiche. Es spielt keine Rolle, ob es sich um einen Vogel am Boden oder einen Engel, der an der Decke hängt, handelt.

Hugo Ball (2016/17)

AR Sie haben eine Serie *Hugo Ball* gewidmet. Ausgangspunkt ist ein Porträt von ihm, in einer Verkleidung als Bischof bei einer Vorstellung im Cabaret Voltaire in Zürich.
VF Die Idee, Hugo Ball in einer Reihe von Bildern darzustellen, kam, weil ich eine Ausstellung in der Galerie Peter Kilchmann hatte. Ich habe an Zürich gedacht und wie ich von Berlin aus versuchen könnte, mehrere Ebenen in meinem Vorschlag zu verbinden. Ich wollte auch von der alten Malerei wegkommen und etwas anderes verwenden, das mich mehr mit Poesie und Literatur verbinden könnte, aber dennoch in der bildenden Kunst blieb. Hugo Balls Anwesenheit in Zürich war perfekt.
AR Was meinen Sie damit, von der »alten Malerei wegzukommen«. Meinen Sie das vom Motiv her?
VF Einen neuen Bilderzyklus zu eröffnen. Ich meine nicht, meine alte Arbeit wegzuschmeißen. Aber ich gebe zu, dass ich mich von etwas anderem als Malerei inspirieren lassen wollte, um einen neuen Zyklus zu eröffnen. Mit Hugo Ball war es perfekt. Poesie, Literatur und Romane haben mich schon immer interessiert.

AR Inwiefern spielt Literatur in diesen Bildern und überhaupt in Ihrer Malerei ein Rolle?
VF Literatur spielt eine sehr große Rolle, vor allem in meinem Leben als Leserin. Ich brauche Texte, Gedichte und Fiktionen, aus denen ich meine Inspiration schöpfe. Schon immer. Manchmal steht die Literatur im Vordergrund, manchmal ist sie eher unauffällig. Aber sie ist eine enorme Ideenquelle für mich. Ich erinnere mich, dass ich einen Roman von Stephen King, in dem es um die Geschwindigkeit eines superschnellen Zuges ging, in eine Reihe von Bildern umsetzen wollte … aber ich habe es noch nicht geschafft. Vielleicht ist es besser so.
AR Sie schlüpfen in die Rolle Hugo Balls und stellen sich sehr unterschiedlich dar, nicht unbedingt als Bischöfin einer neuen Kunstbewegung, aber auch sehr zerbrechlich, bis dahin, dass ihr Gesicht verwischt ist. Ihre Gestalt wirkt in dem Kostüm eingezwängt. Mich erinnert sie Serie – auch wenn anders gemalt – an die *Lapine Univers*, als ein Gegenbild. Worum geht es bei dieser vielfältigen, ambivalenten Darstellung?
VF Ich denke, dass die *Lapine Univers* eine völlig erfundene Figur war. Hugo Ball hingegen ist eine echte Figur, ein Dichter, ein Dadaist. Die Zerbrechlichkeit der Wesen, der Blumen zum Beispiel, die Risse zwischen den Dingen haben mich immer viel mehr interessiert zu vermitteln, und Hugo Ball in seinem Papppanzer hat mich gerührt.

Ich wollte nicht das berühmte Foto von ihm kopieren, auf dem er seine Gedichte rezitiert. Also dachte ich mir, dass ich die Figur verkörpern könnte, indem ich sein Kostüm mehr oder weniger rekonstruiere. Ich war eigentlich nur die Mantelträgerin und wollte vor allem eine *Redescription* vornehmen und durch die Variationen der Bilder eine Art Poesie in der Malerei heraufbeschwören. Es war ehrgeizig, weil ich mir selbst die Regeln auferlegt hatte, immer die gleiche Position zu halten und die Variationen in der Arbeit auf und neben dem Modell zu finden waren.
AR Ein Detail. Sie tragen Handschuhe wie Hugo Ball, haben außerdem etwas in der rechten Hand.
VF Es sind Pinsel, die an einem Wollhandschuh befestigt sind, den ich auf mehreren Bildern der Serie abgebildet habe – eine Art visuelle Metapher für den Dichter, der Worte benutzt. Die Darstellung der behandschuhten Hand mit den Pinseln an den Enden zeigt die Werkzeuge des Malers, so wie der Dichter die Worte als Arbeitsmittel hat.

AR Der Ort gilt als Entstehungsort des Dadaismus, inwiefern fühlen Sie sich dieser Bewegung verbunden?
VF Es war eine spannende Bewegung. Ich habe das Gefühl, dass die Künstler damals die Dinge selbst in der Hand hatten und im Zuge der Turbulenzen in der Welt und der Kunst im Allgemeinen radikale Brüche in vielen Bereichen vorschlagen konnten. Für mich sind die neuen Dadaisten heute Künstler oder Künstlergruppen, die sich sozial und ökologisch engagieren und versuchen, die Kunstwelt in Reibung zu bringen, wie damals, als noch viel Konventionelles ausgestellt wurde.
AR Sehen Sie hier einen Mangel der Malerei? Gerät Sie hier ins Hintertreffen? Stellen diese Bilder insofern auch die Problematik der Malerin angesichts anderer Medien dar?
VF Nein, die Malerei wird sicherlich immer ein großes Ausdrucksmedium bleiben, das eher auf stille und kontemplative Weise arbeitet. Sie wissen, dass es sehr privilegiert ist, sich die Zeit zu nehmen, ein Bild zu betrachten, und es ist eine sehr politische Geste, einfach nur zu malen.

De Chirico (2016/17)

AR Sie sind danach in eine metaphysische Puppe von Giorgio de Chirico geschlüpft und haben sich mit seinem Bild *Le Vaticinateur* (Der Wahrsager) beschäftigt, indem Sie die Puppe aufbrechen und sich darin entweder als weiblich oder männlich darstellen. Inwiefern ist das eine Fortsetzung der Serie *Hugo Ball*?
VF Das ist etwas anderes, aber tatsächlich betreffen die beiden kleinen Serien eine Epoche der Kunstgeschichte; die Zeit, in der de Chirico auch diese metaphysische Serie mit den Figuren seiner hybriden Mannequins gemalt hat, die mit Linien und geometrischen Formen verziert sind. Ich wollte eine erkennbare Struktur schaffen und habe daher ein bekanntes Gemälde von ihm genommen.
AR Was meinen Sie mit erkennbarer Struktur?
VF Seine seltsamen Figuren, die manchmal wie Holzpuppen mit Eierköpfen aussehen, sind die bekanntesten Figuren von de Chirico. Ich wollte, dass man beim Betrachten meiner Bilder sofort erkennt, dass ich eine seiner Figuren verwendet habe, ohne den Titel lesen zu müssen.
AR Sie haben der gesichtslosen Puppe von de Chirico ein Gesicht gegeben.

VF Ich habe das Ei in zwei Teilen geöffnet und vier Variationen gemalt. Ich habe mich in einem Teil des Eis mit einem Männergesicht und in anderen Bildern in der anderen Hälfte des Eis als Frau gemalt. Das war vielleicht eine Rückbesinnung auf die *Lapine Univers*, die hybride Figur, die eine Frau mit Hasenkopf dargestellt und gleichzeitig den Namen des Penis getragen hat.

Ich habe einige Jahre später zwei Mäntel angefertigt: einen, der dem »typischen« Mann gewidmet ist, bei dem ich alle Namen der im Trojanischen Krieg getöteten Krieger auf die Leinwand kopiert habe, und einen anderen weiblichen Mantel, auf den ich viele Namen von Künstlerinnen aus dem gesamten Spektrum der Kunst sowie von Göttinnen aus allen möglichen Kulturen geschrieben habe. Dieser Mantel wurde in der Galerie Barbara Thumm gezeigt. Vielleicht war es eine Fortsetzung, die ich der Öffnung des eiförmigen Kopfes von de Chirico gegeben habe.

AR Die Frage des Geschlechts, der biologischen und sozialen Festlegung und des Geschlechtertauschs – wie etwas beim Engel – kehrt bei Ihnen immer wieder. Was hat es damit auf sich?

VF Wir alle haben einen männlichen und einen weiblichen Anteil in uns. Ich denke, dass einer der großen Mythen, der seit einigen Jahren an die Oberfläche kommt, das Unbehagen der Geschlechter ist. Sie haben sicher bemerkt, wie schwierig es für mich war und manchmal immer noch ist, mein weibliches Geschlecht zu akzeptieren. Wenn ich in den 1970er-Jahren Zugang zu Informationen gehabt hätte, hätte ich Schritte unternommen, das Geschlecht zu wechseln. Aber ich denke, dass es damals nicht so offensichtlich war wie heute. Also habe ich mich dafür eingesetzt, den Status von Künstlerinnen zu verteidigen. Ich habe meine ganze Energie in die Kunst und die Malerei gesteckt.

AR Ich musste wegen der zwei Geschlechter auch an den Seher Teiresias denken. Was verbinden Sie mit der Gestalt des Wahrsagers? Dieses Motiv taucht auch in dem Zyklus *Theater* auf, einmal als Seherin, aber auch als der *The Magician's Congress*.

VF Diese Figuren sind »Seher«, ob sie nun blind sind oder nicht, sie schauen und kennen die Bewegungen der Zukunft. Für mich bedeutet »schauen« versuchen zu verstehen. Ich habe diese Gelehrten mehrmals in verschiedenen Malzyklen gemalt, weil sie wichtig sind. »Sehen« ist der Platz desjenigen, der das Bild sieht. Dies ist also eine Mitteilung an diejenigen, die meine Bilder betrachten.

AR In diesen Serien sind sie in Bilder von männlichen Vorbildern der Kunstgesichte geschlüpft.
VF Ich nehme, was mich interessiert. Manchmal muss man die Political Correctness vergessen.
AR Unbedingt. Aber geht es dabei nicht auch darum, sich diese Positionen anzueignen, um eine wenn nicht parodierende, aber doch komische wie kritische Darstellung?
VF Ich denke bei der Verwendung eines Männerporträts, das ich mir für meine Arbeit aneigne, zuerst an das, was ich als Archetyp im Kopf habe, den ich vermitteln will: Der Engel, Hugo Ball, die *Lapine Univers* und sogar die *Robes Rouges* sind starke Symbole. Wenn ich es schaffe und mir meine Serie gelingt, weiß ich, dass diese neue Serie mit anderen Serien meiner Struktur in Resonanz treten wird.

Ich versuche, eine große Geschichte ohne Worte und ohne Bücher zu erzählen. Das Problem, die Werke anderer zu benutzen, um mein eigenes zu schaffen, ist also nur ein Zugang durch die Hintertür. Man müsste das ganze Ensemble aller Serien sehen, was nicht möglich ist. Und das ist auch gut so.

El Lissitzky (seit 2018)

AR Die Serien *Hugo Ball* und *De Chirico* sind auch Selbstporträts. Was bedeutet es für Sie sich selbst zu malen?
VF Sie wissen, dass es auf den ersten Blick keinen Unterschied macht, wenn man ein Thema hat und Farben auf die Oberfläche der Leinwand aufträgt. Das Fehlen eines Models kann auch der Grund sein, was bei mir der Fall war. Ich hatte niemanden, der mir nahe genug stand, um zu fragen, ob er, sie für mich Model stehen würde. Und in meinem Atelier bin ich gerne allein, also macht es die Dinge kompliziert. Außerdem schien es mir, dass nur ich eine Übersetzung meiner Idee, sich in eine Komposition von El Lissitzky zu verwandeln, darstellen könnte.
AR Natürlich gibt es unterschiedliche Vorstellungen von Selbstporträts und deren Beziehung zur eigenen Biografie, aber es ist doch etwas anderes, wenn man als Maler selbst die Bühne der Leinwand betritt. Das ist, glaube ich, heute doch seltener als zu Beckmanns Zeiten.
VF Es gibt viele Künstler und Künstlerinnen, die ihren Körper in Videos, Fotografie und Performance verwenden. Aber sind sie nicht immer als Selbstporträts benannt.

AR Aber auch in der Malerei? – Neben Ihren Selbstporträts in *Hugo Ball* und nach de Chiricos *Der Seher* gibt es auch die Selbstporträts nach El Lissitzky als Tänzerin.
VF Da möchte ich doch eine Differenzierung der Serien von *Hugo Ball* und *El Lissitzky* vornehmen. In der Serie *El Lissitzky* war es das Ziel, als Person eine abstrakte Komposition zu werden. Ich habe meinen Körper benutzt, als ein Zubehör, um eine geometrische Komposition zu werden.
AR Was bedeutet das?
VF Der Titel der Serie lautet *Eine El Lissitzky Komposition über Arthur Schopenhauer zu sein*. Auf den Fotos nehme ich Positionen ein, um zu versuchen, mit meinem Körper Linien vor einer geometrischen Kulisse darzustellen. Diese Fotos werden dann im Siebdruckverfahren auf sechzehn weiß gouachierte Seiten aus dem Buch des Philosophen gedruckt, von der ersten bis zur letzten Seite, gerade und ungerade, je nach Foto.
AR Ist es das Spiel, sich unsichtbar zu machen und unsichtbar gemacht zu werden?
VF Es ging vor allem um die Verbindung zwischen Körper und Geist. Wie kann man eine Idee übersetzen? Also habe ich mich als geometrischer Körper verkleidet – was aber nichts mit einem Porträt zu tun hat –, in der Hoffnung, dass das Bild, das im Siebdruckverfahren auf Seiten eines Textes eines viel diskutierten Philosophen wie Schopenhauer (etwa wegen seiner Haltung gegenüber Frauen) gedruckt wurde, den Betrachtern einige interessante Gedanken mit auf den Weg geben könnte.
AR Warum haben Sie sich für El Lissitzky entschieden?
VF El Lissitzky ist ein Avantgarde-Künstler mit einer langen Geschichte von Revolutionen in der Kunst, und nicht nur dort. Man darf nicht vergessen, dass diese Hommage-Kompositionen die Ausgabe *Welt und Mensch* mit Schopenhauer-Texten als Hintergrund hat.
AR Was ist die Verbindung von diesem Text mit El Lissitzky und Ihrer Komposition?
VF Zufall. Diskussionen. Begegnungen. Erst einmal gibt es eigentlich keine Verbindung zwischen Schopenhauer und El Lissitzky. Ich fand es aber interessant, sie miteinander zu verbinden, ohne dass der eine den anderen kommentiert, aber ich muss zugeben, dass ich ihre Werke schätze. Es ist eine Verbindung von zwei sehr interessanten Positionen, einem Philosophen und einem

bildenden Künstler, die vielleicht mit ihrer Idee von Raum miteinander zu tun haben könnten.

AR Für diese Siebdrucke haben sie Seiten von Reclambänden von verschiedenen Autoren verwendet? Wie haben Sie die Wahl getroffen und was ist der Bezug zu den Porträts?

VF Ich hatte die Qual der Wahl, weil es so viele Autoren gibt, die mich interessieren. Ich habe andere Autoren für andere Siebdrucke genommen, Olympe de Gouges, die erste Feministin, zum Beispiel, um auf Schopenhauer zu antworten.

AR Mir erscheint die Serie über El Lissitzky das Gegenstück zu der über Hugo Ball zu sein. Auf der einen Seite dieses energetischen Moment, die Bewegung des Tanzes und auf der anderen der erstarrte Papst von Hugo Ball.

VF Bei der Serie von Hugo Ball habe ich mich wirklich als Hugo Ball verkleidet, da es sonst keinen Sinn gemacht hätte, ein neues Porträt von ihm zu machen. Ich denke, dass das Annehmen seiner Figur auch zum Nachdenken über den Weg des Künstlers seit Dada anregen könnte und dass seit damals vielleicht nicht so viel passiert ist. Dann habe ich mich als Hugo Ball verkleidet und die Ohnmacht, die Unfähigkeit der Rolle des Künstlers gezeigt. Die Siebdruckserie ist einfach nur mein Körper, sonst nichts. Die Absicht liegt woanders.

Am Tisch (2018)

AR Haben alle Bilder der Serie *Am Tisch* denselben Titel?

VF Alle Bilder, die einem Zyklus angehören, haben oft die gleichen Titel. Es gibt selten Untertitel auf einem Bild. Aber die Zyklen sind meistens nicht so groß und die Unterschiede zwischen die Bildern sind einfach zu sehen.

AR Als ich Ihre Bilder in der Galerie Barbara Thumm gesehen habe, war ich von den Farben überrascht, auch wenn sie ein wenig in dem Zyklus *Theater* auftauchen. Gleichzeitig gibt es viel Weiß, was es in Ihrer Malerei der letzten Jahre nicht gab.

VF Ich spreche nicht gerne über Farben und Technik, aber ich kann Ihnen sagen, dass der Zyklus *Am Tisch* von einem Gemälde von Friedrich Dürrenmatt, *Ultime Assemblée de l'Établissement Bancaire Fédéral* (*Letzte Generalversammlung der Eidgenössischen Bankanstalt*, 1966), inspiriert ist, das ein Bankett zeigt, bei dem Bankiers Selbstmord begehen.

Auch war es der Versuch, nach dem Zyklus *Suicides* dieses Thema in meiner Malerei weiterzuentwickeln. Nicht ganz so präsent wie damals, aber es war schwer nach *Suicides*, ohne mich zu wiederholen, eine Lösung zu finden. Das Dürrenmatt-Bild war für mich eine wichtige Spur, eine Inspiration. Außerdem habe ich mich in dem Bild mit den kleinen Figuren von den Bankiers in Not, mit Pistole und Strick, um sich zu umbringen, sehr in der Luft der Gegenwart gefunden.

AR Sie haben das Bild von Dürrenmatt in den Katalog aufgenommen. Für mich gibt es drei Verbindungen: die Schweiz, den Selbstmord und den Tisch. Ist das ein Epilog, ein Motto?

VF Das ist der Anfang. Es ist für mich immer sehr spannend, vor dem Anfang von etwas zu sein, auch wenn ich große Angst haben kann. Ein neues Gemälde die Liebe, die Begegnung mit anderen, ein Buch, das man mit all seinen Versprechungen beginnt.

AR Bei den Farbtests, die man auf den Gemälden sehen kann, hat man fast das Gefühl, dass sie geschrieben sind.

VF Der Rand in diesem Zyklus war wichtig, vielleicht um eine Differenzierung von anderen Bildzyklen zu bauen. Dazu, Sie haben recht, kann man am Rand auch malerisch ein Protokoll entwickeln.

AR Was meinen Sie mit Protokoll?

VF Es geht darum, etwas auszuprobieren, zu testen und es zu zeigen, anstatt es auf einem Entwurf außerhalb des Bildes zu machen. Auch wenn ich zugeben muss, dass die Ränder manchmal Farbkleckse zeigen, kann niemand wissen, welche zuerst gesetzt wurden. Die Tatsache, dass es Ränder gibt, zeigt nur, dass wir uns in einem anderen Raum der Leinwand befindet.

AR Auf einem Bild sitzt eine Gruppe hinter einem Tisch wie auf einem Familienfoto. Das Weiß, das von außen kommt. lässt an verblassende Fotos, verblassende Erinnerungen denken. Diese Geschichte mit innen und außen spielt auch bei Pierre Bonnard eine große Rolle. Bei Ihnen ist das Außen weiß. Es ist ausgespart, vielleicht ist es auch Schweizer Schnee oder Nebel.

VF Ich kann Ihnen nicht sagen, warum ich dies und jenes auf die Leinwand getan habe. Was ich sicher weiß, ist, dass ich nicht an meine Familie oder meine Kindheit gedacht habe. Es könnte eine Interpretation von diesem Zyklus sein, weil das Thema Familie fast alle trifft, aber es sind nicht nur Gruppen von Figuren gemalt.

Außerdem, woher kommt eine Idee einer künstlerischen Arbeit? Ich würde für viele Quellen plädieren. Pierre Bonnard hat in seinem Garten, mit seiner engen Begleitung, wie Claude Monet und sicher viele andere, in der Ruhe eines Refugiums gemalt, obwohl draußen Krieg war, und gesellschaftliche Turbulenzen. Die Arbeiten von ihnen schwitzen die Besorgtheit.

AR Meine Frage ging eher in die Richtung, inwiefern *Am Tisch* Erinnern und Vergessen thematisiert, nicht nur autobiografisch, sondern überhaupt. Und meine zweite Frage war, inwiefern Erinnerungen an Gesehenes usw. in dieser Serie und speziell bei Ihrer Arbeit eine Rolle spielen?

VF Ein Übergang von der Erinnerung zum Vergessen ist das Versiegen der Schaffenskraft, denn wenn ich vergessen habe, habe ich nichts mehr, um mich ich darauf zu stützen und etwas anzufangen. Abgesehen von Rilke, der mit dem Schreiben beginnen kann ...

Am Tisch habe ich mir verschiedene Situationen vorgestellt, die aus Tagträumen stammen. Das Träumen verschafft mir Zugang zu Szenen, die ich in meine Notizbücher zeichne und manchmal auf meine Bilder übertrage. Ich habe diese Serie sehr schnell in weniger als einem Jahr gemalt.

AR Ich würde sagen, die Serie *Am Tisch* ist vor allem auch eine Hommage an Pierre Bonnard.

VF Ich mag Bonnards Werk sehr. Er gehört zu der langen Liste von Künstlerinnen und Künstlern, die bei mir dieses Gefühl der Unruhe hervorgerufen haben, das sich durch die Werke zieht, die ich für bedeutend halte. Ich nehme den Begriff »Unruhe« als positive Triebfeder der Schöpfung wahr. Zum Beispiel in Dantes *Die Göttliche Komödie*. Um Ihre Frage nach der Farbe, die man in einem Buch nicht sieht, zu beantworten, sind vor allem *Hölle* und *Läuterungsberg* Meisterwerke, die Dantes Welt und seine überbordende Vorstellungskraft wiedergeben. Er hat Fakten seiner Zeit in Geschichten übersetzt, die uns sein Meisterwerk vorführt, das seither Generationen von Künstlern inspiriert hat.

AR Sie meinen die beiden Kapitel der *Göttlichen Komödie*? Inwiefern ist Farbe darin von Bedeutung? Und was hat das mit der Serie *Am Tisch* oder Ihrer Malerei zu tun?

VF Ich glaube, dass das gesamte Werk von Dante all meine Gemäldeserien aus der Ferne und manchmal auch sehr nahe bewohnt. Ich bin leider keine Expertin, aber ich erinnere mich, dass ich beim Lesen von *Das Neue Leben* weinen musste, weil es so schön war. Dante ist das Licht, das Sie blendet, und nach der Blendung bleibt ein Regenbogen auf Ihrer Netzhaut zurück. Ich kann Ihnen leider nicht genau sagen, wie ich mich fühle, wenn ich an Dante denke, und was ich in meinen Serien zu transportieren versuche.

AR In *Am Tisch* gibt es das Schwefelgelb, die bedrohliche Farbe der *Suicides*, was auf Ihr eigenes Werk verweist, aber auch den Bezug zu Werk und Biografie Bonnards herstellt, dessen Modell und Geliebte Renée Monchaty sich das Leben nahm, nachdem er Marthe geheiratet hatte. Es gibt ein Bild mit den beiden Frauen, an dem er bis zwei Jahre vor seinem Tod weitergemalt hat. Gelb war am Ende Bonnards bevorzugte Farbe, und kurz vor seinem Tod malte er den Hintergrund in Gelb.
VF Interessant.
AR Wir haben über die Wiederkehr von Figuren und Motiven in Ihrem Gemälden gesprochen. Wie ist das zum Beispiel mit Farben, etwa dem Schwefelgelb und Ähnlichem?
VF Das ist eine Farbe, die ich vor allem zu Beginn der Arbeit viel verwende. Ich habe versucht, mich daran zu erinnern, wie Bonnard es getan hat, und den Hintergrund zum richtigen Zeitpunkt gelb zu malen.
AR Es gibt das Bild mit Frau und Kind am Tisch, und ich kenne kein vergleichbares in Ihrem Werk. Trotz der schönen Farben erinnert es mich an die Geschichte von Medea, weil das Rot auf das Mädchen übergeht. Es hat etwas Gewalttätiges oder wenigstens sehr Zweideutiges, es muss nicht bis zum Mord gehen, sondern die Frau könnte auch, wie in Henrik Ibsens *Nora oder ein Puppenheim*, die Familie verlassen. Die Farbe funktioniert erst mal wie eine Falle.
VF Das stimmt, es sind nicht meine üblichen Farben. Der Schmetterling und all das waren eine ganz neue Grammatik, die ich eingeführt habe. Es gibt viele Emotionen und Dinge darin. Einige sind nicht sehr schön, aber der Betrachter weiß davon nichts.
AR Am Anfang haben Sie weiß gemalt, aber wie kommt eigentlich die Farbe ins Bild? Ist die Farbe Teil der Form, aber wenn man zeichnerisch vorgeht, konzentriert man sich eher auf die Form, und die Farbe ist nur Beiwerk? Oder ist die Farbe vom Objekt nicht zu trennen?
VF Die Farbe ist für mich ein komplexes Thema, das es zu definieren gilt. Als ich mich in der Phase der Weiß-auf-Weiß-Bilder und der *Série Périmétrique* um 1990 befand, hatte ich das Problem in gewisser Weise gelöst. Zu dieser Zeit habe ich mich speziell auf die Form konzentriert.

Sobald man zwei oder drei Farben auf die Leinwand bringt, ändert sich alles. Ich glaube nicht, dass es sich dabei um ein Beiwerk handelt, das hängt von den Malern, den Epochen und den

Trends ab. Ich benutze nicht immer viele Farben, es gibt eine Art Farben-Casting, bevor ich eine neue Serie beginne.

AR War das bei *Theater* und *Der dritte Bruder Grimm* auch so?

VF Für die Serie *Theater* wollte ich, dass jedes Triptychon mit den Farbvariationen eine eigene Atmosphäre hat. Ich weiß, dass ich eine Vorliebe für bestimmte Farben habe, die ich regelmäßig verwende. Ich denke an die Variationen von Blau- und Brauntönen, sehr selten von Schwarz bis Gelb, vor allem auch Kadmium. Für die Serie *Der dritte Bruder Grimm* habe ich speziell für die vier Triptychen das Spektrum der Farbpalette reduziert, was sofort auffällt.

Außer im ersten Triptychon wird das Bild durch farbige Bereiche unterbrochen, um den Eindruck einer Collage zu verstärken. Mit einer reduzierteren Farbpalette wollte ich in den anderen Triptychen den Eindruck eines Traumbildes erwecken. Ich habe viel Weiß verwendet, um die Farben ineinander verschwimmen zu lassen und diesen milchigen Eindruck einer unerreichbaren Ferne zu vermitteln.

AR Wie würden Sie Ihren Umgang mit Farbe beschreiben?

VF Ich weiß nicht, aber es gibt Künstler, die ihre bereits gezeichneten Formen kolorieren, und andere wie ich, die alles gleichzeitig machen. Ich trage die Farbe auf, während ich die Form bearbeite. Das ist der Unterschied zu einer sauberen, aber etwas starren Arbeit.

Aber wenn ich an Werke von Mark Rothko denke, ist alles perfekt und die Farbe spielt die Hauptrolle. Denken Sie auch an Yves Klein und sein berühmtes Blau, und dann gibt es die andere Seite, wo sich die Farbe im Prozess mischt, denken Sie an Gerhard Richter und seine Bilder mit den Rakeln. Das kann bis zu Bildern wie denen von Zoran Mušič gehen, mit den wenigen Farben, die er in den Lagern hatte, um zu malen. Die Liste von Malern, Malerinnen, die zu nennen wären, ist lang.

AR Im ersten Fall könnte man sich die Bilder auch in Schwarz-Weiß vorstellen.

VF Absolut. Die meisten Menschen sind sich bewusst, dass Schwarz eine Farbe ist, die alle Farben in sich vereint, wie Pierre Soulages sagte. Für Weiß gilt das Gleiche ... Wenn man seine Palette auf Schwarz und Weiß reduziert, hilft das, andere Dinge zu vermitteln.

AR Wenn die Farbe hingegen ein wesentlicher Teil des Gegenstands ist, könnte man ihn nicht kolorieren. Das bedeutet, dass

in *Der dritte Bruder Grimm* die Gegenstände, ohne die Farbe, nicht existieren.
VF Ich weiß es nicht. Insgesamt würde ich philosophisch nicht so weit gehen, denn dazu müsste man auch das Licht einladen, ohne Licht sind die Farben nicht sichtbar.
AR Die Farbe ist ein Teil des Materials. Es ist nicht wie bei Keramik, ich mache eine Form, danach trage ich die Glasur auf. Ohne die Farbe existiert die Form nicht.
VF Das hängt davon ab, ob man Erdfarbe nimmt, die für die Herstellung von Keramik verwendet wird, sie hat auch eine Farbe. Ich denke da an das Werk von Miquel Barceló, der erklärt, dass er in Afrika, wo er auch arbeitet, eine bestimmte Erde benutzt, um seine Bilder zu malen, wie einige andere Künstler auch, nicht zu vergessen die Aborigines.
AR Verstehe ich Sie richtig, dass die Farbe dann zugleich ein plastisches Material ist, mit dem eine Form Gestalt gewinnt? Es wäre also unsinnig, Form und Farbe zu trennen?
VF Das hängt von den Künstlern ab. Für mich, wenn ich male, ist es das Ganze, das Sinn ergibt. Die Farbe und die Form. Ich male mit beiden gleichzeitig. Die Form ist zuerst in meinem Kopf und ich übersetze sie in farbiges Material auf der Leinwand. Es ist ein Ganzes. Und das entsteht gleichzeitig. Vor allem, wenn ich in Form bin und keinen Stress habe. Wenn ich die kleine Musik höre, die Proust in *Die Suche nach der verlorenen Zeit* beschreibt, ist es gut. Es ist diese kleine Musik, die ich suche, und wenn ich sie höre, dann wird das Zusammenspiel von Formen und Farben funktionieren.

Le bateau des poètes (2020)

AR Wir haben über *Das Floß der Medusa* und dessen Untergang in *Les restes de la Méduse* gesprochen. Aber Boote kommen auch in *Der dritte Bruder Grimm* vor.
VF Den Zyklus *Le bateau des poètes*, den ich begonnen habe, als Corona anfing, habe ich etwa acht Jahre nach der Serie *Suicides* gemalt, weil ich mich unbedingt weiter mit diesen Thema beschäftigen wollte; wie auch schon in dem Zyklus *Am Tisch*. Einige Jahre danach habe ich die Reihe *Le bateau des poètes* gemalt, um wieder den Selbstmord mit emblematischen Figuren zu besuchen.
AR Inwiefern spielt das Thema Selbstmord in *Am Tisch* eine Rolle?

VF Ich habe in dieser Serie nicht versucht, Selbstmorde zu reproduzieren. Ich habe nur die Idee des Tisches, der in der Mitte von Dürrenmatts Bild steht, aufgegriffen und andere Geschichten um diesen Tisch herum spielen lassen, eine ganz einfache Idee. Ein Tisch. Außerdem habe ich mich von den Möbeln und dem Kronleuchter in seinem Gemälde inspirieren lassen, um die Szenerie in meinen Bildern zu gestalten.

AR Um auf die Boote zurückzukommen ... Außer dem Floß der Medusa und in *Der dritte Bruder Grimm* taucht sonst nur ein Boot in der Serie *Volieren* auf, das an Böcklin erinnert.

VF Das hat nichts mit *Le bateau des poètes* zu tun, damals habe ich nur für das letzte *Volieren*-Bild ein Dekor gebraucht und habe mich für einen *Redescription*-Modus entschieden, ein Bild von Arnold Böcklin.

AR Das stellt ja eine Fahrt auf die Toteninsel dar. Und die Boote in dem Bild der *Volieren* liegen auf dem Trocknen, also eine Art Schiffbruch, was in *Le bateau des poètes*, wenigstens metaphorisch, beides zutrifft.

VF Ich glaube nicht, dass es etwas mit dem Gemälde von Arnold Böcklin zu tun hat. Ich wollte mit der Serie *Le bateau des poètes* eher eine Reduktion des Raumes erforschen. Der riesige, flache Himmel, der mit großen und kleinen Kreisen gefüllt ist, um die Sterne zu symbolisieren, und das Meer, das oft durch eine horizontale Linie am unteren Rand des Bildes dargestellt wird. Dichter, Künstler, Philosophen und so weiter. Ich habe außerdem versucht, das Segeln zu verschiedenen Horizonten darzustellen. Man sieht, dass die ganze Bilderserie sehr dynamisch ist.

AR Bei Ihren Booten habe ich auch an Peter Doig gedacht, nicht an die Art und Weise, wie es gemalt ist. Sie erinnern eher an Paul Gauguin, allein in den Tropen, der einsame, melancholische Mann vor einer Dschungellandschaft. Aber was ist der Unterschied, etwa in der Verwendung von Farbe, zu Peter Doig oder Daniel Richter, der auch Boote gemalt hat?

VF Man kann alles träumen. Das liegt auch an seiner flüssigeren Malweise, die sehr nahe an den Nabis ist. In meinem Fall ist es anders. Ich denke, dass meine Arbeit nichts mit den beiden zu tun hat. Ich habe mich entschieden, eine Variation der gleichen Komposition zu malen, die dem Sternenhimmel einen wichtigen Platz einräumt. Das Boot ist oft ein winziges Detail inmitten der Natur.

AR Richter hat ein Flüchtlingsboot gemalt. Aber das hat eher Plakatcharakter. Es dramatisiert, verzerrt, zieht ins Absurde. Und die

Technik geht in Richtung Graffiti, Comic. Auch in anderen Bild sieht man deutlich den Unterschied zu Ihnen, es gibt weniger Risiko der Farbe, die mehr mit Effekten zu tun hat.
VF Ich denke von meiner Seite mehr an Vincent van Gogh, an seinen berühmten Weg, wie er den Nachthimmel gemalt hat. Ein anderes Bild ist sein letztes Gemälde von dem Feld im Wind, mit grauem Himmel und fliegenden Raben. Das war in Auvers-sur-Oise. Er war ein Visionär, und skrupellos ist er immer sehr nah an seinem Gefühl gewesen ... Ich erlaube mir, das so zu interpretieren.
AR Diese Ereignisse am Himmel. Bei Ihnen ist es nicht der Himmel der Provence, ist es eher apokalyptisch? Ein letzter Traum, eine Vision? Es ist ja auch eine Hommage an die Dichter und Denker in den Booten.
VF Ich wollte mit diesen Zyklus zwei Ebenen ausdrücken. Ich wollte das schreckliche Schicksal der Migranten auf ihren Booten, die die Meere überqueren, in Erinnerung rufen. Diese Serie habe ich auch für sie gemalt, um die Dramen, die sie durchmachen, zu verdeutlichen und dann die Serie der *Suicides* in einer anderen Variation fortzusetzen. Auf diesen Booten sind bekannte Personen, die Selbstmord begangen haben und unter einem riesigen Sternenhimmel über die Meere fahren und sich durch die Falten der Welt schlängeln. Ich habe Personen, wie Pasolini oder Rosa Luxemburg, hinzugefügt, die ermordet wurden, weil es im Tod keinen Unterschied gibt. Hier ist es wieder das Spiel mit dem umgedrehten Handschuh, das Leben mit der Hoffnung der Migranten und auf der Rückseite die Reise in die Unendlichkeit der Geister der Toten. Es spielt auf mehreren Ebenen. Die erste Geschichte war sehr klassisch: Dante und Vergil, die den Styx hinunterfahren.
AR Sie haben die Porträts der Selbstmörder gemalt oder gedruckt und auf die Gemälde geklebt. Warum haben Sie sie nicht auch direkt auf die Leinwand gemalt?
VF Einige sind direkt auf die Leinwand gemalt, aber bei anderen Bildern der Serie wollte ich eine weitere Ebene einbauen. Die mit Aquarellfarben gemalten Köpfe sind von der Malerei des Hintergrunds getrennt. Aber da sie alle tot sind, ist dies vielleicht der Moment der Versöhnung zwischen dem Hintergrund, der Form und der Bedeutung.
AR Die *Kakerlaken*, die *Autoscooter*, die auf andere Art Besorgnis ausdrücken, sind farblich völlig anders. Wie funktioniert das zusammen mit dieser Sorge?

VF Inhaltlich die Dringlichkeit. Die Bilder sind bereits eine Metapher für unsere Endlichkeit. Auf die Farbenauswahl kann ich Ihnen keine Antwort geben. Ich verwende die Farben nicht aufgrund meines Geschlechts oder gegen die Archetypen, die besagen, dass Künstlerinnen sanftere Farben verwenden würden. Das stimmt nicht. Farben kommen wie sie kommen wie Wörter. Es ist einfach so.
AR Bis *Am Tisch* kamen diese Farben bei Ihnen ja auch nicht vor. Und man wählt die Wörter nicht nur nach Gefühl oder aus Willkür. Sie setzen die Farben nicht wie eine »écriture automatique« ein, sondern sehr wohl im Dienste des Themas und des Ausdrucks.
VF Es fällt mir schwer, über meine Farbküche zu berichten, da es sich um wohlüberlegte Entscheidungen handelt, die viel Zeit in Anspruch nehmen können. Sie können sich nicht vorstellen, wie viele Bilder ich zerstöre, bevor ich die richtigen Farbnuancen gefunden habe.
AR Interessant ist ja die Widersprüchlichkeit Das Schwarz stärkt die Farbigkeit, die anziehend, verführerisch ist. Alles ist schwarz und die Welt ist verschwunden. Das ist es, was als letztes Feuerwerk erscheint, dann geht die Welt unter. Was haben die Selbstmörder hinterlassen? Sie selbst sind tot, aber ihre Visionen leuchten noch. Es gibt in dieser Serie unheimlichere Bilder als andere, in manchen ist auch Hoffnung.
VF Das hoffe ich.
AR Was wird auf die Serie *Pferd* folgen? Wie geht es weiter?
VF Ich arbeite derzeit an zwei neuen Serien, die die Gitterstäbe einer Gefängniszelle zum Thema haben. Diese Zellen sind bewohnt oder leer. Ich möchte etwa zehn Bilder zu diesem Thema malen. Um die Welt, in der wir uns befinden und die ich auch in diesem Buch zu kommentieren versucht habe, heraufzubeschwören. Es ist auch meine Erinnerung an meinen Polizeigewahrsam in Reading und vor allem das Malen dieser vertikalen und horizontalen Linien, die sich durch die Bilder ziehen werden. Ich habe mich von zwei Gemälden von Marlene Dumas inspirieren lassen, die Frauen hinter Gittern gemalt hat, sodass ich sagen kann, dass es eine Art *Redescriptions* ist.
AR Wir haben ja bereits über die Bedeutung des Gitters in der modernen Kunst gesprochen. Warum beziehen Sie sich nicht auf diese Tradition, sondern auf Marlene Dumas?
VF Ich denke an die Kreise, die in der Serie *Le bateau des poètes* zu Sternen werden. Wir werden sehen, was ich später mit dem Gitter im Sinne einer geometrischen Reduktion machen werde.

Ich bewundere die Malerei von Marlene Dumas sehr, weil sie so einfache Themen wie Köpfe, Körper usw. wählt, und das klingt so richtig und engagiert.

Ich weiß nicht, was mich mit ihr verbindet, nicht ihre Art zu malen, aber vielleicht etwas, das wir haben, wenn wir die Welt betrachten und sie in unseren Bildern umsetzen.

AR Haben Sie neben den Gefängnisbildern schon eine weitere Serie geplant?

VF Eine andere Serie sind ebenfalls großformatige Bilder, auf denen ich sehr große Werkzeuge male. Es sind Werkzeuge, die eine Flucht ermöglichen, die leicht zu verstehen ist, wenn die beiden Serien zusammen gezeigt werden. Diese Serie von Werkzeugbildern kann natürlich auch für sich selbst stehen.

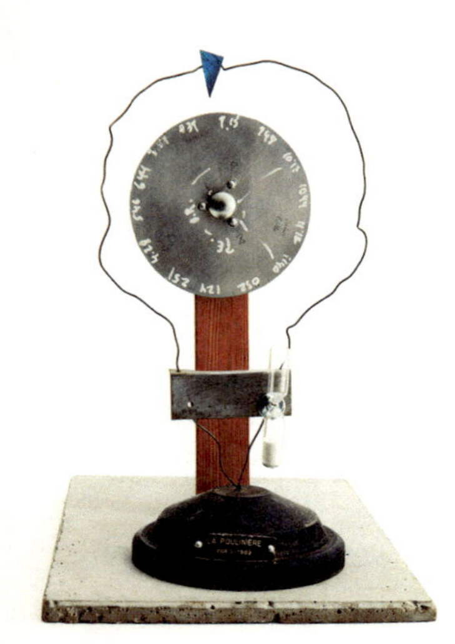

24 *La Poulinière*, Paris, 1989 , Besitz der Künstlerin / Foto Bertrand Huet

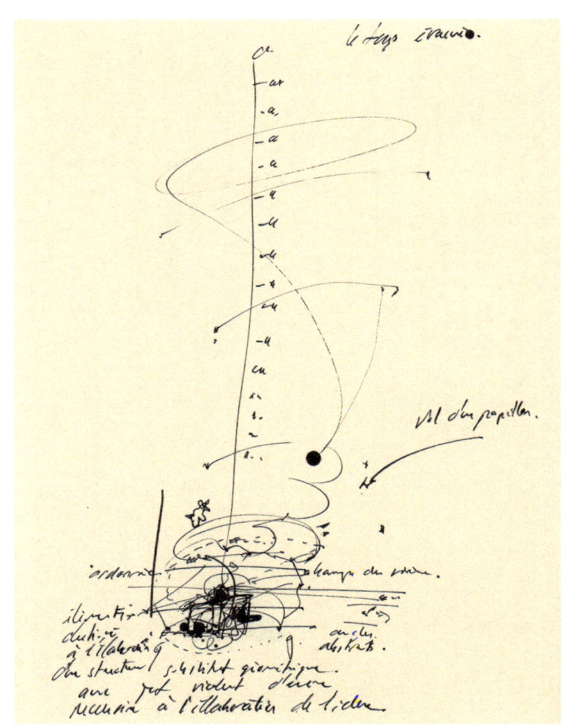

25 Zeichnung nach *La Poulinière*, Tusche auf Papier, 29,7 × 21 cm, 1990/91, Besitz der Künstlerin / Foto Bertrand Huet

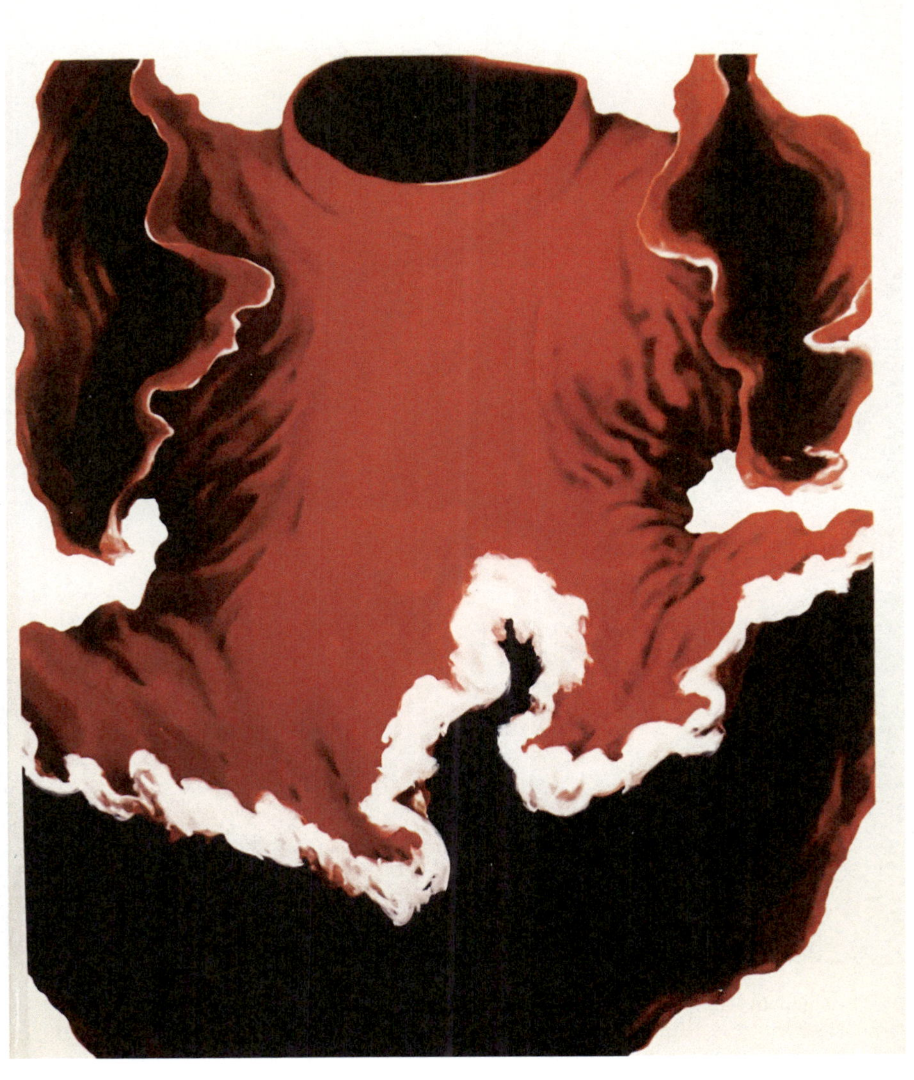

26 Zyklus *Robes Rouges*, Öl auf Leinwand, 160 × 140 cm, 1993/94, Privatsammlung Frankreich / Foto Bertrand Huet

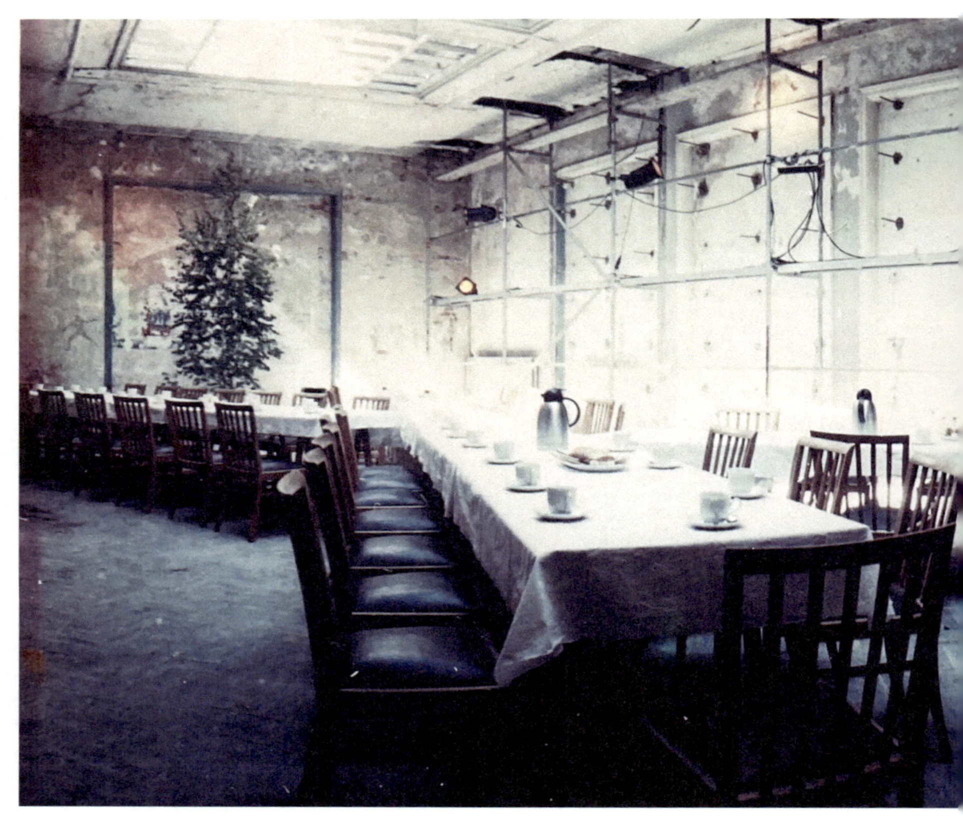

27 Festspielhaus Hellerau, *Choreographie für 40 Rentner und einen Zwerg*, Video, 18 min., 2000, Sammlung der Künstlerin / Foto Thomas Fissler

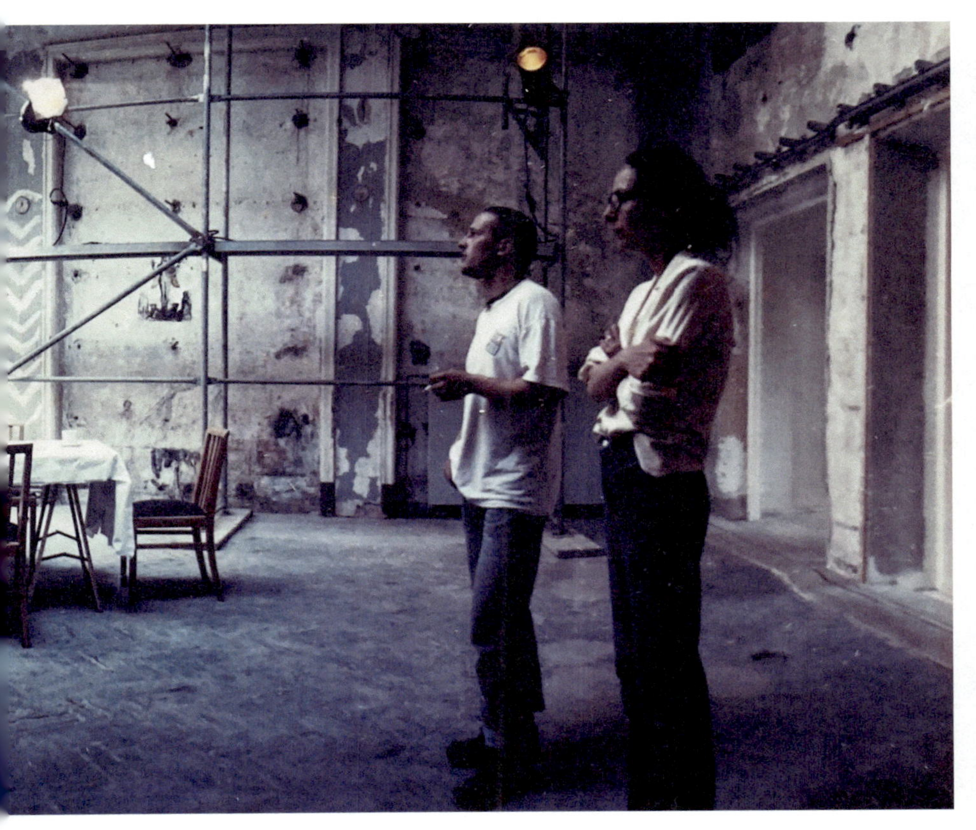

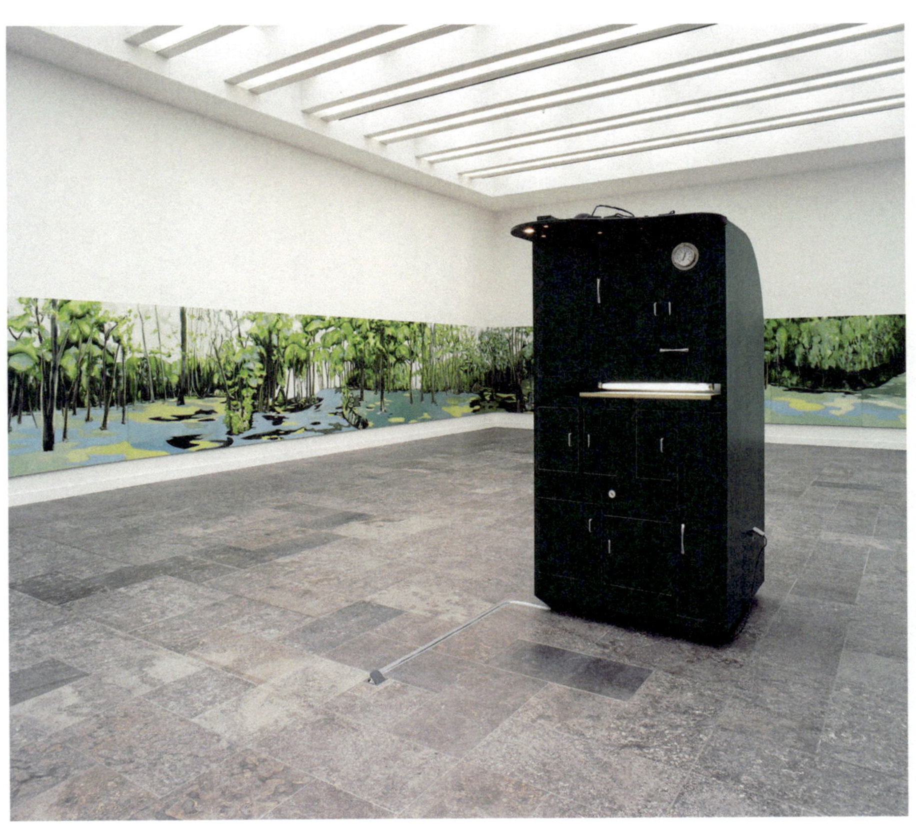

28 Kunstverein Münster, *Forêt,* 170 cm × 1820 cm, 2002, Bundessammlung Deutschland, mit *Sarah Kane*, 2002, Sammlung Carré d'Art de Nîmes, 2024 / Foto Kunstverein Münster

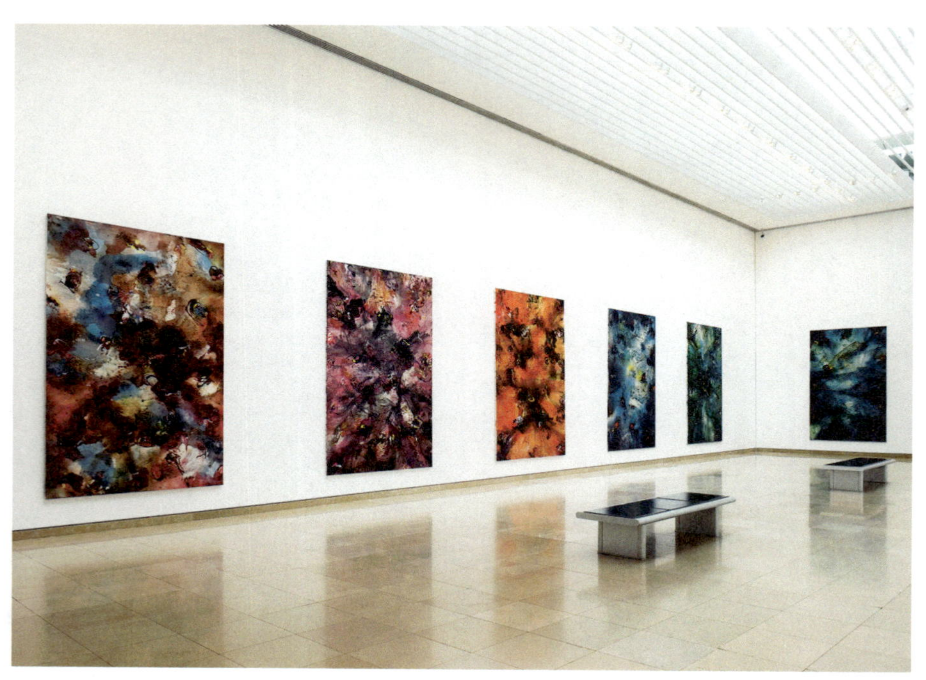

29 Musée d'Art Contemporain Carré d'art de Nîmes,
Balls and Tunnels, 2004–2009 / Foto D. Huguenin

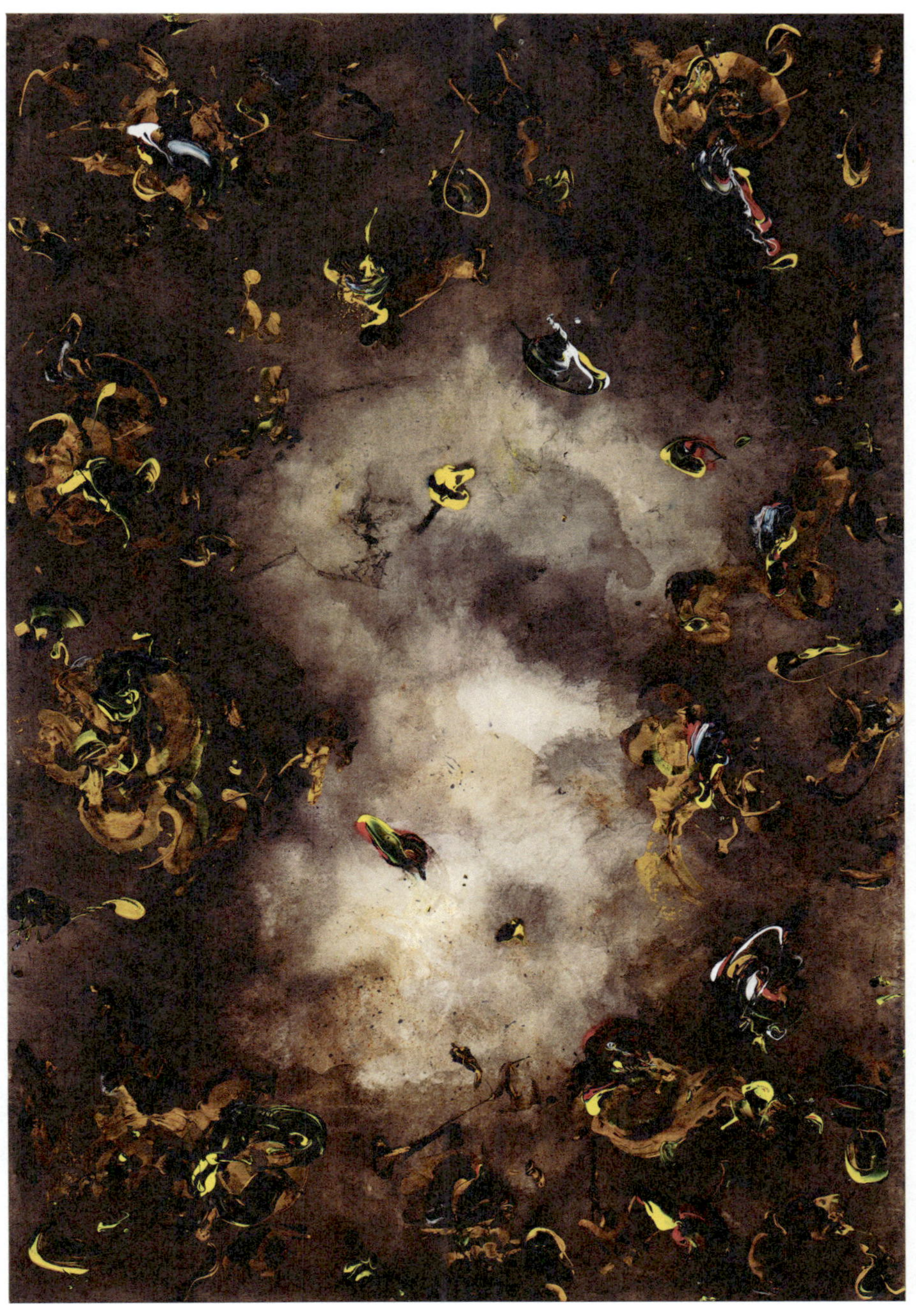

30 Zyklus *Balls and Tunnels,* Tinte auf Leinwand, 200 × 140 cm, 2017, Privatsammlung Schweiz / Foto Uwe Walter

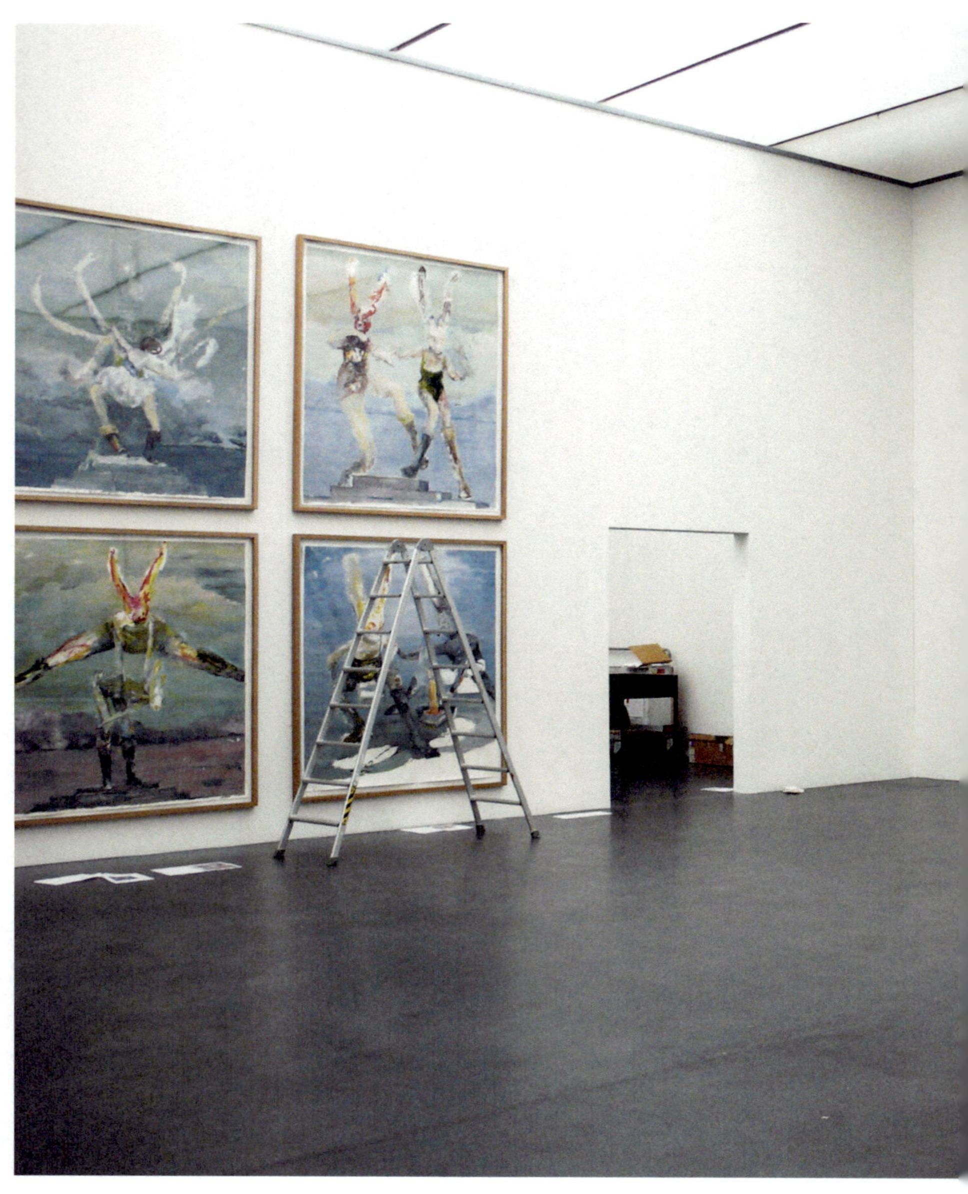

31 Kunstmuseum Luzern, Zyklen *Lapine Univers*, *Pinochiette* u. a., 2009 / Foto Stefano Schröter

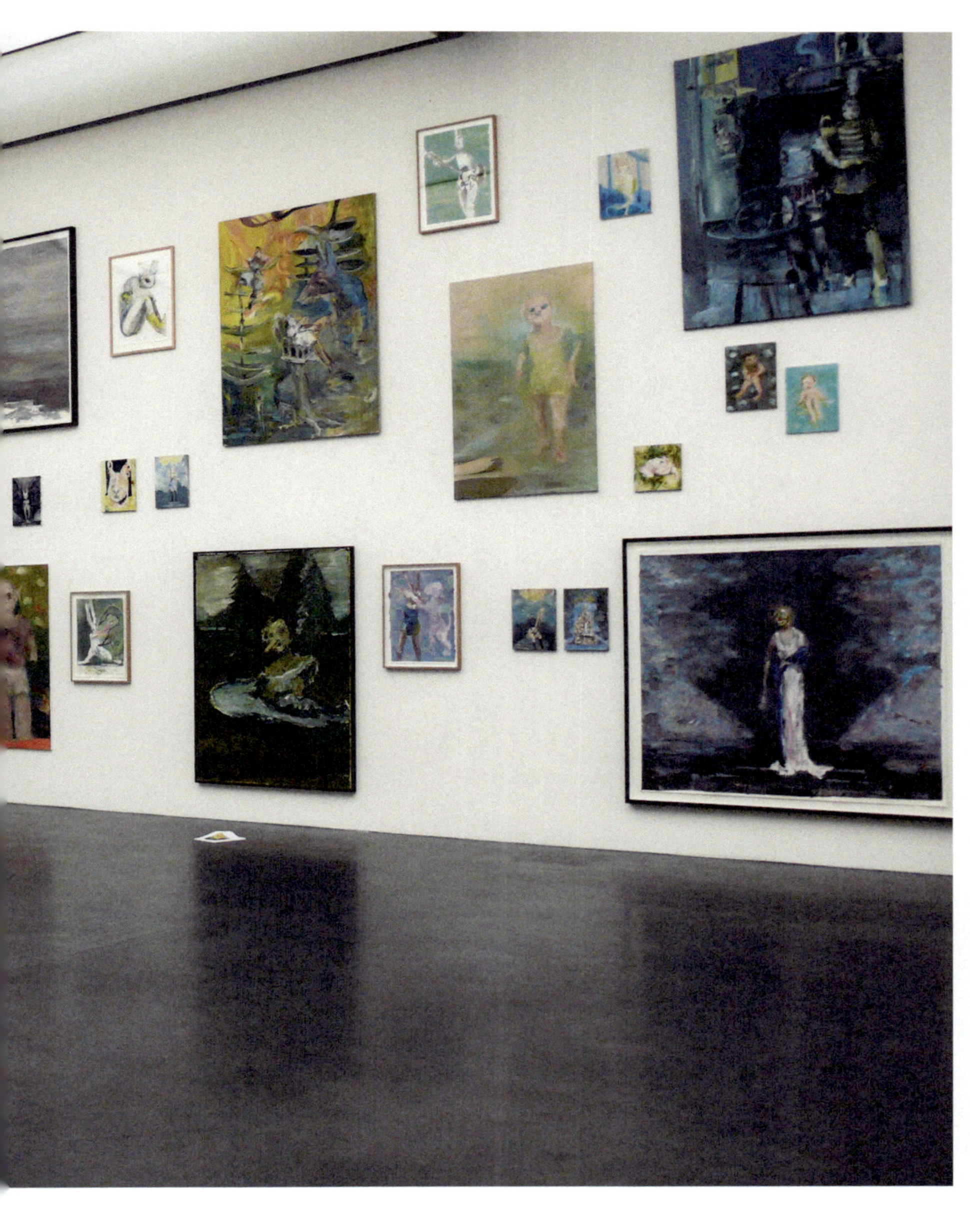

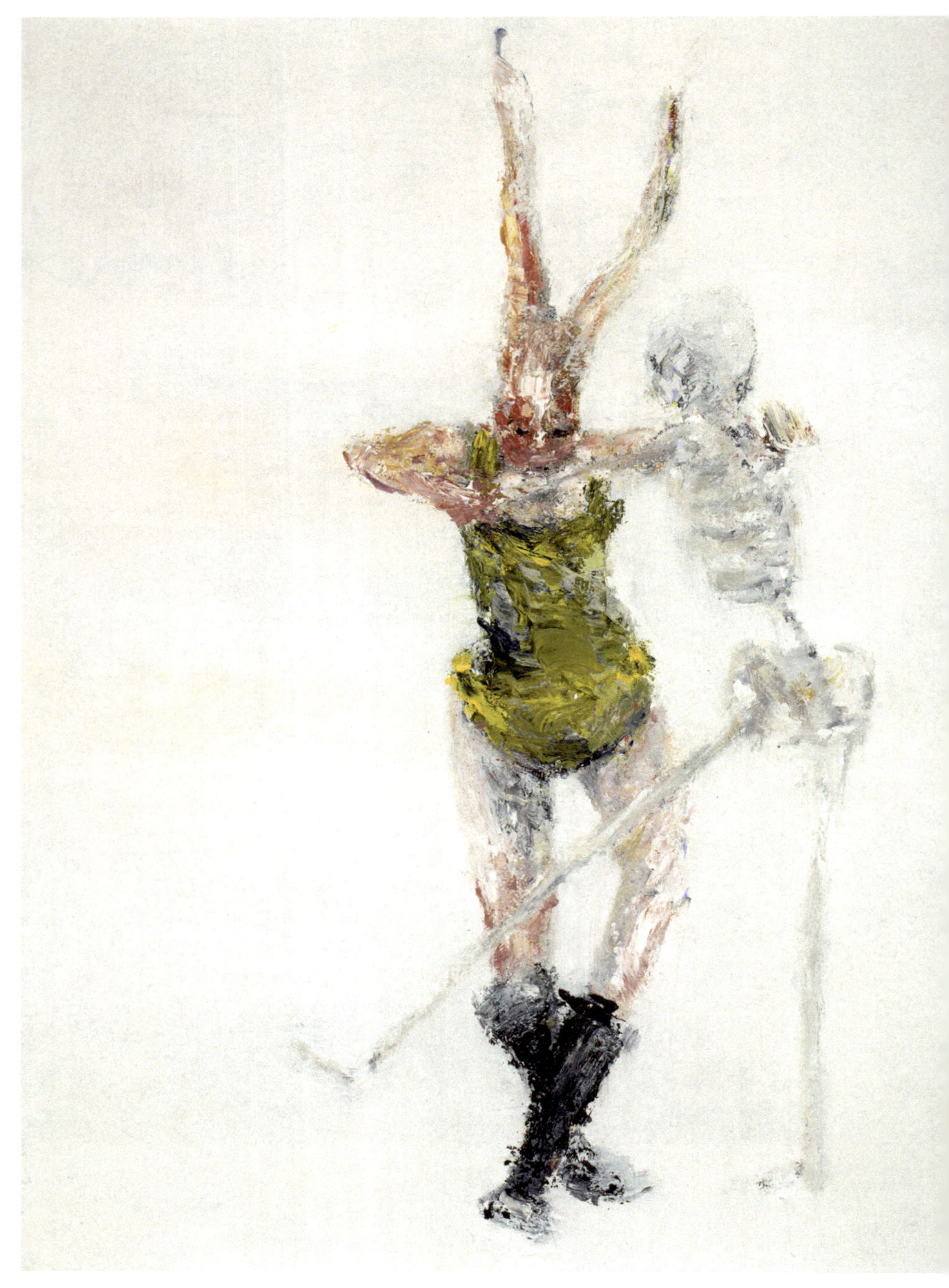

32 Zyklus *Lapine Univers*, *Lapine danse avec la mort*, Öl auf Leinwand, 40 × 30 cm, 2009, Privatsammlung Frankreich / Foto Uwe Walter

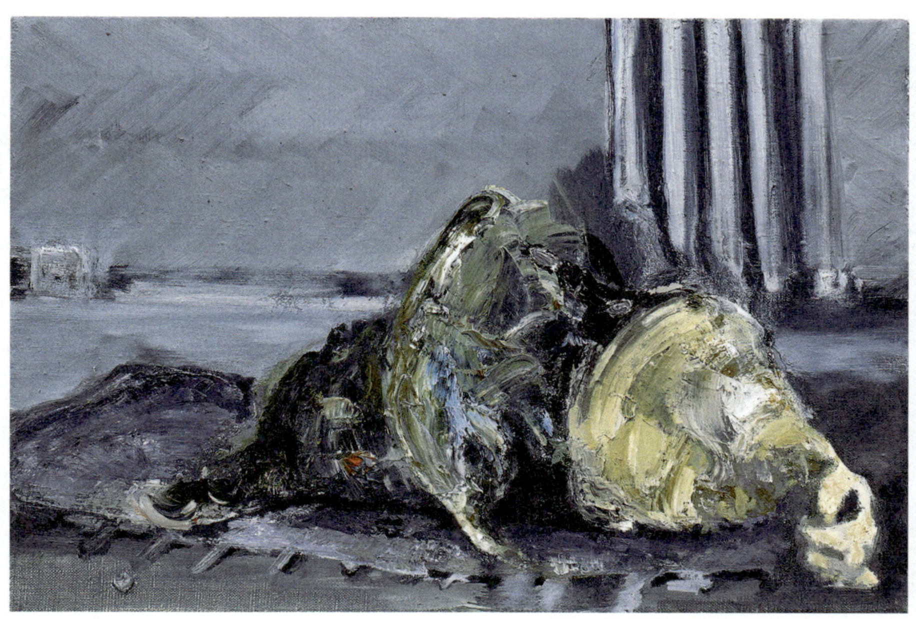

33 Zyklus *Das Gebet*, Öl auf Leinwand, 40 × 60 cm, 2003, Privatsammlung Frankreich / Foto Uwe Walter

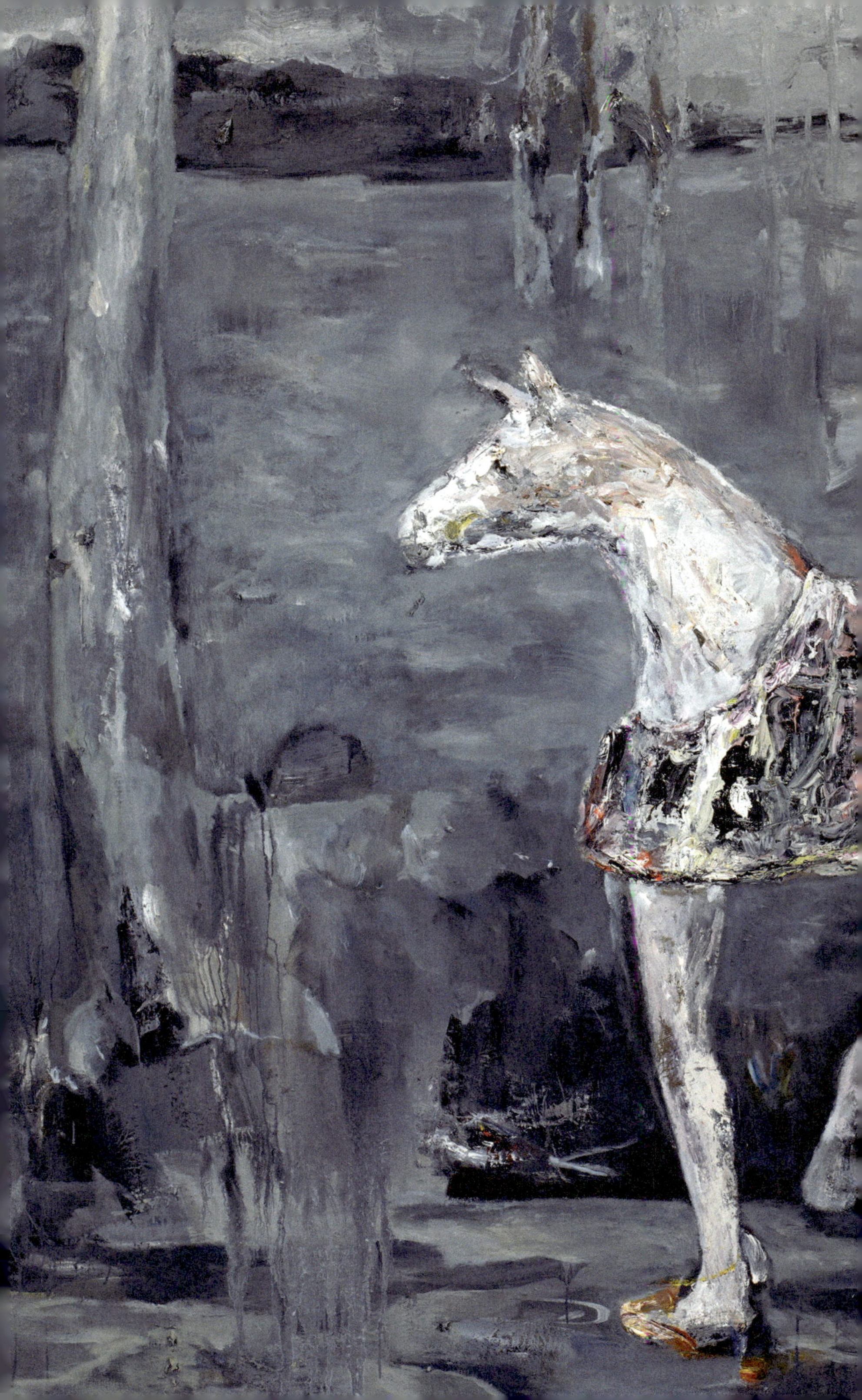

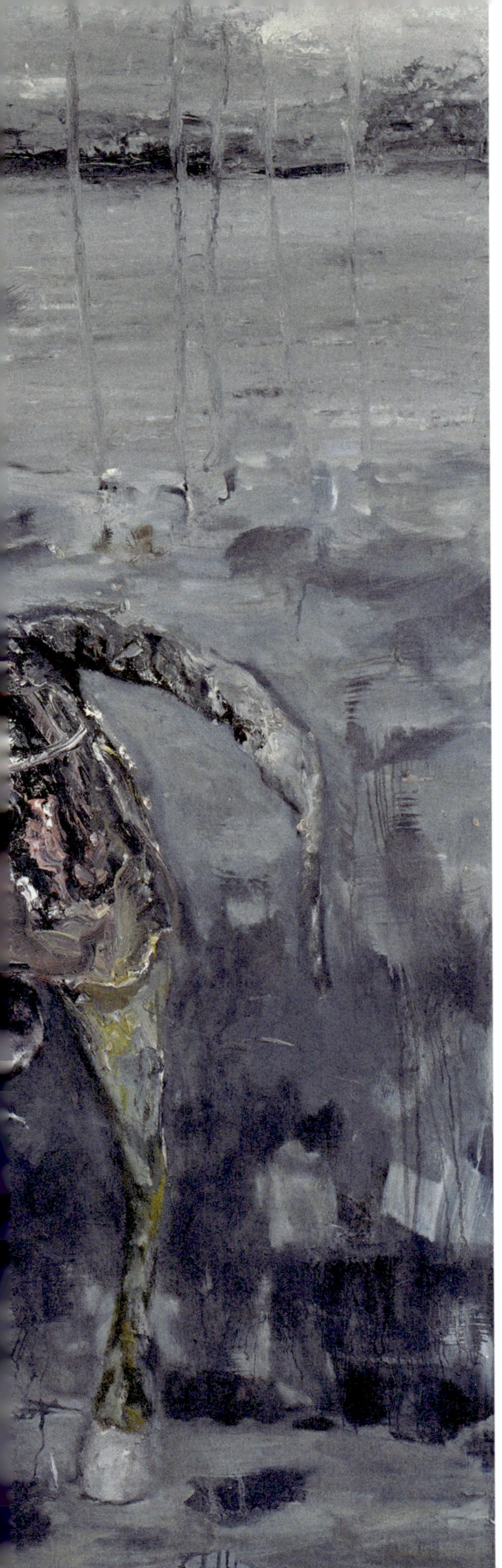

34 Zyklus *Der dritte Bruder Grimm, Frühling und Hybride*, Öl auf Leinwand, 198 × 184 cm, 2006, Privatsammlung Deutschland / Foto Uwe Walter

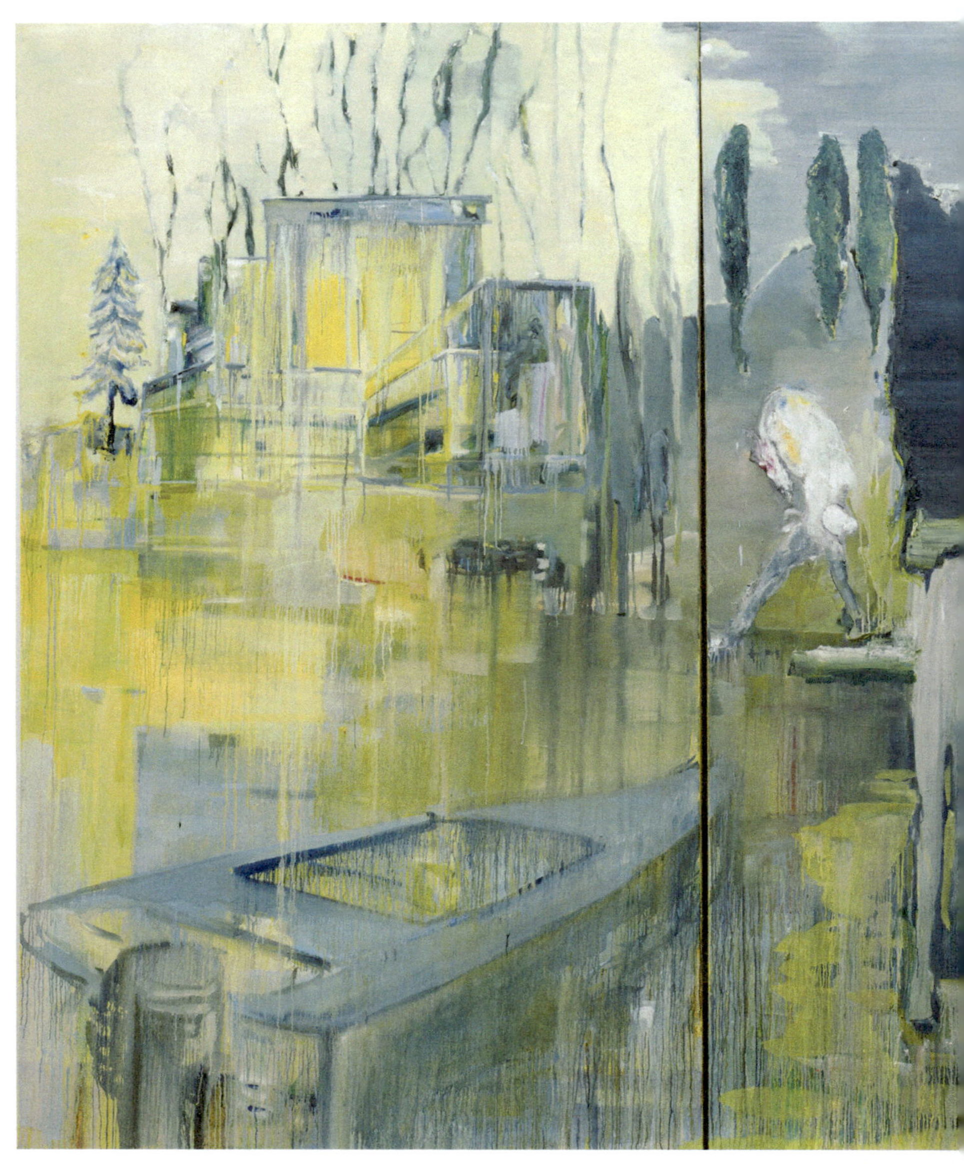

35 Zyklus *Der dritte Bruder Grimm*, *Domination*, Öl auf Leinwand, 250 × 360 cm, 2004, Sammlung Centre Georges Pompidou, Paris / Foto Uwe Walter

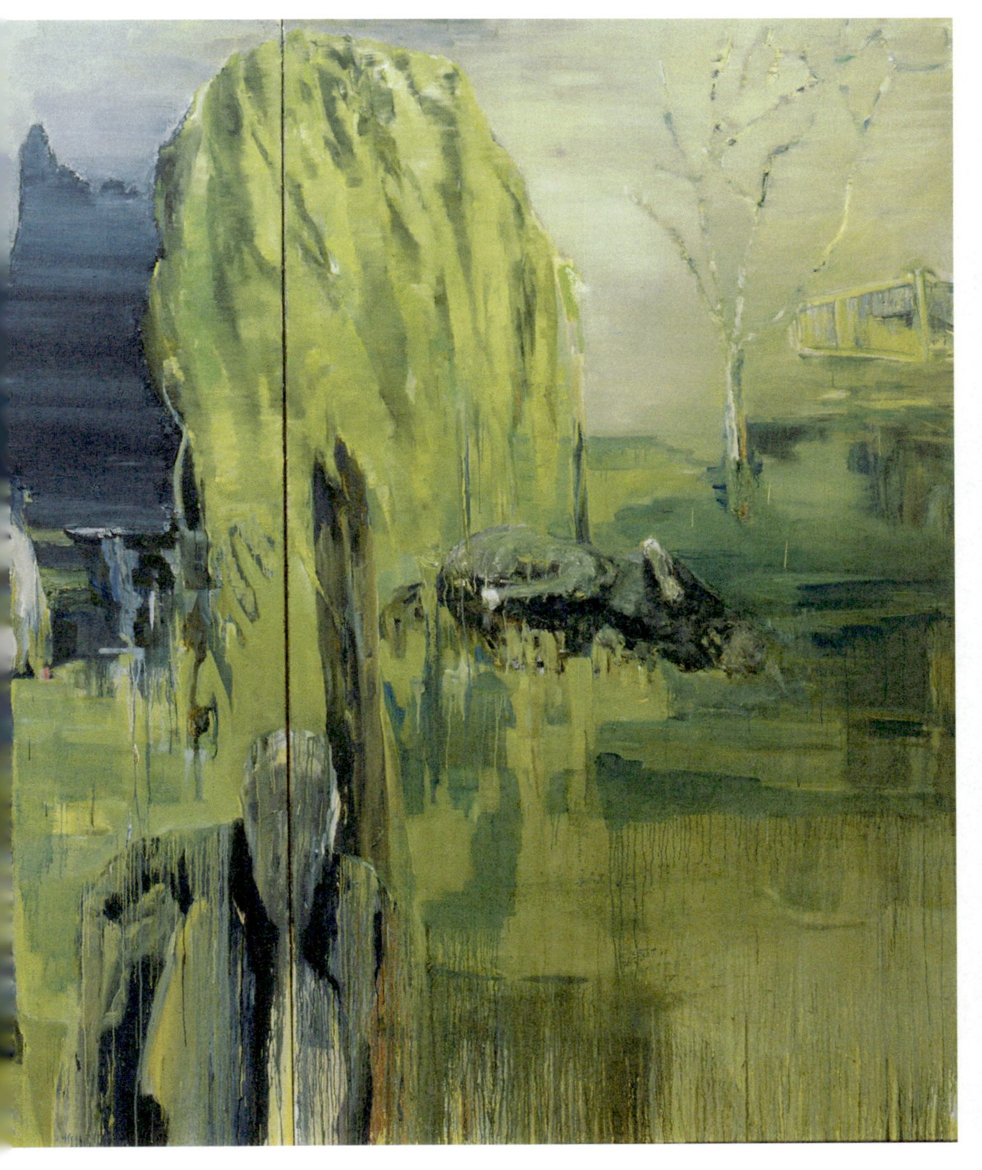

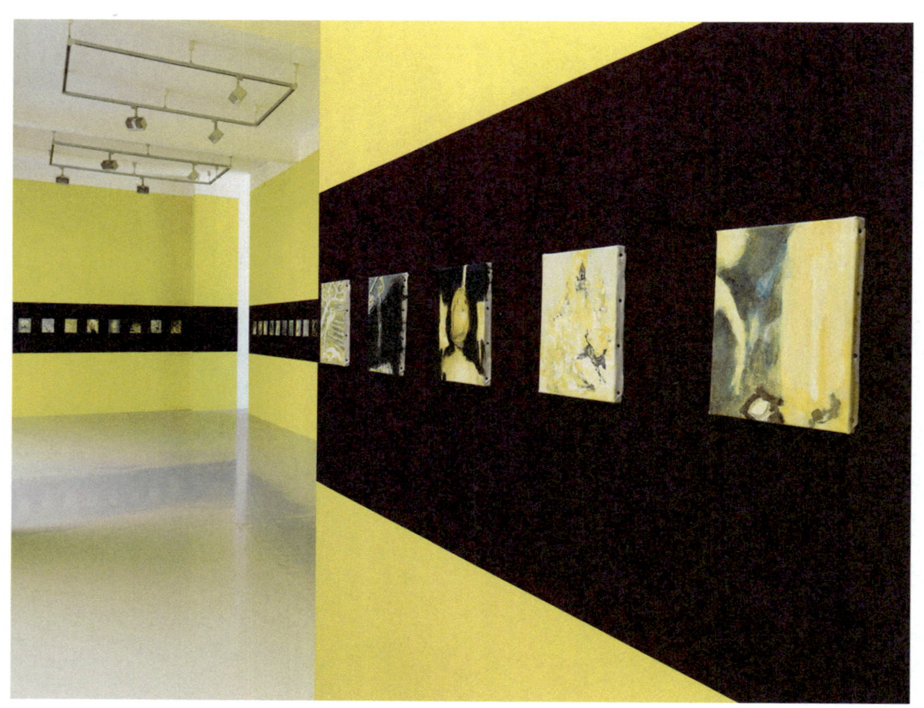

36 NBK – Neuer Berliner Kunstverein,
Zyklus *Suicides,* 2003–2013 / Foto Jens Ziehe

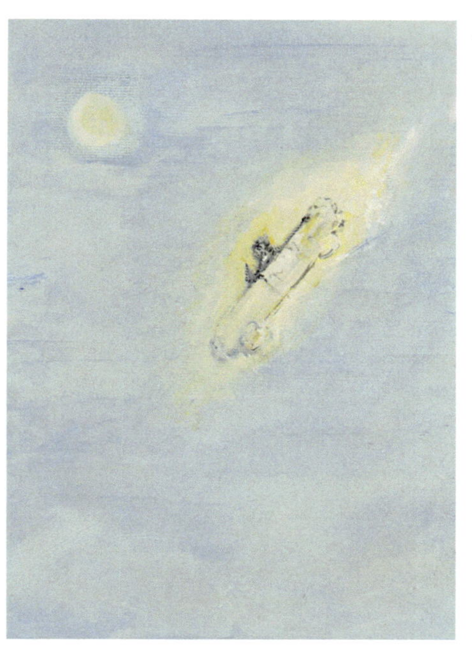

37 Zyklus *Suicides*, *nach Thelma und Louise von Ridley Scott*, Öl auf Leinwand, 24 × 18 cm, 2012, Privatsammlung Schweiz / Foto Uwe Walter

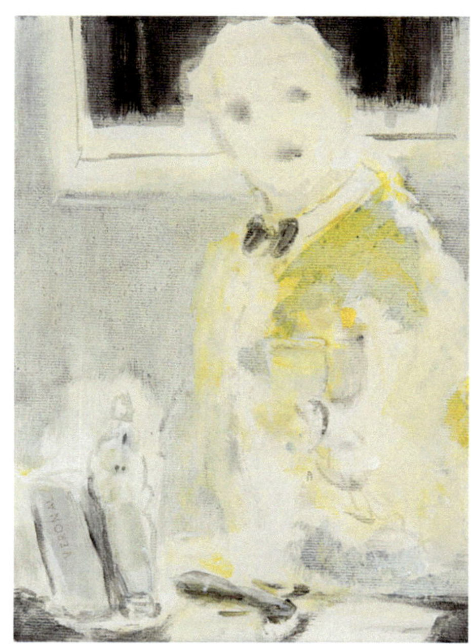

38 Zyklus *Suicides*, *Stefan Zweig vergiftet*, Öl auf Leinwand, 24 × 18 cm, 2012, Sammlung Kunsthaus Aarau / Foto Uwe Walter

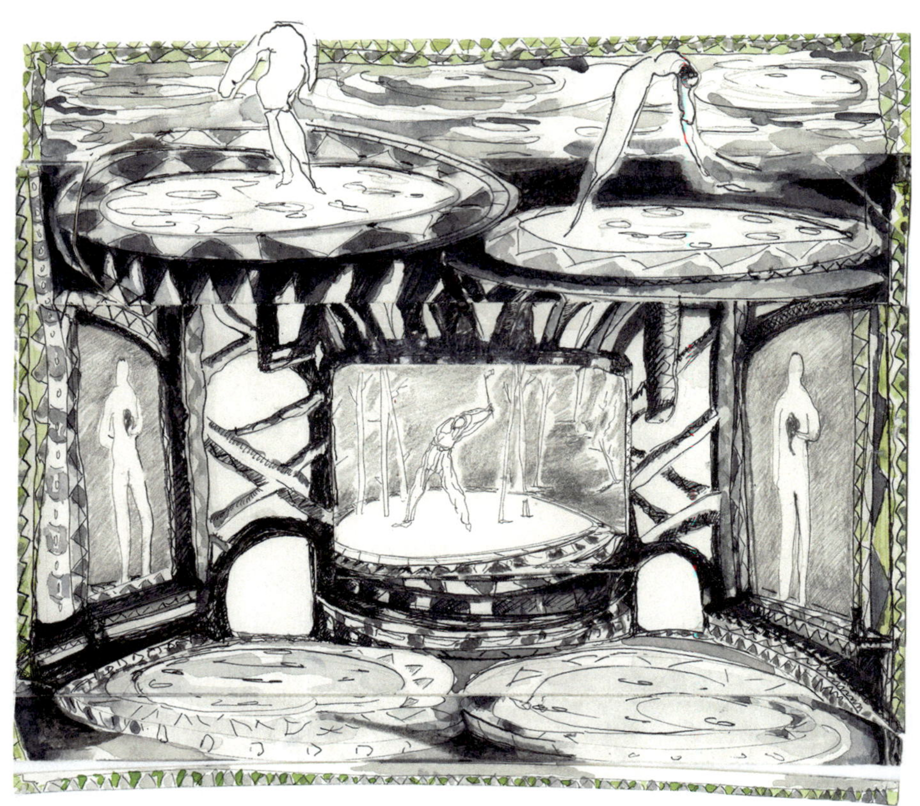

39 *Les petits théâtres de la vie* / Nach Hodler Dancing, Mixed Media, 25,5 × 30 cm, 2014, Galerie Peter Kilchmann / Foto Sabrina Brunner

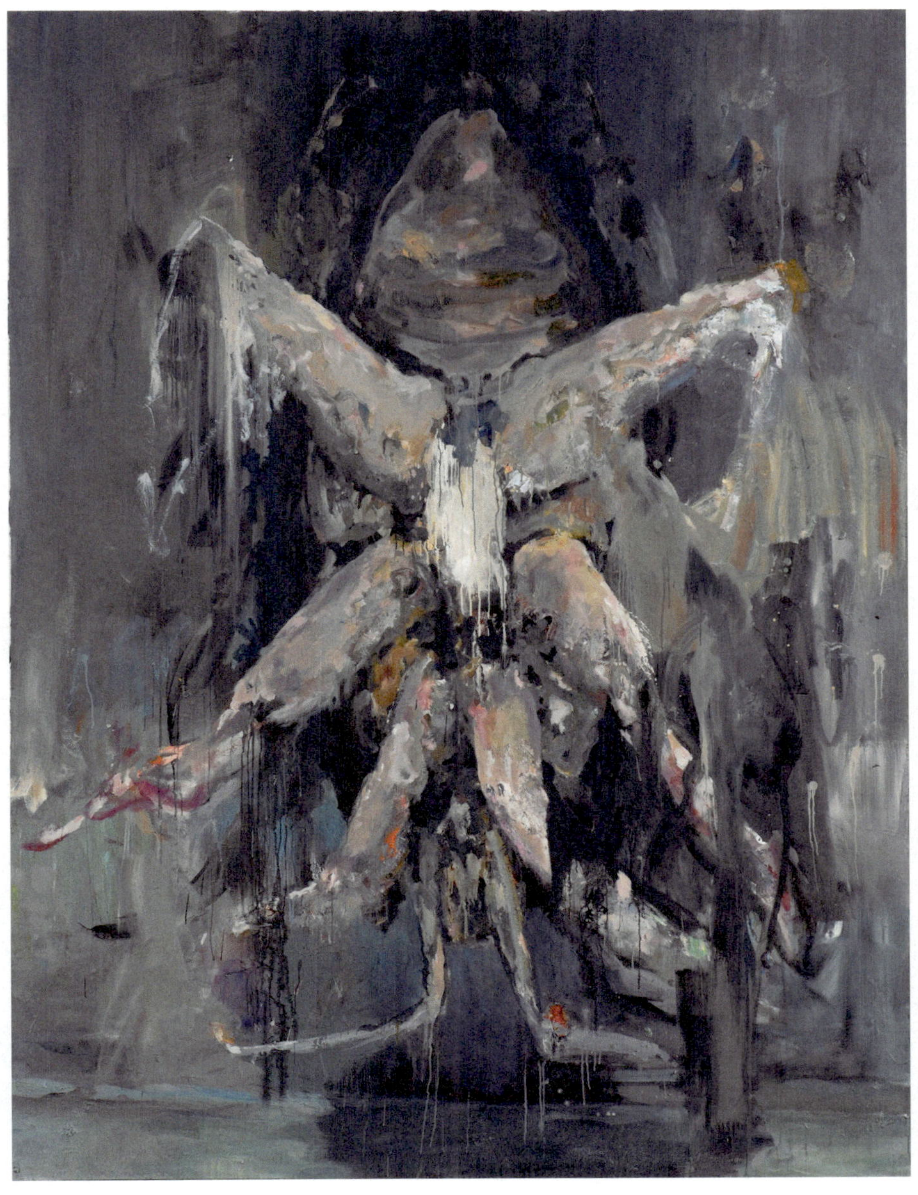

40 Zyklus *Kakerlaken*, Öl auf Leinwand, 250 × 180 cm, 2009,
Galerie Barbara Thumm / Foto Uwe Walter

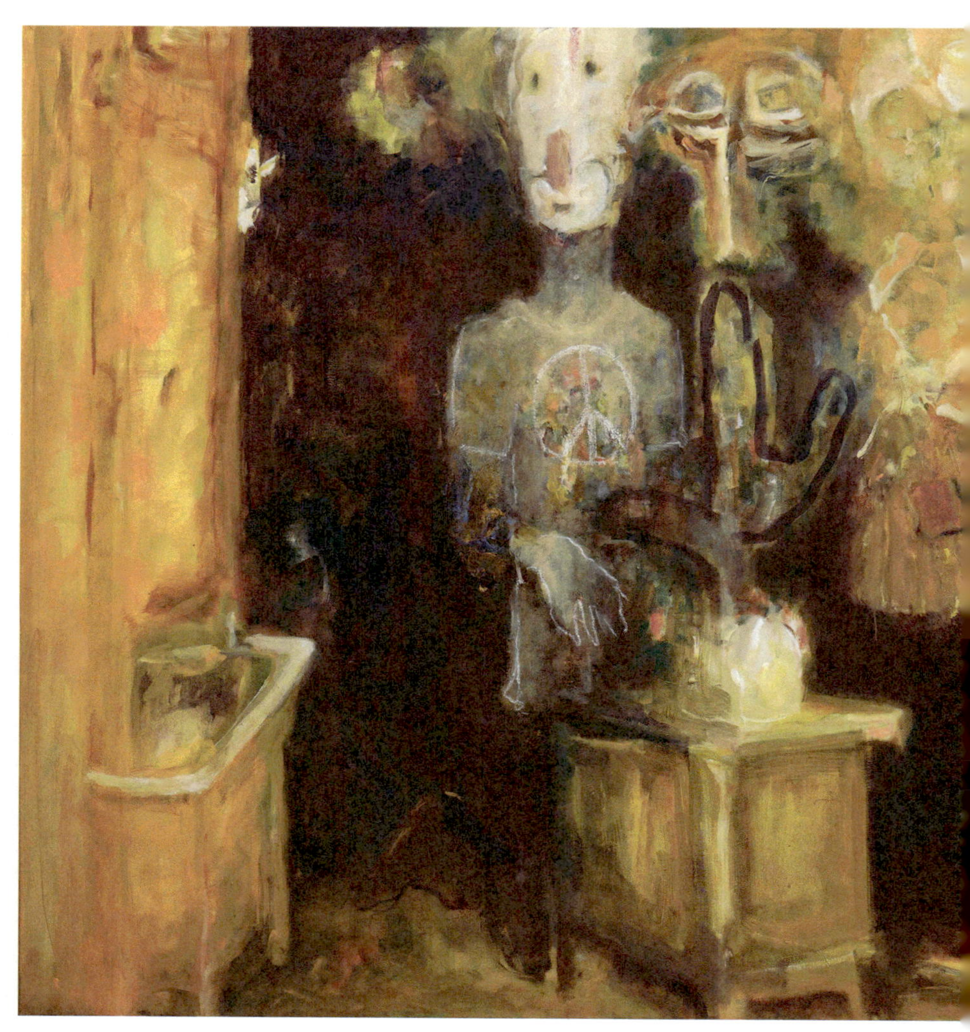

41 *Atelier*, Öl auf Leinwand, 130 × 260 cm, 2021,
Galerie Peter Kilchmann / Foto Uwe Walter

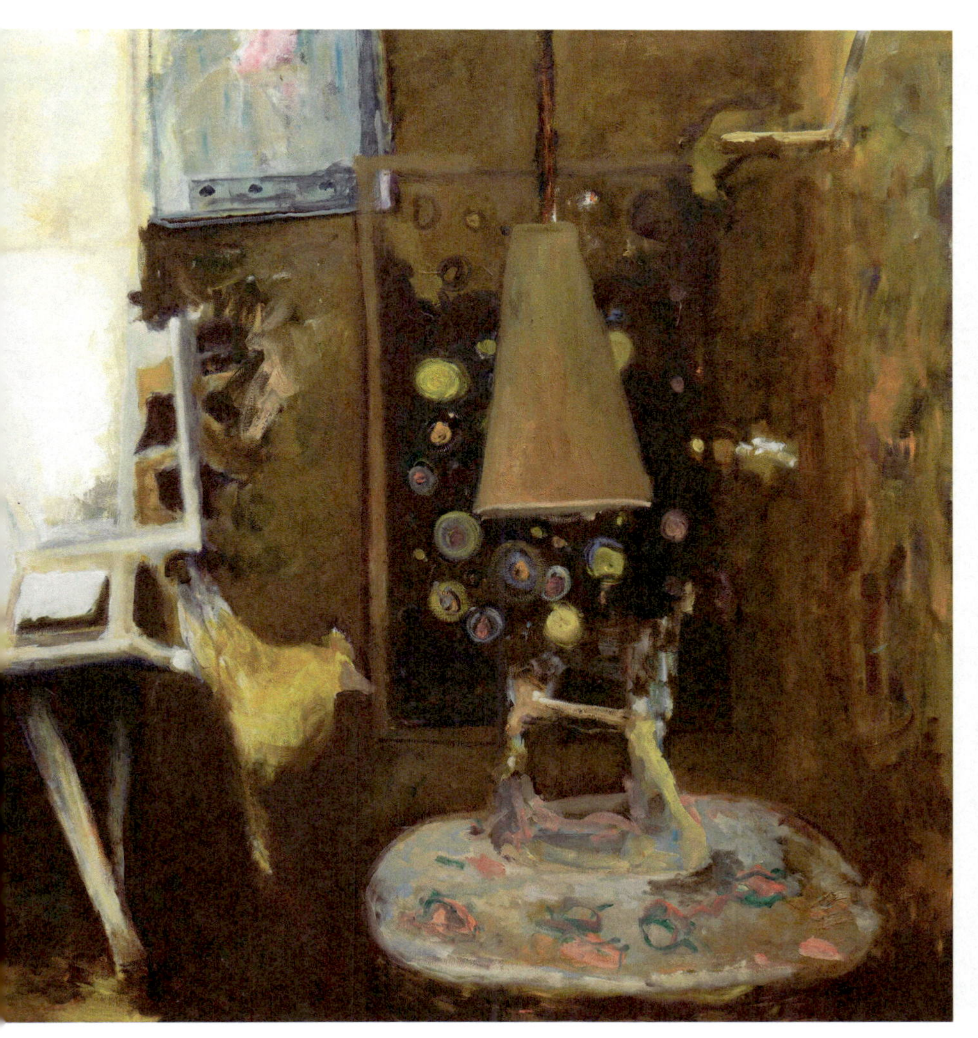

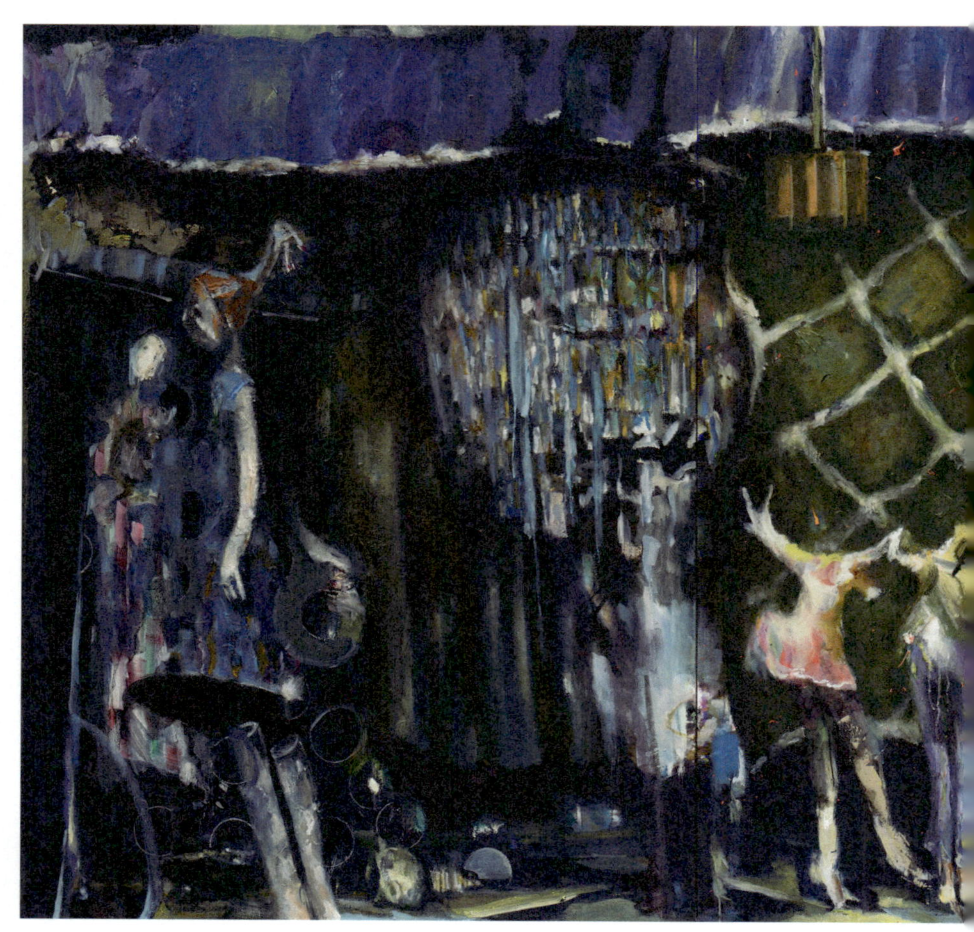

42 Zyklus *Theater*, *Crystal Palace*, Öl auf Leinwand, 170 × 390 cm, 2016, Sammlung Musée Cantonal des Beaux-Arts de Lausanne / Foto Uwe Walter

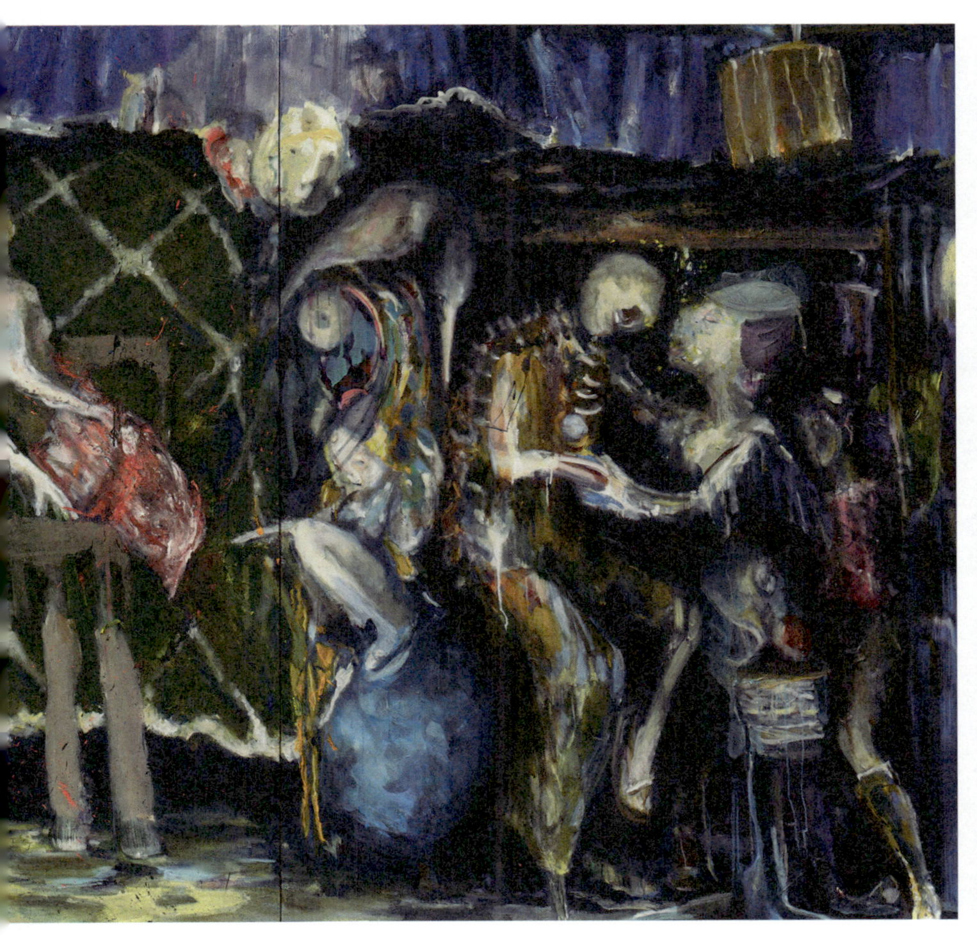

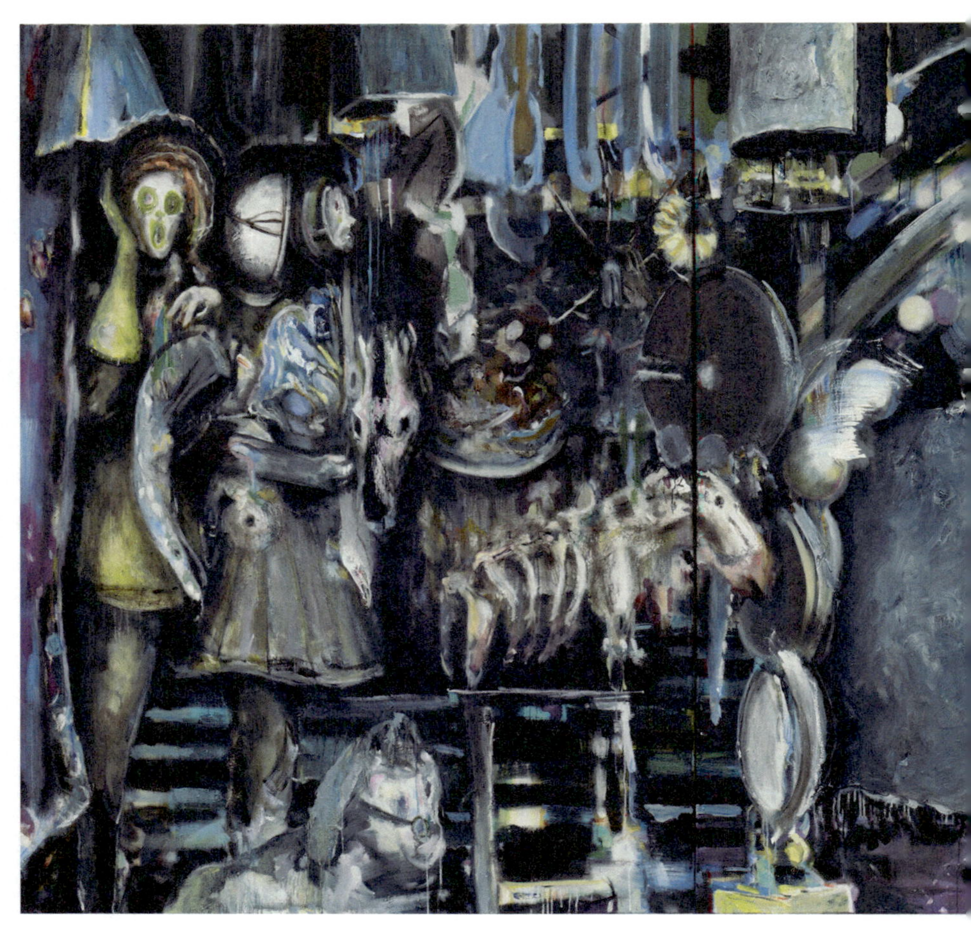

43 Zyklus *Theater*, *L'ordre de la nuit*, Öl auf Leinwand, 170 × 390 cm, 2017, Galerie Peter Kilchmann / Foto Uwe Walter

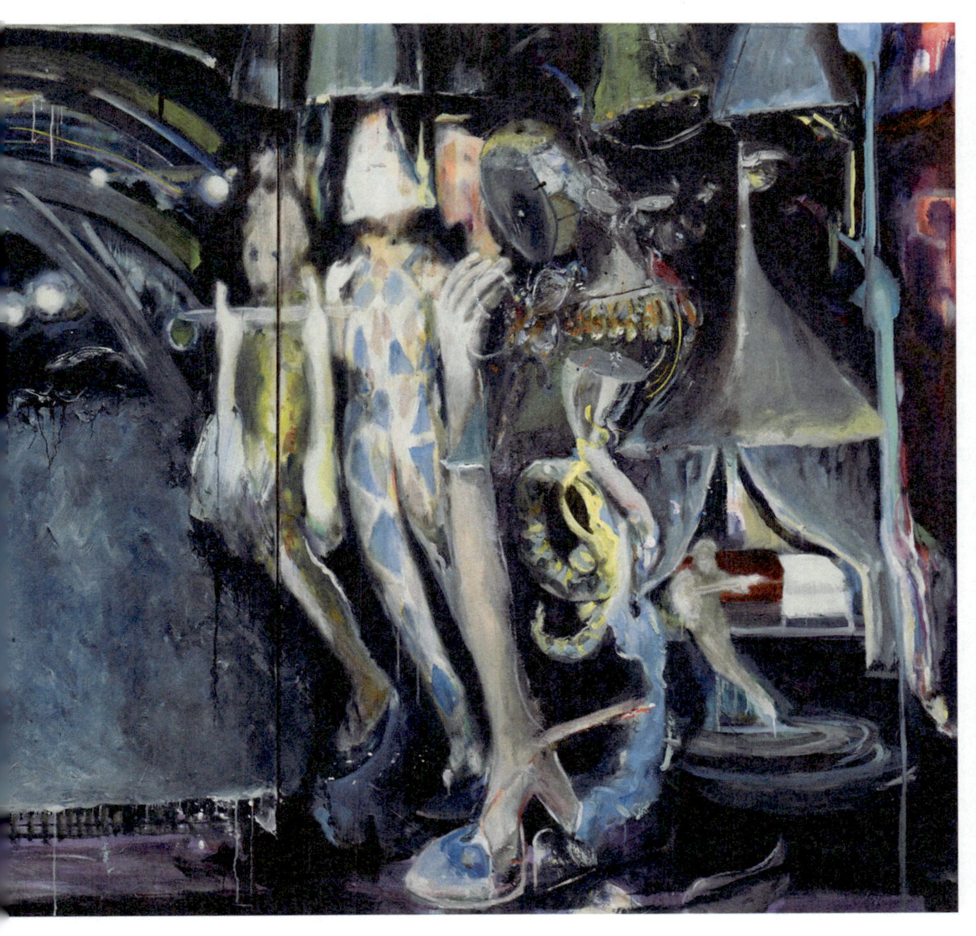

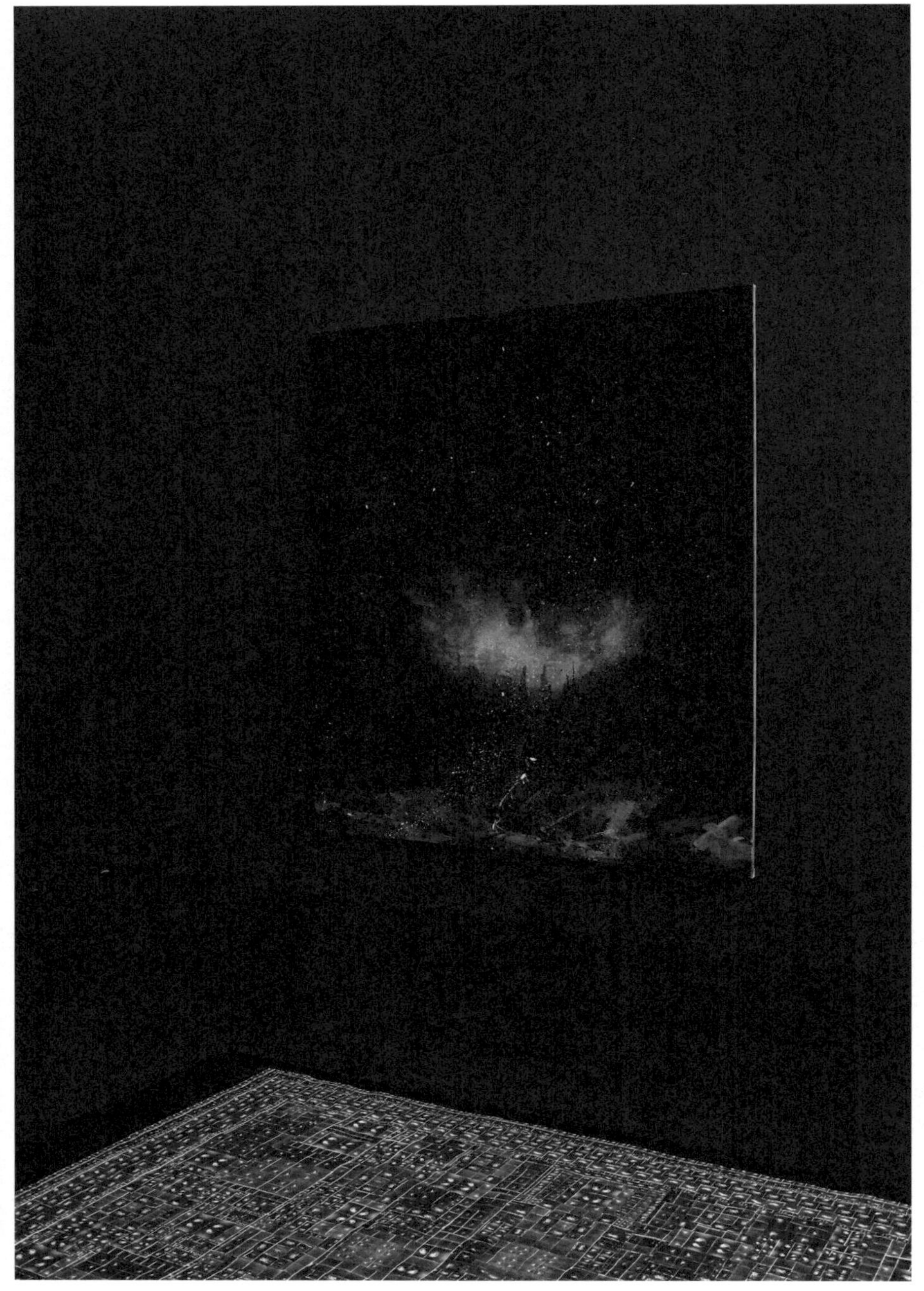

44 Musée d'art moderne et contemporain de Strasbourg, *La première nuit du monde*, Zyklus *Fragmente* (Nr. 0), Tinte auf Leinwand, 220 × 200 cm, 2012, Privatsammlung Schweiz, mit *Tapis* 175 × 120 cm (Details), Mixed Media / Foto Musée de Strasbourg

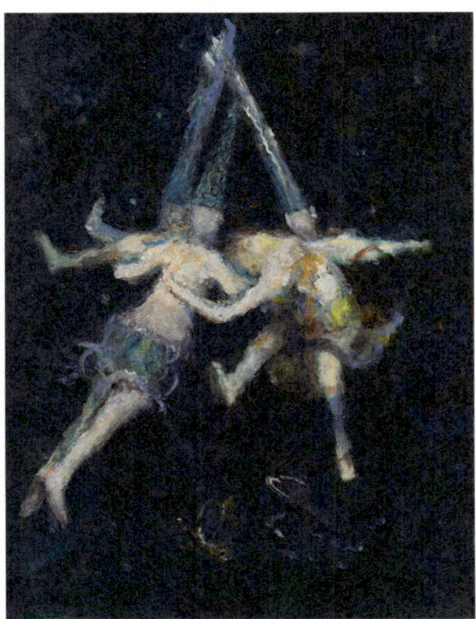

45 Zyklus *Redescriptions*, *Hexenflug*,
Öl auf Leinwand, 40 × 30 cm, 2016,
Privatsammlung Deutschland /
Foto Uwe Walter

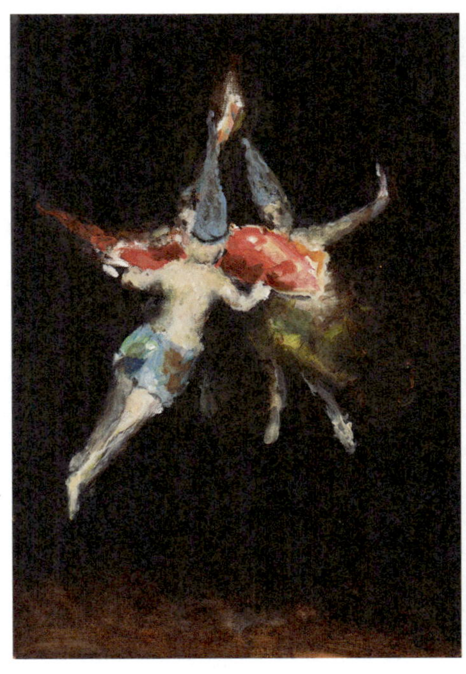

46 Zyklus *Redescriptions*, *Hexenflug*,
Öl auf Leinwand, 40 × 30 cm, 2014/15,
Privatsammlung Deutschland /
Foto Uwe Walter

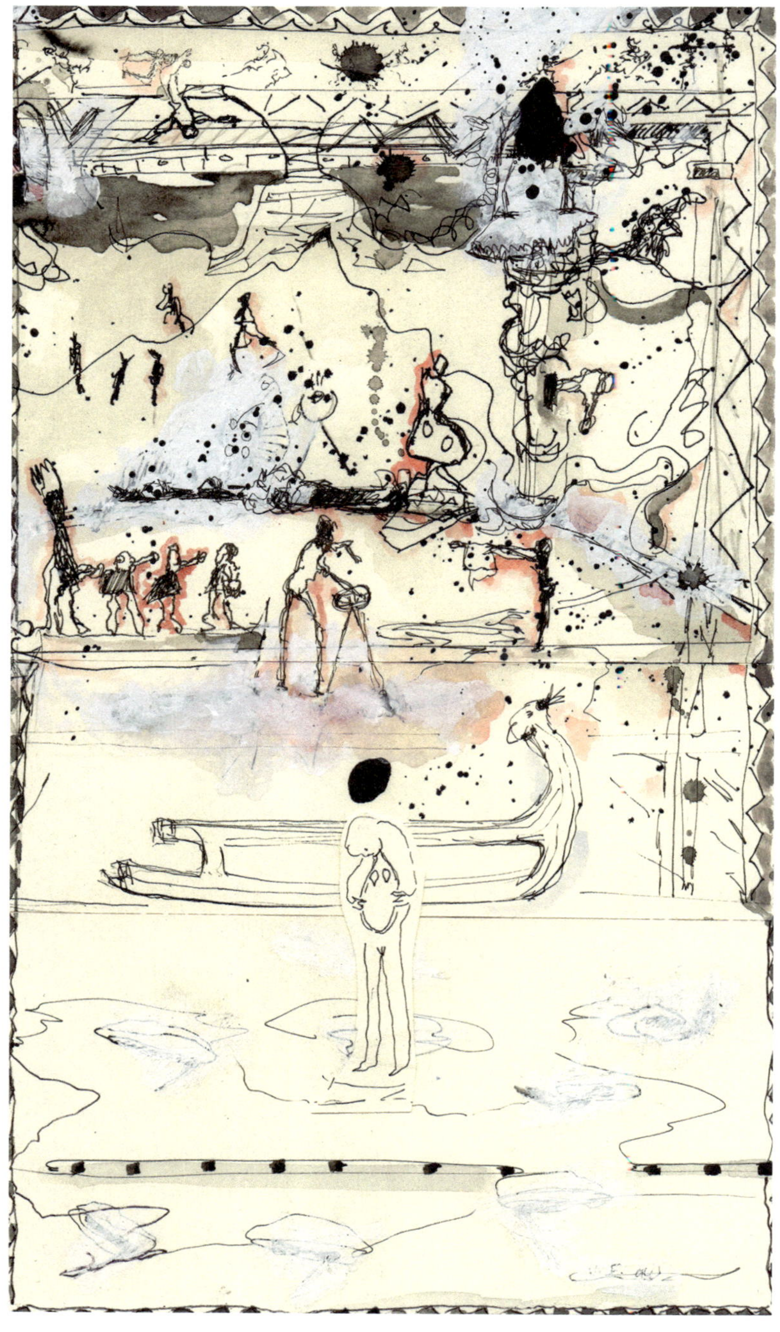

47 *Les petits théâtres de la vie,* (*Luge*), Mixed Media, 30 × 18 cm, 2022, Galerie C, Paris / Foto Séverine Oppliger

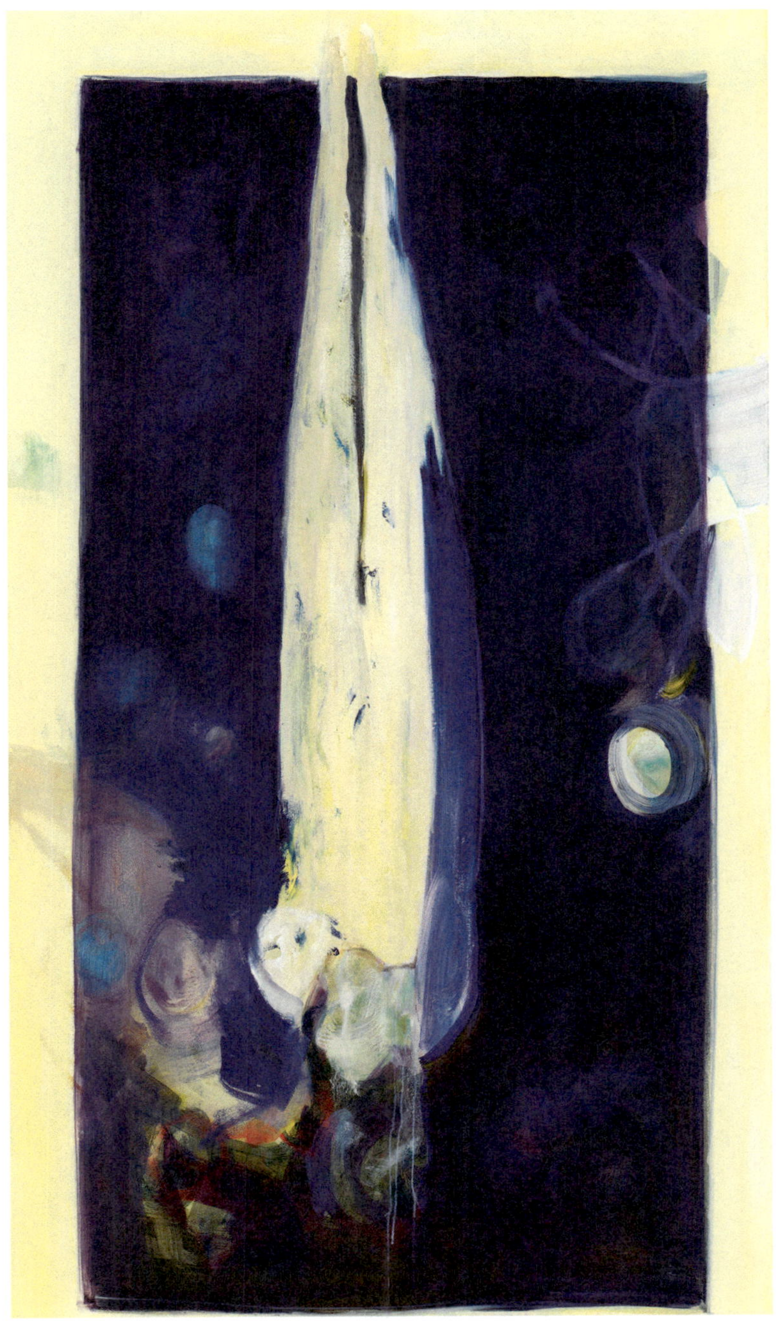

48 Zyklus *Engel*, Öl auf Leinwand, 146 × 95 cm, 2021,
Galerie Peter Kilchmann / Foto Uwe Walter

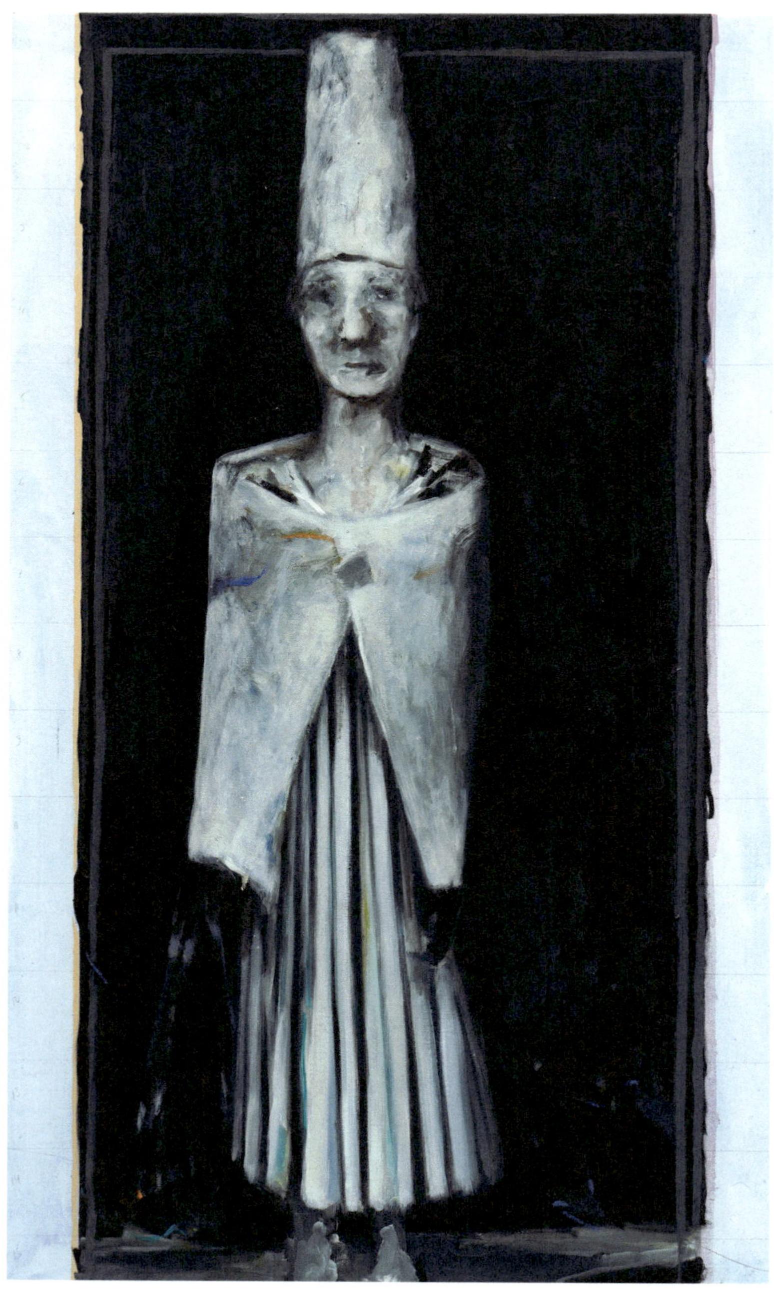

49 Zyklus *Hugo Ball*, Öl auf Leinwand, 2019, 148 × 90 cm, Privatsammlung Schweiz / Foto Uwe Walter

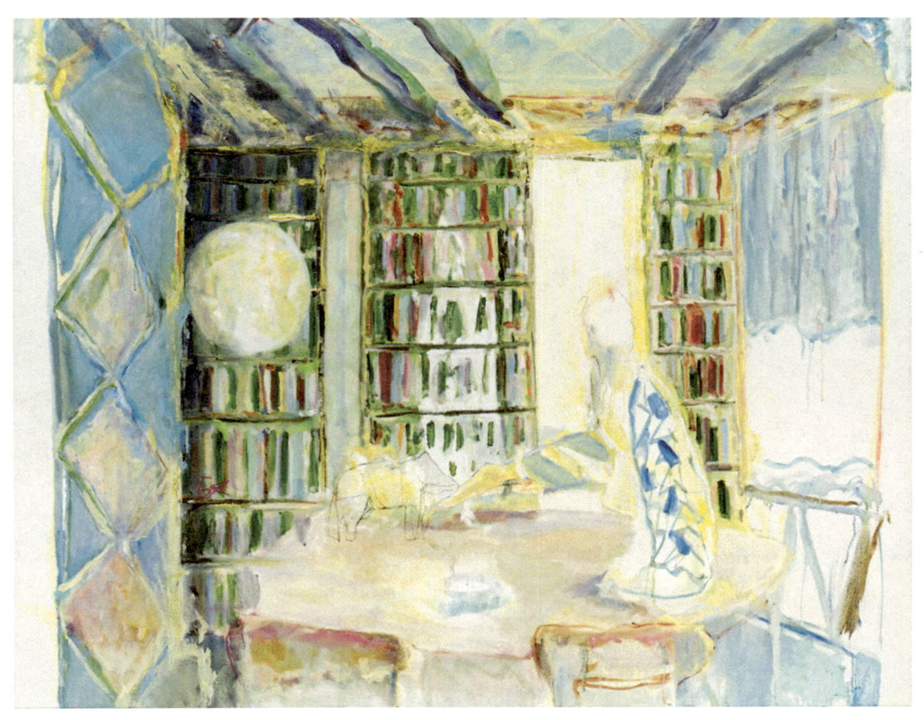

50 Zyklus *Am Tisch*, Öl auf Leinwand, 130 × 170 cm, 2018,
Galerie Barbara Thumm / Foto Uwe Walter

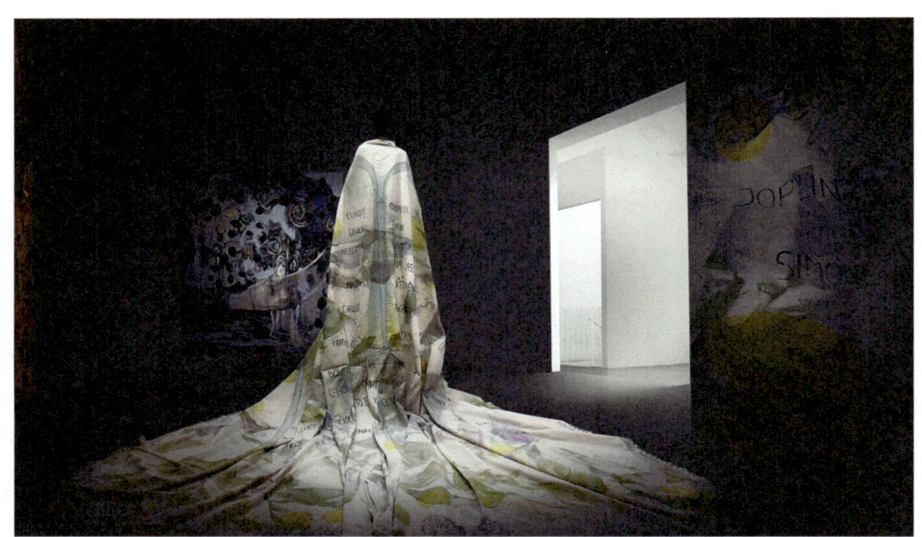

51 *Mantel*, Installation, Tinte auf Stoff, 450 × 450 cm, 2020, Galerie Barbara Thumm / Foto Uwe Walter

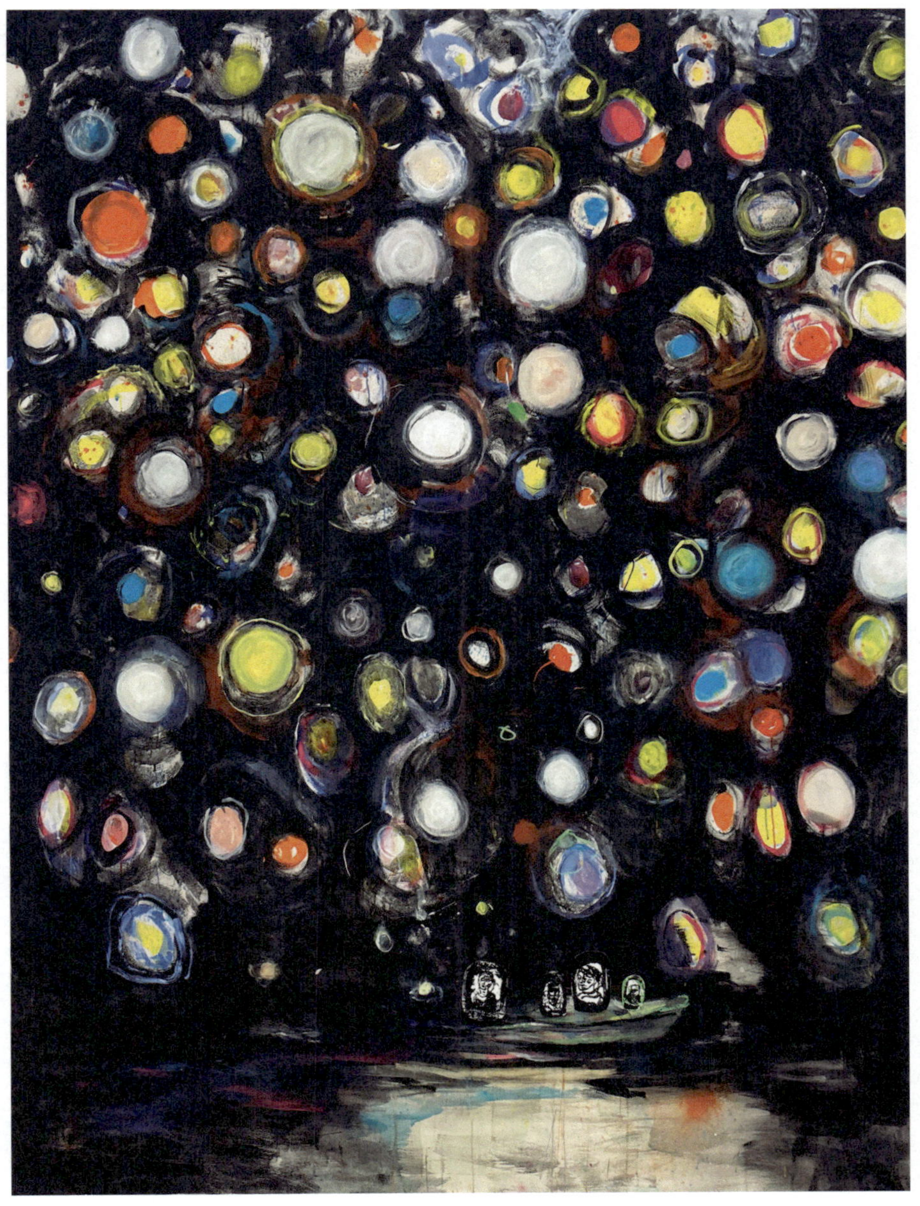

52 Zyklus *Le bateau de poètes*, Öl auf Leinwand, Linoldruck, 250 × 180 cm, 2021,
Galerie Peter Kilchmann / Foto Uwe Walter

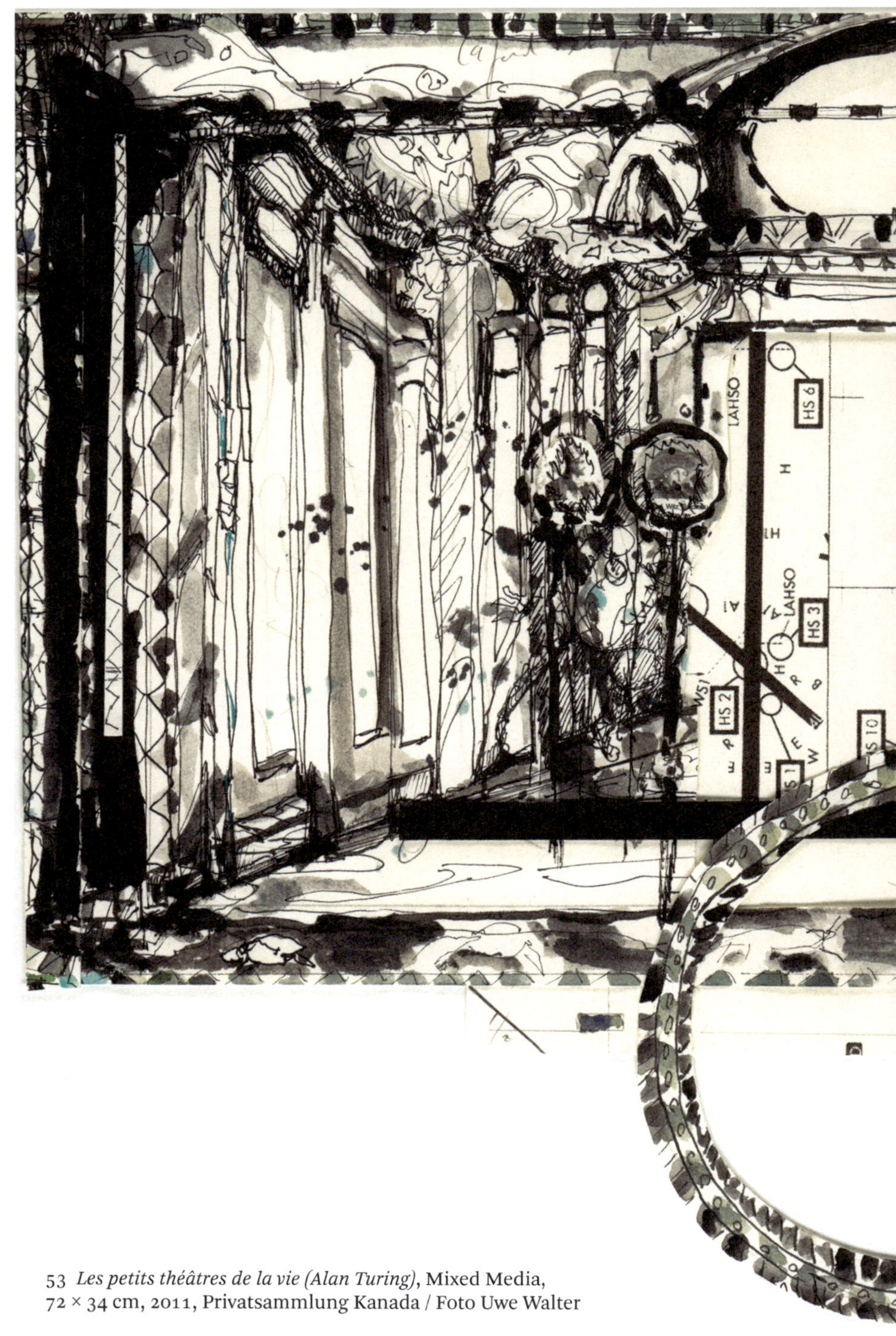

53 *Les petits théâtres de la vie (Alan Turing)*, Mixed Media,
72 × 34 cm, 2011, Privatsammlung Kanada / Foto Uwe Walter

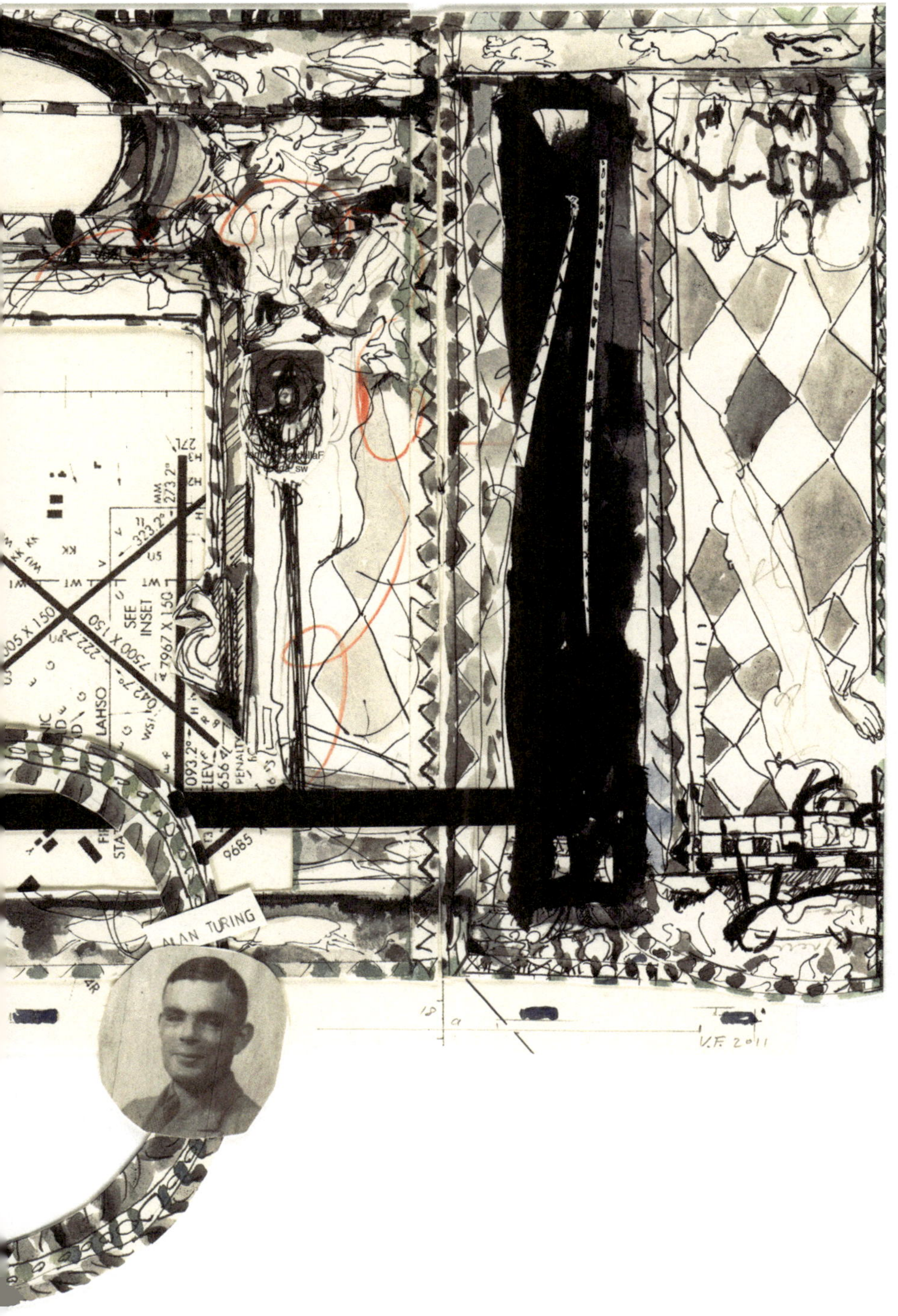
ALAN TURING
V.F. 2011

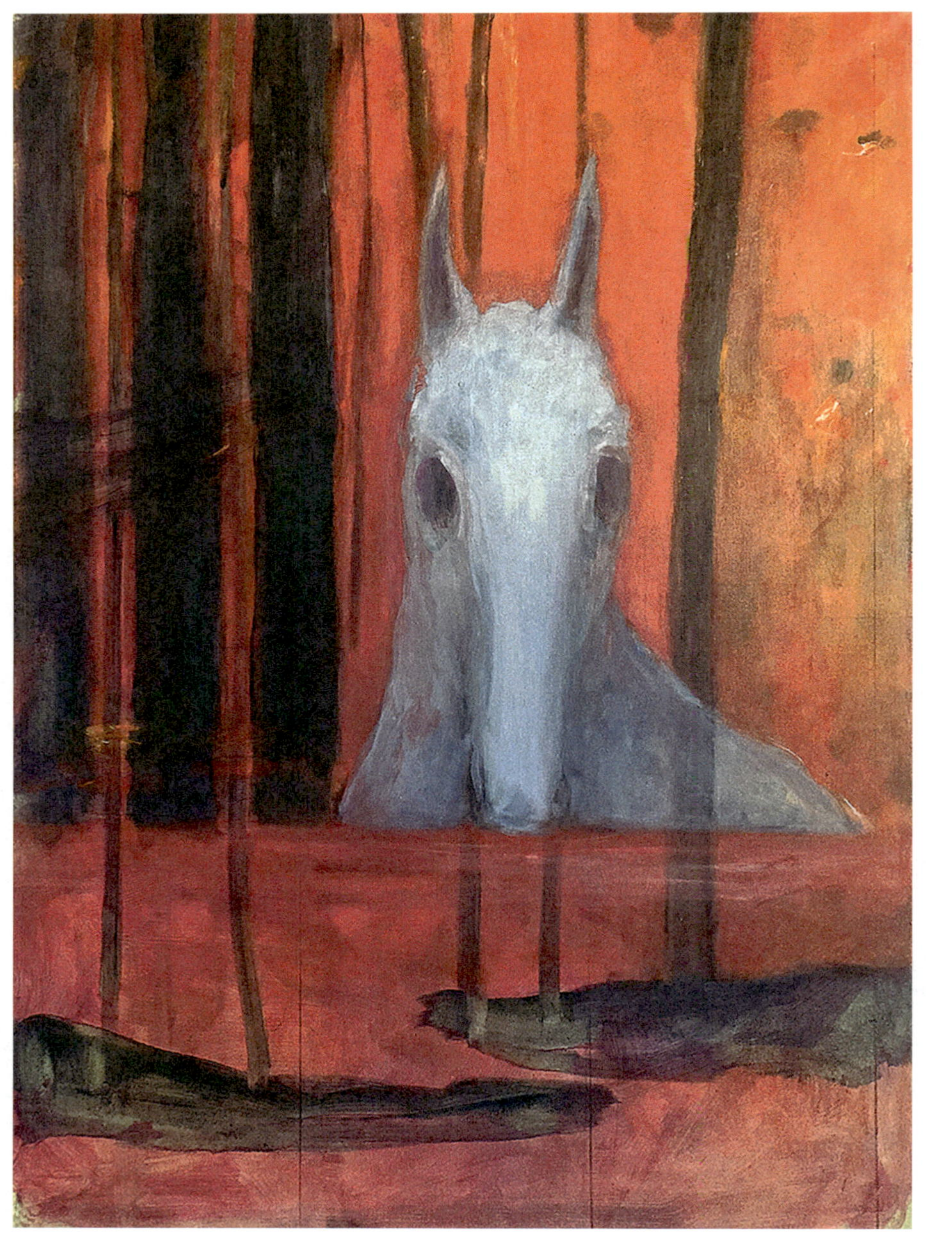

54 Zyklus *Pferd*, Öl auf Leinwand, 150 × 120 cm, 2023,
Privatsammlung Deutschland / Foto Jens Ziehe

Verkleidungen des Unsichtbaren
Ein Glossar zum Werk von Valérie Favre
Axel Ruoff

DAS ALL

»Allô la terre!« (»Hallo Erde!«) ist der Gruß der Astronautin an die Erde, auf die sie jenseits der Atmosphäre zurückblickt. In der Weite des Alls freischwebend, hat sie das Gefühl, an ihren Füßen klebte noch Erde, an ihren Fingern noch Farbe, während ihr die Erinnerungen über den Kopf wachsen wie Blumensträuße, *Buketts (La fragilité des fleurs)* (2012). »Allô la terre!« ist ein Ausruf der Überraschung, was für ein Blick auf die Welt sich ihr da auftut, ein Versuch, den Funkkontakt wiederherzustellen, wenn sie, wegdriftend, ihren Heimatplaneten nicht mehr sehen, nicht mehr orten kann.

»Allô la terre!«, ruft Valérie Favre während unserer Gespräche immer wieder aus, als wäre ihr die Welt hinter den Nebelfeldern ihrer Serie *Fragmente / Kosmos / Universum* (seit 2012, Abb. 19, 44) abhanden gekommen und sie versuchte, mit ihr Verbindung aufzunehmen, von der Umlaufbahn her, auf die sie einst katapultiert wurde. »Sie haben mich in einen Orbit gesetzt ..., aus dem ich nicht herabsteigen kann«, heißt es in ihren Notizbüchern.

Oder ist es der Ausruf der Astronautin beim Anflug auf die Erde, wenn sie ungläubig, wieder festen Grund unter den Füßen, ihre auf Unendlichkeit eingestellte Wahrnehmung zurechtrückt, es ihr surreal, ja absurd erscheint, dass es auf diesem Planeten in Raum und Zeit lebende Wesen gibt? Oder ist es ihr Erschrecken darüber, dass sie den Planeten nach ihrer langen Abwesenheit nicht wiedererkennt? Denn dieser Ausruf kann dringlich, ja verzweifelt sein, auf katastrophale Zustände hinweisen, auffordern, sich zur Wehr zu setzen.

»Allô la terre!« könnte dem mit Tee auf Kleenex gemalten Planeten *Neue Welt* (2022) gelten, der in unbestimmter Zeit verblassen wird, oder dem beunruhigenden Aufruhr der Gestirne, den in der Serie *Le bateau des poètes* (2020, Abb. 52) die in Barken treibende Schar von Selbstmördern, vom Styx aus zurückblickend, aufsteigen sieht. Oder soll die Erdkugel zurückgerufen werden, bevor sie in *Lady Bird* (2010) und *Die Antwort der Zwerge* (2010/11) von der Bühne getragen wird, als wäre es jetzt endgültig mit ihr vorbei?

DIE ERDE

Das Mädchen war auf der Suche nach dem Gorilla, der, wie sie erfuhr, ausgestopft im Esszimmer auf der Anrichte gestanden hatte, bis die Mutter ihn im Garten vergraben ließ, um die Erblast wenigstens um eine der Jagdtrophäen des Urgroßvaters zu erleichtern, die noch drei Generationen später die Familie umgaben. Diese Vergangenheit, die die Mutter loszuwerden versuchte, forderte die Vorstellungskraft der Tochter, der Urenkelin, heraus, in die Zeit vor ihr und über das Grab hinaus in eine ungeklärte Zone vorzudringen.

Dieser Gorilla, keineswegs nur der Fantasie entsprungen, ging auf Beschreibungen, ja Fotos zurück, die sich dem kindlichen Gedächtnis einprägten und der Vorstellung bemächtigten, in der sich die Landschaften des Kongo und der Schweiz überlagerten, sich das Fremde im Vertrauten einnistete. Der Garten wurde doppelbödig, doppeldeutig. Es galt, nach Knochen zu graben, zu erforschen, ob da etwas von unten nach oben drängte, es galt, die Zeichen der Erde zu deuten, die nicht nur Lebensraum, sondern Grab, Versteck und Untergrund wurde, in dem ein eigenes Theater aufgeführt wurde und die ausgestopfte Kreatur als Monster oder Maskottchen, Verkleidung oder Maske auftreten konnte.

Wer wusste zu sagen, wo sich der tote Gorilla befand, zu dem nicht die Sinne, aber vielleicht die Vorstellungskraft vorzudringen vermochte, ohne ins Rutschen zu kommen, auf dem abschüssigen Weg ins Reich der Geister, der Toten? So klar gezogen, wie es hieß, waren die Grenzen der Wirklichkeit, des Fass- und Sichtbaren nicht, an denen Fühlen und Denken sich stießen, um diesen Rahmen von Raum und Zeit zu durchdringen.

WÄNDE

Die Wände von Zeit und Raum sind dünn, nicht unbedingt durchsichtig oder löchrig, aber durchlässig. Wir glauben uns in der Gegenwart abgeschottet, in der uns aber mythische, nicht geheure Gestalten, Geister, vergangene Ängste und Verwerfungen heimsuchen. Wie sollte sonst ein Satyr bei Nacht auf das hell erleuchtete Los Angeles herabblicken, ein anderer den Tod zum Duell fordern können? Auch die Wand zu den Toten – von wegen: aus dem Auge, aus dem Sinn – ist einem Mangel an Wahrnehmungs- und Vorstellungskraft geschuldet, der Vorwand eines schwachen Bewusstseins.

In Favres zwei gleichnamigen Bildern *Die drei Hexen nach Füssli* (2008), die sich auf eine von Johann Heinrich Füsslis Darstellungen der drei Hexen in Shakespeares Drama *Macbeth* beziehen, weisen deren Arm, Zunge, Nase und Kinn über den linken Rand des Bildes hinaus. Sie scheinen sich weniger in die Gegenwart des Betrachters als in eine andere Dimension zu strecken, die der menschlichen Wahrnehmung verborgen ist. Ist es die Welt der Toten, wie eine Schlange, die sich in der einen Version aus einem auf dem Boden liegenden Schädel windet, und die mehr oder weniger verwesten Pferdeköpfe in der anderen nahelegen?

Bereits in der Installation *A bon entendeur salut* (1994) streckt sich getrocknete, aus Schalen, Eimern und Plastikbehältern ausgeflossene Farbe wie eine Zunge in den Raum, um den Übergang von einem Zustand in einen anderen, von einer Zone in eine andere darzustellen. In der Serie *Am Tisch* (2018, Abb. 50) sind die Wände porös, öffnen sich in Lamellen oder gleißenden, an Pierre Bonnards Kacheln erinnernden Bücherregalen für Erinnerungen, Geister und Fantasiewesen. Es fallen die beinähnlichen, raumgreifenden Arme und Formen auf, die vom Körper gelösten Gliedmaßen ähneln und züngelnd in die Zimmer eindringen. Das auf die Reihe *Suicides* (2003–2013, Abb. 36–38) verweisende Schwefelgelb legt nahe, dass auch Geister von Toten die Welt der Lebenden heimsuchen.

Wände, in konkreter wie metaphorischer Gestalt, werden als Einschränkungen der Sinne, des Denkens und der Freiheit erkennbar, wenn Favres Gemälde räumliche Begrenzungen als fließend, porös, instabil oder als Kulissen vorführen, die sich öffnen oder beiseiteschieben lassen, sodass sich Zwischen-, Parallelwelten und Abgründe auftun.

In *Voliere I* und *II* (2007/08) verschließen graue Glas- und Betonwände den Horizont, und die Serie *Autoscooter-Garage* (2013) zeigt bedrohlich geschlossene Räume; sonst überwiegt in Favres Bildern eine durchlässige, transparente und vorläufige Architektur. In dem Zyklus *Der dritte Bruder Grimm* (2004–2007, Abb. 34, 35) erinnern die hinter Schlierenvorhängen hell erleuchteten, verglasten oder offenen Konstruktionen an Gewächshäuser, Raumschiffe und Hochstände. Eine fließende Technik erreicht ein Verlaufen der Wahrnehmungsgrenzen und Distanzen und stellt eine räumliche bzw. zeitliche Mehrdimensionalität her, während die vorherigen Bildräume der Spuk- und Zauberwälder und anderer Auftrittsorte der *Pinochiettes*, deren Boden, wie in *Schläfer*, *Cabane n°1, Triptyche, Ferrari, Batman Sleep* (alle 2002), unzuverlässig, brüchig und überschwemmt ist, eher mit Mitteln der Collage ineinandergeschoben sind.

In dem Zyklus *Theater* (seit 2008, Abb. 41–43) bilden die mehr oder weniger weit heruntergelassenen, gestaffelten, kreuz und quer gehängten Vorhänge labyrinthische Räume, die an Zelte erinnern, die auf Beweglichkeit und Austausch ausgerichtet sind. Ob sie vor einer Bedrohung aus dem dunklen Hintergrund, auf den sie sich meist öffnen, schützen könnten, scheint fraglich. Oft wirken Favres Bildräume wenig verlässlich. Vom Menschen festgelegte Grenzen und Maßgaben werden gerade auf den Bildern infrage gestellt, in denen jegliche Einteilung des Raums fehlt und sich der Kosmos in seiner für den Menschen nur fragmentarisch erfassbaren Unendlichkeit dunkel ins Ungewisse öffnet.

KREISEL

Rundformen setzen die Bildräume der ab Mitte der 1990er-Jahre entstandenen Serien Favres, wie *Robes Rouges* (Abb. 26), *Bottes*, *Squash*, *Nains* und *Intérieur*, in Bewegung. Abstrakt oder gegenständlich, etwa als Saum eines Kleidungsstücks, als Luft- und Seifenblasen oder als eine abgeschnittene Schuhspitze, bleiben sie vieldeutig, können von Körperöffnungen bis Wassergetier alles Mögliche sein, trotz der zum Teil pastos aufgetragenen Farbe.

Wenn sie sich verselbstständigen, treiben sie als Kringel, Ringe, Reifen, Schleudern, Konfetti, Froschlaich ähnliche Blasen, Tropfen oder an das Rad von *La Poulinière* (1995) erinnernde, rasende Scheiben durchs Bild, die den Bildraum in Unruhe, Spannung und chaotische Bewegung versetzen.

Auch in Serien wie *Die Kranken Schwestern* (1998) und *Filet à souvenirs* (1999, Abb. 17) driften runde Formen, die ab der Serie *Nain et Chien* (1998) Gesichtern Unterschlupf gewähren, von der Abstraktion in vieldeutig Gegenständliches, sind Teil eines Motivs, verunstalten es und gehen wieder in geometrische Formen über. Gleichzeitig schaffen sie räumliche Illusion, wenn sie Behälter oder Räume einfassen, den Bildraum stabilisieren und öffnen, um diese Illusion dann wieder zu brechen, wenn pastose Materialität, wulstig wie Tintenfischringe, die Rundformen an die Oberfläche bindet.

Als Linsen stellen Kreise Bildausschnitte scharf, vergrößern oder verzerren, als Gucklöcher gewähren sie – wenn sie nicht selbst zu Augen werden – Einblick in unbestimmbare Hinter- und Untergründe, machen übermalte Schichten als Vergangenes sichtbar. Als zeitliches Movens geben sie dem Bild etwas Schwebendes. Indem sie Bewegung vortäuschen, greifen sie rotierend den Bildraum an, weisen fallend und steigend über den Rahmen hinaus.

Favre schafft sich ein Vokabular, das Komposition und Bedeutung trägt, indem sie die Rundformen in ihren Variationen und Möglichkeiten durchdekliniert, die sich einer Normierung, was eigentlich rund, ein Kreis sei, entziehen, wenn sie sich kräuseln, raffen, falten, zusammenschieben und in die Länge ziehen, wie Geschlechter oder schwarz gähnende Abgründe, sich in Schlangenlinien, Spiralen, aufreißenden Rüschen drehen. Gleichzeitig behaupten sich die Rundformen als Kontur, widerstehen als ausgehöhltes Volumen dem Verschwinden.

Wie zum formalen Experiment reizen sie zur Vervielfältigung. In *Grue d'Oudry II* (1998) verbinden sie sich zum Beispiel zu Mustern in psychodelischer Farbigkeit, die mit harten, abstrakten Rundformen kontrastieren. In *Nain et chien 1* gehen die regenbogenfarbenen, irisierenden Seifenblasen massenweise ineinander über, als verfestigten sie sich zu der Materie, dem (Alp-)Traumstoff, aus dem das Gemälde gemacht ist.

Während sich die Serie *Intérieur* (2000) vor allem mit Gesichts- und Körperformen beschäftigt, werden die Kreisformen in der Serie *Flugübungen* (2001) Teil der Bildlandschaft: als Pilze,

Schirme, Hüte, Kreisel, Röcke, fliegende Untertassen, Löcher oder Tunneleingänge. In den folgenden Serien, die von den starken Vertikalen von Wald, Figuren in *Theater* und den Fahnen in *Autoscooter-Garage* bestimmt werden, spielt das Runde als kompositorisches Element eine untergeordnete Rolle. Es sind alle möglichen Kreaturen, die die Bilder in Unruhe versetzen. In Triptychen der *Theater* hat es aber als Globus einen zentralen Platz inne, wie auch in *Am Tisch*, wo die Kreisformen sich wieder vervielfältigen, den Hintergrund strukturieren und, sich von Vorhang und Tapete lösend, das Zimmer erobern. In *Le bateau des poètes* wimmeln sie am Himmel als ausartende Planetenerscheinungen, die wie leuchtende Kugeln und Seifenblasen aufsteigen und an die Visionen der in den Barken sitzenden Dichter und Philosophen denken lassen, die im Moment des Untergangs noch einmal farbenprächtig aufsteigen. Schillernd, traumhaft sind sie auch hier Vanitassymbol der Lebenszeit und zerplatzender oder sich zusammenballender Träume und Hoffnungen.

BEWEGUNG

Außer Vögeln fliegen Hexen, Geister, Gespenster, Engel und mythische Wesen durch Favres Bilder. Aber auch manches, dem im Allgemeinen das Fliegen nicht zugetraut wird, erhebt sich in die Luft, zum Beispiel Kleidungsstücke, Vierbeiner, Fantasiewesen und Bäume setzen sich über die Schwerkraft hinweg, ohne dass in diesen märchen- oder (alp)traumhaften Verhältnissen einer aus den Fugen geratenen Welt der Beweggrund immer eindeutig zu bestimmen wäre. Ob in Favres Malereien gesprungen, geflogen, geschwebt oder abgestürzt wird, lässt sich meist nicht genau sagen, die Bewegung bleibt fast immer mehrdeutig.

Zum Fliegen bedarf es eines tragfähigen Mediums, entsprechender räumlicher Verhältnisse und wenn nicht eines Transportmittels, so einer Kraft, die die Erdanziehung überwindet. Eine *Flugübung* kann Ausbruchs- und Fluchtversuch sein. Aber der Traum, Einschränkungen von Gesellschaft und Welt hinter sich zu lassen, droht zu scheitern, wenn die Hilfsmittel wie in *Der Sturz des Ikarus* (2001) nicht halten, sich die Verhältnisse gegen einen wenden oder Ideologien gewalttätig durchgesetzt werden sollen, was in *Suicides* thematisiert wird.

Die eher passiven Schwebezustände, mit denen sich, wie auch mit anderen Flugformen, Francisco de Goya beschäftigt hat, ermöglichen dem Maler, metaphorisch den traumatischen Verlust des Bodens unter den Füßen darzustellen, wie es beim Feldzug Napoleons gegen Spanien geschah. Favre löst in ihrer Serie *Goya Ghosts (nach Goyas Hexenflug)* (ab 2007, Abb. 45, 46) die drei schwebenden, eine Gestalt emporhebenden Hexen aus Goyas gleichnishafter, sprichwörtlicher Szenerie heraus, die so, ohne das Unheimliche, Unvorhersehbare zu verlieren, weniger nach einer Entführung als rettendem Eingreifen aussieht, was Bezug auf die heilenden Kräfte dieser Frauen nimmt und durchaus auch politisch zu verstehen ist. In *Poème collage. John Fitzgerald Kennedy* (2012) aus dem Zyklus *Les petits théâtres de la vie* (Abb. 39, 47, 53) aus dem Jahr der Wiederwahl Barack Obamas überklebt Favre auf einer Fotokopie von Goyas *Flug der Hexen* den Kopf der von den Frauen getragenen Gestalt mit einem Porträt John F. Kennedys. Auf *Témesta* (2012) aus demselben Zyklus konfrontiert sie eine kleine Zeichnung des Hexenflugs mit den Namen von drei sedierenden Psychopharmaka, die gegen Depression, Angst und Panik helfen sollen.

Im Gegensatz zu den fliegenden Gestalten stehen die Wagen in der Serie *Autos dans la nuit* meistens still, sind blockiert oder zerstört, jedenfalls nicht funktionstüchtig, wie das Motorrad in *Cabane no. 2* oder *Les ambassadeurs* (beide 2002). Auch in dem Zyklus *Der dritte Bruder Grimm* sollten Flugzeug, Auto und Boot eine Verbindung zwischen den auf *Romeo und Julia* zurückgehenden, immer zweifachen Gebäuden herstellen. Sie helfen aber nicht, Distanz und Hindernisse zu überwinden, Überblick, Annäherung und Austausch zu ermöglichen, um so, anders als in Shakespeares Stück, eine Tragödie zu verhindern.

In Reaktion auf solchen Stillstand kommen, dialektisch verstanden, offensichtlich Bewegungsformen zum Zug, die Wünschen, Denken und Einbildungskraft mobilisieren, um von anderen Verhältnissen zu fabulieren – zu erkunden, wovon die menschliche Existenz überhaupt bewegt wird, werden kann, auch im Sinne von Anteilnahme, wie sie wohl die *Redescriptions* von Goyas Hexen darstellen. Solche Bewegungen in Favres Bildern sind, außer in *Suicides*, nicht auf ein endgültiges Ziel gerichtet, nutzen, wie in ihrer Serie *Pferd* (2023, Abb. 54), die Räume als Übergänge und Schwellen, die über die vom Menschen gezogenen oder ihm verordneten Grenzen hinausgehen.

THEATER

Ist mit dem Titel des Zyklus *Theater* überhaupt ein Schauspiel auf einer gewöhnlichen Bühne gemeint? Die Figuren, selbst wenn sie sich zu einer Art Choreografie formieren, wenden sich jedenfalls keinem Publikum zu und stehen nicht im Scheinwerferlicht. Zu einem Theater gehören auch die Räume hinter den Kulissen, die für die Öffentlichkeit nicht zugänglichen Durchgangsräume und Hinterzimmer, in denen die Darsteller nicht mehr an ihre Rolle gebunden sind, aus der Rolle fallen. Favre zeigt, was hinter der Bühne in meist zwielichtigen, mit Vorhängen und Stoffbahnen verhängten Räumlichkeiten geschieht, die zu einem fahrenden Straßentheater gehören könnten. Es ist jedenfalls eine nomadische Parallelwelt, die außerhalb des Präsentiertellers von gesellschaftlicher Norm, Macht und Fortschritt liegt, zu welchem die Figuren nicht zugelassen sind. Bereits die Eselskappe, eine Narrenhaube, verbindet in *Filet à souvenirs* Verkleidung mit sozialer Rolle und der Möglichkeit, ihr zu entkommen. Das Theater ist dann auch die von Guy Debord beschriebene »société de spectacle«, der gesellschaftliche Verblendungszusammenhang, dessen Alleinanspruch, festzulegen, was Wirklichkeit ist, und diese mit allen Mitteln durchzusetzen, durch Verkleidung, Rollen- und Ortswechsel infrage gestellt wird, ohne ihm entkommen zu können – wie beim Karneval, bei dem Hierarchien auf den Kopf gestellt werden, und wie bei der Konstruktion von intensiven Situationen nach Debord.

Die puppen- und marionettenhaften, halblebendigen, schlafwandlerischen Mischwesen in zum Teil komischen Posen bevölkern nicht nur Übergangsräume von Leben und Tod, wie das aufgegriffene Motiv des Totentanzes nahelegt, sondern auch von Traum und Realität. Zwischen Mensch, Tier und Apparat lassen sie sich weder eindeutig dem Reich des Organischen oder Anorganischen noch Mythos, Märchen, Spuk- und Schauergeschichte oder Comicwelt zuordnen. Die Figuren, teilweise von bedrohlicher Ambivalenz, die ins Gewalttätige umschlagen kann, lassen an die Bilder von James Ensor denken, auf denen die zwar bekleideten, aber eigenartig körperlosen Maskenträger ein beunruhigendes Eigenleben führen.

In den ersten Triptychen der *Theater* überblendet Favre den sexuell aufgeladenen, ebenso militärischen wie karnevalesken Umzug der Majorettes, von Frauen in Uniform, mit einem

Totentanz, den die Gestalten mit langen, an Favres Heldinnen *Pinochiette* und *Lapine* erinnernden Beinen in eine, je nach Triptychon, unheimliche, groteske, ausgelassene, märchenhafte Revue verwandeln, in der sich Erotik, Gewalt und Tod, aber auch Festliches und Lebensfreude beunruhigend mischen.

Was wird hier eigentlich gespielt, ist es eine Tragödie oder Komödie, eine Farce, ist es Spiel oder Ernst, ist es ein Maskenball oder eine Varieté- oder Zirkusvorstellung? Die sonst strenge Abfolge des Totentanzes gerät aus der Ordnung, als gälte es, dem Tod ein Schnippchen zu schlagen, wenn die Gestalten sich zu dynamischen Kompositionen verbinden, tanzen, musizieren, akrobatische, komische Kunststücke und Dressureinlagen vorführen, wobei meist nicht klar ist, wer wen dirigiert. Oft halten die Figuren, an El Greco erinnernd, vertikal gestreckt und eher statisch, Abstand zueinander, geben sich gegenseitig Raum oder gehen fließend ineinander über, was respektvoll oder zärtlich, bedrohlich oder verletzend wirken kann. Manche Darstellungen erinnern an ein blutiges Ritual, etwa *Die Antwort der Zwerge*, oder eine Trauerfeier, wie *Secret Service for the Queen* (2008), wo eine Marionettengestalt mit amputierten Beinen in der Mitte aufgebahrt ist, die auch Teil einer Zaubervorführung, magischen Versammlung oder spirituellen Sitzung sein könnte. In diese Richtung weisen Titel wie *The Magician's Congress* (2009), *Madame Rêve* (2012/13) und *La voyante, die Hellseherin* (2014/15), die angesichts des Todes und der darüber hinausweisenden Einbildungskraft des Menschen nach Möglichkeiten suchen könnten, lebensfeindliche Verhältnisse und Ordnungen in einem poetischen, visionären Vorstoß der Sinne ins Unbekannte zu überschreiten, wie sie etwa Arthur Rimbaud in seinen sogenannten Seher-Briefen formuliert hat.

In dem auf Füsslis bereits erwähntes Hexengemälde zurückgehende Bild *The art of watching birds* (2011, Abb. 21) geht es – auch mit Blick auf die historischen Hexenprozesse – weniger darum, wer was in den Erscheinungen zu erkennen vermag, als darum, wer die Deutungshoheit hat, festzulegen, was Wirklichkeit ist und wie mit ihr umzugehen ist. In der Ausstellung *Visions* im Musée d'art contemporain de Nîmes kombinierte Favre die beiden Hexenbilder nach Füssli zu einem Triptychon mit *Second Life* (2007) als Mittelbild, dessen Titel auf eine virtuelle Welt verweist, in der die Menschen als Avatare unterwegs sind. In Anschlag gebracht wird dagegen mit den drei Hexen aus Shakespeares *Macbeth* die Weltsicht einer Weiblichkeit, die als dämonisch und diabolisch gilt, weil sie eine Gefahr für die patriarchale Ordnung bedeutet, deren Fall sie prophezeit. In Favres Variationen von Goyas *Flug der Hexen* verheißt sie aber, wie bereits gesehen, Rettung und erscheint nur deswegen als übersinnlich, weil sie den Rahmen des kapitalistischen Spektakels zu weit überschreitet.

Favres Malerei ist ein Erkenntnisinstrument, das sich in ihren *Redescriptions* die Stilmittel des sogenannten Fantastischen in der Malerei, vom Barock, über Romantik und Symbolismus bis hin zu Surrealismus und Dada, aneignet, um, in die Tradition eintauchend, durch die Vergangenheit in die Zukunft zu blicken. Helle, weiße Flächen, die in den Triptychen *Play Back* (2014/15) und *Die Hellseherin* den Bildzusammenhang aufbrechen, beziehen sich einerseits – wie dann auch in der Serie *Am Tisch* – auf die Vergangenheit, stellen also die Frage von Erinnerung und Vergessen, andererseits auf eine Zukunft, die fraglich erscheint. Wird in *Lady Bird* und *Die Antwort der Zwerge* die Welt zu Grabe getragen, ist es der Totentanz der Menschheit, des Planeten? Welche verschworene Zwangsgemeinschaft, welches Sanatorium feiert hier – wie in Thomas Manns *Zauberberg* oder Edgar Allan Poes *Die Maske des Roten Todes* zugleich – den letzten Karneval, während die Welt vor die Hunde geht?

RAUTEN

Bereits im Hintergrund von *Triptychon* (2002) grenzen Rauten eine Art Bühnenraum ab, in dem *Pinochiette* mit überlangen Beinen als eine Mischung aus Revuetänzerin, Akrobatin, Närrin und Hexe auftritt und der auf die *Theater* vorausweist. In *Voliere I–III* (2007/08) sind die Rauten dann die zugleich brüchige wie schwebende Struktur eines Gegenstands: in den ersten beiden Bildern die eines Vogelkäfigs und in *Voliere III (Der Anfang)* – einem Triptychon, das motivisch an Max Beckmanns *Abfahrt* erinnert – die eines Badewagens, wenn auch ohne Räder – wie ihn James Ensor in *Der Badewagen (Nachmittag des 29. Juli 1876)* gemalt hat. Er markiert den Übergang von Wasser und Land und – durch das Aufgreifen von Arnold Böcklins *Toteninsel* – auch von Leben und Tod. Der Untertitel »Der Anfang« legt nahe, dass der Käfig, nicht mehr von schweren Mauern umgeben, zu einem Ort der Transition wird. Auch die beiden Satyrn bewegen sich frei und sind nicht mehr eingeschlossen.

In dem Zyklus *Theater* werden die Rauten zu einem geometrischen, architektonischen Element, das sich von den Vorhängen und Figuren, aber auch von dem meist finsteren Hintergrund absetzt. Das oft asymmetrische, verschieden große Rauten- oder auch Viereckmuster ist meist, im Mittelbild der Triptychen, im Zentrum, platziert, das es wie eine Stellwand oder Kulisse dem Blick verstellt. Es bildet eine Leerstelle, die die Bildoberfläche im Gegensatz zur Illusion von Volumen und Raum betont. Ohne eindeutige Funktion und Gegenständlichkeit, fordert die Rautenstruktur die figurative Umgebung heraus, befragt sie auf ihre Wiedergabe von Wirklichkeit.

In der frühen *Série périmétrique* und später in *Am Tisch* stellt Favre subtil und hintergründig – durch verrutschte Kohlemarkierungen, weißen Rand usw. – die Frage nach dem Perimeter, dem Rahmen eines Bildes, also den Grenzen des Gesichtsfeldes, was in Zeiten von Krieg und Seuche ideologiekritische wie existenzielle Bewandtnis erhält. Diesem Vorgehen vergleichbar befragt die Malerin mit der Rautenstruktur die Grenzen bildlicher Darstellung, indem sie den Blick versperrt und gleichzeitig auf eine gegenstandslose, Ideale und Prinzipien verkörpernde Malerei verweist.

Favre balanciert in ihren Bildern den fraglichen Widerspruch von Figuration und Abstraktion, dieser beiden oft dogmatisch vertretenen, unvereinbaren Richtungen der Moderne, aus. Die Rauten und deren Variationen sind nicht nur eine *Redescription* von Pablo Picassos melancholischen Harlekin-Darstellungen, sondern auch eine der gegenstandslosen Malerei der Moderne, des Suprematismus von Kasimir Malewitch und El Lissitzky sowie von De Stijl und Piet Mondrian.

Wie Malewitsch seine Bilder, etwa *Das Schwarze Quadrat*, in die religiöse Tradition der Ikone stellt, lässt sich bei Favre ein Bezug zu El Greco, insbesondere seinem unvollendeten Gemälde *Die Öffnung des 5. Siegels* herstellen, das bereits für Pablo Picasso und Robert Delaunay vorbildlich war. In der apokalyptischen Szenerie, in der das Gericht Gottes, das Unrecht in der Welt zu beenden, eingefordert, aber aufgeschoben wird, streckt sich eine Gruppe nackter Körper zum Himmel. Die – wie bei Favre die Rauten – zu einer Wand aufgerichteten Stoffe in ihrem Rücken, wohl ihre Gewänder, schirmen sie schützend vor einem unsichtbaren Hintergrund ab, bis ihnen von dem über ihnen schwebenden Engel neue, weiße Gewänder übergestreift werden. Während El Greco den Himmel als Ort der göttlichen Instanz wohl noch ausgearbeitet hätte, lässt ihn Favre – wie in vielen ihrer Bilder – weg oder im Dunkeln und setzt in die Mitte des Triptychons, ursprünglich Andachtsbild religiösen Inhalts, statt der Erscheinung des Göttlichen die geometrische Zäsur der Raute. Sie öffnet das Bild auf das, was sich nicht darstellen lässt, nicht nur die Wirklichkeit des Todes, den Favre in ihrem Bild *Genesis* (2021) dem Menschen hinter einer Rautenabsperrung entgegentreten lässt, sondern eben auch das durch die Apokalypse angekündigte Reich Gottes, und sei es in der säkularisierten Gestalt einer befriedeten, gerechten Gesellschaft, die angesichts der aktuellen Weltlage utopischer denn je erscheinen muss.

In Favres *Redescriptions 1–3 (nach Rembrandt)* (2007/08) von Rembrandts *Kreuzabnahme* beherrscht den Hintergrund das weiße Leintuch, in das der Leichnam eingehüllt werden soll. Es nimmt die Grablegung als Voraussetzung der Wiederauferstehung vorweg, also die Verwandlung vom toten in einen lebendigen Körper. Da die Malerin auf eine Darstellung des Kreuzes verzichtet, bekommt die Szene etwas Schwebendes, als stünde das Wunder bevor, aber wäre sein Eintreten keineswegs gewiss, da der kraftlose, zur Formlosigkeit tendierende Körper den Majorettes und anderen hybriden, tierischen und wie aus dem Comic entsprungenen Figuren bei der Abnahme zu entgleiten droht. Außerdem erinnert der helle Leib Christi, einmal gesichtslos, einmal ohne Füße, an ein Weichtier mit Tentakeln, das sich auflöst oder eben verwandelt.

Bei Favre gibt es keinen Ausweg aus dem prä- oder postapokalyptischen Theater, aber sie besteht auf der utopischen Leerstelle des Leintuchs und der Rauten. Bei Picasso trägt das Rautenmuster vor allem der Harlekin, ein Außenseiter der Zirkuswelt, der, wie auch die Gestalten der *Theater* außerhalb der großen Bühne, am Rande der Gesellschaft steht. Aber bei Favre hat sich das Kostüm des Narren und Tricksters verselbstständigt. Als buntes Flicken- oder eleganteres Rhombenmuster ist es, wie der Harlekin in der Commedia dell'arte, nicht auf eine Rolle und Bedeutung festgelegt. Es formiert sich als Zäsur im Zentrum der *Theater*, lässt den Vorhang vor der Überproduktion von Bildern der sich selbst bespiegelnden »société de spectacle« fallen, die vorgeben, Wirklichkeit abzubilden, sie aber eigentlich verhüllen oder vorschreiben.

KÖRPER

Wo verlaufen die Grenzen unserer weltanschaulichen, gesellschaftlichen, staatlichen Bühnen? Der horizontalen Metapher vom sozialen Gitter entspricht die vertikale der Ausgrenzung, die nicht nur in Lagern und Heimen real wird. Favre unterläuft und überschreitet solche hierarchischen Vorstellungen von oben und unten, von drinnen und draußen. Statt der Stars von Columbia- und Universal Pictures oder der Playboy-Bunnys, auf die der Titel des Zyklus *Lapine Univers (Columbia)* (2001–2012, Abb. 31, 32) anspielt, sind auf ihren Bühnen alle möglichen mehr oder weniger menschlichen Wesen zugelassen, die sich standardisierten Vorstellungen von Körper und Geschlecht entziehen.

Bereits die Serie *Intérieur* untersucht Festlegungen, was als seltsam, gesund oder krank eingestuft wird. Die Gestalten, wenn auch als Mädchen benannt, nicht eindeutig als solche zu identifizieren, suchen die Nähe von Stofftieren oder lebenden Hasen, denen sie ähneln und sich angleichen, was zu *Lapine Universe* überleitet. In diesem Zyklus nimmt sich Favre vor den kapitalistischen Karren gespannte, von den Medien ge- und überformte Subjektivität vor, indem sie das Playboy-Bunny, Häsin und Frau zugleich, ausbrechen und seine eigenen Wege gehen lässt, wobei es eben auch mit der Columbine verschmilzt, dem Symbol der Hollywood-Filmindustrie und der Weltmacht USA.

Wie auch die *Pinochiette*, die Heldin mit phallischer Nase, die in verschiedenen Serien Favres auftritt, entzieht sich die zum Leben erweckte, befreite Hasenikone voll erotischer Kraft der Koppelung von medial moduliertem Begehren und auf Konsum ausgerichteten Klischees. Als neoexpressionistischen Abgesang auf die Pop-Art bietet die Häsin Anreiz zur Identifikation, die Favre gleichzeitig infrage stellt, indem sie die entschlossene Heldin ebenso ausgelassen wie verletzlich und angegriffen in einer Tragikomödie auftreten lässt. Ihr lustvolles Weltverhältnis ist immer wieder ironisch gebrochen und führt so die kommerzialisierte Utopie von Befreiung, Körper und Natur der 1970er-Jahre vor. Als wären Teile ihres Körpers in der Hochglanzoberfläche ihrer ehemaligen Logo- und Warenform hängen geblieben, die ihr jetzt als formgebende Stütze ihrer Identität zu fehlen scheint, wirkt sie immer wieder unvollständig oder droht sich ins Formlose aufzulösen.

Zum Abschluss der weißen Periode malte Favre zwölf gerupfte Hühner, die Serie *Poulets* (1992). Wie die anderen weißen Motive scheint das Geflügel in seiner blassen Gestalt sich gerade erst abzuzeichnen oder zu verschwinden. Die leblosen, wie später die *Engel* (2018, Abb. 48), mit dem Kopf nach unten hängenden Vogelkörper, die in ihren weißen Silhouetten die Gespenster der Serie *Short Cuts*, *Ghosts* und andere Geisterdarstellungen vorwegnehmen, changieren zwischen An- und Abwesenheit.

Aus der Darstellung von Hüllen, wie den weißen Kopfkissenbezügen und Stoffschränken, entwickelte Favre die Serien von Bildern leerer, schwebender Kleidung, die ebenfalls Abwesenheit sichtbar macht und auf Vergangenes verweist, nicht das einmal lebendige Tier, sondern den verschwundenen ehemaligen Träger. Die geblähten Stoffhüllen ermöglichen außerdem die unsichtbaren Kräfte sichtbar zu machen, die sie aufsteigen und ihre Form annehmen lassen.

Auch Favres Gestalten in ihren pastosen, fließenden Ölgemälden, zum Beispiel in den Zyklen *Der dritte Bruder Grimm* und *Theater*, sind keine beruhigten Formen. Sie wirken häufig träge, scheinen zu schwer oder zu leicht, liegen am Boden oder schweben, stehen unter Druck, unterliegen Anziehungskräften oder sind der Schwerkraft enthoben. Licht bekommen sie zu viel oder zu wenig. In unbequemen, verrenkten Haltungen und von unverhältnismäßigen Körpermaßen erscheinen sie oft abwesend, fehl am Platz und wenig menschlich. Ihre verdrehten, abgespreizten, verkürzten oder lang gezogenen, zerlaufenen, teilweise rudimentären Arme und Beine, ihre ausgefransten, gespaltenen, verwachsenen, riesigen oder winzigen Hände erinnern an Mutationen, Prothesen und tierische Körperteile. Als Flügel könnten sie die Verwandlung in Engel, Hexen, Raubvögel und andere Gestalten, deren Flugfähigkeit jedoch fraglich ist, ankündigen. Die Gliedmaßen sind aber häufig verkümmert, ja versehrt, mit eingeschränkter Greif- und Gehfähigkeit, als ob die Welterfassung des Menschen mit zunehmend technischem Zugriff sich nicht nur grundsätzlich veränderte, sondern abnähme. Sie sind mehr Ausdruck gegenwärtiger Zustände und Zeugnis von vergangenen Zuständen als Funktionsträger.

Favres Figuren, oft mit verwischten, angedeuteten, unscharfen Gesichtern, wirken unabgeschlossen, auch unfertig, sie drohen aus der Form zu geraten und zu verschwinden, angesichts der auf sie und in ihnen wirkenden Kräfte, die die starren Ordnungsmuster des Gegenständlichen in Bewegung setzen. Anders aber als bei den fliegenden Kleidungsstücken bricht Favre die Oberfläche ihrer Gestalten auf, die keine scharfen Konturen einfassen, sondern ausufernd, verschwimmend, zerrissen immer in ihrer Materialität, als Materie, in ihrem Gemacht- und Gewordensein und in ihrer Veränderlichkeit zu erkennen sind. Indem sie die Formatierung, die normierte, disziplinarisch verordnete Gestalt verlassen, danach streben, sich in eigenständiger Gestalt zu entwickeln, drohen sie ins Formlose überzugehen. Diese antagonistischen Kräfte machen den Körper zu einem Schlachtfeld, dessen Momentaufnahme Favres Malerei liefert und das die Zyklen *Theater* und *Suicides*, wenn auch vor dem Hintergrund des Todes, unterschiedlich vorführen.

Bei Favre haben klar geschnittene, ruhiggestellte Oberflächen, abgesehen von den Rauten, wenig Bedeutung und erweisen sich als gespenstischer Schein. So ist auch das Bild *Hund des Odysseus* (2000–2002) zu verstehen, der die Verkleidung der beiden Hasenfrauen durchschaut und die dahinter wirkenden Kräfte wittert. Ebenso erkennt ein Hund in Favres Gemälde *La mort* (2002) den Tod, eine wohl, wie der Artikel im Französischen nahelegt, weibliche Gestalt, die er anspringt, als wollte er sie enttarnen, angreifen oder fröhlich begrüßen.

WOLKEN

Odilon Redon wurde von seinem Vater auf die Wolken als Inbegriff des unaufhörlichen Wandels der Formen hingewiesen. Diese Wandelbarkeit und Flüchtigkeit von Körpern und Dingen abzubilden, hat sich Favres Malerei verschrieben, die sie wie mehr oder weniger geballte Materiewolken darstellt: Zum Beispiel die Gegenstände der weißen Periode, die *Lapine Univers*, deren mehr oder weniger ausgeführter, verformter weißer Körper, die grauen, berstenden Kakerlaken (Abb. 40), aus denen es farbig hervorbricht, oder Adler, Satyr und Zentaur, in denen sich diese Farbwolken verfinstern und mehr Materialität gewinnen.

Favre hält ihre Gestalten auf Abstand zum Betrachter, belässt sie im Vagen, um sie in der Schwebe zu halten, ihnen Raum und Zeit zu geben, sich zu entfalten oder zu entziehen, ohne ihre Identität in einer eindeutigen Form festzuhalten und zu funktionalisieren.

Andererseits wirken Favres Körper zerbrechlich, mitgenommen und bedroht. An ihrer veränderlichen Gestalt hinterlassen nicht nur, wie die Zugluft in den *Robes Rouges*, Zeit, Krankheit und Tod ihre Spuren. Sie sind oftmals auch tödlichen Herausforderungen und Zumutungen ausgesetzt, die sie verformen und misshandeln, die aber selten auf eine direkte Auseinandersetzung wie auf dem Bild *Short Cuts, Boxer* (2008) zurückzuführen sind. Oft sind sie, wie die an den Füßen aufgehängten *Engel*, die gewaltigen Kakerlaken und die Hühner, offensichtlich Gewalt ausgesetzt gewesen und ihr erlegen, sodass sich der Betrachter fragt, wem sie zum Opfer gefallen sind, oder was ein denkender, empfindender Körper aushält, wozu er fähig ist.

Das Unheimliche, das nach Sigmund Freud eine Regression in Zeiten, da das Ich sich noch nicht scharf von der Außenwelt und vom anderen abgegrenzt hatte, auslöst, entsteht in Favres Bildern auch daher, dass die Figuren sich nicht deutlich von ihrer Umgebung, vom Bildraum abheben. In der Serie *Intérieur* sind sie nicht immer von einem übergriffigen Hintergrund unterschieden, von dem sie sich mit ihren kurzen Armen abstemmen und der ihren Körpern farblich gleicht, was weniger zu Tarnung und Schutz zu dienen scheint, als Folge erzwungener Anpassung ist, sodass sie eingeschränkt wirken.

In der Serie *Suicides* stellen verschwimmende, verlaufende Konturen die Auflösung und Zerstörung der Körper dar, deren Einschränkung und Verletzung mögliche Ursachen der Selbsttötung ins Bild rücken. In *Seppuku* (2006/07) gewinnt der Körper durch den Widerschein der Sonne auf dem Rücken ein für die Serie ungewöhnlich festes Volumen, an das gerade die hellgelb aufblitzende Messerspitze angesetzt wird, die auch in *Messerschnitt* (2007) zusticht. Die Tapete mit aufgeschlitzten Seepferdchen in *Chambre d'enfant* (1998), auf die als schwanger übermalten Helden der Kunstgeschichte projiziert werden, stellt die Zumutung und einschneidende Formatierung des weiblichen Körpers von Kindheit an dar, wie sie bei Favre immer wieder thematisiert wird.

MARIÄ EMPFÄNGNIS

Raute oder Rhombus, im Französischen »macle« bzw. »losange« in der Geometrie, ist eine abstrahierte pflanzliche oder mineralische Naturform, die auf Wappen verwendet wird, um die historische und verwandtschaftliche Herkunft herzuleiten, Stand und Klasse darzustellen. Schon in prähistorischen Funden stellt die Raute das weibliche Geschlecht dar, was Favre in Bildern wie *Maria Verknüpfung*, *Black Maria*, *Annunciation*, *Annunciation (nach Leonardo da Vinci)* der Serie *Short Cuts* (2007/08) aufgreift, auf denen es ebenso um die Verkündigung wie um die unbefleckte Empfängnis geht, die in der traditionellen Malerei oft als verklärtes Marienbild, symbolisch durch die weiße Taube oder die zertretene Schlange dargestellt wurde.

Bei Favre wird Mariä Empfängnis zur geisterhaften Szene einer Vergewaltigung, wenn sie in der Bleistiftzeichnung *Annunciation* Pier Paolo Pasolinis Film *Erotische Geschichten aus 1001 Nacht* aufgreift. Dort schießt Aziz seiner Geliebten Boudour, auch die Verrückte genannt, einen Pfeil mit einem Phallus als Spitze zwischen die Beine, was Favre ein Gespenst tun lässt. Maria ist nur noch als Zielscheibe dargestellt, die in *Maria Verknüpfung* mit blutigem – an die *Robes Rouges* und Francis Bacon erinnerndem – Fleisch behängt ist. Statt eines Pfeils ragt in anderen Versionen aus einer himmelbettähnlichen Rautenkabine ein langer, phallischer, bein- oder fingerähnlicher Haken, der auf die jungfräuliche Zielscheibe zeigt und ironisch ebenso an den schwörenden Finger des verkündenden Engels wie an die zertretene Schlange der Sünde erinnert.

Der Körper der Frau wird gewalttätig geschwängert und zum Austragungsort der Heilsgeschichte instrumentalisiert. Die Trennung von rein und unrein, geistig und körperlich wird als Ausdruck von Herrschaftsverhältnissen erkennbar. Die angeblich unbefleckte Zeugung des Heilands wird in einem Himmelbett vollzogen, das das Rautenmuster zu einem, der Voliere vergleichbaren, Käfig, einem Ort der Ausbeutung macht, aber andererseits verhängt und – wie in *Theater* – eine Leerstelle erzeugt, die sich der illustrativen Darstellung von Gewalt verweigert, auf die indirekt hingewiesen wird.

In den beiden späteren Versionen *Short Cuts, Nach Pasolini* (2013) und *Short Cuts / 1001 Nacht* (2017) sitzen Boudour und Aziz als Skelette, der Mann als gespenstischer Satyr, zwischen Rautenvorhängen in Rot, Schwarz und Schwefelgelb. Der Gelbton rückt das von Sadismus und Gewalt durchdrungene Geschlechterverhältnis farblich in die Nähe der Serie *Suicides*.

Die Verbindung von – der liebestollen Boudour unterstellten – Verrücktheit und Selbstmord leitet zu dem Bild *Sarah Verknüpfung* (2008) über, dessen Titel auf Sarah Kane anspielt, der die Malerin eine Skulptur und ein Bild ihrer Selbstmordserie gewidmet hat. Favre entwickelt die Szene von Mariä Empfängnis weiter, indem die weiß verschleierte Bettkonstruktion von Gespenstern in – an Philippe Guston erinnernde – Klu-Klux-Klan-Gewändern bewacht wird, die auf sexistische, rassistische und nationalistische Vorstellungen von Reinheit verweisen, die ebenso Geschlecht und Herkunft, Aussehen und Verhalten betreffen.

Mit solchen diskriminierenden, normativen Denkmustern hat sich Favre in der bereits erwähnten Serie *Intérieur* beschäftigt. Für ihre Porträts diente ihr die in Heimen für geistig Behinderte aufgenommene Serie *Untitled* der Fotografin Diane Arbus als Folie. Die Fotos problematisierten die Frage von Selbst- bzw. Fremdbild, das, als mit Gewalt eingeforderte Norm, mörderische Maßnahmen zur Folge haben kann. In Sarah Kanes Stück *4.48 Psychose* stellt die in der Psychose erreichte Klarheit solche angeblich rationalen Ordnungssysteme der Welt infrage. Dementsprechend konfrontiert Favre in ihrer Serie *Am Tisch* Weiß, das auch für Reinheit, protestantische Strenge und Leibfeindlichkeit steht, mit farbigen Rauten-, Zickzack- und Lamellenstrukturen, durch die sich karnevalesker Tumult tierischer, insektenhafter Wesen Zugang verschafft.

GESCHLECHT

»Lapine« bedeutet auf Französisch Häsin, bezeichnet als »la pine« gelesen aber auch das männliche Geschlecht, zu dem die Malerin den Pinsel macht, um in eine von Männern dominierten Kunstwelt einzudringen. Der Pinsel ist ihr Zeugungsinstrument, mit dem sie sich ironisch die Freud'sche Theorie vom Penisneid aneignet und ad absurdum führt. Die Hasenfrau, die ihre Fortsetzung in den Majorettes findet, gibt sich nicht als Lustobjekt und Projektionsfläche des Mannes her, wie es der weibliche Körper auch in der Kunstgeschichte lange war, sondern führt ein Eigenleben, das, wie die drei Hexen in *Macbeth*, gegen die patriarchalische Ordnung angeht. Angesichts dieser Bedrohung wirkt es wie eine Bestätigung der Freud'schen Kastrationsangst, wenn Favre die Gestalt der albtraumhaft, ohne Beine schwebenden *Henkerin I–III* (2009–2011, Abb. 18) mit Schlag- oder Schnittwerkzeug auftreten lässt – ein Beruf, der in der Geschichte den Männern vorbehalten war –, welche für Gerechtigkeit sorgen soll, wie auch ihre Komplizinnen, die Drachentöterinnen und Hexen.

Auf ein Readymade von Duchamp antwortet Favre mit ihrer gebastelten *La Poulinière*, die dem männlichen Alleinanspruch, die Welt zu ordnen, mithilfe des Zufalls eine eigene Ordnung entgegenstellt, die mit Glücksspiel und Wahrsagerei kokettiert. Nachdem ihre Alter Egos der *Pinochiette* mit der phallischen Nase und *Lapine* die Welt aufgemischt haben, schlüpft die Malerin in Männerrollen der Kunstgeschichte. Sie porträtiert sich in verschiedenen Medien als verschmitzt grinsenden, bärtigen Engel aus Redons Gemälde *Der gefallene Engel*, wechselt Identität und Geschlecht und wird selbst zur Kunstfigur (Abb. 22). Die Trennung von Kunst und Wirklichkeit wird fließend, wenn die Künstlerin von Malerei und Fotografie zur Performance übergeht, um ihrem/r leibhaftigen Doppelgänger/in zu begegnen. Ihre Verwandlung wirkt ebenso beunruhigend wie komisch und berührend, wenn sie das religiöse Motiv mit Witz und Selbstironie ins Weltliche wendet und der Gestalt Widersprüchlichkeit, Zerbrechlichkeit und Tragik verleiht. Sie unterläuft die Festlegungen der Natur und deren gesellschaftliche Normierung, denen die Gestalt des Engels insofern widerspricht, als sein Geschlecht nicht eindeutig ist oder er als zweigeschlechtlich gilt.

Auch in den Serien der Selbstporträts in der Bischofsverkleidung von *Hugo Ball* (Abb. 49) und in der Maske des *Le Vaticinateur* (Der Wahrsager) von Giorgio de Chirico eignet sich Favre männliche Posen und Verkleidungen an, parodiert sie und konfrontiert sie mit ihrer weiblichen Gegenwart, die aber durchaus in ihrer Widersprüchlichkeit und Anfälligkeit gezeigt wird. Als Hugo Ball im Cabaret Voltaire scheint sie die langen Hasenohren ihrer *Lapine* unter der hohen, bischöflichen Kopfbedeckung zu verstecken, gibt vor, der ausgelassenen Häsinnenexistenz abzuschwören, um in den Orden männlich beherrschter moderner Kunst aufgenommen zu werden, in dem sie sowieso Ketzerin würde.

Sie durchbricht die zwingende Form von de Chiricos gesichtsloser, metaphysischer Gliederpuppe mit dem angeblich übermenschlichen Blick und zeigt sich als Mann oder Frau unter der harten Oberfläche verborgen. Die Puppe wird als Zwangsjacke gezeigt, die den Blick verstellt, verdrängt und unterdrückt, den Körper in Form presst und in Favres Version zu einer Art Kokon wird, der Verwandlung einfordert.

Der gewaltige Schmetterling, als der sie in der Pierre Bonnard gewidmeten Serie *Am Tisch* vor – an Odilon Redon erinnerndem – Blau ins Zimmer flattert, ist doppelte Maske, einerseits Selbstporträt, das auf den deutschen Spitznamen der Künstlerin als Mädchen zurückgeht. Andererseits verfährt Favre ähnlich wie in der Serie *Die Kranken Schwestern*, in der sie sich Porträts kanonisierter Maler wie Masken überzieht. Denn im Schmetterling schlüpft Favre auch in die Rolle Bonnards, der kurz vor seinem Tod notierte: »Vor den jungen Malern des Jahres 2000 würde ich gern mit den Flügeln eines Schmetterlings erscheinen.« Es war sein Wunsch, nicht bloß auf eine Nadel gespießt in den Sammlerkästen der Tradition zu verstauben, vielmehr so schillernd, ungreifbar, faszinierend zu erscheinen wie dieses Insekt.

VERGANGENHEIT

Nicht erst seit der Serie *Redescriptions* eignet sich Favre Gemälde der Kunstgeschichte an. Bereits in den 1990er-Jahren malte sie als Fortsetzung der *Robes Rouges* die von Körpern entleerten Gewänder von *Gilles* nach Antoine Watteau, *Cosimo de Medici* (heute *Der Hellebardier* betitelt) nach Jacopo da Pontormo, der *Infantia Margarita* nach Diego Velázquez, sodass sie zu gespenstischen Erscheinungen der Vergangenheit, Kleidern der Erinnerung wurden, die die Gegenwart heimsuchen. In der Serie *Die Kranken Schwestern* liegen dann zwei Porträts der Kunstgeschichte übereinander und nehmen die verschwindende Malerin, auf der Suche nach dem eigenen Platz, in ihre Mitte.

Favre hat Peter Paul Rubens, Johann Heinrich Füssli, Francesco Goya, Hugo Ball, Giorgio de Chirico, James Ensor, Eduard Manet, Odilon Redon u. a. in ihre Malerei eingeladen, wie sie sich ausdrückt. Wie in ihrer *Redescriptions* von Rembrandt der Leichnam Christi vom Kreuz abgenommen wird, um zur Grablegung ins Leintuch eingehüllt zu werden, hüllt sie die Vorbilder in ihre Malweise ein, um sie in neuer Gestalt wiederauferstehen, in ihrer Tragweite aufleuchten zu lassen.

In der Serie *Filet à souvenirs* lassen die Löcher einer Eselskappe den Blick auf die Vergangenheit des Malprozesses, auf die erste aufgetragene Farbschicht frei, was Favre auch in ihren späteren Serien tut, wenn ältere Schichten ihrer Bilder sichtbar bleiben. Dass die Esels- und Narrenkappe die Verbindung zur Vergangenheit herstellt, betont das Unzeitgemäße, sich die Gewänder der Vergangenheit überzuziehen, gegen den Strom angeblichen Fortschritts und neuer Trends zu schwimmen. Favre zitiert Kunstgeschichte nicht als einen Fundus von Motiven, derer sie sich in ihren Kompositionen bedient, sie verfremdet nicht nur kritisch oder ironisch aktualisierend, sondern leistet den Transfer, lockt mit ihren Mitteln die Tradition, deren Kontinuität keineswegs selbstverständlich oder unbelastet ist, aus der »Reserve«, wie sie zwei ihrer frühen installativen Arbeiten betitelt hat.

Vergangenheit macht Favre außerdem als Möglichkeit des Erinnerns zum Thema ihrer Bilder. In der Serie *Am Tisch* inszeniert sie Favre – anders als Gerhard Richters Schwarz-Weiß-Bilder, die eine eher statisch verblassende, fragwürdige Erinnerung vermitteln – in greller Farbigkeit. Es geht um auch fiktive Kindheitserinnerungen, die auf einem vielschichtigen Prozess des Erinnerns beruhen, an die eigene Biografie, die Tradition, etwa an Bonnard, mit dem sich der Zyklus beschäftigt, aber auch an das eigene Werk, etwa *Filet à souvenirs*, *Série périmétrique*, *Suicides* u. a., wie denn in der über die Jahre entwickelten Bilderwelt Gestalten und Motive immer wiederauftauchen.

NATUR (UND GESCHICHTE)

Die *Redescription* einer Zeichnung von Caspar David Friedrich greift nicht, wie die Kopfbedeckung nahelegen könnte, das Porträt seines Vaters Adolph Gottlieb Friedrich von 1798 auf, sondern das Selbstbildnis zwei Jahre danach, das sich stark von den späteren Selbstporträts mit Bart und wildem, starrem Blick unterscheidet. Friedrich trägt in Favres *Verändertes Porträt (nach C. D. Friedrich)* von 2003 eine Kopfbedeckung mit spitz aufragenden Ohren, die zugleich an den Zyklus *Lapine Univers* und die Eselsmütze der *Filet à souvenirs* erinnern. Die Züge des 26-Jährigen haben in Favres Zeichnung an Würde gewonnen und nichts von ihrem Ernst, jedoch an Kontur verloren, die dabei ist, sich abzuflachen und sich wohl der Physiognomie eines Hasen anzugleichen, dessen noch nicht ganz ausgebildete Hörorgane an Hundeohren oder Blätter erinnern.

Was Favre unter *Redescriptions*, also Wieder- oder Neubeschreibungen, versteht, wird hier in seiner Vielschichtigkeit deutlich. Witzig und hintersinnig schließt sie Vergangenheit und

Gegenwart kurz, die, Funken schlagend, in einem anderen Licht erscheinen. Die Zeichnung lässt sich als Kommentar zu Friedrichs Naturdarstellungen verstehen, die nicht so rein, melancholisch und schicksalsergeben sind, wie es mancher Betrachter von Friedrichs Gemälden vielleicht gerne hätte. Den Maler überfällt die Natur in Gestalt des Tierischen, während den Betrachter sein direkter, weniger herausfordernder als fragender Blick aus zwei weit geöffneten Augen trifft, die sich voneinander zu entfernen scheinen, um den Augenabstand eines Hasen anzunehmen.

Der Wahn des Menschen, Höhepunkt der Evolution und Krone der Schöpfung zu sein, begründet sich selbst überschätzende Allmachtsvorstellungen, die Favre in ihrer Malerei und auch dieser Zeichnung der verwandelnden Kraft der Natur aussetzt, die des Menschen nicht bedarf, wie in Friedrichs fast menschenleeren Landschaften zu sehen ist. Angesichts dessen so wirkungsvoll inszenierten Kompositionen würde man dem Maler zutrauen, dass er sich auf Favres Zeichnung nur kostümiert hat, um dem Menschen seine Kleingläubigkeit und Humorlosigkeit vorzuführen. Aber die Verwandlung in einen Hasen scheint ihm wohl nicht ganz geheuer zu sein. Sein erwartungsvoller Blick scheint vorherzusehen, dass er bald als einer der wenigen Vertreter einer tierischen Spezies durch seine eigenen Bilder hoppeln wird, die trotz ihrer Erhabenheit auf den Menschen hin komponiert sind, was Favre durch ihre Zeichnung infrage stellt. Eher als der Mensch könnte er aber dann als Hase, Symbol der Auferstehung, Vollstrecker eines göttlichen Heilplans sein, sollte der sich nicht angesichts von Himmels- und Eiswüsten verflüchtigen.

In den Augen des Malers, mit dem Favre das Interesse an der Darstellung des Unsichtbaren und Unendlichen teilt, spiegelt sich etwas von der menschlichen Verlorenheit und Angst vor überwältigender Natur, und sei es vor dem eigenen Triebleben. Das Hybride, wie es der Hase Caspar darstellt, eröffnet Spielräume, um sich ideologischer, etwa nationalsozialistischer Vereinnahmung zu entziehen und erstickende Verhältnisse zu verlassen, und stellt doch ein widersprüchliches Zugleich und Dazwischen dar.

Denn für Favre unterliegt der Mensch keineswegs bloß der natürlichen Zeit, in die als einem umfassenden Prozess Geschichte eingebettet ist; wie etwa in den Jahreszeitenbildern von Pferde(-Phantomen) des Zyklus *Der dritte Bruder Grimm* (*Frühling und Hybride* (Abb. 34), *Die Quelle am Bach*, *Herbst und Hybride*, *Das Geräusch*; alle 2007) deutlich wird, in denen wie in dem ganzen

Zyklus die Gegensätze von Natur und Kultur, Mensch und Tier verschwimmen.

Favre hat in ihrer Ausstellung im Neuen Berliner Kunstverein dem Zyklus *Suicides* die Installation *De la fragilité des fleurs n° 5* (2013) gegenübergestellt. In Stillleben hat sie das Blühen und Verwelken von Blumen tagebuchartig festgehalten, während in Vasen verwelkende Blumen zu sehen sind. In der Gegenüberstellung von lebendem Modell und Bild fragt Favre nach der Möglichkeit, Zeit in der Malerei festzuhalten. Vor allem geht es aber um die unterschiedliche Zeitlichkeit von Selbstmord und natürlichem Vergehen, dessen Zwangsläufigkeit der Suizid radikal negiert, wie er sich genauso dem Schicksalhaften geschichtlicher Abläufe verweigert.

In den zwei gleich betitelten Gemälden *Short Cuts (Deux Marats)* (2010) sitzt eine Gestalt, Marats Mörderin Charlotte Corday oder eine Trauernde, vor dem Leichnam des Jakobiners, der verdoppelt, gespiegelt ist, wie eine Allegorie der Zwiegestalt der Revolution, ihres Umschlags von Befreiung in Terror. Während in der grauen Version des Gemäldes die sich auf die Badewanne abstützende Gestalt mit resigniert gesenktem Kopf festzustellen scheint, dass sich Geschichte wiederholt, dreht sie in der anderen Version mit buntfleckiger Badewanne den Kopf, als würde solche ausweglose Gewalt durch einen anderen Frühling, den jetzt blühenden Leichnam gebrochen.

GESCHICHTE (UND NATUR)

Der Blick, der die unförmige, langgezogene Masse zu entziffern versucht, erkennt zuerst einen Fingerhandschuh, in dem, wie sich langsam abzeichnet, der Flügel eines Vogels steckt, der dort mit ausgebreiteten Flügeln auf dem Boden liegt, anstatt in der Luft zu schweben. Dass seinem Flügel die Finger fehlen, um ganz in den Handschuh zu schlüpfen, kann das Kleidungsstück als Prothese nicht aus der Welt schaffen, sondern nur als verzweifelte Verkleidung vertuschen. Dennoch drängt sich der gelbe und einmal grüne Plastikhandschuh der sechsteiligen Serie *Das Gebet* (2003–2008, Abb. 33) in den Vordergrund, als hätte er Macht über das erschöpft auf einem Teppich vor einer Heizung liegende Tier gewonnen und wollte es ins Handgreifliche zwingen. Indem der Vogel, wohl ein Adler, König der Lüfte und Tier des Göttervaters

Zeus, in einen menschlichen Haushalt gepfercht und mit einem Putz- und Schutzutensil ausgestattet ist, wird er nach seinem Verhältnis zu Welt und Wirklichkeit befragt, die es, wie der Gummihandschuh nahelegt, zu bereinigen gälte, ohne sich die Hände schmutzig zu machen. Gleichzeitig widersprechen solchen Vorstellungen von geordneten Verhältnissen, Reinheit und Reinlichkeit das groteske Zusammentreffen von Tier und Kleidungsstück und die pastose Malweise, die Wert auf die Materialität der Farbe und die vage Form des Tieres legt, das dabei ist, Gestalt zu gewinnen oder zu verlieren, also zu vergehen.

Der Adler repräsentiert hier nichts Edles, Ewiges oder Mächtiges, was sich in der Welt bewähren, sie beherrschen könnte, er ist vielmehr das jämmerliche Scheitern arroganter Vorherrschaft von Göttern und Staaten, der Allmachtsansprüche von Religionen und nationalistischer Ideologie, als wollte der Adler auf einem Gebetsteppich um Vergebung bitten. *Das Gebet* lässt den Betrachter beim Ableben, Verschwinden eines Symbols zusehen, das malerisch den Kräften des Verfalls überantwortet wird. Der deutsche Adler, Zeichen preußischer Überlegenheit, fliegt nicht mehr und ähnelt, am Boden liegend, Auswurf. Favre nimmt den auf den Kopf gestellten Adler von Georg Baselitz, ein bei ihm seit den 1970er-Jahren wiederkehrendes Motiv, beim Wort und lässt ihn nicht nur abstürzen, sondern auf der Fuß- oder Badematte ein bitteres Ende nehmen.

Auf einem Bild der Serie ist am linken Flügel des Vogels ein rotweißer Streifen mit schwarzem Schatten zu sehen, der weniger an einen Orden oder an die deutsche Fahne der Kaiserzeit als an eine Hakenkreuzarmbinde erinnert, wie sie ein Mann in dem Triptychon *Kreuzigung* von Francis Bacon trägt. Während hier die Armbinde, wenn auch mit einem weißen Schleier überzogen, klar zu erkennen ist, ist sie es bei Favre nicht. Dennoch ist die Anspielung auf das links zu tragende Nazisymbol offensichtlich und Hinweis auf deutsche Geschichte, insbesondere die NS-Diktatur. Als misslingender Versuch, sich von dieser Vergangenheit reinzuwaschen, ließe sich der Plastikhandschuh deuten, dessen sich der Adler vergeblich zu bedienen versucht.

Der Vogel, der in einem anderen Bild mit blutrotem Gefieder zerfleischt oder von Blut getränkt dargestellt ist, gerinnt auf Favres Bildern nicht zur Allegorie, sondern bleibt leidende Kreatur, die, wenn sie noch nicht tot ist, in ihrer zwiespältigen Gestalt dem Leiden erliegen oder sich auch in etwas anderes verwandeln könnte, in nichts unbedingt Gutes.

HYBRIDE

In vielen Serien Favres, wie *Theater*, *Voliere I–III*, *Der dritte Bruder Grimm*, *Short Cuts* und *Am Tisch*, entsteht eine unheimlich bewegte, seltsam angespannte Atmosphäre durch die Gleichzeitigkeit widersprüchlicher Zustände. Die Figuren erscheinen puppenähnlich leblos und zugleich befremdend lebendig, wenn pflanzliches oder animalisches Wachstum die Körper verändert, biologische Ordnungen außer Kraft setzt.

In der Serie *Am Tisch*, wie auch in *L'ange arbe* (2015–2017), streckt eine Gestalt unter hellblauem Tuch zwei Äste wie Arme in die Höhe, auf einem anderen Bild der Serie wächst ein blühender Ast aus einem Frauenarm. Auf dem Selbstporträt *Ein Baum zu sein über Texten von Olympe de Gouges* (2018) ist der Malerin, nackt mit erdverschmiertem Gesicht, ein Ast mit einem Verband am Oberarm befestigt. Der Siebdruck, anlässlich der einhundert Jahre Frauenwahlrecht in Deutschland, ist auf die Buchseiten eines Textes der Frauen- und Menschenrechtlerin geklebt, was dem Motiv politische Brisanz gibt. Der aus dem Arm wachsende Ast – der an Redons *Waldgeist* erinnert – ist eine Anspielung auf Daphne, die, um den Nachstellungen Apollons zu entgehen, in einen Lorbeerbaum verwandelt wird, mit dem sich der Gott der Künste dann schmücken wird. In den griechischen Mythen werden weibliche Gestalten aus Strafe für meist erzwungene Liebesverhältnisse oder aus der Not heraus verwandelt, damit sie nicht misshandelt oder vergewaltigt werden. Favre stellt die Frage nach Möglichkeiten, sich männlicher Anmaßung, Besitz- und Machtansprüchen zu entziehen. Das mythische Bild wird politisch gewendet, geschichtlich verortet, ohne an poetische Kraft und Vieldeutigkeit zu verlieren.

Mythische und andere Mischwesen sind die Verkörperung der Suche nach Existenzmöglichkeiten, sich Manipulation und Unterdrückung zu entziehen, neue Weltverhältnisse zu erproben, wie es die Serie *Lapine Univers* vorführt, wobei die Kräfte der mutierenden Natur widersprüchlich, zerstörend oder befreiend wirken können. Die Verwandlung mit unvorhersehbaren Folgen ist ebenso Drohung wie Versprechen. Die Darstellung von

Körpern schwankt in Favres Gemälden zwischen Verstümmelung und Metamorphose. So wie die Gegenstände in ihren Bildern die Tendenz haben, sich zu entdifferenzieren, gehen die Körper der Feingliedrigkeit und -sinnigkeit verlustig – egal ob Peugeot-Löwe, Häsin, Pferd oder Mensch. Sie vergehen erschöpft oder nehmen voll Energie eine andere Gestalt an, erschließen sich gar neue Handlungs- und Bedeutungsräume, wie die Bäume, die, sich entwurzelnd, zu springen und zu laufen beginnen, um so ihr allegorisches Potential unerwartet unter Beweis zu stellen. Die hybriden Gestalten Favres sind keine eindeutigen Zwienaturen, sondern verkörpern wechselnde Anteile menschlicher, tierischer oder anderer Natur. Nicht ausformuliert und ausartend, wuchernd werden sie zu Übergangsformen, zu unbestimmten Mischwesen, die übliche Körpervorstellungen sprengen und nicht immer den bekannten, in Mythen ausgeprägten Gestalten zuzuordnen sind. Während in Pasolinis Verfilmung von *Medea* (1969) der Zentaur das glückliche Naturverhältnis verkörpert, sind die Übergänge zwischen Mensch, Tier und Pflanze bei Favre eher Bilder der seltsamen Mischnatur, des Überwältigtwerdens und der Ausbruchsversuche des die Welt beherrschenden Tieres Mensch.

Aber der Betrachter nehme sich in Acht: All das könnte auch Verkleidung, Maskerade sein, und wer weiß, ob eine des Tiers als Mensch, oder umgekehrt, wie in dem Verwirrspiel vom Pferd als Tier, Attrappe und Kostüm im Zyklus *Der dritte Bruder Grimm*, das Favre subtil in der Serie *Pferd* aufgreift. In *Frühling und Hybride* trägt das Rückenteil eines Pferdekostüms, in das Menschen hineinschlüpfen sollten, um es zu beleben, ein Pferd und wankt mit einem Damenschuh durch die Landschaft, wobei nicht klar ist, was Maske, was menschlich, was tierisch ist, als bestünde Wirklichkeit aus Hüllen bzw. Schichten, die es freizulegen gelte, dürfte man dem Auge nicht trauen, sondern müsste malerisch erkunden, was sich unter den Oberflächen verbirgt.

VAGE

Die beiden lateinischen Wörter *vacuus* (leer) und *vagus* (umherschweifend), aus deren Verbindung das Wort »vage« entstanden sein soll, charakterisieren sehr treffend die körperlosen, schwebenden Röcke, Mäntel, Stiefel und anderen Kleidungsstücke von Favres Serien, etwa *Robes Rouges*, *Pontormo*, *Gilles dans le vent* und

Marguerites (alle 1994–1998). Zwei Jahre vorher hatte die Malerin bereits in der weißen Periode die fünfzehnteilige Serie *Mouchoir* (1992) gemalt, die auch von Luft oder einem anderen unsichtbaren Medium getragen, zu fliegen scheinen. Gefaltet, zerknüllt und verdreht widerspricht ihre wechselnde Form der Vorstellung von einem Taschentuch und weckt andere Assoziationen.

Aus der sich verändernden Erscheinung ergibt sich die Vieldeutigkeit des Motivs, deren Darstellung das Vage dient. Die Spannung zwischen Figuration und Abstraktion, Repräsentation und Ausdruck, Kontrolle und Zufall fordert umgekehrt die Wandelbarkeit, Ausdrucks- und Aussagekraft einer Form heraus, die sich im Widerspruch von Wiedererkennbarkeit und Veränderung bewähren muss.

Favre setzt pastosen Farbauftrag, groben Pinselstrich, unreine Farben oder eben das Gegenteil ein, um die Form nicht als endgültige, starre, mit eindeutiger Kontur festzulegen, sondern als vage, fließende, offene zu zeigen, die in manchen Bildern mit scharf geschnittenen Formen, etwa Rauten, kontrastiert wird.

Auch wenn in Favres Bildern die Sicht- und Raumverhältnisse oft unklar sind, ist ihre Malerei weniger wegen weicher, atmosphärischer Darstellungen, etwa eines Sfumato, vage, schwebend, als durch eine Malweise, die einen Gegenstand in seiner Veränderlichkeit, zwischen Andeuten, Ausformulieren und Unkenntlichmachen, so darstellt, dass er im Kopf des Betrachters eine eigene Gestalt und Bedeutung gewinnt, statt ihm eine angeblich feste, endgültige Form vorzuschreiben.

Vergleichbar dem Eintreten in einen dunklen Raum arbeitet Favre mit der Sinnesverwirrung des Betrachters, dessen anfangs überforderten Augen den Farbauftrag zu ordnen und möglichen Erscheinungen zuzuordnen versuchen. Der Blick stößt auf den Widerstand des Materials, er braucht Zeit, um aus scheinbar formloser, abstrakter Farbigkeit bildhafte Momente zu gewinnen. Die Malerin verführt und lenkt die Augen des Betrachters durch Komposition und Einsatz von verschiedenen Techniken, Farbnuancen und motivischen Ködern, sodass Sehen als ein aktiver Prozess erfahren wird, an dem Reflexion, Vorstellungskraft und Empfinden beteiligt sind, die zuerst amorph Erscheinendes umkreisen, während der Betrachter herausgefordert ist, seinen Bildschatz, seine Seh- und Lebenserfahrungen aufzurufen. Er ist Zeuge, wie Realität und Bedeutung vor seinen Augen entstehen. Favre unterläuft das Vorurteil vom Bild als eingängige, einfach verfügbare

Reproduktion von Wirklichkeit, sie erschafft Schwebezustände, indem sie Motive auf Distanz rückt, die Wahrnehmung verlangsamt und das Entstehen von Gestalt und Sinn herauszögert.

Bereits in den frühen, installativen Arbeiten *Réserve de couleurs* (1991) und *Réserve de blanc* (1992) und ihrer Klanginstallation *La bibliothèque imaginaire* (1994) hatte sie sich damit beschäftigt, über Sprache, nämlich Farbnamen und Bezeichnungen von weißen Gegenständen, oder Geräusche mentale Bilder im Kopf des Betrachters zu erzeugen. In dem *Stück für Geige und nackte Füße* (1990) wird – anders als im direkten Abdruck des Körpers auf der Leinwand bei Yves Klein – die vergangene Situation eines Tanzes heraufbeschworen, indem ein Rahmen aus Leinwandstoff, der als Begrenzung der Tanzfläche auf dem Boden lag, an der Wand aufgehängt wird und die Tanzschritte des ausführenden, jetzt unsichtbaren Körpers auf Kassette zu hören sind. Vom Betrachter bzw. Hörer wird eine Transferleistung verlangt, die der des Malers parallel ist, der Spuren von etwas auf die Leinwand zu bannen versucht. Während es hier um Vergangenes geht, geht es in Favres Malerei gerade um das Gegenwärtige, im Werden Begriffene, wovon der Betrachter Zeuge wird.

UNSCHÄRFE

Favre arbeitet nicht mit fotografischer Unschärfe, wie andere zeitgenössische Maler, die Fotografien als Vorlage nehmen, um deren technische Möglichkeiten auf die Malerei zu übertragen, diese zu überschreiten oder infrage zu stellen. Bei ihrer Darstellungsweise gibt es keinen eigentlich eindeutigen Gegenstand, der nur undeutlich, unklar gezeigt würde. Ihre Gegenstände existieren außerhalb der Leinwand nur im Kopf des Betrachters. Hier liegt der Bezug zur gegenwärtigen Lebenswirklichkeit, nicht im angeblich kritischen Kommentar zu gesellschaftlichen oder historischen Ereignissen mithilfe fotografischer Dokumente o. Ä.

Anders als bei Gerhard Richter, der mit bildkritischer Intention fotografisches Material aufarbeitet und vermeintliche Eindeutigkeit medialer Darstellung von Geschichte und einem angeblich objektiven Standpunkt konterkariert, ist Unschärfe bei Favre eine Versuchsanordnung, um zu zeigen, wie sich überhaupt eine Form bilden, etwas Gestalt gewinnen kann, aus scheinbar formloser Materie, die als Material Bedeutung erlangt. In den in Grau gehaltenen Bildern *Drei Uhus*, *Nach dem Tod des Toreros* und *Die Nacht* (alle 2007) der Serie *Short Cuts* heben sich die Motive gegen einen grauen Hintergrund ab und überschreiten die Schwelle der Sichtbarkeit nur knapp.

Die Malerin enthält dem Betrachter das Motiv oftmals vor, das überhaupt erst durch einen Schleier von Unschärfe mehr oder weniger sichtbar wird. Deren Einsatz unterläuft nicht nur die technische Souveränität und Kontrolle der Fotografie, sondern formiert das Medium der Malerei als grundsätzlich anderes Vehikel des Denkens und Fühlens, das sich an der Frage abarbeitet, wie und was überhaupt sichtbar gemacht werden kann, auch wenn es noch nicht ist, gerade erst entsteht oder, umgekehrt, vom Verschwinden bedroht, bereits verschwunden und tot ist. Favre zeigt die fragile, ephemere Balance des Lebendigen, die immer bedroht ist und die keineswegs der Mensch mit seinem technischen Rüstzeug, seinem gnadenlosen Raubbau zu kontrollieren vermag.

ZEITLICHKEIT

Im Gegensatz zur Literatur, die für die Darstellung des Nacheinander von Handlungen am besten geeignet sei, empfahl Gotthold Ephraim Lessing in seinem Text *Laokoon oder Über die Grenzen der Malerei und Poesie* der Malerei, sich dem Nebeneinander von Gegenständen, Gleichzeitigem zu widmen. Favre schätzt die Möglichkeiten von Film und Literatur, Entwicklungen, Veränderungen von Atmosphäre und Zuständen, Gedanken und Perspektivwechsel wiederzugeben, sodass sich Motive und Figuren als veränderlich, fraglich, instabil und trügerisch, als Konstrukt oder Komplott erweisen können und sich Parallelwelten darstellen lassen. Sie überschreitet die von Lessing gezogenen Grenzen, ohne eine narrative Malerei zu praktizieren, wie etwa die Narrative Figuration, die sich an der Bildverknüpfung von Film und Comic, Fotocollage und -montage orientiert.

Auf ihren Bildern, als ganze oder in Teilen, nimmt der Betrachter zuerst nur farbiges auf die Leinwand aufgetragenes Material wahr, bis sich Schlieren, Striche, Flecken, Flächen und Strukturen zu bildhaften, gegenständlichen Momenten zusammensetzen und langsam ein zusammenhängendes, wenn auch nicht unbedingt übersichtliches Bild entsteht, dessen Komposition sich beim Anschauen immer weiter verändert.

Der Betrachter sieht sich beim Sehen zu, zweifelt an seiner Sehfähigkeit, daran, was sich vor seinen Augen bildet. Manches versinkt wieder, wird überblendet, anderes steigt auf oder doch wieder dasselbe. Favres Gemälde sind einer festen Kameraeinstellung vergleichbar, als wäre der Abbildungsprozess, die Entstehung des Bildes aufgezeichnet worden. Durch ihre Art der unscharfen, vagen Darstellung, die das Erkennen verlangsamt und so das eigentlich unbewegte Bild der Malerei verzeitlicht, nähert sich Favres Malerei dem Filmbild an, sodass Zeit nicht nur als Abfolge einer Erzählung nachvollziehbar, sondern als ein Tableau vivant erlebbar wird. Favre, die sich auch motivisch und in ihren Formaten auf das Kino bezieht, gelingt es, Zeit in ihren Gemälden einzukapseln.

MATERIE

Pigmente, Binde- und Lösungsmittel, Farben, die bei entsprechender Handhabung auf einem Malgrund Wirklichkeit darzustellen vermögen und eine eigene Ausdruckskraft haben, sind das Material, das die Malerin ihren Entscheidungen gemäß mit Hand und Pinsel kontrolliert, wobei sie deren irrationales, eigenständiges Moment wachsam im Auge hat, um mit dem Zufall im Bunde zu stehen, ohne sich ihm auszuliefern und das Material zu ihrem Komplizen zu machen. Auch wenn es dem Betrachter nicht ölig, geruchsstark an den Fingern klebt, sieht er in Favres Bildern die sehr unterschiedlichen, dicken und dünnen, pastosen und verlaufenen Strukturen von Farbe und erlebt sie sowohl als Mittel von Repräsentation und Ausdruck als auch in ihrer Materialität und Widerständigkeit, sich den Zwecken und Vorstellungen des Menschen zu unterwerfen, erlebt sich selbst in seiner empfindlichen, fantasiebegabten und widerständigen Stofflichkeit, als Teil der Welt, in der er sich denkfähig fortbewegt und bewegt wird.

HÜLLEN

Favres Darstellungsweise wendet sich gegen eine angeblich realistische Wiedergabe von Wirklichkeit, die ihre Entstehungsbedingungen nicht reflektiert, ihr Material nicht durchdringt, sondern mit Oberflächen operiert, die suggerieren, dass alles so wäre, wie es erscheint, und auch so sein müsste. So könnten die in dem Bild mit dem bezeichnenden Titel *Suggestion* (2006) aus dem Zyklus *Der dritte Bruder Grimm* auf dem Boden abgestellten Pferdeköpfe, von denen die Person im Vordergrund den einen Kopf hinter ihrem Rücken vor einer verschwommenen Reitergestalt verbirgt, bloß Masken sein, wären da nicht die roten Spuren am Pferdehals, die sich über den ganzen Boden ausbreiten, als wäre er blutgetränkt.

In *Berliner Kindheit um neunzehnhundert* von Walter Benjamin, dem Favre das Selbstmordbild *Walter Benjamin, vergiftet* (2012) gewidmet hat, greift das Kind ins Dunkel des Kleiderschrankes, um seine Hand in die eigenartigen, wulstigen Formen übereinander gezogener Strümpfe zu schieben. Der gefaltete Stoff scheint etwas zu umschließen, zu verbergen, ist aber leer. Auseinandergezogen verliert sich das Volumen, wird flach und das Versteckte, das Geheimnis löst sich in Luft auf. Die Strümpfe, zugleich Verhüllendes und Verhülltes, bilden wie das Kunstwerk eine Falle des Unsichtbaren, die anwesend Abwesendem einen Raum schafft und Wirklichkeit, anstatt sie bloß zu illustrieren, zu materialisieren vermag.

Benjamins Kindheitserinnerung verbildlicht die unauflösbare Verbindung von Inhalt und Form, die eine eigene, sonst nicht existierende Gestalt hervorbringt; eine Fata Morgana, die mit den Mitteln der Malerei vorzuspiegeln der Technik Favres gelingt, indem Stoff und Gehalt als ineinandergreifende Kräfte untrennbar in der Schwebe und in Bewegung gehalten werden und die Dialektik von Zufall und Kontrolle, Material und Subjekt, Materie und Geist, Sichtbarem und Unsichtbarem einen sicht- und greifbaren Bildraum aufspannt.

WASSER

Favres Welt muss aus dem Wasser entstanden sein, sie wäre Neptunistin, die für die Entstehung der steinernen Welt aus dem Wasser, dem Urmeer, plädierte, und nicht Plutonistin, die an das irdische Zentralfeuer und vulkanische Kräfte geglaubt hätte. Ihre Formen sind nicht im Feuer, schon gar nicht illustrativ an eine sichtbare Wirklichkeit geschmiedet, weder erstarrtes Lava noch Metall, weder Zinnsoldaten eines Neo Rauch noch glühende Graffitigestalten eines Daniel Richter, eher noch Nebelgestalten eines Luc Tuymans. Ihre Darstellungsweise ist nicht eruptiv, wie es Spontaneität behauptende Gesten sind, sie dreht sich eher in Strudeln, ist strömend, wird reißend oder stockend, quillt, gärt oder wuchert oder ist kristallin, gefroren.

Die Böden von Favres Bildräumen sind überschwemmt, vereist, matschig, sumpfig, schwebend, geschichtet, jedenfalls in ihrer Tragfähigkeit fraglich, die Bühnen in der Serie *Theater* hüllen sich in Stoffe, die in ihrer sich wellenden, stürzenden, mehr oder weniger durchsichtigen, Licht reflektierenden Qualität dem Wasser ähnlich sind.

Das Rot als vordrängende, aufleuchtende Farbe ist in ihren Bildern selten, viel häufiger die nuancenreichen Grau-, Blau- und Grüntöne; in der Serie *Suicides* das schwefelige Gelb, sich absetzender höllischer Dampf, denn thermische Verhältnisse spielen sehr wohl eine Rolle, wenn gegensätzliche Aggregatszustände einerseits von Liquidem und Pastosem, andererseits von dampfend Nebligem und Luftigem auf kristallisiert, gefroren Scharfkantiges treffen und eine ebenso wunderbare wie bizarre und grausame Bilderwelt Gestalt annimmt. Die Welt ist aus dem Wasser entstanden und kann jederzeit wieder dorthin zurücksinken. Zumindest die Menschheit droht, im maritimen Abgrund zu versinken, wie Théodore Géricaults Floß in *Les restes de la Méduse* (1997, Abb. 14, 15) bzw. zu ertrinken, wie Ophelia oder Virginia Woolf und einige andere in *Suicides* – während das *Bateau des poètes* den Styx hinunterfährt.

VOR DEM ANFANG

In der Weißen Periode stellte sich Favre mit dem Malen von alltäglichen, scheinbar bedeutungslosen Motiven, die als weißer Schatten auf der Leinwand erscheinen, nicht nur die Frage, was Malerei überhaupt zu erfassen vermag, sondern die ontologische Frage, warum überhaupt Seiendes und nicht vielmehr nichts ist, warum es überhaupt der Bilder bedarf und was sie zu leisten vermögen.

Wenn die weißen Hühner, Bezüge und Stoffschränke zwischen Verblassen und Erscheinen, später auch die Motive in Farbe, verwischen oder Form gewinnen, stellen diese Bilder die Vergänglichkeit und Veränderlichkeit des Gegenstands dar, ja suggerieren, dass die Welt auch anders aussehen könnte, es eventuell besser wäre, wenn alles verschwände, wenn nichts wäre, damit Neues entstünde. Sie erwecken den Anschein, vor die Entstehung eines

Bildes, die des sehenden Auges zurückzugehen. Ihre Ausstellung im Musée d'art moderne et contemporain de Strasbourg nannte die Malerin *La première nuit du monde*, in der es darum ging, nicht nur an den Anfang zurückzugehen – keineswegs verfällt Favre in einen Pathos des Ursprungs, einer Schöpfung wie am ersten Tag –, sondern vor den Anfang, wie sie es sich in ihrem Theaterstück *Dégel* (1992) zum Thema gemacht hat; nicht noch einmal, sondern ganz anders oder besser: gar nicht zu beginnen, damit dieser Ursprung nicht wieder eine Schlinge um den Hals, ein Verhängnis würde, Endgültigkeit beansprucht, an der sich der Betrachter den Kopf zerschlägt. Wer würde nicht in jedem Krieg vor den Anfang zurückgehen wollen? Aber bis wohin müsste man zurückgehen, damit er sich verhindern ließe, überhaupt unmöglich gemacht würde?

Favres Bilder lassen sich schwer beschreiben, weil sie immer mehreres zugleich sind, ein Pferd scheint ein Pferd zu sein, ist aber immer auch noch etwas anderes. Ihre Bilder gehen vor die Festlegung, die sprachliche Bestimmung zurück und gleichzeitig darüber hinaus, denn sie lassen den Gegenstand in seiner stofflichen Qualität, in seiner Einzigartigkeit, vor allem aber in seinen Möglichkeiten zwischen Leben und Tod, Himmel und Hölle aufscheinen.

Nachbemerkung

2018 lernte ich dank der Ausstellung *Am Tisch* in der Galerie Barbara Thumm den Schriftsteller Axel Ruoff kennen. Sein Text über die in der Galerie ausgestellten Bilder der Serie *Am Tisch* gefiel mir sehr gut und war der Auftakt zu einem Austausch, der vor vier Jahren begonnen hat.

Wir vereinbarten, uns regelmäßig in meinem Atelier in Berlin zu treffen, um eine Reihe von Gesprächen über Malerei, meine Arbeit und meinen Lebensweg zu beginnen. Dieses Buch ist das Ergebnis dieser Treffen.

Axel Ruoff hat eine enorme Arbeit geleistet, indem er alles, was wir gesagt haben, zusammengefasst hat, und ich muss gestehen, dass es für ihn nicht immer einfach war, was unter anderem an meinem etwas vulkanischen Charakter liegt. Und dann gab es die Zeit der Zweifel, in der Axel sich in Geduld zu üben wusste und warten konnte, bis ich die Arbeit mit ihm wieder aufgenommen habe.

Erinnerungen zu wecken und die Schichten des Schweigens zu durchbrechen. Eine gute Arbeit.

Ich möchte die Gelegenheit nutzen, ihm herzlich zu danken!

Diese Interviews zeichnen nicht nach:

Die Momente in meinem Leben, in denen ich nicht mehr essen konnte, in denen ich nicht wusste, wo ich schlafen sollte (in London und Paris), die sexuellen Versuche, die mich kaputt gemacht haben (Theater und Kino), und meine Freundschaftsnetzwerke, über die ich nicht gesprochen habe.

Valérie Favre

Dank

Wie dankbar ich all jenen bin,
die es mir – jeder auf seine Art und Weise – ermöglicht haben, weiterzumachen, auszustellen, sich auszutauschen!

In ungeordneter Reihenfolge danke ich:
Caroline Andrieux, Gilles Forest, Sylvie Couderc, Françoise Cohen, Joelle Pijaudier, Estelle Pietrzyk, Alfred Pacquement, Marc Vaudey, Madeleine van Doren, Isabelle de Fischer-Lemaître, Philippe Dagen, Michel Nuridsany, Daniel Jeannet, Philippe Piguet, Bernard Vienat, Eric Suchère Karen Rudolf, Susanne Neubauer, Carina Plath, Peter Fischer, Katharina Ammann, Jean Mairet, Christoph Tannert, Peter Lang, Thomas Hirsch, Beate Eikhoff, Iris Dressler, Hans D. Christ, Alexander Koch, Katja Bloomberg, Annette Tietz, Marius Babias, Antonia Nessi, Gérard Weggel, Doreet Harten, Juurian Benschop, Anna Wesle, Haralde Kunde, Maité Vissault, Annemarie und Günther Gercken ...

Allen Sammlerinnen und Sammlern,
ohne die nichts möglich gewesen wäre, für ihr Vertrauen und das regelmäßige Interesse an meiner Arbeit. Ich bin Ihnen sehr dankbar.
Ein Dankeschön auch an ADIAF.

Den Galerien, die meine Arbeit seit Jahren vertreten und denen ich aus tiefstem Herzen für ihr Vertrauen danke. Mir ist bewusst, wie glücklich ich mich schätzen kann, mit euch zu arbeiten.
Barbara Thumm, Galerie Barbara Thumm, Berlin

Peter Kilchmann, Galerie Peter Kilchmann, Zürich und Paris.
Christian Egger, Galerie C, Paris.

Allen Galerien, die meine Arbeit für eine oder mehrere Ausstellungen aufgenommen haben: Galerie Catherine Mayeur, Brüssel; Galerie Camille von Scholz, Brüssel; Galerie Wohnmaschine, Berlin; Galeria Senda, Barcelona; Galerie Alon Segev, Tel Aviv; Galerie Vielmetter, Los Angeles; Galerie Nathalie Obadia, Paris; und Galerie Jocelyn Wolff, Paris.

Valérie Favre

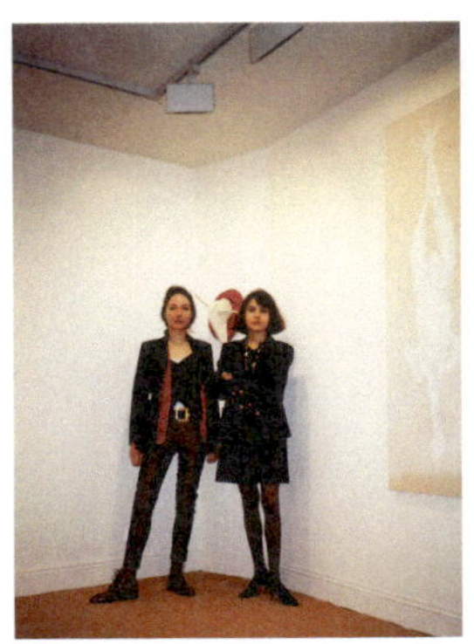

55 Mit Nathalie Obadia, Galerie rue de Normandie, Paris, 1992 / Foto privat

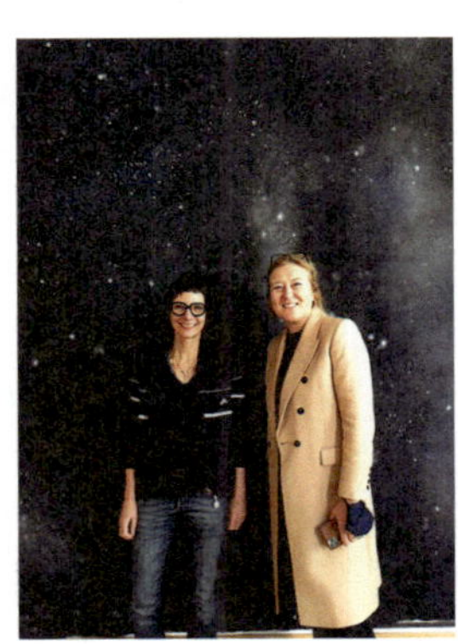

56 Mit Barbara Thumm, Galerie Pankow, Berlin, 2021 / Foto privat

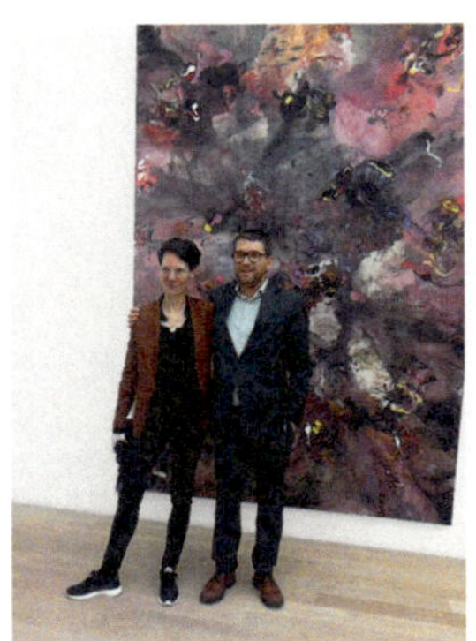

57 Mit Peter Kilchmann, Museum Franz Gertsch, Schweiz, 2016 / Foto privat

Biografien

Valérie Favre, geboren 1959 in Evilard, Schweiz, arbeitet heute in Berlin und Neuchâtel. Nach Anfängen beim Theater und Film konzentrierte sie sich seit Ende der 1980er-Jahre ausschließlich auf die Malerei, die bildenden Künste.

Seit 2006 lehrt sie als Professorin für Malerei an der Universität der Künste in Berlin. 2012 wurde sie in Frankreich für den Prix Marcel Duchamp nominiert. 2024 erhält sie den Grand Prix d'Art Suisse Meret Oppenheim.

Favres Werke befinden sich in zahlreichen öffentlichen Sammlungen und wurden in vielen Einzel- und Gruppenausstellungen in Deutschland, Frankreich, der Schweiz usw. ausgestellt; u.a. im Musée Jenisch Vevey (2022), Kunsthaus Aarau (2022), Sprengel Museum Hannover (2020), Musée cantonal des Beaux-Arts, Lausanne (2018), Musée d'art et d'histoire Neuchâtel (2017), Von der Heydt-Kunsthalle, Wuppertal (2016/17), Museum Franz Gertsch, Burgdorf (2016), Musée d'art moderne et contemporain, Straßburg (2015/16), Zentrum Paul Klee (2014), Neuer Berliner Kunstverein, Berlin (2013/14), Musée d'art contemporain Carré d'art, Nîmes (2009), Centre Pompidou (2009), Museum Luzern (2009/10), Haus am Waldsee, Berlin (2006) und Musée de Picardie, Amiens (2004).

Axel Ruoff, geboren 1971 in München, studierte Literaturwissenschaft, Philosophie und Kunstgeschichte in Berlin und Aix-en-Provence. Seit 2005 lebt er, nach einem Jahrzehnt in Marseille, wieder in Berlin. Er schreibt Romane und Essays, dreht Filme und arbeitet als Lektor.

Impressum

Autoren
Valérie Favre und Axel Ruoff

Projektmanagement
Fabian Reichel, Sophie Pechhacker

Korrektorat
Lutz Stirl

Gestaltungskonzept und Cover
Neil Holt

Satz
Calibar Services, Bukarest

Schrift
Arnhem

Verlagsherstellung
Alise Ausmane

Reproduktionen
DLG Graphic, Paris

Druck
Livonia Print, Riga

Papier
Munken Print White Vol. 1.5, 90 g/m²

Erschienen im

Hatje Cantz Verlag GmbH
Mommsenstraße 27
10629 Berlin
Deutschland
www.hatjecantz.de
Ein Unternehmen der Ganske Verlagsgruppe

ISBN 978-3-7757-5625-9 (Print)
ISBN 978-3-7757-5626-6 (ePub)
ISBN 978-3-7757-5627-3 (ePDF)

Printed in Latvia

Umschlagabbildung
Valérie Favre, *Engel*,
Kohle auf Papier, 2020,
Privatsammlung Potsdam,
Foto: privat.

Unterstützt von

schweizer kulturstiftung
prohelvetia